Dumbadze / Hesse (Hrsg.)
Unreglementierte Erfahrung

Devi Dumbadze / Christoph Hesse (Hrsg.)

Unreglementierte Erfahrung

ça ira

Gesamtverzeichnis, Leseproben, Texte:
www.ca-ira.net

Das Titelbild zeigt das Gemälde „Kühe auf der Weide“ von Anton Braith.

Postfach 273 www.ca-ira.net
79002 Freiburg info@ca-ira.net

Umschlaggestaltung: Martin Janz, Freiburg
Druck: CPI buch bücher.de GmbH, Birkach

ISBN 978-3-86259-110-7

Die Deutsche Bibliothek verzeichnet diese Publikation in der
Deutschen Nationalbibliografie; detaillierte bibliografische Daten
sind im Internet über http://dnb.d-nb.de abrufbar.

Inhalt

Einleitung

»So scheint ein Nashorn, das stumme Tier, zu sagen: ich bin ein Nashorn.«
Theodor W. Adorno: *Ästhetische Theorie*

Es ist, als ob man vergebens aus nächster Nähe zu betrachten suchte, was in weitester Ferne liegt – und dennoch nur scheinbar ein Jenseitiges ist. Etwas unreglementiert erfahren: ist das noch möglich? Und seit wann gilt dieses ›noch‹? Wann hat es denn einmal eine Erfahrung gegeben, die sich jenseits dessen bewegte, was das Leben in seiner scheinbar unverrückbaren Totalität ausmacht und einem stets wie ein erdrükkender Fels vorkommt – sofern man nicht aus der Gesellschaft ohnehin ganz verstoßen ist? Doch auch dem Außenseiter ergeht es nicht anders. Er ist durch das Ganze der Ökonomie definiert, die ihn an den Rand drängt. Eskapismus wäre erstrebenswert, wenn es ihn denn gäbe. Auch der Wegrennende läßt sich von dem leiten, wovon er weg will.

Es ist der Tausch: worin das, was man ist, auf das, was man zu bieten hat, zusammenschrumpft. Und das bestimmt der Markt. Jeder hat die Zeit seines Lebens für sein Überleben aufzuopfern: Indem man die eigene Arbeitskraft feilbietet oder sie für die Chance, dies zu tun, fleißig regeneriert, tut man, was keinem behagen kann: sich gängeln lassen. Ob es dem, der sich in die Funktion des Kapitalisten hineinmanövriert, irgend besser geht, ist schwer zu sagen. Der Überfluß der wenigen erinnert daran, wie es um alle stehen könnte, wären die Verhältnisse nicht verkehrt. Reichtum bedeutet wohl auch mehr Macht. Aber kein Machthaber von heute könnte je behaupten, aus freien Stükken zu agieren. Er hat eine bestimmte Stellung im Produktionsprozeß inne, über den seinerseits er jedoch nichts vermag. Träger einer Maske, muß sein Angesicht sich dieser umso enger anschmiegen, je geschickter er sich den Anforderungen der Kapitalbewegung anzupassen versteht. Das Opfer wird allerseits erbracht, wobei Überschneidung der Funktion etwa des Kapitalisten und des Proletariers in einer Person nunmehr eher zur Regel zu werden scheint als die Ausnahme ist.

Geopfert wird, wie Horkheimer und Adorno beschrieben haben, die Möglichkeit, Erfahrung zu machen. Da Menschen leibliche Wesen sind, sind die gesellschaftlichen Verhältnisse für sie so lange etwas Zwangsmäßiges, bis sie mit der Nötigung konfrontiert werden, sich diesen anzugleichen, statt diese sich angleichen zu können. Der leibliche Trieb ist das Prinzip der Individuation. Auf welchem evolutionären Weg auch immer die Möglichkeit entstanden sein mag, sich dessen in der Selbstreflexion bewußt zu werden: soweit man dies heute wissen kann, verfügt nur der Mensch über diese Fähigkeit; wobei Gradationen des Bewußtseins allen anderen Lebewesen kaum abzusprechen wären.

Wird man in der Selbstbesinnung seiner Vergangenheit inne, und sei es nur fragmentarisch und flüchtig, so kann man kaum umhin, sie sich als Teil der Katastrophe zu vergegenwärtigen: als Teil ihrer Folgen und ihrer Ursachen. Weil sie einmal zur Wirklichkeit wurde, bleibt sie als Möglichkeit universell präsent, da die Verhältnisse, die ihre Ermöglichungsbedingungen waren, trotz der immer wieder aufs neue heraufbeschworenen historischen Brüche die gleichen geblieben sind. – Und doch ist die Katastrophe nicht universell, ebensowenig wie etwa alle Geschichte katastrophal wäre. Sie ist vielmehr zu einer solchen geworden, indem sie von den Individuen zu dem gemacht wurde, was sie ist: in der einzigartigen menschlichen Naturgeschichte.

Das Ganze der Naturgeschichte zu erfassen, dafür ist Dialektik unerläßlich. Es ist »*das geschichtliche Sein in seiner äußersten geschichtlichen Bestimmtheit, da, wo es am geschichtlichsten ist, selber als ein naturhaftes Sein zu begreifen*« und »*die Natur da, wo sie als Natur scheinbar am tiefsten in sich verharrt, zu begreifen als ein geschichtliches Sein*«.[1] Ein solcher Begriff von Naturgeschichte wäre nicht naturwissenschaftlich mißzuverstehen. Er intendiert auch nicht, die Historizität, die schlechte Geschichtlichkeit, als eine ontologische Kategorie des vermeintlichen menschlichen Daseins überhaupt zu verewigen. Vielmehr möchte diese Bestimmung Adornos Immanenz und Transzendenz in eins denken.

Dialektik ist universell, weil die Realität der Gesellschaft es ist; man könne das, was wesentlich ein Prozeß ist, nicht in einzelnen Konzeptionen erfassen.[2] Die negative Einheit der Gesellschaft stiftet das Kapital; sofern man sich dieser kaum entziehen kann, wäre jede Praxis und Theorie, direkt oder indirekt, ihr Ausdruck. – Und doch gerade nicht. »Philosophie ist das Allerernsteste, aber so ernst wieder auch nicht.«[3] Was immer man von diesem Satz Adornos hält, eins ist

1) Theodor W. Adorno: Die Idee der Naturgeschichte. In: ders.: Gesammelte Schriften. Hrsg. von Rolf Tiedemann et al. (im folgenden AGS). Bd. 1, Frankfurt am Main 1970ff., S. 345-365, hier S. 353f.

2) Theodor W. Adorno: Gesellschaft. AGS 8, S. 9-19, hier S. 9.

3) Theodor W. Adorno: Negative Dialektik. AGS 6, S. 26.

er nicht: ein Witz, obwohl er durchaus unernst ist. Denn das Spielerische ist das mimetische Vermögen in jedem Lebewesen; und wohl nur im Menschen kann es reflektierte Form annehmen. In der Warengesellschaft müssen die Einzelnen ihr Leben, das im mimetischen Verhalten zu der Natur – die selbst Mimesis ist – besteht, beherrschen, um diesem zu dem Ernst zu verhelfen, der zur Selbsterhaltung nötig ist. Aber der Ernst ist seinerseits eine modifizierte Form des Spiels: der unbeherrschten Mimesis an das Nichtidentische.

Imitation ist nicht bloß eine evolutionäre Überlebensleistung der Naturwesen durch Angleichung an ihre Umwelt. Daß die Selbstunterscheidung der Natur, das sich Entgegensetzen eines Teils von ihr gegen einen anderen als seine Umwelt, überhaupt erfolgen kann, setzt bereits Geistigkeit voraus. Es ist dabei fragwürdig, ob alle Imitation durch Selbsterhaltung zu erklären sei oder es nicht auch solche Mimikry gebe, die einen nichtfunktionalen und zuweilen sogar selbstzerstörerischen Überschuß aufweist.[4] Wenn Adorno von unreglementierter Erfahrung spricht, dürfte er diese gerade als den Kontrapunkt zur Geschichte der Rationalisierung der Mimesis im Sinn haben. Sie reicht von der vorgeschichtlich-biologischen Mimesis über die Magie und ihre in den Ritualen der – letzlich monotheistischen – Religionen organisierte Form bis hin zur Arbeit: ihrer durchgängig rationalen tauschbasierten Gestalt.[5]

Daß Arbeit nicht alles sei, das wird durch die aporetische Wirklichkeit der Kunst und der ästhetischen Erfahrung bewiesen, so sie denn gelingt. Auch Kunst ist freilich Arbeit, sogar eine bis zum höchsten Grad durch die moderne Arbeitsteilung spezialisierte.[6] Dennoch erschöpft sich der Kunstbegriff nicht in dem der Arbeit. Der Gehalt des ästhetischen Scheins läßt sich nicht auf die Summe der quantifizierbaren Impulse zurückführen, die seine Wirkung ausmachen sollen; Kunstwerke sind Embleme dessen, was sich nicht auf eine instrumen-

4) Roger Caillois deutete die nichtfunktionale Mimikry in der umweltbezogenen »Psychasthenie« etwa mancher Insektenarten auf der Grundlage einer Konzeption des ontologisierten Todestriebs, der mit Adorno entgegengehalten werden könnte, daß der Todestrieb als Ausdruck gesellschaftlicher Naturgeschichte zu begreifen sei. Roger Caillois: Mimicry and Legendary Psychoasthenia. In: October, 31, Winter 1984, S. 16-32.

5) Max Horkheimer und Theodor W. Adorno: Dialektik der Aufklärung. Philosophische Fragmente. AGS 3, S. 205.

6) Theodor W. Adorno: Ästhetische Theorie. AGS 7, S. 334f.

telle Funktion der Selbsterhaltung reduzieren läßt. Ebensowenig ist die Illusion, die eine ästhetische Erfahrung schafft, dem reinen intellektuellen Inhalt eines Kunstwerks gleichzusetzen, der artikulierten propositionellen Bedeutung, wie etwa in der Sprache. Ihre Phrasen speisen sich vielmehr aus den unbewußten Regungen, die Ausdrücke des unterdrückten Triebs sind.

Die Aporie, die die Kunst von der Gesellschaft erbt, besteht darin, daß sie einerseits Produkt jener Totalität der Warengesellschaft ist; ihre Erzeugnisse sind »absolute Ware[n]«[7]. Dennoch tragen sie andererseits, eben wenn sie gelingen, ein Moment des Lebens in sich, das nicht in ihrem Warendasein aufgeht, insofern eine Ware ein durch den Tauschwert zu einem bestimmten Gebrauchswert gemodelter identischer Gegenstand ist.[8] Die Erfahrung eines Kunstwerks ist unnütz, so sie stattfindet; zu nichts gut als schlicht zu sich selbst. In den Kunstwerken, bemerkt Adorno, imitiere die Mimesis allein sich selbst[9]; wie auch ein Tier in seinem Dasein als dessen Bedeutung nur es selbst zur Sprache bringt. Deshalb ist die Bestimmung dessen, was eine unreglementierte Erfahrung sei – angenommen, die Kunst sei ihr Statthalter – nicht positiv möglich. Sie erfordert eine dialektische Bewegung des Gedankens, die sich von dem besonderen Objekt leiten läßt; sie kann deswegen nicht als gesetzt, das heißt als abgeschlossen gelten.[10]

Unreglementierte Erfahrung hätte demnach eher etwas mit jener äußersten Konzentration der Aufmerksamkeit zu tun, die gelegentlich kleine Kinder den einfachsten Dingen entgegenzubringen vermögen, um sich von etwas in Staunen versetzen zu lassen, was sie unwillkürlich interessiert und dabei kein identisches Objekt sein muß.[11] Es be-

7) Ebd., S. 350.

8) Siehe Wolfgang Pohrt: Theorie des Gebrauchswerts, oder über die Vergänglichkeit der historischen Voraussetzungen, unter denen allein das Kapital Gebrauchswert setzt. Frankfurt am Main 1976, S. 49f.

9) Der theologische Aspekt der Musik, inversiv gewendet, bestehe im wohl vergeblichen Versuch, den Namen selbst zu benennen. Sofern der Name, im Gegensatz zum Begriff, für Adorno Ausdruck des Nichtidentischen ist, so handelt es sich bei dem mimetischen Verhalten des Namens um seine eigene Imitation. Theodor W. Adorno: Musik, Sprache und ihr Verhältnis im gegenwärtigen Komponieren. AGS 16, S. 649-662, hier S. 651.

10) Adorno: Negative Dialektik. AGS 6, S. 298.

11) Siehe Clemens Nachtmann: Wider den Vorrang des Subjekts. In: Bahamas, 68, Frühjahr 2014, S. 64.

dürfte wohl der größten Anstrengung – und zugleich der geringsten Leichtigkeit – des sprachlichen Ausdrucks, um benennen zu können, wie die Dinge an sich sind, statt ihnen ein vom Subjekt präpariertes Konzept überzustülpen. Theoretisch begründen ließe sich die Möglichkeit unreglementierter Erfahrung nicht. Nur in der Kritik der verkehrten Gesellschaft ist zu zeigen, warum jene als das Entfernteste erscheint und doch im Nächsten der Dinge selbst zu suchen ist.

Die in diesem Band versammelten Beiträge widmen sich der Bestimmung eines Begriffs, der in der kritischen Theorie Adornos einen zentralen, wenngleich nie ausdrücklich benannten Platz einnimmt. In der zahlreich vorhandenen Literatur zu Adorno wird unreglementierte Erfahrung, wenn überhaupt, als ein nur subjektives Phänomen oder gar als ein dem wissenschaftlichen Objektivismus entgegengesetzter Ausdruck individuellen Leids aufgefaßt. Wie die hier folgenden Aufsätze zeigen mögen, geht es allerdings bei der unreglementierten Erfahrung ums Ganze, um nichts weniger als die Möglichkeit von Emanzipation schlechthin. Die Herausgeber möchten den Verfassern herzlich danken. Besonderer Dank gilt dem Allgemeinen Studentenausschuß der Ruhr-Universität Bochum, der die Drucklegung des Bandes finanziell ermöglicht hat.

Devi Dumbadze und Christoph Hesse

New York und Berlin, Februar 2015

Gerhard Scheit

Erfahrung und Jüngstes Gericht

Eine Anmerkung zum verborgenen Freiheitsbegriff der Kritischen Theorie

Es hätte der therapeutischen Phrase von der Selbsterfahrung nicht bedurft, um zu wissen: Jedes Wort taugt zum Jargon, selbst eines wie Erfahrung, das doch etwas zu bezeichnen sucht, was ihm prinzipiell widerspricht. Entscheidend ist, ob es »in dem Tonfall« geschrieben wird, »in dem es sich als transzendent gegenüber der eigenen Bedeutung setzt; ob die einzelnen Worte aufgeladen werden auf Kosten von Satz, Urteil, Gedachtem«.[1] Vorm Jargon ist darum nicht schon sicher, wer das Wort einfach aus seinem Wortschatz verbannt. Auch die beredte Verwerfung, die etymologisch den schlechten Ruf des Ausdrucks geltend macht, läßt die erschlichene Transzendenz unangetastet: Negativität wird dann zur bloßen Geste, Kritik zum Geschmack für die richtigen Wörter – wiederum auf Kosten von Satz, Urteil und Gedachtem, weil letztlich nur die Anstrengung der Begriffs, die Arbeit an dessen Bestimmung, aus dem Jargon herauszuführen vermag. Adorno hat seine Studie über den »Jargon der Eigentlichkeit« in engstem Zusammenhang mit dem philosophischen Hauptwerk der »Negativen Dialektik« geschrieben. Umgekehrt ist es nicht möglich, in der Bildung des Begriffs so zu tun, als gäbe es den Jargon nicht, und zu ignorieren, was er dem Wort angetan hat; als ließe sich – gedeckt von reiner, jedem alltäglichen Gebrauch gesäuberter Theorie – das Wort noch in aller Unschuld verwenden, um einen Terminus abzugeben. Vielmehr muß, was vom Jargon aufs Wort abfärbte, selbst noch eingehen in die Bestimmung des Begriffs.

Als eine solche Bestimmung fügt Adorno dem Ausdruck Erfahrung ein Epitheton hinzu, das sie als unreglementierte oder ungegängelte charakterisiert. Damit ist er nicht bloß unterstrichen oder betont. Es wird einerseits dem Kantschen Begriff als philosophischem Reglement des Intelligiblen widersprochen, andererseits auch der genau entgegengesetzten Vorstellung, daß es Erfahrung als Spontaneität in dem Sinne gebe,

1) Theodor W. Adorno: Jargon der Eigentlichkeit. Zur deutschen Ideologie. In: ders.: Gesammelte Schriften. Hrsg. von Rolf Tiedemann (im folgenden AGS). Frankfurt am Main 1970ff., Bd. 6, S. 413-523, hier S. 418.

daß sie kraft ihres Ursprungs im »Leibhaften« gegenüber der Gängelung schon autonom wäre. Dieser doppelte Widerspruch ist Adornos Begriff von der Sache – während der Jargon, der ihn imitiert, Erfahrung durch Idiosynkrasien ersetzt, um letztlich, was zur Urteilskraft werden könnte, dem Reglement des Geschmacks, dem Feuilleton, oder der Gängelung als Therapie, dem psychologischen Sachbuch, anheimzugeben.

So spontan sie sei, setzt Erfahrung im Unterschied zur Idiosynkrasie immer schon voraus, daß ein Bewußtsein da sein muß, sie auch zu machen, und zwar im Angesicht des Reglements. Ohne ihn auflösen zu können, macht Erfahrung sich diesen Gegensatz bewußt, oder sie ist keine, die ungegängelt wäre. Sie reflektiert damit auf die »Vorgängigkeit der von den einzelnen Menschen und ihrem Verhältnis abgelösten, abstrakt rationalen Beziehungen, die am Tausch ihr Modell haben«[2]. Gerade diese Vorgängigkeit darf aber, wie die Kritik der politischen Ökonomie lehrt, nicht bewußt werden, soll der Tausch und damit die Verwertung des Werts reibungslos funktionieren. So hat Erfahrung auch noch ihre eigene Unmöglichkeit zu reflektieren, damit erkennbar wird, daß jenes abstrakt gesellschaftliche Allgemeine, das alle meine Vorstellungen »muß begleiten können« (Kant) und in allen meinen Tätigkeiten sich »reproduzieren« kann (Marx), faßbar wird kraft dessen, was in dem Allgemeinen nicht aufgeht und dennoch als Ursprung keineswegs gefaßt werden kann – weil es sich nämlich um einen Prozeß handelt: »Anders als in der Bewegung einzelmenschlichen Bewußtseins läßt Allgemeines vom Subjekt überhaupt nicht sich ergreifen.«[3] Eben hier liegt auch die wahre Bedeutung der Idiosynkrasien für den Erfahrungsbegriff: sich dem Bewußtsein selber verschließend, sind sie gleichsam die Anwesenheit des Leibs in jener Bewegung, sie immer neu herausfordernd; Überempfindlichkeit als Menetekel des Verletzbaren.

Allein durch die Differenz zwischen der Vorgängigkeit gesellschaftlicher Kategorien und dem idiosynkratisch geschärften Einzelbewußtsein hofft Kritische Theorie dem ontologisierenden Denken zu entgehen. Denn das Verhältnis zwischen dem Bewußtsein, das der Verletzbarkeit des Lebendigen sich jederzeit gewiß ist, und den ihm vorgegebenen Bewußtseinsformen, Denkformen, ist nicht als ein für allemal festgelegtes bestimmbar: Adorno spricht eben explizit von Bewegung und

2) Theodor W. Adorno: Zu Subjekt und Objekt. AGS 10, S. 741-758, hier S. 745.
3) Theodor W. Adorno: Negative Dialektik. AGS 6, S. 56.

in diesem Begriff ist Freiheit mitgedacht, auch ohne ausdrücklich zur Sprache zu kommen. Ein versierter Strukturalist könnte nun freilich auch diesen Satz noch demgemäß deuten, daß die Bewegung des einzelmenschlichen Bewußtsein in letzter Instanz von der naturgesetzlichen Notwendigkeit eines Vorgängigen abzuleiten wäre; ein philosophierender Naturwissenschaftler würde darüber hinaus die Wahrscheinlichkeit dieser Notwendigkeit taxieren wollen; so daß insgesamt die Meinung als Wahrheit ausgegeben werden kann, wonach es nur verschiedene Ebenen von Determinationen gebe, aber letztlich, *sub species aeternitatis*, sei alles doch nur vorgegeben.

Vor dieser Vereinnahmung, die ebenso den Erkenntnissen von Marx und Freud jederzeit droht, ist Kritische Theorie im besonderen eben durch jenen Begriff von Erfahrung gefeit, der die Bewegung des einzelmenschlichen Bewußtseins auf den Leib des Einzelnen ebenso bezieht wie verhindert, aus ihm sie zu deduzieren.

Erfahrung ist an den Leib gebunden, und dennoch gibt es keine Leiberfahrung, nur die, daß etwas sich den immer neuen Syntheseversuchen des Bewußtseins widersetzt und damit überhaupt die Differenz zu dem, was vorgängig ist, als Bewußtseinsinhalt ermöglicht. Dieses Verhältnis, das in der klassischen Philosophie Seele und Leib hieß, ist nur dann historisch und nicht ontologisierend zu bestimmen, wenn es im Horizont einer möglichen Versöhnung geschieht, die gerade ergreift, was der Synthese sich verweigert. Die ästhetische Erfahrung, aus der Adorno schöpft, beginnt dort, wo beides zugleich akzentuiert wird: die Versöhnung und die Verweigerung.

Ästhetische Haltung und totales Kunstwerk

Der Philosoph, der die gescheiterte Synthese vom einzelmenschlichen Bewußtsein aus als erster und am genauesten protokolliert hat, war Kierkegaard. Es ist kein Zufall, daß Adorno erst in der Auseinandersetzung mit ihm die Spur zu jenem Begriff von Erfahrung überhaupt finden konnte, und zwar im selben Maß, in dem er die Differenz zur Heideggerschen Ontologie des Todes festhielt. Kierkegaard gehöre »mit wenigen Denkern seiner Epoche wie E.A. Poe, Tocqueville und Baudelaire zu denen, die etwas von den wahrhaft chthonischen Veränderungen verspürt haben, die zu Beginn des Hochkapitalismus mit den Menschen selber, mit menschlichen Verhaltensweisen und mit der inneren Zusammensetzung menschlicher Erfahrung sich zugetragen haben«.[4] Aber diese historisch wie auch immer faßbaren Veränderungen legen zugleich etwas von dem frei, was über die Epoche hinausreicht und doch nicht anthropologisierend gefaßt werden darf. Was Adorno Kierkegaard verdankte, war die Einsicht, daß etwas an der vom Idealismus stipulierten, vom Marxismus nachgeahmten und vom Positivismus bloß für obsolet erklärten Einheit von Allgemeinem und Einzelnem als Wahrheitsbegriff nicht stimmen kann; daß die Vergegenständlichung der Philosophie zum System zu bekämpfen ist, soweit gerade sie das Denken von der Erfahrung des Einzelnen losreißt, ihn zum bloßen Moment herabsetzend, Wahrheit aber nur darin liegen könne, ein anderes Verhältnis zu dieser Erfahrung gesellschaftlich hervorzubringen.

So schien ihm auch Kierkegaards Frage nach der Wahrheit dort am »zwingendsten, wo sie ohne dogmatische Thesis und ohne spekulative Antithesis ans Dasein gerichtet wird, wie es den Umkreis seiner philosophischen Erfahrung umschreibt: an die einzelmenschliche Existenz«.[5] Es ist im einzelnen erstaunlich zu beobachten, wie Adorno im Zuge seiner Deutung dieser Philosophie, die als bewußte Abgrenzung von der Heideggerschen vorgenommen wird, Präfigurationen der Sartreschen Existentialonotologie umreißt: »Bei Kierkegaard will nicht Dasein verstanden werden als eine Weise von Sein, wäre es auch eine, die sich selbst ›erschlossen‹ ist. Ihm geht es nicht um eine ›Fundamentalontologie‹, die ›in der existenzialen Analytik des Daseins gesucht werden‹ muß. Die Frage nach dem ›Sinn‹ von Dasein ist ihm nicht die, was Dasein eigentlich sei. Sondern vielmehr die: was dem Dasein, sinn-leer für sich selber, einen Sinn gebe. Nicht das Sein des Seienden – die Ideen sind der Gegenstand seiner Philosophie, wie sie in der Bewegung des Daseins aufsteigen ohne in diesem zu verbleiben. Durch ›Sinn‹ legt sich nicht Dasein selber aus: es scheidet sich von Sinnlosem, von Kontingenz.«[6] Zusammen mit dieser Vorwegnahme antizipiert Adornos Kritik an Kierkegaard seine eigene, spätere an Sartre: Damit der Kontingenz nicht der »Sinn« verlorengehe, werde der konkrete Einzelmensch einer Prozedur unterworfen, die ihm zwar, als »Idee« im Kantischen Verstande, konkreten Sinn bewahre,

4) Theodor W. Adorno: Kierkegaard. Konstruktion des Ästhetischen. AGS 2, S. 229.
5) Ebd., S. 99.
6) Ebd.

ihn selber aber abstrakt mache und die ontologischen Bestimmungen aushöhle, die in ihm aufgesucht werden: »sei es, daß sie, wie die Worte Sinn, Freiheit, Idee, der Abstraktheit der Kantischen Kategorie nichts nachgeben, sei es, daß sie, soweit sie konkret bleiben, eben damit als Bestimmungen bloßer Faktizität von der gleichen Kontingenz ereilt werden, vor welcher die Restriktion in die Inwendigkeit schützen sollte. Das zeichnet die Zweideutigkeit des ontologischen Sinnes bei Kierkegaard genau vor. Ihr Grund ist das abstrakte Selbst.«[7] Bei Sartre heißt jenes abstrakte Selbst dann das »L'être-pour-soi«. Vor diesem Hintergrund läßt sich vielleicht auch besser verstehen, warum Adorno in den Jahren nach 1945 etwas gereizt auf das Aufsehen reagierte, das Sartre mit seiner Philosophie machen konnte: Es mußte ihm vorkommen, als ob sie, noch ehe sie formuliert worden war, durch seine Kierkegaard-Kritik doch schon widerlegt gewesen sei.[8]

Bei Kierkegaard ist jedoch selber schon der Widerspruch zum abstrakten Selbst zu entdecken, gerade dort, wo der Gedanke sich am weitesten zu entfernen scheint vom konkreten Hier und Jetzt. Am Jüngsten Tag, wie er ihn beschwört, verschwinde, so Adorno, das Zwielicht von Freiheit und Natur: Durch »die Idee des Gerichts, nicht die der Autonomie menschlichen Geistes«, werde sein Begriff des Einzelnen errettet – und Adorno zitiert aus der »Krankheit zum Tode«: ein Gericht beziehe sich per se auf den einzelnen: »Man richtet nicht en masse; man kann Leute en masse totschlagen, en masse auf sie spritzen, ihnen en masse schmeicheln, kurz auf mancherlei Weise Leute wie Vieh behandeln, aber Leute wie Vieh richten kann man nicht, denn Vieh kann man nicht richten; ob auch noch so viele gerichtet werden, so wird, wenn das Richten Ernst und Wahrheit enthalten soll, jeder einzelne gerichtet. – Sieh, darum ist Gott

7) Ebd., S. 108.
8) In diesem Zusammenhang sind die Berührungspunkte in den Gedenkreden über Kierkegaard, die Adorno und Sartre anläßlich seines 150. Geburtstags hielten, umso erstaunlicher. Keiner ist jedenfalls bereit, die Antinomien des Denkens, die in der Konfrontation von Kierkegaard und Hegel Gestalt gewinnen, nach einer Seite hin aufzulösen: »Kierkegaards Einzelner ist so wenig das Wahre, wie das Hegelsche Ganze«, heißt es bei Adorno in »Kierkegaard noch einmal« (AGS 2, S. 250); Sartre bezeichnet in »Das singulare Universale« die Dialektik Hegels und die »Anti-Dialektik« Kierkegaards als Pole, die sich »gegenseitig denunzieren« (Jean-Paul Sartre: Mai' 68 und die Folgen. Reden, Interviews, Aufsätze. Aus dem Französischen von Dietrich Laube. Bd. 2. Reinbek 1975, S. 130).

›der Richter‹, weil vor ihm keine Menge ist, sondern nur einzelne. [...] Ja freilich wären sie gesichert, wenn sie erst in der Ewigkeit einzelne werden wollten. Aber sie waren und sind vor Gott beständig einzelne.« Im Lichte des Jüngsten Tages habe darum Kierkegaards »Durchsichtigkeit« ihren Ort und ihre Stunde: »Natur, die als existierende, als verzweifelte abstirbt: hier klärte sie sich nach Verdammnis und Versöhnung. In der Welt der Erfahrung aber ist konkret, worauf immer eine Spur von diesem Lichte fällt.«[9]

Die Rettung vor dem abstrakten Selbst, das nicht fetischisierte Konkrete, mit einem Wort: Erfahrung, ist nur durch die Idee des Gerichts möglich, die zugleich Urteil und Gnade beinhalte. Mit dieser Deutung sucht Adorno sicherzustellen, daß der Kantische Tribut nicht gezahlt werden muß; der konkrete Einzelmensch keiner Prozedur zu unterwerfen ist, die ihn selber abstrakt macht, sei's als Idee oder als Kontingenz. Nur ist der Jüngste Tag nicht in protestantischer Erbauung zu beschwören, sondern am modernen Kunstwerk festzuhalten. So ist der Weg von der Konstruktion des Ästhetischen zum Ästhetischen *sans phrase* in Adornos Denken immer schon vorgezeichnet. Die Kunstwerke, in ihrem Nachvollzug, in der Versenkung, die sie verlangen, gewähren noch Erfahrung im Zeitalter ihres Verschwindens; ermöglichen erst, das real abstrakt gewordene Selbst, das die Existenzphilosophie fetischisiert, als falsches zur erkennen, ohne darum auf sinnliche Gewißheit, das falsche Konkrete, zu regredieren. Damit setzt Adorno die Erfahrung in der Kunst an die Stelle des Kierkegaardschen Paradoxes: »Als Nicht-sich-Entscheiden erscheint bei Kierkegaard die ästhetische Haltung aus der Sicht der ›ethischen‹. Die ethische tritt in der Folge zurück hinter seiner Lehre vom Paradox-Religiösen. Angesichts des ›Sprunges‹ zum Glauben wird das Ästhetische aus einer Stufe im dialektischen Prozeß, nämlich der des sich Nicht-Entscheidens, deprekativ verwandelt in kreatürliche Unmittelbarkeit schlechthin. Denn sie eben soll durchs Paradox gebrochen werden und macht dessen absolutes Widerspiel aus.«[10] Der Sprung zum Glauben wird nicht mitgemacht, soweit er, angefeuert vom fanatisch gestimmten Seelenheil des Protestantismus, die kreatürliche Unmittelbarkeit im Stich läßt. Das Nicht-sich-Entscheiden wird darum

9) Ebd., S. 122f.
10) Ebd., S. 25.

zum springenden Punkt im Ästhetischen selber.[11] Adorno will es eben nicht als eine Art Naturschutzpark der Erfahrung verstanden wissen, worin das, was sonst überall zunichte wird, vor jenem abstrakten Selbst gerettet und im eingezäunten Reservat angestaunt werden könnte; er will keine Autonomie, die, im schlechten Sinn metaphysisch, ihre eigenen Voraussetzungen: den Zustand des Subjekts, dem es an Autonomie gebricht, nicht reflektieren kann. Autonom sind die Werke nur noch dadurch, daß sie den Verlust der Autonomie offenlegen; der Entscheidung entsprungen, das Subjekt im Nicht-sich-Entscheiden zu demaskieren.

Ungegängelte Erfahrung heißt: Erfahrung im Bewußtsein der Gängelung, heißt: daß sie nur in diesem Bewußtsein nicht vom abstrakten Selbst zurückgenommen werden kann. Aber das Vorgängige erfährt das Bewußtsein in der Frage der Form, die das Kunstwerk zuinnerst bestimmt; die Art und Weise, wie die Ohnmacht des Individuums bei »*apriorität* des Individuellen über das Ganze« (Hölderlin)[12] evoziert zu

11) Das war es auch für Sartre und sollte schließlich die ganze Ambivalenz seiner ›unendlichen‹ Studie über Flaubert ausmachen. Ähnlich wie Adorno erkennt er bei Kierkegaard, daß die »Singularität jeder Sünde« den konkreten Einzelmenschen zu denken erst erlaube (»Das singulare Universale«, S. 147). Im »Idiot der Familie« suchte Sartre dann aufzudecken, wie das Nicht-sich-Entscheiden als Neurose zum Ästhetischen wird, ohne daß dabei das Ästhetische abgewertet werden sollte. Aber zur Darstellung des Romans selber, der sich dem Nicht-sich-Entscheiden verdankt und dennoch gerettet werden sollte, »Madame Bovary«, ist er auf den tausenden Seiten der Studie kaum wirklich gekommen. Der kreatürlichen Unmittelbarkeit hält er woanders die Treue: in der Darstellung der Kindheit des Schriftstellers, und hier überwindet er in der Annäherung an die Psychoanalyse Freuds etwas von den Schranken seiner Philosophie. Vgl. hierzu Renate Göllner: Wer wählt die Neurose? In: sans phrase. Zeitschrift für Ideologiekritik, 2, 2013, S. 153-162; 3, 2013, S. 106-118.

12) Friedrich Hölderlin: Sämtliche Werke. Große Stuttgarter Ausgabe. Hrsg. von Friedrich Beißner. Bd. 2. Stuttgart 1951, S. 339. Peter Szondi schrieb 1967 an Adorno über diesen Satz: »Die Hölderlin-Forschung hat ihn, soweit ich sehe, fünfzig Jahre lang ignoriert. Er kann wohl erst seit Ihrer ›Parataxis‹ verstanden werden.« (Peter Szondi: Briefe. Hrsg. von Christoph König und Thomas Sparr. Frankfurt am Main 1993, S. 216f.) »Parataxis« ist der Titel von Adornos großem Hölderlin-Essay, der sich nicht zuletzt gegen Heideggers Interpretation der Werke dieses deutschen Dichters richtet (vgl. AGS 11, S. 447-491).

werden vermag: »Die Frage aller Musik« sei: »wie kann ein Ganzes sein, ohne daß dem Einzelnen Gewalt angetan wird«.[13]

Der Tambourg'sell als Philosophie der neuen Musik

Adorno hatte früh schon ein Unbehagen an der marxistischen »Aufhebung« des Individuellen verspürt. So sehr sie ihn beeindruckte durch den Anspruch, daß jenes Vorgängige, das dem Individuum bei Strafe des Untergangs nicht bewußt werden darf, zu verändern ist, so sehr war ihm suspekt, wie dabei über das Individuelle hinweggegangen werden sollte. Wird in der Verwertung des Werts ganz automatisch von dem abstrahiert, was immer nur Durchgangspunkt des Werts sein kann, möchte das sozialistische Kollektiv sich selbst an dessen Stelle setzen und willentlich vom Individuum abstrahieren, als sollte kein einzelmenschliches Bewußtsein sich mehr bewegen. »Ändere die Welt, sie braucht es«, verkündet die »Maßnahme«, und der »junge Genosse«, dessen Ideen und Gefühle vom Kollektiv abweichen, wird eben darum liquidiert, nicht ohne selbst der Liquidation auch noch zuzustimmen. Solchem »Einverständnis« zu widersprechen, kann als eines von Adornos frühesten Denkmotiven gelten[14], und er entwickelte die Sensibilität für diesen Widerspruch ebenso in der Philosophie, dem Subjekt-Objekt von Lukács' »Geschichte und Klassenbewußtsein« mißtrauend, wie in der Musik, wo er vorm Marschrhythmus von Eislers Kampfliedern zurückschreckte. So perhorresziert seine Kritik am Marxismus, den das Lehrstück nur zu Ende dachte, daß in der politisch gewendeten Abstraktion zuletzt auch, was nicht Bewußtsein ist am Individuum, eingefordert und dem beschworenen Kollektiv geopfert wird; daß bei dieser Aufhebung also der Leib mitgeht. Im Schock darüber entstand Adornos Ästhetik.

13) Theodor W. Adorno: Beethoven. Philosophie der Musik. Fragmente und Texte. In: ders.: Nachgelassene Schriften. Hrsg. von Theodor W. Adorno Archiv (im folgenden NaS). Frankfurt am Main – Berlin 1993ff., Bd. I.1. Hrsg. von Rolf Tiedemann, S. 62.

14) Daran erinnern mit besonderer Emphase die letzten Zeilen von Adornos Gedenkrede über Kierkegaard aus dem Jahr 1964: »Die Kierkegaardsche Kurve ist die umgekehrte des Brechtschen Jasagers, dem das Kollektiv weismachen will, wichtig zu lernen vor allem sei Einverständnis. [...] Wer dabei war, wie Karl Kraus, durch sein pures Wort, Imre Bekessy 1925 aus Wien verjagte, der hat noch etwas erfahren von der konkreten Gewalt dessen, was in Kierkegaard so abstrakt und so monomanisch erscheint: von der Macht der Ohnmacht« (AGS 2, S. 258).

In ihren ersten Ausprägungen scheint sie selbst noch der marxistischen Aufhebung Tribut zu leisten. Das zeigt sich an Adornos früher Deutung der Zwölftontechnik. Unter dem Motto Stefan Georges: »Höchste Strenge ist zugleich höchste Freiheit«, kam dem Schüler Alban Bergs zunächst die Herrschaft über die Natur im Werk des Lehrers seines Lehrers und ›Erfinders‹ der neuen Kompositionstechnik so unproblematisch und ungebrochen fortschrittlich vor, wie die Revolution nach dem Ersten Weltkrieg mit Händen greifbar schien, da beide doch als im Bunde mit den die Produktionsverhältnisse sprengenden Produktivkräften aufgefaßt wurden. Indem durch Schönbergs Methode der Komposition mit zwölf nur aufeinander bezogenen Tönen Subjekt und Objekt »in ihrer Verschränkung der Kontrolle unterworfen« seien, habe »ihre Dialektik selber gleichsam aus ihrem blinden Naturstande sich gelöst«: die höchste Strenge, »nämlich die lückenlose der Technik«, enthülle sich in letzter Instanz tatsächlich als höchste Freiheit, »nämlich als die zur Verfügung des Menschen über seine Musik, die einmal mythisch begann, zur Versöhnung sich sänftigte, als Gestalt ihm sich gegenübersetzte und endlich ihm zugehört kraft einer Verhaltensweise, die sie in Besitz nimmt, indem sie völlig ihr zugehört«. Darum werde nach Schönberg »die Geschichte von Musik nicht Schicksal mehr sein, sondern menschlichem Bewußtsein unterstehen«.[15] Mag darin noch der Versuch gesehen werden, einer Versöhnung Ausdruck zu verleihen, die der ausgefeiltesten Technik nicht entraten kann, die Problematik solcher Formulierungen, die sich vor dem Hintergrund von Adornos späteren Schriften zeigt, liegt doch darin, daß der Fortschrittsgedanke ganz ungebrochen ist.

Der Bruch aber zeichnet sich schon in den »Marginalien zu Mahler« von 1936 ab. Mahlers Musik nämlich bewähre »als erste die Erkenntnis: daß das Schicksal der Welt nicht mehr vom Individuum abhänge; und sie bewährt sie zugleich als individuelle und in den Gefühlskategorien des einzelnen Menschen«[16]; ihr habe »die gesellschaftliche Bewegung sich dargestellt an ihrem wirklichen Opfer und konkreten Maß, dem individuellen Trieb und seinen Konflikten«.[17] So wie auf der einen Seite die Natur nunmehr in ihrer dem Menschen unmittelbar erfahrbaren

15) Theodor W. Adorno: Der dialektische Komponist. AGS 17, S. 198-203, hier S. 203.
16) Theodor W. Adorno: Marginalien zu Mahler. AGS 18, S. 235-240, hier S. 240.
17) Ebd.

Gestalt des psychoanalytisch begriffenen Triebs zur Sprache kommt, taucht auf der anderen aus dem menschlichen Bewußtsein, dem sie dem Schönberg-Aufsatz zufolge unterstehen soll, die Differenz des einzelmenschlichen auf und macht Erfahrung zur zentralen Kategorie: Sie ist nichts anders als das Verhältnis zwischen Einzelnem und Ganzem, Individuum und Gesellschaft unter der Apriorität des Individuellen betrachtet. Schicksalszwang wird erst dann abgeschafft sein, wenn das Einzelne dem Ganzen nicht mehr geopfert werden kann. Adorno führt den Gedanken schließlich im Schönberg-Kapitel der »Philosophie der neuen Musik« aus: Der Rang von Schönbergs Werk wird nun gerade darin bestimmbar, daß es der von ihm selber entwickelten Technik etwas abzuringen, ihr im Innersten zu widersprechen vermag. Die Technik selbst aber wird nun als äußerste Form von Ohnmacht des kompositorischen Subjekts gedeutet: Wie in ihr das eigentliche Komponieren, die Produktivität der Variation, »ins Material zurückgeschoben« worden sei, so ergehe es der Freiheit der Komponisten insgesamt. Indem sie sich in der »Verfügung übers Material« verwirkliche, werde sie zu einer »Bestimmung des Materials«, die sich dem Subjekt als entfremdete gegenübersetze und es ihrem Zwang unterwerfe. Während die Phantasie zunächst das Material dem konstruktiven Willen ganz gefügig gemacht habe, lähme in der Folge das konstruktive Material die Phantasie. Vom expressionistischen Subjekt bleibe »die neusachliche Unterwürfigkeit unter die Technik«. Es verleugne die eigene Spontaneität, indem es die rationalen Erfahrungen, die es an der Auseinandersetzung mit dem historischen Stoff machte, auf diesen projiziere. »Aus den Operationen, welche die blinde Herrschaft des Stoffs der Töne brachen, wird durchs Regelsystem zweite, blinde Natur. Das Subjekt ordnet dieser sich unter und sucht Schutz und Sicherheit, indem es verzweifelt an der Möglichkeit, von sich aus Musik zu erfüllen.«[18] Die großen Momente des späten Schönberg aber seien »gegen die Zwölftontechnik so gut wie durch sie gewonnen. Durch sie: weil die Musik befähigt wird, so kalt und unerbittlich sich zu verhalten, wie es ihr nach dem Untergang einzig noch zukommt. Gegen die Zwölftontechnik: weil der Geist, der sie ersann, seiner selbst mächtig genug bleibt, um noch das Gefüge ihrer Stangen, Schrauben und Gewinde je und je zu durchfahren und aufleuchten zu machen, als wäre er bereit,

18) Theodor W. Adorno: Philosophie der neuen Musik. AGS 12, S. 68f.

am Ende doch das technische Kunstwerk katastrophisch zu zerstören.«[19] Was Adorno hier an Schönberg deutlich machen kann, ist ebenso aus der Kierkegaard-Kritik wie aus dem Nachvollzug des Mahlerschen Marsches gewonnen: Dieser sei zwar gemeint fürs Kollektiv und für solidarische Bewegung, aber gehört werde er »aus der individuellen Perspektive. Er befiehlt nicht sowohl als daß er mitnimmt; und nimmt er alles, noch das Unterste und Verstümmelte mit, so verstümmelt er doch nicht selber; das mitgenommene Individuum wird nicht getilgt: der Verein von Liebenden wird ihm zuteil. Vermöge der Variante, der bestimmenden Asymmetrie hält der Mensch im Marsch sich durch: das macht den Mißbrauch von Mahlers Musik so ganz unmöglich. Die sonst bloß sterben mußten, wenn sie aus der Reihe fielen, der zu Straßburg auf der Schanz, die nächtliche Schildwache, der bei den schönen Trompeten Begrabene und der arme Tambourg'sell: Mahler formiert sie aus Freiheit. Den Unterlegenen verspricht er den Sieg. All seine Symphonik ist eine Rewelge. Ihr Held ist der Deserteur.«[20]

Die Freiheit, aus der Mahler seine Ausdruckscharaktere des Einzelnen formt, gibt es nur, wenn sie zugleich ein Versprechen fürs Ganze enthält, so unerreichbar dessen Einlösung auch für den Einzelnen selber scheint.

Erfahrung und Freiheit

Wenn sich bei Kierkegaard durch den »Sprung zum Glauben« das Ästhetische aus einer Stufe im dialektischen Prozeß, nämlich der des sich Nicht-Entscheidens, deprekativ verwandelt in kreatürliche Unmittelbarkeit schlechthin, dann nimmt Adorno eben diese Deprecatio, die Fürbitte für eine abwesende Person, zurück, denn die kreatürliche Unmittelbarkeit ist in der Kunst in welcher Form auch immer anwesend, oder es handelt sich nicht um Kunst. Daß sie für sich selber sprechen kann, gehört zur Erfahrung allen wahrhaft Ästhetischen.

Das Sich-Entscheiden bei Kierkegaard erscheint als ein einziger Sprung, Freiheit schrumpft auf diesen Punkt, auf diesen Augenblick zusammen, von dem aus der Absprung erfolgt. Ist hier zugleich der Unterschied zu Sartres Existentialontologie flagrant, die dem Glauben

19) Ebd., S. 70.
20) Adorno: Marginalien zu Mahler. AGS 18, S. 240.

abschwört, den Sprung indessen als Entwurf gleichsam festhalten und dem Punkt als Situation Raum geben möchte, kann umgekehrt in Adornos Kritischer Theorie die Erfahrung als Versuch gesehen werden, Freiheit und kreatürliche Unmittelbarkeit zusammenzudenken. Das Ungegängelte meint sowohl die Freiheit des einzelmenschlichen Bewußtseins gegenüber dem Vorgängigen als auch die Treue zur kreatürlichen Unmittelbarkeit. So auch wäre der vielzitierte »Vorrang des Objekts« zu verstehen: Er wird gegeben; setzt damit immer ein Subjekt voraus, ohne daß dieses Subjekt darum schon als das Primäre, wie im deutschen Idealismus, gelten könnte, aber es wird ihm doch die Freiheit *avant la lettre* zugestanden, daß es diesen Vorrang dem Objekt geben kann. Dies geschieht durch Bestimmung: »Vom Vorrang des Objekts ist legitim zu reden nur, wenn jener Vorrang, gegenüber dem Subjekt im weitesten Verstande, irgend bestimmbar ist, mehr also denn das Kantische Ding an sich als unbekannte Ursache der Erscheinung.«[21] Wird das Objekt hingegen subjektlos gedacht, die Freiheit zu ihm nicht supponiert, ist der Vorrang des Objekts bloß Vorwand für »primitiven Materialismus« oder Heideggersche Ontologie, der Mensch also Hirte des Objekts. Anders ausgedrückt: »Fehlte Subjekt als Moment an Objekt selber, so würde dessen Objektivität zum Nonsens.«[22] Indem es den Vorrang des Objekts recht eigentlich zuläßt, erfährt das Subjekt überhaupt erst seine reale Ohnmacht, und nur durch diese Erfahrung hindurch vermag es seiner mächtig zu bleiben, der Ohnmacht sich nicht hinzugeben wie der Heideggersche Hirte. Das ist die einzige Forderung, die nach Adorno ohne Unverschämtheit an jeden Einzelnen gerichtet werden kann. Und nach deren Maßgabe deutet er nicht nur die Musik Mahlers und Schönbergs, sondern auch die Texte Kafkas und Becketts.

Adorno schreibt wohlgemerkt nicht, daß der ohnmächtige Einzelne durchs Bewußtsein seiner Ohnmacht doch seiner mächtig würde, er schreibt – jene Stelle seiner Schönberg-Deutung aus der »Philosophie der neuen Musik« fast wortwörtlich aufgreifend –, daß er dadurch seiner mächtig »bleibe«.[23] Das heißt eben: er setzt eine Freiheit voraus, die es überhaupt erst erlaubt, Ohnmacht zu erfahren, etwas, das sich selbst

21) Theodor W. Adorno: Zu Subjekt und Objekt. AGS 10, S. 741-758, hier S. 748.
22) Ebd., S. 756.
23) Theodor W. Adorno: Individuum und Organisation. AGS 8, S. 440-455, hier S. 454.

als nicht ohnmächtig weiß, ein Potential. Mitunter versucht Adorno dieses Potential selbst noch zu historisieren, es abzuleiten aus frühesten Perioden der Menschheitsentwicklung: »Das dämmernde Freiheitsbewußtsein nährt sich von der Erinnerung an den archaischen, noch von keinem festen Ich gesteuerten Impuls. Je mehr das Ich diesen zügelt, desto fragwürdiger wird ihm die vorzeitliche Freiheit als chaotische.«[24] Doch im Kern zielt die »Negative Dialektik« darauf, daß es als Vorausgesetztes immer auch unter das Bilderverbot fällt: »Der eklatante Mangel der Kantischen Lehre, das sich Entziehende, Abstrakte des intelligiblen Charakters, hat auch etwas von der Wahrheit des Bilderverbots, welches die nach-Kantische Philosophie, Marx inbegriffen, auf alle Begriffe vom Positiven ausdehnte. Als Möglichkeit des Subjekts ist der intelligible Charakter wie die Freiheit ein Werdendes, kein Seiendes.«[25] Als Seiendes ist die Freiheit darum Ideologie, als Werdendes ist sie in der Erfahrung. Als Ideologie ist sie falsches Bewußtsein über die Unterwerfung des Individuums unter das Kapitalverhältnis, die darin als Autonomie imaginiert wird, und täuscht im selben Maß darüber hinweg, daß dieses Individuum zugleich in jedem Akt seiner Reproduktion zuinnerst der Natur angehört, über die es sich erhaben dünkt. Als Erfahrung ist Freiheit jedoch das Vermögen, sich dieses unauflöslichen Zusammenhangs mit der Natur bewußt zu werden, und gerade dadurch seine Ohnmacht als gesellschaftliches Wesen zu erfassen. Die Freiheit, seine Ohnmacht in der Gesellschaft zu erfahren, hat das Bewußtsein zur Bedingung, daß ich als Individuum nur durch Selbstzerstörung jene kreatürliche Unmittelbarkeit loswerde, also frei werden kann ganz im Sinne der Ideologie von Freiheit, die aber verdrängt, worauf sie beruht: der Tötbarkeit des Individuums. In Gestalt der Kulturindustrie, nicht umsonst zentraler Gegenstand der Kritischen Theorie, wird die ganze Gesellschaft von dieser Ideologie durchdrungen. Wenn das Medium etwas vermittelt, die Vermittlung selbst aber – anders als in der ästhetischen Formgebung – ausblendet, dann erhält der Konsument unwillkürlich das Gefühl, überall und unmittelbar dabeisein und an jedem Schaden, der dem Individuum zugefügt wird, im ›Komischen‹ wie im ›Tragischen‹ sich erbauen und erheitern zu können, ohne selber auch nur in irgendeiner Weise in Frage oder vor Konsequenzen gestellt, in seiner leiblichen Existenz gefährdet oder

24) Adorno: Negative Dialektik. AGS 6, S. 221.
25) Ebd., S. 293f.

verletzt zu werden. Jede Minute seines Konsums beweist ihm so die eigene Unantastbarkeit aufs neue: eine göttliche, gleichsam körperlose, überirdische Existenz in absoluter Vereinzelung, die aber heimlich mit einem geradezu religiösen Gemeinschaftsgefühl rechnet. Kulturindustrie macht damit die Gegenprobe zur ästhetischen Erfahrung. Ihr Gesetz lautet: durch die vorgespiegelte Erfahrung totaler Macht mit seiner Ohnmacht sich abfinden.

Der wahre Begriff von Freiheit, wie ihn Kritische Theorie formuliert, verbirgt sich in dem von Erfahrung. Und er verbirgt sich, damit er weder der Ontologie noch der Kulturindustrie zum Opfer fällt; damit nicht vom Leibhaften abstrahiert werde. Adorno spricht darum über Freiheit gerne als einem Impuls, als Spontaneität – das bedeutet aber: ein Zustand soll möglich sein, in dem Freiheit nicht mehr gegen den Impuls gesetzt werden muß; in dem Freiheit fürs Individuum nicht mehr Leiden und Tod beinhaltet.

Dirk Braunstein

Die Erfahrung der Gesellschaft

Grundsätzliches zur philosophischen Erkenntnis

»Sicher ist aber, daß alle Stoffpartikel, die ich verwende, alle Sachverhalte, die ich darstelle, aus der Realität stammen und auf die Realität gerichtet sind. Ich verarbeite Erfahrungen, die ich in dieser Gesellschaft gemacht habe, und ich lege sie gegen diese Gesellschaft, die an ihren Konventionen fett geworden ist, an; aber natürlich weiß ich, daß sie sich von Büchern kaum aus ihren Gewohnheiten aufscheuchen läßt.«
Ror Wolf: *Meine Voraussetzungen*

Seit Bacon im frühen 17. Jahrhundert verschiedene Arten von Erfahrung ausmachte, sie typologisierte und systematisch als Instrument der Wissenschaft untersuchte, wird gemeinhin spontane von herbeigeführter und subjektive-errative von objektiv-verallgemeinerbarer Erkenntnis unterschieden.[1] Diese Zuteilung setzt bereits das gesamte Feld von Objektivität und Wahrheit gleich Wissenschaftlichkeit. Ohne dem Begriff Zwang anzutun, lassen sich zwei weitere Kategorien der Erfahrung ausmachen, die einander entgegenstehen: zum einen die phylogenetische Erfahrung, die die Menschheit oder doch Teile derselben im Laufe ihrer Geschichte machen und die kulturell, durch Tradition und Didaxe von Generation zu Generation übermittelt wird; zum anderen die ontogenetische Erfahrung, die jedes Subjekt für sich macht und die gerade nicht didaktisch vermittelt werden kann, soll sie denn nicht angedreht, sondern wirklich so unreglementiert sein, wie es der emphatische Begriff der Erfahrung bereits voraussetzt. Wenn etwa von der »Erfahrung des Totalitarismus«[2] die Rede ist, die ihre Wirkung als Lehre auch dann noch entfalten soll, wenn die totalitäre Herrschaft außer Kurs gesetzt ist, so wird jene erstere Art von Erfahrung benannt, während, wenn Adorno von der »Erfahrung der blind herrschenden

1) Vgl. etwa Dieter Wittich: Erfahrung. In: Historisch-kritisches Wörterbuch des Marxismus. Hrsg. von Wolfgang Fritz Haug. Berlin – Hamburg 1997. Bd. 3. Sp. 710-720, hier Sp. 710f.
2) Vgl. Alex Demirović: Die Erfahrung des Totalitarismus und die Realpolitik der Vernunft. Aspekte der Aktualität der Kritischen Theorie. In: Zeitschrift für kritische Theorie, 11, 2000, S. 93-102.

Totalität«[3] spricht, die die Subjekte nur jeweils aktuell und aufs neue machen können, die zweite gemeint ist. Wohl gibt es die Möglichkeit, Selbsterfahrenes anderen erfahrbar zu machen,[4] und Adorno ging es als akademischem Lehrer stets darum, Philosophie vor ihrer voreiligen Assimilierung mit den Wissenschaften[5] zu retten. »Wie kein anderer Lehrer machte Adorno das ›Mehr am Subjekt‹ vor, ohne das es [...] keine adäquate ›Stellung zum Objekt‹ gebe. Er ermutigte uns, zur eigenen ›idiosynkratischen‹, ›ungedeckten‹, ›fehlbaren‹ Erfahrung zu stehen«[6].

Auf diese Weise erhellt sich der Satz Adornos: »Wahr sind nur die Gedanken, die sich selber nicht verstehen.«[7] Er handelt davon, die Immanenz des Denkens mit einem ihm Neuen zu übersteigen, ohne daß sich Denken gleich als richterliche Instanz seiner selbst begrenzt. Ein Medium – neben der Kunst –, diese Gedanken zu entäußern, ist die Sprache. Sie ist nicht lediglich dazu da, eine möglichst widerspruchsfreie Theorie zu schmieden, sondern sie ist zugleich, gegen das Moment »der Stringenz, des objektiven Zwangs im Gedanken«[8], immanentes »Ausdrucksmoment der Philosophie: sagen, was einem aufgeht.«[9] Wenn vorgeblich darüber geschwiegen werden muß, wovon man nicht spre-

3) Theodor W. Adorno: Einleitung zum »Positivismusstreit in der deutschen Soziologie«. In: ders.: Gesammelte Schriften (im folgenden AGS). Hrsg. von Rolf Tiedemann. Frankfurt am Main 1970ff., Bd. 8, S. 280-353, hier S. 294.
4) Über die Literaturrezeption im gegenwärtigen Deutschunterricht sagt Rolf Tiedemann: »Nirgend anders als in der Durchdringung der Zellen, im insistenten Hinblick auf das Besondere, dem mikrologischen Eingehen auf die künstlerische Konkretion kann Kunst überhaupt erfahren werden; allererst ihre Erkenntnis fällt mit ihrer vollen Erfahrung zusammen. Von dieser elementarsten Einsicht aller – keineswegs nur der neueren – Ästhetik scheinen die Pädagogen des Deutschunterrichts schlechterdings ausgeschlossen.« Rolf Tiedemann: Kunst Erziehung Kunsterziehung. In: ders.: Niemandsland. Studien mit und über Theodor W. Adorno. München 2007, S. 271-288, hier S. 276f.
5) Vgl. Theodor W. Adorno: Zur Metakritik der Erkenntnistheorie. Studien über Husserl und die phänomenologischen Antinomien. AGS 5, S. 7-246, hier S. 49.
6) Irving Wohlfarth: Unterwegs zu Adorno, unterwegs zu sich. In: Stefan Müller-Doohm (Hrsg.): Adorno-Portraits. Erinnerungen von Zeitgenossen. Frankfurt am Main 2007, S. 40-94, hier S. 41.
7) Theodor W. Adorno: Minima Moralia. AGS 4, S. 218.
8) Theodor W. Adorno: Der wunderliche Realist. Über Siegfried Kracauer. AGS 11, S. 388-408, hier S. 389.
9) Ebd.

chen kann, so ist das kaum die halbe Wahrheit. »Die Wittgensteinsche Formulierung dichtet ihren Horizont dagegen ab, das vermittelt, komplex, in Konstellationen auszusprechen, was klar, unmittelbar nicht sich aussprechen läßt.«[10] Die Formel benennt womöglich ein Problem, ist aber nicht schon selbst dessen Lösung. Erfahrung gebietet, gerade dann zum Ausdruck gebracht zu werden, wenn sie sich nicht als zugerichtete nahtlos dem längst Gewußten einfügt. Sofern sich alle Probleme, der analytischen Philosophie gemäß, als solche der Sprache darstellen, steht Sprache selbst zur Disposition – wenngleich anders, als es sich Positivismus und Empirismus träumen ließen. Denn wenn die geschichtliche Kontinuität, für die die philosophischen Probleme stehen,[11] mit dem Hinweis gekappt wird, aus dem sprachlichen Gefüge der jeweiligen Frage gehe hervor, sie sei je schon falsch gestellt, dann spricht das dafür, daß jene Sprache so lange von möglicher Erfahrung bereinigt wurde, bis sie nicht einmal mehr semantisch adäquat formulieren kann, daß es so einfach nun auch wieder nicht ist. Dem ist jedoch nicht mit analytischer Philosophie beizukommen, sondern mit der Kritik an den Zuständen, die die Sprache so gemodelt haben, daß es so scheint, als sei jene Philosophie ihr adäquates Erkenntnismedium. Entsprechend entdeckt Adorno in der analytischen Philosophie »eine neue Gestalt des Obskurantismus«: »Diffamierung jeden wirklichen Denkens als unwissenschaftlich, die Hypostasis der wissenschaftlichen Methoden in einer etablierten Form anstelle jeder Sache, auf die es in der Philosophie überhaupt ankommt; mit anderen Worten, ein Abkürzungsweg in die Barbarei.«[12]

10) Adorno: Einleitung zum »Positivismusstreit in der deutschen Soziologie« AGS 8, S. 337.

11) »Die Geschichte der Philosophie ist eben im Unterschied zu der Geschichte anderer fachwissenschaftlicher Disziplinen nicht einfach die eines Fortschritts im Sinn der eindeutigen Lösung von Problemen; die Philosophie löst zwar Probleme, aber indem sie Probleme löst, wirft sie diese weg und vergißt sie und setzt andere an ihre Stelle, in denen jene wieder hervorkommen.« Theodor W. Adorno: Philosophische Terminologie. Zur Einführung. Bd. 2. Hrsg. von Rudolf zur Lippe. Frankfurt am Main 1974, S. 12.

12) Theodor W. Adorno: Philosophie und Soziologie. In: ders.: Nachgelassene Schriften (im folgenden NaS). Hrsg. von Theodor W. Adorno Archiv. Frankfurt am Main – Berlin 1993ff., Bd. IV.6, S. 387, Anm. 198.

Womöglich gibt es tatsächlich keine befriedigende Antwort auf die Frage nach dem richtigen Leben: »Die Frage ist, ob der Begriff des richtigen Lebens, der der Philosophie tradiert ist und an dem sie festhalten muß, wenn sie nicht zu einem bloßen Spiel mit sich selbst werden will, noch denkbar ist, jedenfalls in der alten Gestalt. [...] Ich würde sagen, daß in einer Gesamtverfassung des Daseins, in der wegen der immer durchsichtiger werdenden objektiven Verstrickungen die Möglichkeit eines richtigen Lebens eigentlich nicht mehr anzustreben ist, der alte Begriff der Philosophie als einer Anweisung zum richtigen [...] Leben nicht mehr ohne weiteres möglich ist.«[13] Erfahrung im emphatischen Sinne ist der Stachel wider jeglichen Positivismus und zieht zugleich die Demarkationslinie zwischen einem unbelebten Empirismus und dem, was gegebenenfalls noch ›Leben‹ heißen kann. Wer aber darauf hinweist, die Frage nach dem richtigen Leben sei bereits falsch gestellt und jeder Versuch, sie dennoch zu beantworten, führe folgerichtig in die Irre, darf sich nicht darüber wundern, wenn Philosophen nur mehr als realitätsferne Käuze gelten, die sich und ihresgleichen bloß jene Fragen beantworten, deren Zulässigkeit sie selbst zuvor geprüft haben. »Wissenschaftstheoretiker berufen sich gegen Gesellschaftstheoretiker etwa auf Kant, aber Kant wußte vom ›unhintertreiblichen‹ Fragebedürfnis der menschlichen Vernunft und stellte selbst unter anderem die Frage: ›Was sollen wir tun?‹. Er würde höchst erstaunt sein, wenn ihm bedeutet würde, daß seine eigene Antwort auf diese Frage nicht als wissenschaftlich angesehen werden könnte.«[14] Nicht nur explizit, sondern

13) Vgl. Theodor W. Adorno: Philosophische Terminologie. Zur Einführung. Bd. 1. Hrsg. von Rudolf zur Lippe. Frankfurt am Main 1973, S. 190.

14) Bernard Willms: Theorie, Kritik und Dialektik. In: Kurt Oppens et al.: Über Theodor W. Adorno. Frankfurt am Main 1968, S. 44-89, hier S. 49. – In der »Kritik der reinen Vernunft« heißt es: »Es gibt also eine natürliche und unvermeidliche Dialektik der reinen Vernunft, nicht eine, in die sich etwa ein Stümper, durch Mangel an Kenntnissen, selbst verwickelt, oder die irgend ein Sophist, um vernünftige Leute zu verwirren, künstlich ersonnen hat, sondern die der menschlichen Vernunft unhintertreiblich anhängt, und selbst, nachdem wir ihr Blendwerk aufgedeckt haben, dennoch nicht aufhören wird, ihr vorzugaukeln, und sie unablässig in augenblickliche Verirrungen zu stoßen, die jederzeit gehoben zu werden bedürfen.« Immanuel Kant: Kritik der reinen Vernunft. In: ders: Werke in sechs Bänden. Hrsg. von Wilhelm Weischedel. Wiesbaden 1956f., Bd. II, S. 311 [A 298 / B 354f.].

auch implizit: als allgegenwärtige Denkform herrscht ein Positivismus vor, der, was er selbst nicht ist, hausbacken als Idealismus oder nach alter Väter Sitte als Metaphysik abtut, als seien diese per se Irrlehren des Obskuren. Die aufgesetzte Polemik, mit der dies zu geschehen pflegt, die schlechte Sprache, mit welcher der ausgemachten Gegenseite ihre gefällige vorgeworfen wird, sind Anzeichen einer Abschottung von der Welt. Das Kreisen um sich selbst, das nur gelten läßt, was plausibel ist, indiziert die Erfahrungsarmut. Zwanghaft autoritär wird der bedachte Ausdruck noch ebenso vorgeworfen wie eine kluge Anordnung von Zitaten, so als sei dies nicht Resultat von Verantwortlichkeit, sondern eines unausgesprochenen Manipulationswillens. Die kaum schreiben können, gewiß nicht schreiben wollen, halten sich auf ihre Beschränktheit zugute, sie überzeugten nicht mit sprachlichen Spielchen, sondern mit einem Inhalt, von dem jeder immerhin wisse, was gemeint ist. Daß aber Sprache kein Spiel und Überzeugen nicht ihr Sinn ist, verkennen Positivismus wie analytische Philosophie gleichermaßen. Die Behauptung Adornos, das lax Gesagte sei schlecht gedacht,[15] trifft zu bei Sprechweisen, denen der korrekte Ausdruck systematisch versagt ist; etwa beim Akademismus, der seinen Stil – der keiner ist, weil er keine Variation kennt – auf jeden Inhalt klatscht. Das Resultat sind nicht lediglich Schlampereien, die noch Karl Kraus zur Verzweiflung getrieben hätten, sondern darüber hinaus Metaphern, an denen er die Verkommenheit der Welt bündig abgelesen hätte. Während sich die analytische Philosophie eine universelle Wissenschaftssprache konstruiert, um Scheinprobleme der Philosophie insgesamt auszumerzen, wird die wirkliche Welt, die dem Eingriff der Philosophie längst entglitten ist, unterdessen zur Phrase. Da er nicht der Form nachprüfbarer und diskursfähiger Theorie genügt, fällt auch der Essay, von Adorno für seine »Affinität zur offenen geistigen Erfahrung«[16] gerühmt, aus dem Kanon der Wissenschaftsliteratur, die freilich auch dementsprechend aussieht. Unbeirrt von ihren Gegenständen und den sich jeweils aus ihnen sich ergebenden Darstellungsproblemen, ist nicht nur den akademischen Pflichtübungen von Seminararbeiten bis hin zu Habilitationen die Leidenschaftslosigkeit anzumerken, die die Autoren an die Leser weitergeben, so als sei Lustfeindschaft die erste Bedingung haltbarer Erkennt-

15) Theodor W. Adorno: Negative Dialektik. AGS 6, S. 29.
16) Theodor W. Adorno: Der Essay als Form. AGS 11, S. 9-33, hier S. 21.

nis. Der gängige Jargon, zusammengeschraubt aus Terminologie und Phrase, ist – der kapitalistischen Produktionsweise angemessen –, Ausdrucksmittel einer resignativen bürgerlichen Kälte,[17] die dem eigenen Gedachten, der Sprache und dem Inhalt eigener Texte kaum noch ein Interesse entgegenzubringen vermag. Von keiner Erfahrung berührt, füllt auch der wohltemperierte Nachwuchs unemphatisch seine Publikationslisten mit entindividualisierter Prosa, als ob jeder noch so verdünnte Erfahrungsgehalt nicht in die Theorie, sondern allenfalls in jene Biographien zu fließen habe, die sich einseitig dem Menschen hinter der Theorie nähern wollen – und gerade damit die Theorien auf schlecht naive Weise von ihren Produzenten trennen. Objektive Erkenntnis hingegen wäre die Erkenntnis der Objektivität. Sie ist aber nur Individuen möglich, die sich ihrer individuellen Erfahrung nicht vorweg aus Gründen der vermeinten wissenschaftlichen Reinheit begeben, um ihr weiteres Dasein in einer Dichotomie von Wissenschaftler einerseits und

17) Innerhalb einiger »Notizen zur neuen Anthropologie« bemerkt Adorno: »Vielleicht ist die Kälte des neuen Typus und die ganze Neue Sachlichkeit eigentlich das nur verkleidete und verdeckte Urgestein der bürgerlichen Klasse selber. Im Grunde läßt die kapitalistische Produktionsweise ihrem reinen Sinn nach die Erfahrung überhaupt nicht zu, und die ganze bürgerliche Kultur ist eine Anstrengung, darüber zu betrügen. Vielleicht ist der Don Quixote schon der Ausdruck der Unmöglichkeit der Erfahrung. Das Neue heute ist auch anthropologisch das bürgerlich Alte. Das ist natürlich alles nur halbwahr, denn es gibt selbstverständlich einen bürgerlichen Erfahrungsbegriff auch mit den Elementen der Tradition, wie er z. B. bei Goethe und Schopenhauer vorliegt. Trotzdem ist mit der ganzen bürgerlichen Klasse etwas gestört in Bezug auf die Erfahrung. Vielleicht ist es dies, daß anstelle des Tradierbaren bei den Bürgern die Weisheit des ›immer dasselbe‹ tritt. Der Kern ihrer Erfahrung lautet: daß es nichts Neues geben kann. Das Neue ist aber der einzige Gegenstand der Erfahrung. [...] Die Individuen sind für sich und andere auswechselbar wie Glieder von Serienversuchen. Die Grausamkeit, das Vor-nichts-Zurückschrecken, auch sich selber gegenüber nicht, hängt damit aufs engste zusammen. Sehen, wie sich ein Mensch unter den und den Bedingungen verhält, z. B. wenn man ihn kastriert, ermordet oder auch, wie man dann selber reagiert. Der neue Typus ist inhaltlich das geworden, was er früher nur methodologisch war: das Subjekt der Naturwissenschaften. Freilich auch das Objekt.« Adorno: Individuum und Gesellschaft. Entwürfe und Skizzen. In: Frankfurter Adorno Blätter (im folgenden FAB). Im Auftrag des Theodor W. Adorno Archivs hrsg. von Rolf Tiedemann. Bd. VIII, München 2003, S. 60-94, hier S. 76.

Privatperson andererseits zu fristen. »Bei vielen Menschen ist es bereits eine Unverschämtheit, wenn sie Ich sagen.«[18] Dieser Satz, der Adorno billig den Vorwurf des Elitären eingebracht hat, bezieht sich auf die Tatsache, daß das Selbst, das erst zu Recht »ich« sagen könnte, eigener Erfahrung zu seiner Genese bedarf. Sie ist es, die Individuen erst individuiert: das Jeweilige des jeweiligen Einzelnen; niemand kann für sich erfahren *lassen*. Wer jedoch mit Erfahrungen anderer als Surrogat für die eigenen abgespeist wird – seitens der Eltern, Lehrer, der Kulturindustrie –, ohne sich derweil seiner selbst vergewissern zu können, wird schwerlich zu jenem Ich gelangen, das ihn von den anderen unterscheiden könnte.

Will Philosophie ihrer Aufgabe nachkommen, das, »worauf es ankäme, auszusprechen«[19], so heißt sagen, was einem aufgeht, zugleich sagen, was sich unmittelbar nicht kommunizieren läßt. »Zu widerstehen ist der fast universalen Nötigung, die Kommunikation des Erkannten mit diesem zu verwechseln und womöglich höher zu stellen, während gegenwärtig jeder Schritt zur Kommunikation hin die Wahrheit ausverkauft und verfälscht. An dieser Paradoxie laboriert mittlerweile alles Sprachliche. Wahrheit ist objektiv und nicht plausibel.«[20] Sollte das Sprechen lediglich Vermittlung sein, dann müßte es zugleich so sein, daß, was einem aufgeht, auch anderen aufgehen kann. Wie aber das Denken nur ohne Rücksicht auf seine Plausibilität und Kommunizierbarkeit zur Wahrheit gelangen kann, so kann sich auch Sprache, »Organon des Denkens«, wenn sie Wahrheit mitteilen will, nicht vorab von der Frage irre machen lassen, ob das Gesagte denn auch adäquat verstanden werde. Wenn die Inhaltsleere postmoderner Theorien, die die vorgeordnete Vereinzelung als Sieg der Partikularität feiern und der Philosophie gutgelaunt ihre alleingültige Wahrheit entgegensetzen, daß es keine alleingültige Wahrheit mehr gebe, einen Schluß zuläßt, dann den, daß Wahrheit offenkundig kein Konstruiertes ist, das sich, wenn man nur mal drüber spricht, von Fall zu Fall schon einstellen wird.

Ebensowenig läßt sich von einzelner Erfahrung unmittelbar zur Wahrheit gelangen: »Der Begriff der Erfahrung hat in den Schulen, die

18) Theodor W. Adorno: Minima Moralia. AGS 4, S. 55.
19) Theodor W. Adorno: Graeculus (II). Notizen zu Philosophie und Gesellschaft 1943-1969. FAB VIII, S. 9-41, hier S. 18.
20) Adorno: Negative Dialektik. AGS 6, S. 51f.

ihn emphatisch gebrauchen, der Tradition Humes, den Charakter von Unmittelbarkeit selbst zum Kriterium, und zwar von Unmittelbarkeit zum Subjekt. Erfahrung soll heißen, was unmittelbar da, unmittelbar gegeben, gleichsam rein von der Zutat des Gedankens und darum untrüglich sei. Diesen Begriff der Unmittelbarkeit aber, und damit den verbreiteten von Erfahrung, fordert die Hegelsche Philosophie heraus.«[21] Und mit ihm Adorno, der allerdings, anti-idealistisch, die Vermittlung weniger mit dem Geist beschwört, sondern die subjektive Erfahrung selbst als eine Kategorie der Gesellschaft begreift, mit der noch die Genese des Geistes vermittelt ist. Unreglementierte Erfahrungen zu machen heißt auch, die ureigensten Sensationen als Ausdruck internalisierter Gesellschaft zu begreifen. Dem Verdikt, die Erfahrung eines Einzelnen sei eben subjektiv, geschichtlich und kontingent, hält Adorno die Notwendigkeit entgegen, »ungeschmälert, ohne Mentalreservat zu erfahren, wovor die ausweichen, die sich die Maxime nicht rauben lassen wollen, es müsse nun einmal bei aller Philosophie etwas Positives herausschauen. Das Rimbaudsche ›Il faut être absolument moderne‹ ist kein ästhetisches Programm und keines für Ästheten, sondern ein kategorischer Imperativ der Philosophie. Der geschichtlichen Tendenz verfällt erst recht, was mit ihr nichts zu schaffen haben möchte.«[22] Gerade das Subjektive und das Geschichtliche an der Erfahrung ermöglichen es ihr, mehr zu sein als entweder schlechte Innerlichkeit im engen gotischen Zimmer oder aber Funktion einer Theorie, die bloß eins zu eins die Fakten abzubilden wünscht: »Eigentlich denkt der Denkende gar nicht, sondern macht sich zum Schauplatz geistiger Erfahrung, ohne sie aufzudröseln.«[23] Dies heißt aber nicht, daß es nach Adorno »[a]uf einem solchen Schauplatz [...] kein Subjekt mehr«[24] gäbe, sondern gerade in dieser Tätigkeit des Denkenden, »sich zum Schauplatz geistiger Erfahrung« zu machen, liegt die genuine Fähigkeit des Subjekts, Objektivität zu rezipieren. »In schroffem Gegensatz zum üblichen Wissenschaftsideal bedarf die Objektivität dialektischer Erkenntnis nicht eines Weniger sondern eines Mehr an Subjekt. Sonst verkümmert philosophi-

21) Theodor W. Adorno: Erfahrungsgehalt. AGS 5, S. 295-325, hier S. 298.
22) Theodor W. Adorno: Wozu noch Philosophie. AGS 10.2, S. 459-473, hier S. 473.
23) Theodor W. Adorno: Der Essay als Form. AGS 11, S. 21.
24) Peter Kalkowski: Adornos Erfahrung. Zur Kritik der kritischen Theorie. Frankfurt am Main 1988, S. 48.

sche Erfahrung.«[25] Es ist eben nicht, wie manche meinen, die Adorno dem Heidegger annähern wollen, das Denken, das bei Adorno denkt; es tritt nicht das »Subjekt [...] hinter das Sein (in diesem Fall hinter das Sein der Sprache) zurück«[26], sondern »das schrankenlose, bis zur Selbstpreisgabe gesteigerte Aufgeschlossensein für Erfahrung«[27] meint eine Dialektik geistiger Erfahrung, welche sich sowenig aus sich selbst speisen kann, wie Sprache eine ontologische Dignität unabhängig von den Individuen für sich beanspruchen kann: »Es ist, als ständen die Menschen unter einem geistigen Bann. Unfreiheit und Autoritätsglaube, wäre es auch bloß der an die Autorität dessen, was nun einmal ist, sind ins allgemeine Bewußtsein eingewandert. Niemand traut sich so recht an das Drängende, Brennende heran, von dem in Wahrheit doch alle wissen. Fast empfindet man den Gedanken, der über den Umkreis des Bestehenden und Approbierten hinausgeht, als Frevel. Da hält man sich denn lieber an den verfügbaren Vorrat, diskutiert, was einem zufällig in den Weg kommt, als wäre es gottgewollt, und freut sich im übrigen der Schärfe und Beweglichkeit des eigenen Geistes, ohne Rücksicht darauf, woran er sich wendet. Oftmals kann ich mich in all der Erregtheit und Bewegtheit des Eindrucks eines Schattenhaften, Unwirklichen nicht erwehren, eines Spieles des Geistes mit sich selber, der Gefahr von Sterilität. Offenbar will es dem Geist nur dann recht gelingen, wenn er sich nicht selber als seine eigene Erfüllung setzt, sondern bereit ist, an ein Anderes, außer ihm Seiendes sich zu verlieren: für allen Geist gilt das ›Wirf weg, damit du gewinnst!‹«[28]

Die Wahrheit einer Theorie hängt nicht davon ab, daß diese sich selbst objektiviert. Im Gegenteil ermöglicht erst die Vermitteltheit von Theorie mit der Geschichtlichkeit des theoretisierenden Subjekts das Erkennen von Wahrheit, die ihrerseits nur historisch gedacht werden kann. Nichts anderes meint die vielberufene Rede Benjamins vom »Zeitkern« der Wahrheit, »welcher im Erkannten und Erkennenden zugleich steckt«[29]. Zu Recht wurde bereits bemerkt, jenes Wort benen-

25) Adorno: Negative Dialektik. AGS 6, S. 50.
26) Ebd.
27) Adorno: Minima Moralia. AGS 4, S. 228.
28) Theodor W. Adorno: Die auferstandene Kultur. AGS 20.2, S. 453-464, hier S. 457.
29) Walter Benjamin: Das Passagen-Werk. In: ders.: Gesammelte Schriften (im

ne »den notwendigen Zusammenhang von Historizität und Wahrheitsgehalt. [...] Der ›Zeitkern‹ vermittelt Subjekt und Objekt in ihrer Geschichtlichkeit und stiftet damit eine Konstellation, in der ›Wahrheit‹, die weder zeitlos noch relativ ist, überhaupt erst erscheinen kann.«[30] Pointiert heißt dies, daß keine objektive Erkenntnis möglich ist, hinter der die erkennenden Subjekte verschwinden könnten, sondern daß es nur den individuierten Subjekten gegeben ist, objektive Erfahrungen zu machen; von einmal erkannter Objektivität läßt sich das Subjekt, welches erst erkannte, nicht einfach substrahieren, um so zu einer vermeinten reinen Objektivität zu gelangen: »[E]s zeigt uns unsere Erfahrung, daß unsere Erkenntnis sich keineswegs erschöpft in [der] Leistung der allgemeinen logischen Vernunft. Sondern es ist vielfach so, daß es ganze Schichten gibt, ganze Schichten der Erfahrung, die uns eigentlich nur zufallen gerade vermöge unserer Individuation, und durch unsere Individuation hindurch; daß es unendlich viele Bereiche gibt, in denen wir nur dann wirklich etwas wahrnehmen können, etwas erkennen können, wenn wir uns dabei als ganze Menschen, mit allem was wir an Erfahrung, an Trieb, an Regungen haben, in diese Erkenntnis selber einsetzen, anstatt daß wir von uns abstrahieren und uns zu [...] allgemeinen Subjekten machen.«[31] Erst das Subjekt, das sich der Objektivität überläßt, kann denkend jene Dialektik von Erfahrung und Verbindlichkeit zur Geltung bringen, die Adorno vorschwebt. »Erfahrung rangiert nicht über der Wirklichkeit, sondern wird im Wechselspiel von Subjekt und Gegenstand der Erfahrung erst realisiert. Was sie verbindet, ist nicht allein die Sprache der Menschen. Auch die Dinge sprechen die Subjekte an, alle ihre Sinne. Auf diese Dingsprache, auf die im Wirklichen schlummernden Prozesse ist das Subjekt angewiesen. Die Dinge wahr nehmen heißt, ihnen Hinweise darauf abzunehmen, wohin sie

folgenden BGS). Hrsg. von Rolf Tiedemann und Hermann Schweppenhäuser. Frankfurt am Main 1972ff., Bd. V, S. 578 [N 3,2].

30) Magnus Klaue: Vom Geschmack zur Idiosynkrasie. Zum Wandel von Geschmacksurteil und ästhetischer Erfahrung in der Kulturindustrie. In: Dirk Braunstein, Sebastian Dittmann, Isabelle Klasen (Hrsg.): Alles falsch. Auf verlorenem Posten gegen die Kulturindustrie. Berlin 2012, S. 111-166, hier S. 166, Anm. 83.

31) Theodor W. Adorno: Vorlesung zur Einleitung in die Erkenntnistheorie. Frankfurt am Main o.J. [1973] (Raubdruck), S. 117; vgl. Ute Guzzoni: Sieben Stücke zu Adorno. Freiburg – München 2003, S. 47, Anmerkung.

von sich aus tendieren.«[32] Wenn dagegen etwa von oben herab – und ohne einen Nachweis, der auch schwerlich beizubringen ist – behauptet wird, »Adorno stellte die ›Erfahrungen einzelner‹ der Wissenschaft abstrakt entgegen«[33], dann wird jene Dialektik offensichtlich kraß verkannt.[34] Denn selbstverständlich stellt Adorno diese der Wissenschaft nicht »abstrakt entgegen«, sondern plädiert für eine Wissenschaft, die sich der Erfahrung gegenüber nicht abdichtet. Diese »Dialektik muß auf der einen Seite immer schon die Daten, mit denen sie es zu tun hat, an der Theorie messen, sie also nicht einfach naiv hinnehmen als das, als was sie sich selbst geben, sondern versuchen, sie durchsichtig zu machen auf jenes Ganze, das durch die Theorie vermittelt ist; sie muß aber auf der anderen Seite auch ebenso die Theorie offenhalten gegenüber den spezifischen Erfahrungen, an denen sie sich eigentlich nährt und denen gegenüber sie nun auch genausowenig etwas Festes und etwas Abschlußhaftes auszumachen hat.«[35]

Man will etwas, woran man sich halten kann. »Das Kriterium des Unbestreitbaren, eines Eigentums, das einem nicht soll entrissen werden können, rückt an die Stelle des Gewichts der Einsicht; ihre Mittel, eben die Methode wird zum Selbstzweck, gemäß einer gesellschaftlichen Gesamttendenz, die dem Für anderes, dem Tauschwert, den Primat über jegliches An sich, jeglichen Zweck verschafft. Trotz aller Bekenntnisse zur Empirie wird neuer, der Erfahrung entstammender Inhalt als Störenfried der Methode empfunden. Ihn wehrt man ab, indem man jene mit puritanischer Reinheitswut exekutiert: um keinen Preis darf etwas methodisch inkorrekt und darum potentiell falsch sein, wenngleich

32) Klaus Binder: Von der Materialität der Schrift. Notizen bei der Lektüre Walter Benjamins. In: Matthias Lutz-Bachmann und Gunzelin Schmid Noerr (Hrsg.): Kritischer Materialismus. Zur Diskussion eines Materialismus der Praxis. Für Alfred Schmidt zum 60. Geburtstag. München – Wien 1991, S. 178-197, hier S. 181.
33) Christoph Henning: Philosophie nach Marx. 100 Jahre Marxrezeption und die normative Sozialphilosophie der Gegenwart in der Kritik. Bielefeld 2005, S. 337.
34) Dialektik ist für Christoph Henning sicherheitshalber »eine Leerformel, hinter der sich ein spätidealistisches Denken verschanzte« (ebd.). Man darf vermuten, daß sich diese uninformierte These einer Theoriestrategie verdankt, die dem Betrieb nur das zufüttern will, was der auch widerstandslos zu schlucken bereit ist.
35) Theodor W. Adorno: Einführung in die Dialektik. In: ders.: Nachgelassene Schriften (im folgenden NaS). Hrsg. von Theodor W. Adorno Archiv. Frankfurt am Main – Berlin 1993ff., Bd. IV.2. Hrsg. von Christoph Ziermann, S. 141.

nichts Relevantes anders sich erkennen läßt als in einem Denken, das auch falsch sein könnte.«[36] Positivität – soviel ist aktuell am letztlich unausgetragenen Positivismusstreit, der unterdessen kampflos zugunsten der Gegner Adornos entschieden ist – ist stets noch der Kern einer wissenschaftlichen Erkenntnis, die sich nur dann als wahrheitsmächtig erachtet, wenn sie nachprüfbar und reproduzierbar ist. Sie gehorcht dem »keineswegs selbstverständliche[n] Bedürfnis nach absoluter geistiger Sekurität – denn warum eigentlich sollte das spielerische Glück des Geistes vom Risiko des Irrtums gemindert werden?«[37]

Dabei gerät die positivistische Verfahrensart in einen unausgesprochenen und einseitigen Subjektivismus: Ihre Resultate sollen jeweils von jedem Individuum nachvollzogen werden können; auf diese Weise würden dann objektive Erkenntnisse möglich: unvermittelt, als Gesamterkenntnis der Menschen, die schlecht naiv als Einzelne betrachtet werden, tauchen jene objektive Vernunft sowie jene Gesellschaft wieder auf, die bereits als nicht verifizierbar und also metaphysisch ad acta gelegt wurden. Konsequent wird die Forderung, sich dem zu öffnen, was die Phänomene »von sich aus zu sein beanspruchen«[38], von jenem naiven und innerlichen Positivismus in die Sphäre der Innerlichkeit und des Naiven verbannt, um den Phänomenen ungehindert mitzuteilen, was Sache ist. Gegen diesen Schematismus, der die Erfahrungen filtert und nur Approbiertes durchläßt, wendet sich Kritische Theorie, indem sie versucht, »ungedeckt in die Sache sich zu verlieren, wie es verlangt ist, wenn Erkenntnis mehr sein soll als der selbstgenügsame Leerlauf ihrer prästabilierten Apparatur.«[39]

Wenn es einen Fortschritt jener Menschheit geben soll, die noch gar keine ist, weil sie ihrem Begriff nicht entspricht, dann wird er durch die Erfahrung Einzelner möglich, die den Mythos durch Hinzufügen eines ihm anderen aufhöbe; damit, was ist, nicht alles bleibt. »Das Prinzip der Immanenz, der Erklärung jeden Geschehens als Wiederholung, das die Aufklärung wider die mythische Einbildungskraft vertritt, ist das des

36) Theodor W. Adorno: Einleitung zu Emile Durkheim, »Soziologie und Philosophie«. AGS 8, S. 245-279, hier S. 264.
37) Theodor W. Adorno: Zur Metakritik der Erkenntnistheorie. AGS 5, S. 23.
38) Adorno: Negative Dialektik. AGS 6, S. 48.
39) Theodor W. Adorno: Henkel, Krug und frühe Erfahrung. AGS 11, S. 556-566, hier S. 558.

Mythos selber. Die trockene Weisheit, die nichts Neues unter der Sonne gelten läßt, weil die Steine des sinnlosen Spiels ausgespielt, die großen Gedanken alle schon gedacht, die möglichen Entdeckungen vorweg konstruierbar, die Menschen auf Selbsterhaltung durch Anpassung festgelegt seien – diese trockene Weisheit reproduziert bloß die phantastische, die sie verwirft; die Sanktion des Schicksals, das durch Vergeltung unablässig wieder herstellt, was je schon war. Was anders wäre, wird gleichgemacht. Das ist das Verdikt, das die Grenzen möglicher Erfahrung kritisch aufrichtet.«[40] Die Erfahrung, die bis dato gemacht wurde, läßt sich im Medium etablierter Wissenschaftlichkeit gerade *nicht* ausdrücken; auch nicht in der Geschichtsschreibung. Daß sich, nochmals, Erfahrung zwecks ihrer Vermittlung also atheoretischer Medien bedienen muß – wie der Kunst, der Musik und der Literatur –, ist ihr, seit das Andere der Wissenschaft zur Spinnerei wurde, schlecht bekommen. Nachdem der Ausgang der Menschheit aus selbstverschuldeter Mündigkeit kaum noch auf der Tagesordnung steht und, wenn schon, dann nicht mehr von Aufklärung, sondern von Wissenschaft erhofft wird, macht sich die unreglementierte Erfahrung zum Gespött derer, denen die Rezeption von Kunst und Literatur Zeitverschwendung ist, weil sie sich nicht betrieblich verwenden läßt. Das Gegenstück zu solcher Ökonomisierung allen Handelns wäre eine Bildung, die sich ihrer Gegenstände nicht um des Bescheidwissens und Dabeiseins willen nähert. Allerdings, Bildung setzt Erfahrung voraus, die wiederum Bildung. Wer ohne sie an der sogenannten höheren Kultur teilnehmen will und erwartet, ihre Güter schenkten von sich aus so etwas wie ästhetische Erfahrung, wird sich schnell als Banause vor Werken wiederfinden, die ihm nichts sagen oder aber vor nichtssagenden Werken, die ihre Konsumenten bereits vorab als jene Banausen bedienen, zu denen die Ungebildeten gesellschaftlich gemodelt werden. Die Fähigkeit zu geistiger Erfahrung, nicht nur zu ästhetischer, bedarf der Muße. Wenngleich sie ihrem eigenen Begriff nach unökonomisch und dem Kalkül von Mittel und Zweck entgegengesetzt ist, werden der Erfahrung in der durch und durch ökonomisierten Gesellschaft ihre Grenzen nach Maßgabe von Zeit und Geld gesetzt: sie kostet. Dieses menschenunwürdige Privileg beim Namen zu nennen, wird Adorno gerne von denen vorgeworfen,

40) Max Horkheimer und Theodor W. Adorno: Dialektik der Aufklärung. Philosophische Fragmente. AGS 3, S. 7-296, hier S. 28.

die wohlgesinnt dekretieren, die Ungebildeten sollten sich halt mit der Erfahrung Ungebildeter bescheiden; ihnen mehr zuzumuten, setze die eigene Position absolut. »Während das Argument demokratisch sich gebärdet, ignoriert es, was die verwaltete Welt aus ihren Zwangsmitgliedern macht. Geistig können nur die dagegen an, die sie nicht ganz gemodelt hat. Kritik am Privileg wird zum Privileg: so dialektisch ist der Weltlauf. Fiktiv wäre es, zu unterstellen, unter gesellschaftlichen Bedingungen, zumal solchen der Bildung, welche die geistigen Produktivkräfte gängeln, zurechtstutzen, vielfach verkrüppeln; unter der vorwaltenden Bilderarmut und den von der Psychoanalyse diagnostizierten, keineswegs indessen real veränderten pathogenen Prozessen der frühen Kindheit könnten alle alles verstehen oder auch nur bemerken. Würde das erwartet, so richtete man die Erkenntnis nach den pathischen Zügen einer Menschheit ein, der die Möglichkeit, Erfahrungen zu machen, durchs Gesetz der Immergleichheit ausgetrieben wird, sofern sie sie überhaupt besaß. Die Konstruktion der Wahrheit nach Analogie einer volonté de tous – äußerste Konsequenz des subjektiven Vernunftbegriffs – betröge im Namen aller diese um das, dessen sie bedürfen.«[41] Die bildungspolitische Bemerkung Adornos: »Man kann die Schule nur von der Gesellschaft her ändern, aber man muss die Gesellschaft von der Schule her ändern«[42], spricht diesen Sachverhalt treffend aus.

Daß sich die Kritische Theorie auf die verordnete Dichotomie von Erfahrungsgehalt und Theorie nicht einläßt, wird ihr als Manko angekreidet. So will Michael Walzer ein »Beispiel schlechter Gesellschaftskritik«[43] geben und bemüht dazu einen Passus aus einem Vortrag Horkheimers, »Bedrohungen der Freiheit«, von 1965, in dem es heißt: »Das Überqueren der Straße war um 1900 Angelegenheit der Person. Man schaute nach rechts und links, hörte auf den Hufschlag der Pferde und ging, nach eigenem Entschluß, langsam oder rasch, gerade oder schräg auf die andere Straßenseite. Heute blicken zwanzig, dreißig Augenpaare

41) Adorno: Negative Dialektik. AGS 6, S. 51.
42) Theodor W. Adorno et al.: Diskussion über Adornos »Tabus über dem Lehrberuf«. In: Pädagogische Korrespondenz. Zeitschrift für kritische Zeitdiagnostik in Pädagogik und Gesellschaft, 28, Winter 2001/2002, S. 32-44, hier S. 36.
43) Michael Walzer: Mut, Mitleid und ein gutes Auge. Tugenden der Sozialkritik und der Nutzen von Gesellschaftstheorie. In: Deutsche Zeitschrift für Philosophie, 48, 5, 2000, S. 709-718, hier S. 712.

auf die Ampel oder auf den Schutzmann und gehorchen dem Befehl. Die Signale, denen die Autofahrer gehorchen, sind sehr viel mehr; sie verordnen nicht nur Stillstand und Bewegung, sondern Tempo, Fahrtrichtung. In großen Ländern ist die Form der Kurve abgebildet, in die man einbiegt, so daß der kleinen Zeichnung in den nächsten Sekunden einfach stattzugeben ist. Die Fußgänger sind eine Gruppe wie die Fahrer, und beide reagieren auf die Weisung, ohne die sie selber nicht zu denken wären.«[44] Dies ist der Ausschnitt, den Walzer zitiert,[45] und ohne weiteres läßt sich hier erkennen, worum es Horkheimer ging: Die Gegenüberstellung von alltäglichen Erfahrungen soll ein Beispiel für die fortschreitende Durchrationalisierung des Alltags der Menschen abgeben. Zu problematisieren wäre womöglich, ob die Einfachheit des Dargelegten nicht einem Kulturpessimismus das Wort redet, der sich auch mit der Reaktion darauf einigen kann, daß früher halt alles besser war, aber Walzer hadert mit der wissenschaftlichen Redlichkeit des Vortrags selbst, wenn er sagt: »Diese Passage könnte, denke ich, das Resultat einer empirischen Studie sein, aber offensichtlich ist sie dies nicht. Es handelt sich eher um eine erdachte Szene, und sie ist nicht einmal sehr gut erdacht.«[46] Noch eher allerdings handelt es sich um gar keine Szene, sondern um die Auskunft einer Erfahrung, wie sie jeder machen konnte, der sowohl um 1900 als auch um 1965 ohne weitere Hintergedanken die Straße überquerte. Die Blindheit, mit der auftrumpfend gesehen wird, daß das Beispiel Horkheimers gar nicht »einer empirischen Studie« entstammt, ist eine für die Wirklichkeit überhaupt. Wäre bloß wahr, was sich erst einer Studie entnehmen läßt, nicht aber das, was sich abseits experimenteller Anordnungen abspielt, wäre Erfahrung tatsächlich lediglich Zeugin der Unwahrheit. Da dies – wie auch einräumen wird, wer sich der Realität vorzugsweise mit Fragebögen nähert – offensichtlich nicht der Fall ist, läßt sich Theorie, auch eine erfahrungsgesättigte, selbst als Teil jener vermeintlichen Einzelsphäre ausmachen, die Bourdieu als »Küche der Empirie« bezeichnete, um Adorno vorwerfen zu können, er habe sich geweigert, in ihr »seine Hände

44) Max Horkheimer: Bedrohungen der Freiheit. In: ders.: Gesammelte Schriften. Hrsg. von Alfred Schmidt und Gunzelin Schmid Noerr. Frankfurt am Main 1985ff., Bd. 8. Hrsg. von Gunzelin Schmid Noerr, S. 262-279, hier S. 278.
45) Vgl. Walzer: Mut, Mitleid und ein gutes Auge, S. 712.
46) Ebd., S. 712f.

zu beschmutzen«[47]. Empirie jedoch ist kein Ort, an dem schmackhafte Theorien zubereitet werden, sondern Theorie ist in ihr zu verorten.

Adornos Philosophie, die, wie er sagt, »auf der einen Seite es sich nicht anmaßt, der unendlichen Gegenstände mächtig zu sein, auf der anderen aber auch nicht sich selbst endlich macht, – eine solche Philosophie wäre soviel wie die volle, unreduzierte Erfahrung im Medium der begrifflichen Reflexion oder, wie man es wohl auch nennen darf, sie wäre soviel wie geistige Erfahrung. Indem ich hier den Erfahrungsbegriff gebrauche, merke ich an, daß die Wendung, die ich vollziehe oder zu der ich einige Beiträge leisten möchte, in einer etwas vertrackten Weise auch eine Rettung des Empirismus einschließt: das heißt, daß es sich hier ja immer prinzipiell um eine Erkenntnis von unten nach oben und nicht um eine von oben nach unten, um ein Sichüberlassen und nicht um ein Deduzieren handelt, – allerdings mit einem ganz anderen Charakter, einem ganz anderen Erkenntnisziel, als das in den empiristischen Richtungen der Fall ist. [...] Ich würde sage, man müßte nur diesem Begriff der geistigen Erfahrung« – wie er »den Denkern zwischen Fichte und Hegel« vorschwebte – »nachgehen, ja, ich möchte beinahe sagen: man müßte nur das wirklich und in allem Ernst tun, was die Idealisten eigentlich immer nur ›angezeigt‹ haben [...], um auf diese Weise aus der idealistischen Sphäre herauszukommen. Die Inhalte dieser Erfahrung – und auch das klingt ganz nominalistisch – sind also mit dem Erfahrungsbegriff, wie er sich gegen die Deduktion pointiert, identisch. Die Inhalte einer solchen Erfahrung sind keine Exempel für Kategorien, sondern sie werden gerade dadurch relevant, daß an ihnen jeweils ein *Neues* aufgeht, – während der Fehler des gesamten gängigen Empirismus, des gesamten gängigen Erfahrungsbegriffs mir der zu sein scheint, daß diese empiristische Philosophie als Erkenntnistheorie genau die Möglichkeit der Erfahrung eines Anderen, prinzipiell Neuen abschneidet durch ihre Spielregeln, auf die es in den heroischen Zeiten des Empirismus, in der überschwenglichen empiristischen Philosophie von Bacon etwa, einmal abgesehen gewesen ist.«[48] Adorno will das Denken

47) Pierre Bourdieu: Die feinen Unterschiede. Kritik der gesellschaftlichen Urteilskraft. Frankfurt am Main 1982, S. 798. Auf die, vor allem anderen bereits historische, Unhaltbarkeit dieser und der folgenden Annahmen Bourdieus soll hier nicht eigens eingegangen werden.
48) Theodor W. Adorno: Vorlesung zur Negativen Dialektik. NaS IV.16. Hrsg.

aus dem Bannkreis des Identitätsprinzips befreien, das nichts anderes als das je schon Bekannte zuläßt. Aber »Denken ist dem eigenen Sinn nach Denken von etwas«[49], und erst Erfahrung gibt dem Denkenden jenes Etwas als Material. Auf diese Weise wohnt dem Denken ein »materialistisches Moment«[50] inne, welches Subjekt und Objekt vermittelt. Um diese Vermittlung nicht ihrerseits wieder zu verabsolutieren und als Letztes zu setzen, ist auch sie noch in die Dialektik von Denken und Erfahrung miteinzuholen. »Allein Erfahrung, Erfahrung als solche langt nicht zu; erst wo die Erfahrung zu einer geistigen wird, auch sie ein ›Hinzutretendes‹, ohne das negative Dialektik nicht auskommt, vermag das Seiende jene hinfälligen ›Spuren des Anderen‹ preiszugeben, zerbrechliche Hinweise darauf, daß ›das, was ist, doch nicht alles ist‹.«[51] Soll Erkenntnis mehr sein als ein tautologischer Akt, in dem das, was an Geist investiert wurde, nun als Resultat herausspringt, muß Erfahrung hinzutreten, die erst das Denken aus dem Bann des Mythos hinauszuführen. Damit Vernunft ihre eigene Immanenz transzendiert, bedarf sie eines ihr Äußerlichen; etwas, das auch, aber doch nicht nur subjektiven Charakters ist. »Das irrationale Moment, das dem eignen mag, ist dennoch weit entfernt, sich dem Irrationalismus anzuvertrauen, vielmehr: ›Philosophisch denkt, wer geistige Erfahrung erhärtet an der gleichen Konsequenzlogik, deren Gegenpol er inne hat. Sonst bliebe geistige Erfahrung rhapsodisch. So allein wird Nachdenken zu mehr als wiederholender Darstellung des Erfahrenen.‹ Damit ist aber nichts anderes gesagt, als daß geistige Erfahrung keineswegs in einem gelockerten Verhältnis zur Begrifflichkeit sich einrichten kann, sondern nur um so stringenter an Diskursivität und Rationalität sich auszuweisen hat.«[52] Erfahrung wäre das Antidot sowohl gegen »ein wildes

von Rolf Tiedemann, S. 122f.
49) Adorno: Negative Dialektik. AGS 6, S. 44.
50) Helga Gripp: Theodor W. Adorno. Erkenntnisdimensionen negativer Dialektik. Paderborn. 1986, S. 118.
51) Rolf Tiedemann: Nachbemerkung des Herausgebers. NaS IV.16, S. 335-346, hier S. 341. Zum Status des ›Hinzutretenden‹ innerhalb der »Negativen Dialektik« vgl. Eckart Goebel: Das Hinzutretende. Ein Kommentar zu den Seiten 226 bis 230 der ›Negativen Dialektik‹. In: FAB. IV, S. 109-116.
52) Tiedemann: Nachbemerkung des Herausgebers, S. 341; Adorno wird zitiert nach: Anmerkungen zum philosophischen Denken. AGS 10.2, S. 599-607, hier S. 606.

Drauflosdenken«[53] nach Art lebensphilosophischen Schwadronierens von ganzheitlicher Erfahrung als auch gegen die Einzementierung des Denkens in ein System. Während letzteres dem Positivismus »ein Erstrebenswertes, ›Positives‹« ist, ist es »den Dialektikern, real nicht weniger als philosophisch, der Kern des zu Kritisierenden.«[54] Das bestehende System, »als reale, doch abstrakte Zusammenfassung eines keineswegs unmittelbar, ›organisch‹ Verbundenen«[55], hat Theorie, die sich nicht mit der Katalogisierung des Bestehenden zufriedengeben mag, durch die Einbeziehung von Erfahrungsgehalten zu übersteigen. Adorno würde dementsprechend »nicht zögern, die Idee einer dialektischen Lehre von der Gesellschaft als etwas, ja, wie die Wiederherstellung oder, ich will es bescheidener sagen, die Anstrengung zu definieren, die Erfahrung, die uns eigentlich von dem sozialen System selbst ebenso wie von den Regeln der Wissenschaft versagt wird, wiederherzustellen.«[56]

Hegel erkannte die Unmittelbarkeit als eine vermittelte,[57] vermittelt nämlich durch den Geist, der als Totalität eine absolute Vermittlungsinstanz ist, insofern auch für die Unmittelbarkeit; Adorno wendet diese idealistische Konzeption seinerseits materialistisch, indem er die Gesellschaft an die Stelle des absoluten Geistes setzt. Auf diese Weise ist auch das scheinbar Unvermittelte gesellschaftlich vermittelt: durch Praxis. Adorno sagt, »daß wir also im Grunde eher das System kennen, in dem wir leben, daß wir eher die Wirklichkeit an uns erfahren, in die wir eingespannt sind, als daß wir spezifische einzelne Situationen erfahren würden, von denen aus wir dann zu einer Ansicht, zu einem Begriff von der Totalität, in der wir leben, allmählich aufsteigen. Das Einzelne seinerseits ist gegenüber der Totalität unserer Erfahrungen ganz ebenso ein Abstraktionsprodukt, wie auf der anderen Seite [...] das Ganze auch seinerseits wieder ein Abstraktionsprodukt ist gegenüber den einzelnen

53) Theodor W. Adorno: Einleitung in die Soziologie. NaS IV.15. Hrsg. von Christoph Gödde, S. 91.
54) Theodor W. Adorno: Einleitung zum »Positivismusstreit in der deutschen Soziologie«. AGS 8, S. 308.
55) Ebd., S. 321.
56) Adorno: Einleitung in die Soziologie. NaS IV.15, S. 90.
57) Vgl. Georg Friedrich Wilhelm Hegel: Phänomenologie des Geistes. In: ders.: Werke. Frankfurt am Main 1969ff. Hrsg. von Eva Moldenhauer und Karl Markus Michel. Bd. 3, S. 39.

Momenten, die darin enthalten sind. Es gibt keine unmittelbare Einheit zwischen beiden, sondern eben das Verhältnis eines Prozesses.«[58]

Die Frage ist dann, wie die Subjekte diese Praxis erkennen könnten. Lukács hatte seinerzeit das Proletariat erwählt: es sei, als identisches Subjekt-Objekt, objektiv in der Lage, die Totalität unmittelbar zu erkennen. Damit fällt die Vermitteltheit der Unmittelbarkeit aber wieder fort. Adorno hingegen setzt auf eine Theorie, die sich nicht aus sich heraus spinnt, die keine Systemphilosophie ist, sondern die gesellschaftliche Erfahrung als Vermittlungsinstanz von Erkenntnis miteinbezieht: »Im Erkenntnisvollzug abstrahiere ich von meiner Individualität ebenso wie von der meines Gegenstandes. Dieser ist von vorneherein als meiner Verfügung anheimgegebenes bloßes Objekt meines Erkennens (und meines Handelns bzw. Behandelns) angesetzt. Eine *Erfahrung* dagegen mache ich *mit* einem Menschen, mit mir selbst, mit einer Sache, indem ich mich auf mein jeweiliges Gegenüber einlasse, mit ihm mitgehe, es zum Sprechen bringe.«[59] Gegen die so häufig erhobene Forderung, die Kritische Theorie müsse doch gefälligst praktisch werden, andernfalls sei sie quietistisch und arbeite dem Bestehenden zu – als ob eine gesellschaftskritische Theorie von sich aus eine gesellschaftsverändernde Praxis herbeiführen könnte; ein Mißverständnis, an dem bereits der orthodoxe Marxismus gescheitert ist –, wird mit jener »Wahlverwandtschaft von Erkennendem und Erkanntem«[60] benannt, wie die Praxis zuerst Kritische Theorie evoziert. Der Begriff der »Wahlverwandschaft« bezeichnet im Kern, worauf es Adorno beim Vorgang der Erfahrung ankommt: daß sie sich nicht unter Zwang vollzieht und daß das erfahrene Andere des Subjekts doch kein uneinholbar Anderes ist. Freiheit und mimetisches Verhalten sind die Bedingungen der Möglichkeit gelungener Erfahrung. »Denken als Enzyklopädie, ein vernünftig Organisiertes und gleichwohl Diskontinuierliches, Unsystematisches, Lockeres drückt den selbstkritischen Geist von Vernunft aus. Er vertritt, was dann aus der Philosophie, ebensowohl durch ihren anwachsenden Abstand von der Praxis wie durch ihre Eingliederung in den akademischen Betrieb, entwich, Welterfahrung, jenen Blick für

58) Adorno: Einführung in die Dialektik. NaS IV.2, S. 137f.
59) Guzzoni: Sieben Stücke zu Adorno, S. 45.
60) Adorno: Negative Dialektik. AGS 6, S. 55.

die Realität, dessen Moment auch der Gedanke ist. Nichts anderes ist Freiheit des Geistes.«[61]

Geist hingegen, von der Notwendigkeit gebändigt, sich der Gesellschaft anzupassen, treibt sich die Fähigkeit zur Erfahrung systematisch aus. Aus Erfahrung klug werden nur mehr jene Kinder, deren sadistische Eltern sie sich einmal am Herd verbrennen lassen, damit sie lernen, daß man sich am Herd verbrennen kann. Erfahrung soll an die Realität anpassen, nicht sie individuell übersteigen. Wenn es in der »Dialektik der Aufklärung« heißt: »Furchtbares hat die Menschheit sich antun müssen, bis das Selbst, der identische, zweckgerichtete, männliche Charakter des Menschen geschaffen war, und etwas davon wird noch in jeder Kindheit wiederholt«[62], dann stellt sich die erschreckende Frage, was in jeder Kindheit denn *nicht* wiederholt würde. Durkheim hat, um seine Definition des ›contrainte sociale‹, des sozialen Zwangs, »durch eine bezeichnende Erfahrung zu erhärten«, eine für seine Zeit bemerkenswerte Beobachtung mitgeteilt: »Betrachtet man die Tatsachen, wie sie sind und wie sie immer waren, so liegt es auf der Hand, daß die ganze Erziehung in einer ununterbrochenen Bemühung besteht, dem Kinde eine gewisse Art zu sehen, zu fühlen und zu handeln aufzuerlegen, zu der es spontan nicht gekommen wäre. Von Geburt an zwingen wir es, regelmäßig zu bestimmten Stunden zu essen, zu trinken und zu schlafen, zwingen es auch zur Reinlichkeit, zum Stillsein und Gehorsam. Später zwingen wir es, Rücksicht zu nehmen, Anstand und guten Ton zu wahren, zwingen es zur Arbeit usw. Wenn mit der Zeit dieser Zwang nicht mehr empfunden wird, so geschieht dies deshalb, weil er nach und nach Gewohnheiten und innere Tendenzen zur Entstehung bringt, die ihn überflüssig machen: aber sie ersetzen ihn nur, weil sie ja von ihm herstammen.«[63] Dem Kind, das sich im Zuge dessen seine Idiosynkrasien bewahrt, das sich freut, sorgt oder gar ängstigt, ohne daß anderen unmittelbar die Ursache seiner Äußerungen einsichtig wäre, läßt sich hingegen bescheinigen, es habe halt eine emotionale Anpassungsstörung. Mit ihrer Erfahrung wird den Individuen zugleich ihre Individualität ausgetrieben, und dies schickt sich nur zu gut in die Ver-

61) Ebd., S. 40.
62) Horkheimer und Adorno: Dialektik der Aufklärung. AGS 3, S. 50.
63) Emile Durkheim: Die Regeln der soziologischen Methode. Hrsg. und eingeleitet von René König. Frankfurt am Main 1980, S. 108f.

sagung, »die im Denken, bis in seinen pur formalen Charakter hinein, sich verlängert«[64]; letztlich ins Asketische einer reinen Philosophie, die nichts als Philosophie sein und ansonsten vom Subjekt und dessen Erfahrungen nichts mehr wissen will. Solche Philosophie verlängert die sozial produzierte Erfahrungsarmut, die die Subjekte auch ohne die unterlassene Hilfe jener Philosophie bereits erleiden.

Die Individuen, die unterm erzliberalen Spätkapitalismus zu bloßen Mitgliedern derjenigen Gesellschaft gemacht werden, von denen ihnen Erzliberale versichern, daß es sie nicht gebe, erfahren die Gesellschaft nur noch als Zwang. Praxis wartet nicht darauf, daß sie von der Theorie eingeholt wird, sondern drängt sich auf als realer Widerstand der vorgeordneten Allgemeinheit den besonderen Subjekten gegenüber. »Ich bin«, erklärt Durkheim, »nicht gerade verpflichtet, mit meinen Landsleuten französisch zu sprechen, auch nicht, die gesetzliche Währung zu gebrauchen. Und doch ist es unmöglich, daß ich anders handle. Ein Versuch, mich dieser Notwendigkeit zu entziehen, müßte elendiglich scheitern. Nichts hindert einen Industriellen daran, mit den Methoden eines anderen Jahrhunderts zu arbeiten. Er soll es aber nur tun. Sein Ruin wäre sicher. Selbst wenn ich mich in der Tat von diesen Regeln befreien und sie mit Erfolg verletzen kann, bleibt mir doch der Kampf gegen sie nicht erspart. Und selbst wenn sie endgültig überwunden werden, spürt man ihre Zwangsgewalt an dem Widerstand, den sie einem entgegensetzen.«[65] Gesellschaft wird so, als Totalität, erfahren »an dem Moment des Widerstandes, an dem, wo es nicht weitergeht, wo man entweder in eine zähe Masse greift oder, noch wahrscheinlicher, seinen Kopf an einer Mauer einrennt. Das ist eigentlich die Art, in der man auch von unten, von der sogenannten Konkretion aufsteigend, dessen sich versichern kann, was man allzu leicht als einen bloß metaphysischen Begriff uns vorwirft.«[66] Diese Erfahrung der Gesellschaft – die freilich nicht ihre Theorie ersetzen kann und schon gar nicht die elaborierte Kritik an ihr – ignoriert jene Theorie, der es lediglich um Faktizität geht.[67] Gegen Weber und mit Durkheim geht Adorno davon

64) Adorno: Henkel, Krug und frühe Erfahrung. AGS 11, S. 557.

65) Durkheim: Die Regeln der soziologischen Methode, S. 106. Vgl. Adorno: Philosophie und Soziologie. NaS IV.6, S. 54.

66) Adorno: Vorlesung zur Negativen Dialektik. NaS IV.15, S. 89.

67) »Die tabellendurchwirkten Monographien könnten kaum je, und dann bloß

aus, »daß Gesellschaft eigentlich gerade dort ist, wo ich es nicht verstehe, wo sie weh tut, wo Gesellschaft als Zwang mir gegenübertritt.«[68] Ihn nicht zu erkennen, gewöhnt der Wissenschaftsbetrieb »zum höheren Ruhm von Objektivität der Erkenntnis, den Menschen die Erfahrung der realen Objektivität ab, der sie, auch in sich selbst, unterworfen sind.«[69] In der ersten seiner »Unzeitgemäßen Betrachtungen« schrieb Nietzsche über David Strauß, wenn man ihn »über die Lebensfragen reden hört, sei es nun über die Probleme der Ehe oder über den Krieg oder die Todesstrafe, so erschreckt er uns durch den Mangel aller wirklichen Erfahrung, alles ursprünglichen Hineinsehens in die Menschen: alles Urtheilen ist so büchermässig uniform, ja im Grunde sogar nur zeitungsgemäss; litterarische Reminiscenzen vertreten die Stelle von wirklichen Einfällen und Einsichten, eine affectirte Mässigung und Altklugheit in der Ausdrucksweise soll uns für den Mangel an Weisheit und an Gereiftheit des Denkens schadlos halten. Wie genau entspricht dies Alles dem Geiste der umlärmten Hochsitze deutscher Wissenschaft in den grossen Städten!«[70] Mag auch die Rede von der Ursprünglichkeit und das Verdikt gegen das Städtische als provinziell befremden, wahr bleibt noch immer die Einsicht in die Unzeitgemäßheit von Erfahrung

im sardonischen Sinne, durch vermittelnde gedankliche Operationen zur Theorie erhoben werden. Die kollegiale Jagd zwischen sozialwissenschaftlichen ›Hypothesen‹ und ›Belegen‹ ist endlos wie die wilde, weil jede der vermeintlichen Hypothesen, wofern ihr theoretischer Sinn innewohnt, eben die brüchige Fassade der bloßen Faktizität durchschlägt, die in der Forderung nach Belegen als Forschung sich fortsetzt.« Adorno: Minima Moralia. AGS 4, S. 298.

68) Adorno: Philosophie und Soziologie. NaS IV.6, S. 98. – Konnte allerdings Durkheim noch den Zwang selbst als soziales Faktum blanker Empirie zuordnen, kritisiert ihn Adorno dafür, »den Begriff der Fakten zu hypostasieren; also sie so zu behandeln, als ob wir überhaupt in irgendeinem Maß fähig wären, ohne Vermittlung, ohne begriffliche Apparaturen der Fakten selbst mächtig zu werden. Sowenig es aber Begriffe gibt oder sowenig Begriffe wahr sind, die nicht sich erfüllen, die sich nicht an ihrer Beziehung auf Material prüfen und sich an ihm regenerieren, so wenig gibt es andererseits auch solche Fakten, deren wir schlechterdings unabhängig von den Begriffen mächtig werden könnten.« Ebd., S. 81f.

69) Adorno: Negative Dialektik. AGS 6, S. 295.

70) Friedrich Nietzsche: Unzeitgemässe Betrachtungen. Erstes Stück: David Strauss der Bekenner und der Schriftsteller. In: ders.: Kritische Studienausgabe. Hrsg. von Giorgio Colli und Mazzino Montinari. München 1999. Bd. 1, S. 157-242, hier S. 204.

selbst. Was sich empirisch verifizierbar erfahren läßt, ist das Faktum, daß Erfahrung nur mehr als verifizierbare einen Anspruch auf Wissenschaftlichkeit haben kann. Diese Tautologie ist eine jenes Denkens, das sich von der gängigen Wissenschaftsauffassung vorschreiben läßt, es habe sich nicht an den Gegenständen zu bemessen, die es bedenkt, sondern lieber die Gegenstände durch Abstraktion und Kategorisierung so zuzurichten, daß relevantes Denken nur noch als Meßvorgang in Frage kommt. Damit die ganze Welt, samt ihrer Einrichtung, nur endlich mit sich selbst verglichen wird, produziert der Betrieb schließlich beamtete Denker, die »keinen zusammenhängenden Satz aufs Papier bringen außer *Gegen diesen Bescheid kann innerhalb von 4 Wochen Widerspruch eingelegt werden.*«[71]

71) Harald Schmidt: Tränen im Aquarium. Ein Kurzausflug ans Ende des Verstandes. Köln 1993, S. 98.

Simon Duckheim

Alles ganz anders

Adornos Utopie der Erkenntnis am Beispiel Prousts

I. Die Utopie der Erkenntnis

Erkenntnis im emphatischen Sinn ist für Adorno nur unter der Voraussetzung möglich, daß sich das Denken der »Tautologie von Identität«, die der des Tauschs, des Gleich um Gleich entspricht, verweigert, indem sich Erkenntnis dem Nichtidentischen zuwendet. »Dialektisch ist Erkenntnis des Nichtidentischen auch darin, daß gerade sie, mehr und anders als das Identitätsdenken, identifiziert«[1], schreibt er in der »Negativen Dialektik«. Anders, da das Subjekt das Objekt *selbst* und nicht dieses mit *sich* identifiziert, und mehr, insofern es ihm einen Vorrang einräumt. Es stellt sich die Frage, ob für Adorno eine solche Erkenntnis des Nichtidentischen im Bestehenden überhaupt möglich oder durch den identitären Bann schlichtweg verstellt sei. »Erkenntnis des Nichtidentischen« bedeutet in diesem Zusammenhang zunächst einmal die Erkenntnis dessen, daß ein solches Nichtidentisches, das nicht in den Begriffen aufgeht, überhaupt existiert, daß also das Identitätsdenken nicht hält, was es verspricht, nämlich das Objekt ohne Rest als das zu erkennen, was es ist. Adornos negative Dialektik bescheidet sich aber nicht bei dieser Erkenntnis, sondern sucht soweit wie möglich zu erkennen, was dieses Nichtidentische ist, indem es ihm zum Ausdruck verhilft.

Es geht hier im wesentlichen um zwei Aspekte der Philosophie Adornos, die mit den folgenden beiden Zitaten zusammengefaßt werden können. Das erste, aus der »Ästhetischen Theorie«, lautet: »Solange er« – der Bann universaler Identität – »waltet, ist kein Nichtidentisches positiv da.«[2] Das zweite Zitat stammt aus der »Negativen Dialektik«: »Die Utopie der Erkenntnis wäre, das Begriffslose mit Begriffen auf-

1) Theodor W. Adorno: Negative Dialektik. In: ders.: Gesammelte Schriften (im folgenden AGS). Hrsg. von Rolf Tiedemann. Frankfurt am Main 1970ff., Bd. 6, S. 152.
2) Theodor W. Adorno: Ästhetische Theorie. AGS 7, S. 114.

zutun, ohne es ihnen gleichzumachen.«[3] Der universale Bann, den das Identitätsdenken im Verbund mit dem Tauschprinzip herstellt, scheint Adorno zufolge, so legt zumindest das erste Zitat nahe, eine Erkenntnis den Nichtidentischen im unversöhnten Zustand prinzipiell unmöglich zu machen. Dieser Interpretation widerspricht jedoch das zweite Zitat, wenn unter dem Begriffslosen das Nichtidentische – nämlich das mit dem identifizierenden Begriff nicht Identische – verstanden und außerdem davon ausgegangen wird, daß, wenn man dieses Begriffslose aufschlösse, es damit einer Erkenntnis zugänglich gemacht würde.

Die Utopie der Erkenntnis, die, als wie immer negative, eine Erkenntnis des Nichtidentischen wäre, wird in der Adorno-Rezeption gemeinhin als eine interpretiert, die auf einen versöhnten Zustand bezogen sei, was die Verwendung des Begriffs der Utopie auch nahelegt. Daß dem nicht so ist, darauf weist unmißverständlich der auf das oben angeführte zweite Zitat folgende Satz hin: »Ein solcher Begriff von Dialektik weckt Zweifel an seiner Möglichkeit.«[4] Er zeigt, daß für Adorno diese Weise der Erkenntnis, mit Begriffen das Begriffslose bzw. Nichtidentische aufzutun, einem dialektischen, genauer: einem negativ dialektischen Denken entspricht, das allerdings in einem versöhnten Zustand aufgehoben wäre, denn angesichts »der konkreten Utopie ist Dialektik die Ontologie des falschen Zustands«, von der »ein richtiger befreit«[5] wäre. Damit ginge die Aufhebung des Begriffs des Begriffslosen wie des Nichtidentischen einher, sofern beide nicht mehr lediglich die Negation des Begriffs bzw. der Identität, sondern freigegeben wären. In einem versöhnten Zustand wäre es nicht mehr notwendig, das Begriffslose mittels Begriffen aufzutun, denn Sache und deren sprachlicher Ausdruck entsprächen einander, wodurch der Begriff als solcher aufgehoben wäre. Die Angewiesenheit der Erkenntnis auf Begriffe verweist selbst schon darauf, daß eine unmittelbare Erkenntnis einer Sache – wie sie die Idee des Namens vorstellt – verstellt und Erkenntnis lediglich mittelbar, über den Umweg der Begriffe möglich ist. Denn wenn auch der Begriff das »Organon des Denkens« ist, ist er »gleichwohl die Mauer zwischen diesem und dem zu Denkenden«[6].

3) Adorno: Negative Dialektik. AGS 6, S. 21.
4) Ebd.
5) Ebd., S. 22.
6) Ebd., S. 27.

Um die Utopie der Erkenntnis zu ermöglichen, bedarf es neben dem begrifflichen Denken noch eines zweiten Moments, nämlich dessen, was Adorno als »unreglementierte« bzw. »unreduzierte Erfahrung« bezeichnet. Negative Dialektik »wäre nichts anderes als die volle, unreduzierte Erfahrung im Medium begrifflicher Reflexion«[7]; und eben dies machte Adorno zufolge die Utopie der Erkenntnis aus. Zur Vermittlung der beiden Momente der »unreglementierten Erfahrung« und der »begrifflichen Reflexion« bedarf es nach Adorno einer »intentio obliqua der intentio obliqua«[8]: der »Reflexion aufs Subjekt und der subjektiven Reflexion«[9], die wiederum »das Korrektiv der subjektiven Reduktion«[10] wäre. Die intentio obliqua der traditionellen Erkenntnistheorie, welche die objektiven Qualitäten den subjektiven Bestimmungen subsumiert, müßte in einer zweiten Reflexion überprüft werden, jedoch nicht als Vernachlässigung dieser subjektiven Bestimmungen, sondern als Bewußtsein davon, daß sich die subjektiven Qualitäten erst aus der Beziehung zu einem Objekt ergeben, und somit selbst auch objektiv sind. Die subjektiven Bestimmungen sind somit kein »bloß Angeheftetes«[11], sondern ergeben sich aus der wechselseitigen Vermittlung von Denken einerseits und der qualitativen Beschaffenheit des Objekts andererseits. Die Kritik der »reductio ad hominem« wäre eine der »reductio hominis, als Einsicht in den Trug des zum Absoluten sich stilisierenden Subjekts«[12]. Die Idee eines Vorrangs des Objekts impliziert, daß die Angewiesenheit der Erkenntnis auf jene objektiven Qualitäten berücksichtigt wird. Ebensowenig aber, wie das Subjekt im Erkenntnisprozeß hypostasiert werden darf, ist das Objekt als absolute Unmittelbarkeit zu behaupten, denn dieses »vermeintlich reine, der Zutat von Denken und Anschauung ledige Objekt [ist] gerade der Reflex abstraktiver Subjektivität«[13]. Der kritische Gedanke, schreibt Adorno in der »Negativen Dialektik«, »möchte nicht dem Objekt den verwaisten Königsthron des Subjekts verschaffen, auf dem das Objekt nichts

7) Ebd., S. 25.
8) Theodor W Adorno: Zu Subjekt und Objekt. AGS 10, S. 741-758, hier S. 747.
9) Ebd., S. 749.
10) Ebd., S. 747.
11) Ebd.
12) Adorno: Negative Dialektik. AGS 6, S. 187.
13) Adorno: Zu Subjekt und Objekt. AGS 10, S. 747.

wäre als eine Götze, sondern die Hierarchie beseitigen.«[14] Einigermaßen überraschend spricht er in diesem Zusammenhang von einem »ontologischen Moment«; auch diese Fomulierung ist als Korrektiv des Subjektivismus zu verstehen. »Soweit bedarf es eines ontologischen Moments, wie Ontologie kritisch dem Subjekt die bündig konstitutive Rolle aberkennt.«[15]

Adorno zufolge ist das Subjekt durchs Objekt auf andere Weise vermittelt als umgekehrt das Objekt durchs Subjekt. In seinem späten Aufsatz »Zu Subjekt und Objekt« schreibt er: »Von Objektivität kann Subjekt potentiell, wenngleich nicht aktuell weggedacht werden; nicht ebenso Subjektivität von Objekt.«[16] Es stellt sich die Frage, ob sich an dieser Stelle ein Setz- oder Diktierfehler bzw. eine Nachlässigkeit Adornos selbst eingeschlichen hat oder ob dies eine bewußte Formulierung ist, die auf den Unterschied von Subjekt und Subjektivität hinweisen möchte. Für erstere Vermutung spricht, daß der Satz wesentlich logischer erscheint, wenn der zweite Teil umgestellt würde in: ›nicht ebenso Objekt von Subjektivität‹. Denn damit würde noch einmal der Unterschied der reziproken Vermitteltheit von Subjekt und Objekt hervorgehoben, innerhalb deren das Subjekt in einem fundamentaleren Sinn aufs Objekt angewiesen ist als umgekehrt. Diese Erklärung erscheint auch insofern weitaus plausibler, als dieser Gedanke in der »Negativen Dialektik«, die im Gegensatz zum Aufsatz über Subjekt und Objekt zu Adornos Lebzeiten publiziert wurde – dieser also von Adorno eventuell gar nicht in eine letzte Druckfassung gebracht wurde –, wesentlich eindeutiger formuliert ist. Hier heißt es: »Vom Subjekt ist Objekt nicht einmal als Idee wegzudenken; aber vom Objekt Subjekt. Zum Sinn von Subjektivität rechnet es, auch Objekt zu sein; nicht ebenso zum Sinn von Objektivität, Subjekt zu sein.«[17]

Rolf Wiggershaus kommentiert diesen Satz: »Dahinter stand die einfache Einsicht: die Welt konnte auch ohne Menschen existieren, die Menschen aber nicht ohne Welt.«[18] Bezieht man dies aber auf die For-

14) Adorno: Negative Dialektik. AGS 6, S. 182.
15) Ebd., S. 186
16) Adorno: Zu Subjekt und Objekt. AGS 10, S. 747.
17) Adorno: Negative Dialektik. AGS 6, S. 184.
18) Rolf Wiggershaus: Die Frankfurter Schule. Geschichte – Theoretische Entwicklungen – Politische Bedeutung. München 1991, S. 668.

mulierung des Aufsatzes, so könnte dahinter aber auch die – ebenso einfache – Einsicht stehen, daß es zwar keine Menschen gäbe, wenn die Welt nicht existierte – was umgekehrt nicht der Fall wäre –, daß aber andererseits das Objekt der menschlichen Erkenntnis nur zugänglich ist als durch die subjektiven Denkformen veränderte. Dies liefe auf eine Hervorhebung des Wahrheitsmoments hinaus, das dem Idealismus nichtsdestoweniger eignet. Dafür sprächen auch die folgenden Sätze aus der »Metakritik der Erkenntnistheorie«: »Erst der Idealismus hat die Wirklichkeit, in der die Menschen leben, als eine nicht von ihnen unabhängige und invariante durchsichtig werden lassen. Ihre Gestalt ist menschlich und noch die schlechterdings außermenschliche Natur vermittelt durch Bewußtsein. Das können die Menschen nicht durchstoßen.«[19] Es wäre dies im Grunde die Einsicht Kants, daß die Dinge lediglich in ihrer Erscheinung, nicht aber, wie sie an sich sind, erkannt werden können. Hier bestünde der Unterschied zwischen Subjekt, das »potentiell weggedacht« werden kann, und Subjektivität als Erkenntnisform, für die dies nicht gilt. Denn das Subjekt ist »niemals, als dem Objekt Kontrastiertes, das Was, das durch jegliche faßbare Vorstellung vom Subjektbegriff postuliert wird«[20], sondern – als Subjektivität – »der Inbegriff der Vermittlung, [...] das Wie«[21].

Für beide Vermutungen also könnten treffende Begründungen angeführt werden; endgültig ist nicht zu klären, welche zutrifft. Was immer die ursprüngliche Bedeutung des Satzes sein mag, er betont in jedem Fall das »ontologische Moment« des Objekts und verweist außerdem darauf, daß jedes Subjekt prinzipiell auch ein Objekt ist, was umgekehrt nicht gilt. Auf diesen Unterschied der gegenseitigen Vermitteltheit von Subjekt und Objekt, der durch die »Äquivokation im Begriff der Vermittlung«[22] verschleiert wird, reagiert der Idealismus mit einem Vorrang des Subjekts, Adorno dagegen insistiert auf einem solchen des Objekts. Subjekt und Objekt sind »wechselseitig durcheinander vermittelt [...], Objekt durch Subjekt, mehr noch und anders Subjekt

19) Theodor W. Adorno: Zur Metakritik der Erkenntnistheorie. AGS 5, S. 7-245, hier S. 35.
20) Adorno: Zu Subjekt und Objekt. AGS 10, S. 746f.
21) Ebd., S. 746.
22) Adorno: Negative Dialektik. AGS 6, S. 174.

durch Objekt«[23]. Erkenntnis des Nichtidentischen trägt diesem ›Mehr und Anders‹ Rechnung, indem es, wie oben zitiert, mehr und anders identifiziert als das Identitätsdenken. Das heißt auch und vor allem, daß das »Objekt ungeschmälerter Erfahrung, zum Unterschied von bestimmungslosen Substrat des Reduktionismus, objektiver [...] als jenes Substrat«[24] ist.

Mit Bezug auf seine Hegel-Kritik heißt es bei Adorno: »In Unmittelbarkeit liegt nicht ebenso deren Vermitteltsein wie in der Vermittlung ein Unmittelbares, welches vermittelt würde.«[25] Dieses Unmittelbare stellt bei Kant das Ding an sich dar, das sich der subjektiven Erkenntnis prinzipiell entzieht. Die »ontologische Differenz« wird bei Kant zu einem unüberwindbaren und von Adorno so bezeichneten »Block« und die Kantische Transzendentalphilosophie damit zu einem Subjekt-Objekt-Dualismus. Der Block bestehe eben darin, daß dem Subjekt der Gegenstand gegeben ist, es sich ihn also nicht selbst gibt bzw. konstituiert. Und diese prinzipielle Anerkennung eines Unmittelbaren, zunächst nicht durchs Subjekt Vermittelten, vermag der absoluten Herrschaft des Subjekts übers Objekt Einhalt zu gebieten, die laut Adorno am Ende der Hegelschen Dialektik steht: »Der Triumph, das Unmittelbare sei durchaus vermittelt, rollt hinweg über das Vermittelte und erreicht in fröhlicher Fahrt die Totalität des Begriffs, von keinem Nichtbegrifflichen mehr aufgehalten, die absolute Herrschaft des Subjekts.«[26] Die Rede von der »fröhlichen Fahrt« dürfte sich auf einen Aphorismus Kafkas beziehen, der lautet: »Je mehr Pferde Du anspannst, desto rascher gehts – nämlich nicht das Ausreißen des Blocks aus dem Fundament, was unmöglich ist, aber das Zerreißen der Riemen und damit die leere fröhliche Fahrt.«[27] Dieser Aphorismus mutet wie ein Bild zu Adornos Kritik am Hegelschen Idealismus an, zumal auch hier der Block auftaucht, der dem Kantischen Idealismus die »leere fröhliche Fahrt« verweigert. »Das verleiht dessen Block wiederum sein Wahrheitsmo-

23) Adorno: Zu Subjekt und Objekt. AGS 10, S. 742.
24) Ebd., S. 747.
25) Adorno: Negative Dialektik. AGS 6, S. 173.
26) Ebd., S. 174.
27) Franz Kafka: Nachgelassene Schriften und Fragmente. Bd. II. In: Schriften, Tagebücher. Kritische Ausgabe. Hrsg. von Jürgen Born, Gerhard Neumann, Malcolm Pasley und Jost Schillemeit. Frankfurt am Main 2002, S. 123.

ment: er hat der Begriffsmythologie vorgebeugt.«[28] Die Adornosche immanente Kritik des Hegelschen wie des Kantischen Idealismus will über beide hinaus. Erkenntnis soll nicht zu einer »leeren fröhlichen Fahrt« werden, indem sich der Begriff – gleichsam spiegelbildlich zum Nominalismus – von der Sache löst und damit absolut setzt; zugleich aber wird der starre Dualismus von Begriff und Sache bzw. von Subjekt und Objekt, den die Rede vom Block bildlich beschreibt, nicht als letzthin gültig anerkannt. »War die Konstruktion der transzendentalen Subjektivität die großartige und fehlbare Anstrengung, des Objekts in seinem Gegenpol mächtig zu werden, so wäre auch insofern erst durch ihre Kritik zu vollbringen, was die positive, idealistische Dialektik nur proklamierte.«[29] Objekt ist für Adorno kein bloß Gegebenes, keine von jeglicher Vermittlung zu reinigende Unmittelbarkeit. Als solche kann es zwar im Sinne eines Vorrangs des Objekts bzw. eines ontologischen Moments als Idee gedacht werden, ist aufgrund der notwendigen Vermittlung durch Subjektivität aber nicht zu verabsolutieren. Subjekt sowohl wie Objekt sind »kein Positives, keine primären Sachverhalte, sondern negativ durchaus, Ausdruck einzig der Nichtidentität«[30]. Würde das Objekt als Unmittelbarkeit verabsolutiert, implizierte dies, wie bei Kant, seine prinzipielle und überzeitliche Unerkennbarkeit, wodurch es tendenziell irrelevant würde. In diesem Punkt wiederum ist, so Adorno, der Hegelsche dem Kantischen Idealismus einen Schritt voraus. Denn das »naive Bewußtsein [...]: man wisse es noch nicht, aber am Ende enträtsele es sich doch noch, ist an der metaphysischen Wahrheit näher als Kants Ignoramus«[31].

Der Gedanke eines Vorrangs des Objekts, der das am Objekt meint, »was nicht subjektive Zutat ist«[32], erfordert Adorno zufolge »die fortschreitende qualitative Unterscheidung von in sich Vermitteltem«[33]. Der Vorrang des Objekts ist nur möglich unter der Bedingung, daß sich das Subjekt selbst reflektiert: Es muß sich seiner Vermittlung durchs

28) Adorno: Negative Dialektik. AGS 6, S. 381.
29) Ebd., S. 186.
30) Ebd., S. 176.
31) Ebd., S. 379.
32) Theodor W. Adorno: Anmerkungen zum philosophischen Denken. AGS 10, S. 599-607, hier S. 606f.
33) Adorno: Negative Dialektik. AGS 6, S. 185.

Objekt bewußt werden, um zu erkennen, daß es das Subjekt nicht konstituiert, sondern daß dieses auch unabhängig von ihm existiert. Indem der Rückbezug der Erkenntnis aufs erkennende Subjekt, die intentio obliqua, wiederum reflektiert wird, kann sich eine Perspektive eröffnen, die auf das Objekt selbst gerichtet ist, insofern das Subjekt dessen qualitative Bestimmungen berücksichtigt. Wenn sich das als Konstituens denkende Subjekt als seinerseits von der Objektivität konstituiertes bewußt wird, ist es selbst als Konstituens nicht zu halten. Diese Einsicht verhinderte, daß sich das Subjekt im Gegensatz zum Objekt »als wahres Sein«[34] setzt, denn es ist in seiner Erkenntnis abhängig von den gesellschaftlichen – und damit objektiven – Denkformen und kann diese nicht einfach abschütteln, so wenig »wie der Dinosaurier Triceratops oder das Nashorn die Panzer, die sie schützen«[35]. Die objektiven Denkformen schützen das Subjekt, weil es ohne diese in der Objektivität, welche jene hervorbringt, schlichtweg nicht existieren könnte. »Das subjektive Moment wird vom objektiven gleichsam eingefaßt, ist selber, als ein dem Subjekt begrenzend Auferlegtes, objektiv.«[36] Andererseits wäre es notwendig, jene Denkformen zu transzendieren, um das objektive, aber zugleich von der Objektivität verdrängte Nichtidentische denken zu können. Durch diese Einsicht wird der Vorrang des Objekts zu einem doppelten. Zum einen muß er als Korrektiv zum subjektivistischen Denken betrachtet werden, das aber erst *durch* das Denken des Subjekts möglich wird. Zum anderen bezieht er sich im kritischen Sinn auf den schlechten Vorrang des gesellschaftlich Allgemeinen vor den individuellen Subjekten, mit Adorno auf »jenes Wahre der Vorgängigkeit von Gesellschaft vorm Einzelbewußtsein und all seiner Erfahrung«[37]. Diesem negativen Vorrang der Objektivität, dem der Subjektivismus mit einem idealistischen und ideologischen Vorrang des Subjekts begegnet, wäre ein Vorrang des Objekts entgegenzustellen, der dem Identitätsdenken insofern widerspricht, als er an dem Gedanken einer Unmittelbarkeit festhält, bei gleichzeitiger Konstatierung der gegenseitigen und nicht zu überspringenden Vermitteltheit von Subjekt und Objekt.

34) Adorno: Zu Subjekt und Objekt. AGS 10, S. 749.
35) Adorno: Negative Dialektik. AGS 6, S. 182.
36) Ebd.
37) Ebd.

Adorno zufolge ist der »Kantische Block« zugleich zu behaupten und zu verwerfen. »War die Kantische Lehre vom Block ein Stück gesellschaftlichen Scheins, so ist sie doch so gegründet, wie tatsächlich der Schein herrscht über die Menschen.«[38] Der Block ist ein Produkt der gesellschaftlichen Verdinglichung; nicht seine Ignoranz, sondern seine Anerkennung ist notwendig, um über ihn hinausblicken zu können und eine Erkenntnis des Nichtidentischen zu ermöglichen. Gegen Kant betont Adorno, daß Erkenntnis des Nichtidentischen auf das an der Sache geht, was das »Subjekt nicht selber ist und was sich a priori seiner eigenen Gesetzmäßigkeit nicht unterwirft«, insofern das »Denken einem Objekt sich anschmiegen muß«[39] – sich zu ihm also auch passiv bzw. mimetisch verhält. Wie in der Transzendentalphilosophie Kants bedarf es für Adorno neben des aktiven Moments auch eines passiven Moment des Denkens. Während jedoch bei Kant der Spontaneität des transzendentalen Subjekts der Primat gegenüber dem passiven Moment zugeschlagen wird, wäre für Adorno eine unverkürzte Erkenntnis nur möglich durch eine Dialektik der beiden Momente. »Passivität«, schreibt er, »steckt im Kern des Aktiven, ein sich Anbilden des Ichs ans Nicht-Ich.«[40] Die Vermittlung, die durch die Subjektivität stattfindet, ist dann ein Reduktionismus, wenn das Objekt auf die Identität jener Subjektivität beschränkt wird. Dies geht mit einer Bestimmungslosigkeit einher, insofern das Objekt eben nicht als das, was es ist, bestimmt wird, sondern als das erkannt wird, zu dem es wird, wenn es vom Subjekt so gemodelt wird, daß es in das Schema der Subjektivität hineinpaßt. Die instrumentelle Rationalität, die Adorno und Horkheimer in der »Dialektik der Aufklärung« analysieren, verdrängt den mimetischen Impuls des Subjekts, welcher der Vermittlung des Subjekts durchs Objekts Rechnung trüge, indem es sich diesem anähnelte, ohne aber die Rationalität über Bord zu werfen. Zwar ist dieses mimetische Verhalten zunächst kein dem Denken immanentes, aber es bedarf dennoch eines Mehr des Denkens, um die bloß rationale Erkenntnis reflektieren zu können, mit dem Ergebnis, daß diese auf ein Identitätsdenken hinausläuft, das dem Objekt nicht gerecht werden kann. Die Erkenntnis der Verdrängung des mimetischen Impulses ist eine, die nur durchs Denken

38) Ebd., S. 382.
39) Adorno: Anmerkungen zum philosophischen Denken. AGS 10, S. 601.
40) Ebd.

möglich ist, und sie wäre zugleich notwendig, um sich der Bedeutung eines passiven Moments der Erkenntnis bewußt zu werden.

Adornos emphatischer Begriff des Denkens *impliziert* im Gegensatz zum instrumentellen Denken sowohl das aktiv-rationale als auch das passiv-mimetische Vermögen. Beide sind in seiner Theorie der Erkenntnis vermittelt im Begriff der Konzentration. Diese ist zunächst »das aktive Moment des denkenden Verhaltens«[41], verweist aber darüber hinaus auf die Notwendigkeit des sich Überlassens ans Objekt. Wenn sich die denkenden Kräfte um die Sache als Mittelpunkt zusammendrängen, so daß diese ihnen nicht entgleiten kann, erfordert dies zugleich die Fähigkeit zur geduldig-passiven Beobachtung. Denn mit dem Begriff der Konzentration ist »weder emsiges Tummeln noch stures sich Verbohren« gemeint, »sondern der lange und gewaltlose Blick auf den Gegenstand«[42]. Das Subjekt »muß wirklich dem Objekt ›zusehen‹, weil es das Objekt nicht schafft, und die Maxime von Erkenntnis ist, dem beizustehen«[43]. Wenn das Subjekt es vermag, sich in »angstloser Passivität«[44] dem Objekt zu überlassen, ergibt sich Adorno zufolge die Möglichkeit einer Glückserfahrung des Subjekts am Objekt. So muß jenes, schreibt er, »alle Innervation und Erfahrung in die Betrachtung der Sache hineinnehmen, um, dem Ideal nach, in ihr zu verschwinden. Mißtrauen dagegen ist die gegenwärtige Gestalt von Denkfeindschaft. Sie heftet sich ans Nachdenken im engeren Sinn, das vermöge seines passivischen und konzentrierten Moments, nicht durch Eifer als nützlich sich qualifiziert. Seine Ruhe bewahrt etwas von dem Glück auf, welches der konventionellen Vorstellung von Denken unerträglich ist. Das Amerikanische verfügt dafür über einen eigenen, pejorativen Ausdruck: armchair thinking, die Verhaltensweise dessen, der bequem im Lehnstuhl sitzt wie ein freundlich-überflüssiger Großvater auf dem Altenteil.«[45] Dieses »armchair thinking« aber benötigt, um ein über das identifizierende Denken hinausweisendes Potential entfalten zu können, »nachhaltigerer subjektiver Reflexion als die Identifikationen,

41) Ebd., S. 602.
42) Ebd.
43) Adorno: Negative Dialektik. AGS 6, S. 189.
44) Adorno: Zu Subjekt und Objekt. AGS 10, S. 752.
45) Adorno: Anmerkungen zum philosophischen Denken. AGS 10, S. 602f.

die das Bewußtsein nach Kantischer Lehre gleichsam automatisch, bewußtlos vollzieht«.[46]

Die Spontaneität der Kantischen transzendentalen Subjektivität fällt aufgrund dieser Bewußtlosigkeit, mit der es die identifizierenden Synthesen vollzieht, tendenziell zurück in eine Passivität im schlechten Sinne. Adornos Utopie der Erkenntnis dagegen strebt eine Passivität an, die sich ergäbe aus einer höheren Aktivität, einem Mehr des Denkens, und damit gleichsam aus einem Umschlag von Quantität in Qualität, genauer: aus einem Umschlag von einem Mehr der Qualifizierung – des Objekts durchs Subjekts – in eine neue Qualität der Erkenntnis, in der Aktivität *und* Passivität aufgehoben wären und damit auch die starre Trennung von Subjekt und Objekt. Dadurch könnte sich dem Subjekt das Nichtidentische öffnen, nämlich als das am Objekt, »was nicht selbst Denken ist: darin ist zu suchen, was an Denken zu enträtseln wäre«[47]. »Ich denke nicht, und das ist wohl Denken[48], denn an »Philosophie ist es, das vom Gedanken Verschiedene zu denken, das allein in zum Gedanken macht«[49]. Eine solche Dialektik von Aktivität und Passivität ergäbe idealerweise eine »[g]ewaltlose Betrachtung, von der alles Glück der Wahrheit kommt«. Sie wäre »gebunden daran, daß der Betrachtende nicht das Objekt sich einverleibt: Nähe an Distanz«[50].

Adorno zufolge ist das »Objekt ungeschmälerter Erfahrung«, dem ein Vorrang eingeräumt wird, Bedingung der Möglichkeit einer Erkenntnis des Nichtidentischen. Das Subjekt, das »ohne das Moment der Objektivität buchstäblich nichts wäre«[51], müßte »mehr, nicht weniger denken als der Bezugspunkt der Synthese des Mannigfaltigen, der im Tiefsten überhaupt kein Denken ist«[52]. Nur auf diese Weise könnte es erkennen, was »Sache selbst heißen mag«[53]. Rolf Tiedemann schreibt dazu: »Negative Dialektik ist nicht die Sache unmittelbar, sondern Reflexion dessen, was daran hindert, der Sache selbst innezuwerden; auf

46) Adorno: Negative Dialektik. AGS 6, S. 189.
47) Adorno: Anmerkungen zum philosophischen Denken. AGS 10, S. 601.
48) Ebd., S. 606f.
49) Adorno: Negative Dialektik. AGS 6, S. 193.
50) Theodor W. Adorno: Minima Moralia. AGS 4, S. 100.
51) Adorno: Negative Dialektik. AGS 6, S. 186f.
52) Ebd., S. 189.
53) Ebd.

die gesellschaftliche Bedingtheit einer Erkenntnis, die nur durch Abstraktion, mittels der begrifflichen Sprache möglich ist.«[54] Durch diese Reflexion der gesellschaftlichen Bedingtheit der Erkenntnis, welche die Objektivität und geschichtliche Gewordenheit der Begriffe impliziert, sollen die Begriffe aus ihrer Starre gelöst werden und sich dem nichtidentischen Objekt zuwenden.

II. Prousts Wendung zum Nichtidentischen

»Die Wendung zum Nichtidentischen«, schreibt Adorno, »bewährt sich in ihrer Durchführung«[55]; in Kunstwerken, die eine »ungeschmälerte Erfahrung« ihrer Elemente zulassen, indem sie sie nicht von vornherein einem starren Gerüst einfügen, wie beispielsweise Marcel Proust die Personen seines Romans »Auf der Suche nach der verlorenen Zeit« nicht einer Identität unterordnet, der Handlung und Charakteristik der Personen sich den gesamten Roman hindurch zu fügen hätten. »Wohl führt Proust konkret durch, was die Poetik sonst nur als formale Forderung aufstellt, die Entwicklung der Charaktere, und dabei zeigt sich, daß die Charaktere keine sind; eine Hinfälligkeit des Festen, die vom Tod ratifiziert, keineswegs aber erst hervorgebracht wird.«[56] In der Entwicklung der Charaktere löst sich deren Substanz auf; dergestalt werden sie zu mit sich selbst nicht identischen und damit sowohl von sich selbst als auch von den gesellschaftlichen Verhältnissen radikal entfremdeten. Auch der Leser erfährt sie als entfremdete, insofern sie sich nicht in dessen Vorstellung identischer Subjekte einordnen lassen, und zumal nicht in eine prästabilierte Harmonie, die den Subjekten ihr Fürsichsein gewährte. »Durch die vollendete Entfremdung hindurch« – hier berührt sich das Werk Prousts mit dem Kafkas – »enthüllt sich das gesellschaftliche Verhältnis als blind naturwüchsiges, so wie die mythische Landschaft es war, zu deren allegorischem Bild das Unerreichbare und Unansprechbare gerinnt; und die Schönheit, welche die Din-

54) Rolf Tiedemann: Begriff Bild Name. Über Adornos Utopie der Erkenntnis. In: Frankfurter Adorno Blätter II. Hrsg. von Theodor W. Adorno Archiv. München 1992, S. 92-111, hier S. 100.
55) Adorno: Negative Dialektik. AGS 6, S. 157.
56) Theodor W. Adorno: Kleine Proust-Kommentare. AGS 11, S. 203-215, hier S. 206.

ge in solchen Beschreibungen annehmen, ist die hoffnungslose ihres Scheinens.«[57] Dies gestattet dem Leser keine vorwitzigen Erwartungen an den Roman, in deren Erfüllung er sich mit dem Gestus des ›Ich hab's doch gewußt‹ bestätigt sehen könnte. Insofern ist es »die Höflichkeit Prousts, dem Leser die Beschämung zu ersparen, sich für gescheiter zu halten als den Autor«[58]. So ist Adorno zufolge der »Anfang der Proustschen Recherche [...] als Versuch zu interpretieren, den Scheincharakter zu überlisten: in die Monade des Kunstwerks unmerklich, ohne gewaltsame Setzung seiner Formimmanenz hineinzugeleiten und ohne die Vorspiegelung eines allgegenwärtigen und allwissenden Erzählers«[59], der gleichsam aus der Vogelperspektive die Einordnung der Elemente ins Ganze des Romans vornähme; das macht für Adorno das Innovative der Proustschen Schreibweise aus und deren Beitrag zur Begründung der modernen Literatur.

Bei Proust ist das »Verhältnis des Ganzen zum Detail [...] nicht das eines architektonischen Gesamtplans zu seiner Auffüllung durchs Spezifische: eben dagegen, gegen das gewalttätig Unwahre einer subsumierenden von oben her aufgestülpten Form hat Proust revoltiert.«[60] »Das Ganze ist das Unwahre«[61] – dies gilt sowohl für den Begriff, der dem Begriffslosen aufgezwungen wird, als auch für das gesellschaftliche Allgemeine, das sich am Individuellen und Besonderen desinteressiert. »Die produktive Kraft zur Einheit« – die das Ganze herstellt – »ist identisch mit dem passiven Vermögen, schrankenlos, ohne Rückhalt ans Detail sich zu verlieren«[62] und nur vermöge solcher Passivität kann das Ganze – zumindest das des Kunstwerks – zum Wahren werden, bei Proust zu dem, »was am Ende als Idee des Romans hervortritt«[63]. Indem die »spezifischesten Erfahrungen, die ganz ans Besondere sich verlieren, in Allgemeinheit umschlagen«[64], »kristallisiert sich das Ganze [...] aus den ineinandergewachsenen Einzeldarstellungen«[65]; diese

57) Ebd., S. 209.
58) Adorno: Minima Moralia. AGS 4, S. 54.
59) Adorno: Ästhetische Theorie. AGS 7, S. 156.
60) Adorno: Kleine Proust-Kommentare. AGS 11, S. 203.
61) Adorno: Minima Moralia. AGS 4, S. 55.
62) Adorno: Kleine Proust-Kommentare. AGS 11, S. 203.
63) Ebd.
64) Theodor W. Adorno: Blochs Spuren. AGS 11, S. 233-250, hier S. 242.
65) Adorno: Kleine Proust-Kommentare. AGS 11, S. 203.

»Allgemeinheit aber ist die des Negativen«[66]. Den individuellen Erfahrungen des Besonderen wird ein Vorrang gewährt, der dem des zu erfahrenden Objekts entspricht, auf das sich das rationale begriffliche Denken einläßt. Indem das Ganze als Negatives erscheint, dem sich die Einzeldarstellungen nicht bruchlos subsumieren lassen, wird immanent der Identitätsanspruch des rationalen Denkens kritisiert. Daß die Kraft zur Einheit *identisch* ist mit dem passiv-mimetischen Vermögen, impliziert, daß eine utopische Erkenntnis die Trennung von Rationalität und Mimesis aufzuheben hätte, mithin beide momenthaft zu versöhnen vermittels eines differenzierenden Denkens. »Das mimetische Moment seinerseits [...] verschmilzt auf der Bahn der Säkularisierung mit dem rationalen. Dieser Prozeß faßt sich als Differenziertheit zusammen.«[67] Differenzierendes Denken wäre eines, das an der Sache »und in ihrem Begriff noch das Kleinste und dem Begriff Entschlüpfende zu unterscheiden vermag; einzig Differenziertheit reicht ans Kleinste heran.«[68] Daher auch spricht Adorno von einer »unreduzierten Erfahrung«, die »*im Medium* begrifflicher Reflexion« stattzufinden hätte.[69] Dies wäre die Suche nach dem Allgemeinen im Besonderen, die aber nur dann Erfolg zeitigen kann, wenn die einzelnen Besonderheiten nicht als solche stehenbleiben, sondern im Vollzug der begrifflichen Reflexion als Teil des schlechten Allgemeinen, das sie erst zu dem macht, was sie sind, durchschaut werden. Philosophie sowohl wie Kunst also müßten geleitet werden von der »unverbürgte[n] Erwartung, jedes Einzelne und Partikulare, das sich enträtselt, stelle gleich der Leibnzi'schen Monade jenes Ganze in sich vor, das als solches stets wieder ihr entgleitet; freilich nach prästabilierter Disharmonie eher als Harmonie«[70]. In Sinne Walter Benjamins ginge es darum, »in der Analyse des kleinen Einzelmoments den Kristall des Totalgeschehens zu entdecken«[71].

66) Ebd., S. 212.
67) Adorno: Negative Dialektik. AGS 6, S. 55. Hervorhebung hinzugefügt.
68) Ebd.
69) Ebd., S. 25. Hervorhebung hinzugefügt.
70) Ebd.
71) Walter Benjamin: Das Passagen-Werk. In: ders.: Gesammelte Schriften (im folgenden BGS). Hrsg. von Rolf Tiedemann und Hermann Schweppenhäuser. Frankfurt am Main 1972ff., Bd. V, S. 575.

Proust gelingt dies insofern, als er das durch das passive sich Überlassen ans Vergangene – die unwillkürliche Erinnerung – das Nichtidentische *in* der Identität ergreift, in diesem Fall in der Einheit des ganzen Lebens des Protagonisten. Bezüglich dieser Nichtidentität in der Identität findet sich eine Passage in der »Negativen Dialektik«, von der zu vermuten ist, daß Adorno sie mit Blick auf Proust formuliert hat: »Wie labil die Identität des Festen der traditionellen Philosophie ist, läßt an ihrem Garanten sich lernen, dem einzelmenschlichen Bewußtsein. Als allgemein vorgezeichnete Einheit soll es bei Kant jegliche Einheit fundieren. Tatsächlich wird der Ältere, zurückblickend, wofern er früh schon einigermaßen bewußt existierte, deutlich an seine entlegene Vergangenheit sich erinnern. Sie stiftet Einheit, wie irreal auch die Kindheit ihr entgleiten mag. In jener Irrealität aber wird das Ich, an das man sich erinnert, das man einmal war und das potentiell wiederum zu einem selbst wird, zugleich ein Anderer, Fremder, detachiert zu Betrachtender. Solche Ambivalenz von Identität und Nichtidentität erhält sich bis in die logische Problematik der Identität hinein. Die Fachsprache hätte für diese die geläufige Formel von der Identität in der Nichtidenität parat. Ihr wäre zunächst die Nichtidentität in der Identität zu kontrastieren.«[72] Die Vergangenheit selbst, bei Proust das sich Überlassen an sie, stiftet eine Einheit, die zugleich immanent kritisiert, weil als scheinhafte vor Augen gestellt wird; das macht ihre Nichtidentität aus. Die Kraft zur Einheit zieht Proust aus eben dem Prozeß der erinnernden Erfahrung, in dessen Vollzug sie sich erst herstellt. Diese Einheit des Bewußtseins wird nicht als allgemeine vorausgesetzt, gleich einem Behälter, der mit den spezifischen Erfahrungen angefüllt würde, sondern bildet sich erst aus diesen Erfahrungen, die jedoch derart inkommensurabel sind, daß sie sich nicht in eine harmonische Einheit überführen und integrieren lassen; als disharmonische legt diese

72) Adorno: Negative Dialektik. AGS 6, S. 157. Im Gegensatz zum Roman Prousts, der gerade aufgrund der Abwesenheit eines vorgefertigten Gesamtplans funktioniert, mithin kein System darstellt, beschreibt Kant seine Philosophie in der »Kritik der reinen Vernunft« folgendermaßen: »Die Transzendental-Philosophie ist *hier nur eine Idee*, wozu die Kritik der reinen Vernunft den ganzen Plan architektonisch d.i. aus Prinzipien entwerfen soll, mit voller Gewährleistung der Vollständigkeit und Sicherheit aller Stücke, die dieses Gebäude *ausmacht.*« Immanuel Kant: Kritik der reinen Vernunft. Hrsg. von Jens Timmermann. Hamburg 1992, A 14.

Zeugnis ab für die Nichtidentität des einzelmenschlichen Bewußtseins. Die sich herstellende Einheit ist Wahrheit nur als negative, in den spezifischen Erfahrungen als unreglementierte jedoch steckt sie als Zeitkern. Es ist »die Evidenz des Unwillkürlichen, der Zeitkern der Wahrheit als eines jeweils Neuen, die plötzlich erscheinende Wahrheit«[73], mithin die Wahrheit des Nichtidentischen. Als solche hat sie den »Aspekt des Trügerischen und Hinfälligen. Das ist der Grund des Schmerzes, den die unwiderleglich jähe Einsicht [...] Proust bereitet.«[74]

Adorno zufolge sind Proust »klassische Rationalität und Ordnungsgefüge vorweg verdächtig«. Deren Suspension bildet negativ »das Formgesetz des Proustischen Gesamtwerks«[75]. Die schier unendlich vielen Einzeldarstellungen, die der gleichsam mikrologische Blick Prousts einfängt und die detailliert wiedergegeben werden, tragen in sich selbst Konstellationen – beispielsweise im Sinne des dialektischen Bildes, das mit der unwillkürlichen Erinnerung korrespondiert –, und darüber hinaus treten sie mit den anderen Einzeldarstellungen in Konstellationen, aus denen sich am Ende das Ganze des Romans ergibt. Proust selbst beschreibt sein Verfahren in gewisser Weise gegenteilig, meint aber im Prinzip dasselbe, nämlich das Aufsuchen des Allgemeinen im Besonderen. So heißt es im letzten Band des Romans: »Selbst diejenigen, die meiner Schau jener Wahrheiten [...] sympathisch gegenüberstanden, beglückwünschten mich dazu, daß ich sie ›mit dem Mikroskop‹ entdeckt habe, während ich im Gegenteil ein Teleskop benutzt hatte, um Dinge wahrzunehmen, die in der Tat sehr klein waren, aber nur deshalb, weil sie in weiter Ferne lagen, und deren jedes für sich eine Welt darstellte. Da, wo ich die großen Gesetze suchte, glaubte man in mir jemand zu sehen, der nach Einzelheiten grub.«[76] In der Überzeugung, daß die kleinen Dinge für sich eine ganze Welt darstellen und also in ihnen die »großen Gesetze« zu finden sind, treffen sich die Vorstellungen Prousts, Adornos und Benjamins. Sie führen auf die Dialektik von Wesen und Erscheinung, insofern jenes in dieser lesbar

73) Theodor W. Adorno: Valérys Abweichungen. AGS 11, S. 158-202, hier S. 166.
74) Ebd.
75) Ebd.
76) Marcel Proust: Die wiedergefundene Zeit. In: ders.: Auf der Suche nach der verlorenen Zeit. Bd. 7. Übersetzt von Eva Rechel-Mertens. Frankfurt am Main 1984, S. 497.

wird. Hierzu aber bedarf es der Deutung dessen, was sich in den kleinsten Erscheinungen darstellt. »Das schlechte Allgemeine zersetzt sich unter Prousts süchtigem Blick, aber was für zufällig gilt, gewinnt dafür eine quere, irrationale Allgemeinheit.«[77] So zersetzt sich das Wesen der brüchigen Identität, die sich bei Proust vor allem in der Nichtidentität des individuellen Bewußtseins zeigt, insofern die Vorstellung einer sich in der Zeit erhaltenden Einheit des Ichs destruiert wird. Denn »Proust weiß, daß es ein An Sich der Menschen jenseits dieser Bilderwelt«[78] – der des Romans – »nicht gibt; daß das Individuum eine Abstraktion ist, daß sein Fürsichsein allein so wenig Wirklichkeit hat wie sein bloßes Fürunssein, wie es dem vulgären Vorurteil für Schein gilt« und »so präsentiert er dem vollen emprischen Ich die Rechnung seiner Nichtidentität«[79], die es für die bloß behauptete Identität des transzendentalen zu zahlen hat. Er »dekomponiert die Einheit des Subjekts vermöge dessen eigener Introspektion: es verwandelt sich schließlich in einen Schauplatz erscheinender Objektivitäten«[80] und bezeugt so den Vorrang der Objektivität, der eine subjektive Identität im emphatischen Sinne nicht zuläßt. Daher ist das, was bei Proust seinen Ausdruck in der Nichtidentität der Person findet, nicht selbst schon das Utopische, denn es verweist zugleich auf das Mißlingen einer subjektiven Identität. Zwar ist jene Nichtidentität bei Proust die Voraussetzung dafür, sich den nichtidentischen Objekten anzuähneln, sie von sich aus sprechen zu lassen. Um aber dauerhaft das Nichtidentische freizugeben, bedarf es einer gelungenen subjektiven Identität, die sich zugleich von dem, was sich außerhalb solcher Identität befindet, nicht bedroht fühlt und es somit gar nicht erst verdrängen muß. Dies aber ist nicht möglich in einer Gesellschaft, die Proust beschreibt, nämlich eine, die als Totalität deshalb eine schlechte Identität bildet, weil sie a priori alles Nichtidentische verdrängt. »Diese Erfahrung aber läuft wohl darauf hinaus, daß gegen ihr Ende die liberale Gesellschaft, die sich noch als offene verkennt, [...] zu einer geschlossenen wird, einem System prästabilierter Disharmonie.«[81] Insofern ist »Prousts Regression [...] ein Stück

77) Adorno: Kleine Proust-Kommentare. AGS 11, S. 211.
78) Ebd., S. 207.
79) Ebd., S. 206.
80) Theodor W. Adorno: Erpreßte Versöhnung. AGS 11, S. 251-280, hier S. 262.
81) Adorno: Kleine Proust-Kommentare. AGS 11, S. 206.

Utopie«[82] aber eben nicht mehr als ein »Stück« und als zerstückelte ist eine Utopie keine – auch bei Proust bleibt sie negativ.

Aufgabe des Lesers des Romans wäre es, so Adorno, »durch Versenkung ins Bruchstück etwas von jenem Gehalt aufleuchten zu lassen, der sein Unverlierbares von nichts anderem empfängt als von der Farbe des hic et nunc«[83]; der Farbe des Glücks, deren Spur für Adorno im negativen Hier und Jetzt durchaus vorhanden ist.[84] Denn »das ›Alles ganz anders‹ bliebe geschlagen mit der Ohnmacht des Aparten, wäre nicht seine Kraft auch die des ›So ist es‹«[85]. Das »Alles ganz anders« und das »So ist es« sind komplementär und vermittelt durch das Erinnern, in dem das Vergangene als etwas ganz Anderes, Nichtidentisches erfahren werden kann, wodurch zugleich die schlechte Identität des Gegenwärtigen um so deutlicher wird. Denn die Erfahrung des Nichtidentischen ist eine, die zwar im Gegenwärtigen stattfindet, dessen Gegenstand aber schon immer bereits vergangen ist. Dieses Nichtidentische ist im Sinne Benjamins von seinem Eintritt an ein Vergessenes, weil die von der Negativität korrumpierte Erkenntnis eine solche Erfahrung nicht zuläßt. So ist es, und erst das Erinnern des Vergessenen vermag die Erfahrung zu gewähren, daß alles ganz anders war. Adorno schreibt: »Die Anekdote von jenem alten Mönch, der in der ersten Nacht nach seinem Tod einem befreundeten Ordensbruder im Traum erscheint und ihm ›Alles ganz anders‹ zuflüstert, könnte Prousts Recherche zur Maxime dienen, als einem corpus von Recherchen darüber, wie es denn nun im Gegensatz zu dem, worin alle einig sind, wirklich gewesen sei: der ganze Roman ist ein einziger Revisionsprozeß des Lebens gegen das Leben«[86], nämlich gegen ein Leben, aus dem permanent das verdrängt wird, was nicht kommensurabel und austauschbar ist. In der Erinnerung, so Benjamin, »– und das ist die geheime Wissenschaft des Epikers, der allein das Glück mitteilbar macht – wiegt jede kleinste angeschaute Zelle der

82) Ebd., S. 210f.

83) Ebd., S. 204.

84) In der »Negativen Dialektik« schreibt Adorno: »Bewußtsein könnte gar nicht über das Grau verzweifeln, hegte es nicht den Begriff von einer verschiedenen Farbe, deren versprengte Spur im negativen Ganzen nicht fehlt.« AGS 6, S. 370.

85) Adorno: Kleine Proust-Kommentare. AGS 11, S. 211.

86) Ebd., S. 205.

Welt soviel wie der Rest aller Wirklichkeit.«[87] In einer solchen Zelle »wäre von der zunehmenden Verdichtung (Integration) der Wirklichkeit zu sprechen, in der alles Vergangene (zu seiner Zeit) einen höheren Aktualitätsgrad als im Augenblick seines Existierens erhalten kann. Wie es sich dieser seiner eignen höhern Aktualität anpaßt, das bestimmt und schafft das Bild als das und in dem es verstanden wird.«[88]

In der Passagenarbeit notiert Benjamin, das Erwachen sei »der exemplarische Fall des Erin[n]erns: der Fall, in welchem es glückt, des Nächsten, Banalsten, Naheliegendsten uns zu erinnern.«[89] Als Beispiel eines solchen Erinnerns führt er Prousts »experimentierende[s] Umstellen der Möbel im morgendlichen Halbschlummer« an. Wenn der Proustsche Protagonist beim Aufwachen die Möbel seines Zimmers, wenn auch nur im Geiste, verrückt, erinnert er sich an deren Anordnung nicht, wie »sie denn eigentlich gewesen ist«, sondern wie sie im und durch das Erinnern wieder hergestellt wird. Proust schreibt: »Sicherlich war ich jetzt wirklich wach: mein Körper hatte eine letzte Drehung vollzogen, und der gute Engel der Gewissheit hatte alles um mich her zum Stillstand gebracht, mich in meinem Zimmer unter meine Dekken gebettet und in der Dunkelheit meine Kommode, meinen Schreibtisch, meinen Kamin, die Straßenfenster und die beiden Türen annähernd an den richtigen Platz gestellt.«[90] In der Erinnerung bewegen sich die Dinge, stehen nicht ein für allemal am selben Platz, sondern sind in eine zeitliche Entwicklung eingebunden, die abhängig ist von den Erinnerungsbildern. Nicht die betrachtende Wahrnehmung gibt das Bild des Zimmers und der Anordnung der Möbel, sondern es stellt sich im Prozeß des Erwachens ein, der durch das endgültige Wachsein stillgestellt wird. Aber auch diese Stillstellung ist nur »annähernd« dieselbe, wie sie sich im Erinnerungsbild des Protagonisten dargestellt hat. Es besteht eine geringe Differenz zwischen dem Zustand des Wachseins

87) Walter Benjamin: Gottfried Keller. Zu Ehren einer kritischen Gesamtausgabe seiner Werke. BGS II, S. 283-295, hier S. 288. Vgl. Theodor W. Adorno: Charakteristik Walter Benjamins. AGS 10, S. 238-253, hier S. 247: »Unbeirrt stand er zu seinem Grundsatz, die kleinste Zelle angeschauter Wirklichkeit wiege den Rest der ganzen Welt auf.«
88) Benjamin: Das Passagen-Werk. BGS V, S. 495.
89) Ebd., S. 491.
90) Marcel Proust: In Swanns Welt. In: ders. Auf der Suche nach der verlorenen Zeit. Bd. 1. Übers. von Eva Rechel-Mertens. Frankfurt am Main 1981, S. 16.

und dem des Erwachens zum einen und zwischen der Realität, wie sie sich in der Anschauung in Raum und Zeit darstellt, und derjenigen, wie sie in den Erinnerungsbildern erscheint, zum anderen. In dem Spalt, der sich hier auftut, versteckt sich Hoffnung: diejenige darauf, daß alles ganz anders gewesen sein könnte. Die Bewegung, welche die Möbel in der Erinnerung vollziehen, geschieht unwillkürlich: Der Protagonist könnte das Licht einschalten und hätte unverzügliche Gewißheit; das aber entspräche jener traditionellen Geschichtsschreibung, die nach Benjamin alles Individuelle und scheinbar Banale dem als eigentlich und wesentlich behaupteten Bild opfert. »Der Chronist« aber, der, ähnlich wie der Protagonist Prousts, »die Ereignisse hererzählt, ohne große und kleine zu unterscheiden, trägt damit der Wahrheit Rechnung, daß nichts was sich jemals ereignet hat, für die Geschichte zu verloren zu geben ist.«[91]

Für Benjamin wie für Adorno sind solche Zellen der Erinnerung in erster Linie Bilder, die aus der Kindheit stammen und die gerade wegen ihres individuellen und besonderen Gehalts in eine Allgemeinheit umschlagen, die negativ die Wahrheit darstellt: Das Wesen der Gesellschaft wird lesbar in den kleinsten und sublimsten Erscheinungen. Im Falle Prousts bezieht sich dies auf die individuellen Erfahrungen, die nicht mittels des identifizierenden Denkens faßbar sind. Sie enthalten in ihrem Kern die Wahrheit über die Welt, und zeigen zugleich, daß diese wie jene nicht unveränderlich ist. Der Schlüssel zu dieser Erkenntnis stellt die Erinnerung dar, in der das individuelle Leben und damit auch die gesamte Wirklichkeit von der Gegenwart aus neu betrachtet wird und aus seiner Starre gelöst werden kann. Das »Vermögen der Phantasie«, so Benjamin, »ist die Gabe, im unendlich Kleinen zu interpolieren [...], jedes Bild zu nehmen als sei es das des zusammengelegten Fächers, das erst in der Entfaltung Atem holt.«[92] Und die Erinnerung bezeichnet Benjamin in der »Berliner Chronik« als »das Vermögen endloser Interpolation im Gewesenen«[93]. Die Ähnlichkeit dieser Formulierungen bezeugt, wie eng Phantasie und Erinnerung für Benjamin miteinander vermittelt sind. Auch das Bild des Fächers zieht er nicht nur zur Veran-

91) Walter Benjamin: Über den Begriff der Geschichte. BGS I, S. 691-704, hier S. 694.
92) Walter Benjamin: Einbahnstraße. BGS IV, S. 83-148, hier S. 117.
93) Walter Benjamin: Berliner Chronik. BGS VI, S. 465-519, hier S. 467.

schaulichung der Phantasie, sondern auch der Erinnerung heran. Ebenfalls in der »Berliner Chronik« heißt es: »Wer einmal den Fächer der Erinnerung aufzuklappen begonnen hat, der findet immer neue Glieder, neue Stäbe, kein Bild genügt ihm, denn er hat erkannt: jenes Bild, jener Geschmack, jenes Tasten um dessentwillen wir dies alles aufgespalten, entfaltet haben; und nun geht die Erinnerung vom Kleinen ins Kleinste, vom Kleinsten ins Winzigste und immer gewaltiger wird, was ihr in diesen Mikrokosmen entgegentritt.«[94] Indem das Bild – im Sinne einer Vorstellung – entfaltet wird, der Vorstellende sich ihm überläßt, werden die Erfahrungen sichtbar, die in ihm aufgespeichert sind und es dergestalt erst hervorbringen. Die prinzipielle Unabgeschlossenheit der »endlosen Interpolation« birgt jedoch die Gefahr, sich völlig an die Objekte zu verlieren und damit sein Ich preiszugeben; jene subjektive Identität, welche die Objekte zu ordnen und formen vermag und derer das Ich zu seiner Selbsterhaltung bedarf.

III. Das Glück der unreduzierten Erfahrung

»Noch das erwachsene Leben«, schreibt Adorno, »wird von Proust mit so staunenden und fremden Augen angeschaut, daß unter dem versunkenen Blick das gegenwärtige sich in Vorzeit, in Kindheit gleichsam verwandelt [...] Jedes einigermaßen behütete Kind nämlich, dem nicht bereits in den allerersten Jahren die Reaktionsfähigkeit ausgetrieben ward, verfügt über unendliche Möglichkeiten von Erfahrung«[95]; das macht den allgemeinen Charakter der von Proust beschriebenen Erfahrungen aus: Das Allerindividuellste wird zum Allgemeinen. Adorno betont also in bezug auf Proust zum einen die Möglichkeit, in den kleinsten, individuellsten und sublimsten Erfahrungen das Wesen der gesellschaftlichen Totalität auffindbar und greifbar zu machen. Zum anderen könnten die von Proust beschriebenen individuellen Kindheitserfahrungen dem Leser dessen eigene Möglichkeiten von Erfahrung vor Augen führen: »Das Gefühl des Bekannten mitten im Ausgefallensten, das er ausstrahlt, verdankt sich der beispiellosen Disziplin, mit dem er über das verfügt, was jeder Einzelne in der Kindheit einmal wußte und verdrängte, und was ihm nun mit der Macht des Vertrauten wieder-

94) Ebd., S. 467f.
95) Theodor W. Adorno: Zu Proust. AGS 11, S. 669-675, hier S. 672.

kehrt. Was an Proust so extrem individuiert erscheint, ist es nicht an sich, sondern nur weil wir so zu reagieren nicht mehr wagen oder nicht mehr dazu imstande sind. Eigentlich stellt Proust das Versprechen des Allgemeinen wieder her, um das wir betrogen wurden. Es macht uns in seinen Texten erröten wie die Nennung eines sorgfältig geheim gehaltenen Namens.«[96]

Der »sorgfältig geheim gehaltene Name« ist das Objekt, dem die Suche der Proustschen Literatur gilt. Proust sucht ihn im Unbewußten, das idealerweise den Inhalt der unwillkürlichen Erinnerung darstellt. Diese Unwillkürlichkeit jedoch wird von Adorno ebenso wie von Proust selbst eingeschränkt. Adorno schreibt mit Blick auf die so häufig herangezogene »Madeleine-Passage«: »An der Lösung jedoch ist auf die Dauer ein Unzulängliches nicht zu verkennen. Bei Proust kommt es daran zutage, daß, entgegen dem Vorsatz, im ausgeführten Gewebe der Recherche die authentischen unwillkürlichen Erinnerungen gegenüber weit handfesteren Elementen von Psychologie und Romantechnik sehr zurücktreten. Proust selbst, und vollends seine Ausleger, haben den Geschmack der in Tee getauchten Madeleine so sehr überanstrengt, weil jene Erinnerungsspur als eine der wenigen im Werk dem aus Bergson herausgelesenen Programm genügt.«[97] Das »aus Bergson herausgelesene Programm«, sich in die im Werden befindlichen Geschehnisse vermittels der Intuition einzufühlen, um so deren Wirklichkeit, die mit ihrer Dauer in eins fällt, erfassen zu können, impliziert das Zurücktreten der schematisierenden und abstrahierenden Verstandestätigkeit. Dauer meint bei Bergson die permanente Veränderung der Dinge in der Zeit; durch die begriffliche Festsetzung würden diese aus der Zeit herausgerissen und in einen Stillstand versetzt, wodurch sie zugleich verfälscht würden. Proust versucht – ähnlich wie laut Adorno James Joyce – diesem »Programm« zu genügen, sofern er sich den aus dem Unbewußten stammenden Assoziationen ohne verstandesmäßige Vermittlung überläßt. Diese Assoziationen aber können sich nur dann der bloßen Zufälligkeit entledigen, wenn sie als besondere in allgemeine umschlagen, wenn sie mithin als notwendige erscheinen und zu als solche für den Leser nachvollziehbaren werden. »Manchmal glückt es, manchmal nicht. Proust wie Joyce lassen auf dies Risiko in heroischer

96) Ebd., S. 673f.

97) Theodor W. Adorno: Voraussetzungen. AGS 11, S. 431-446, hier S. 438f.

Anstrengung sich ein. Ihre Selbstreflexion kontrolliert den Verlauf des Unwillkürlichen im Text, um nur solches Zufällige zu tolerieren, dessen Notwendigkeit zugleich einleuchtet.«[98] Die Selbstreflexion wiederum impliziert jene begriffliche Vermittlung, welche die unwillkürlichen Assoziationsketten zu einem momenthaften Stillstand bringt.

Proust selbst läßt seinen Erzähler ausführlich erläutern, daß und inwiefern seine ›Technik‹ nicht allein aus dem passiven Sich Überlassen ans Vergangene besteht, sondern zugleich auf die aktive Verstandestätigkeit angewiesen bleibt. In »Die wiedergefundene Zeit«, dem letzten Band seines Romanzyklus, heißt es: »Um welche vom Leben in uns zurückgelassene Idee es sich auch handelt, ihre materielle Gestalt, die Spur des ›Ein-drucks‹, den sie in uns hinterlassen hat, ist noch immer das Unterpfand ihrer notwendigen Wahrheit.« Ein solcher Eindruck, der aus dem Unbewußten stammt und unwillkürlich vergegenwärtigt wird, ist noch nicht selbst die Wahrheit – und daher kein Moment des Glücks –, sondern der Verstand muß erst die ihn ihm enthaltene herausarbeiten. Dieser Eindruck, schreibt Proust, »wie hauchdünn auch seine Substanz zu sein scheint, wie ungreifbar seine Spuren, ist ein Kriterium der Wahrheit und verdient daher als einziges geistig akzeptiert zu werden, denn nur er ist imstande, wenn unser Geist jene Wahrheit daraus zu destillieren weiß, diese zu größerer Vollendung zu führen und ihm wahrhaft reine Freude zu schenken. Der Eindruck ist für den Schriftsteller, was das Experiment für den Naturwissenschaftler ist, mit dem Unterschied, daß beim Naturwissenschaftler die Arbeit des Verstandes vorausgeht, bei dem Schriftsteller aber folgt. Was wir nicht durch unser persönliches Bemühen erst haben entziffern, erst haben aufhellen müssen, was schon klar war, ehe wir darauf stießen, gehört uns eigentlich nicht an.«[99] Dergestalt wird der Eindruck zu einer Inschrift, die es zu entziffern gilt; fähig hierzu sei nur die Kunst, insbesondere die Literatur. »Das wahre Leben, das endlich entdeckte und aufgehellte, das einzig infolgedessen von uns wahrhaft gelebte Leben, ist die Literatur: jenes Leben, das in gewissem Sinne bei allen Menschen so gut wie bei dem Künstler in jedem Augenblick wohnt. Sie sehen es nicht, weil sie es nicht dem Licht auszusetzen versuchen, infolgedessen aber ist ihre Vergangenheit von unzähligen Photonegativen angefüllt, die

98) Ebd., S. 439.
99) Proust: Die wiedergefundene Zeit, S. 275f.

ganz ungenutzt bleiben, da ihr Verstand sie nicht ›entwickelt‹ hat.«[100] Es sind eben solche Bilder, die laut Benjamin in der »Dunkelkammer des gelebten Augenblicks«[101] mittels der Erinnerung entwickelt werden. Auch für Proust sind Bilder nicht bloß Objekte der Anschauung, sondern sie transformieren sich zu einer zu lesenden Schrift, welche die Namen der Dinge schreibt; die Literatur trachtet danach, sie zu entziffern. Durch diese Entzifferung wird sie zum »wahrhaft gelebten Leben«, denn erst sie vermag das Glück freizusetzen, das in dem vergangenen Eindruck aufgespeichert ist. Im Unterschied zur Lebensphilosophie Bergsons wird bei Proust erst das zum wirklich Lebendigen, was sich außerhalb der Dauer der Zeit befindet. Indem die Literatur vom »bloßen Leben«[102], das bei Benjamin im Gegensatz zum »wahrhaft gelebten Leben« steht, abstrahiert, schränkt es auch die Macht des zum »bloßen Leben« gehörigen Todes ein: das Stillgestellte entwindet sich dem zeitlichen Verfall.

An einer zentralen Stelle des Romans, ebenfalls im letzten Band, beschreibt Proust eine »undeutlich aufblendende Vision«, die dem Protagonisten zu sagen scheint: »›Hasche mich, wenn du die Kraft in dir hast, und versuche das Rätsel des Glücks, das ich dir aufgebe, zu lösen.‹ Fast gleich darauf erkannte ich sie: es war Venedig, über das mir meine Bemühungen, es zu beschreiben, und die angeblich in meinem Gedächtnis festgehaltenen Augenblicksbilder nie etwas hatten sagen können, das mir aber eine Empfindung [...] samt allen an jenem Tage mit dieser einen verknüpften Empfindungen, die damals abwartend an ihrem Platz in der Reihe vergessener Tage geblieben waren, aus denen sie ein jäher Zufall gebieterisch herausentboten hatte, von neuem schenkte.« Das »Rätsel des Glücks«, das dem Protagonisten aufgegeben scheint, besteht in der Frage: »Warum aber hatten mir die Bilder von Combray und von Venedig in dem einen und andern Augenblick so viel Freude gegeben, Freude, die einer Gewißheit glich und ohne sonstige Beweise genügte, mir selbst den Tod gleichgültig erscheinen zu lassen?« Zur Beantwortung dieser Frage »nach dem Grunde jenes

100) Ebd., S. 297.
101) Walter Benjamin: Aus einer kleinen Rede über Proust, an meinem vierzigsten Geburtstag gehalten. BGS II, S. 1064f., hier S. 1064.
102) Walter Benjamin: Goethes Wahlverwandtschaften. BGS I, S. 123-201, hier S. 139.

Glücks, dem Wesen der Gewißheit [...], mit der es mich überwältigte«, verhilft dem Protagonisten eine neue Vision in Form eines Erinnerungsbildes, das ihm einen Augenblick seines Aufenthalts am Meer von Balbec zurück ins Gedächtnis ruft. Der »Eindruck war so stark, daß der Moment, den ich durchlebte mir wie der gegenwärtige Augenblick schien«, und der geprägt war von den Farben des »pfauenschweifartig grünblau schillernde[n] Gefieder[s] des riesigen Meeres! Ich aber genoß nicht nur diese Farben, sondern einen ganzen Augenblick meines Lebens, der unter ihnen reliefartig hervorzutreten schien und zweifellos an die Oberfläche drängte, den zu genießen mich jedoch irgendein Gefühl der Müdigkeit oder der Trauer in Balbec vielleicht gehindert hatte und der jetzt, von allem befreit, was es an Unzulänglichem in der äußeren Wahrnehmung gibt, rein und vom Stoff entschlackt, mich mit Beschwingtheit erfüllte.«[103] In der »Windstille des Glücks ruht er« – der vergangene Augenblick – »zu unbewegt und in zu großer Tiefe unter uns«[104], als daß sein Wesen, das der Bewegung der Zeit enthoben ist, erkennbar würde. Als »entschlackter«, also vom zeitlichen Verlauf gereinigter, gibt der Augenblick sein Wesen frei und damit die Wahrheit. »[I]n der Tat war es so, daß das Wesen, das damals in mir jenen Eindruck verspürt hatte, ihn jetzt in dem wiederfand, was es an Gemeinsamem zwischen einem Tage von ehemals und dem heutigen gab, was daran außerhalb der Zeit gelegen war; es war ein Wesen, das nur dann in Erscheinung trat, wenn es auf Grund einer solchen Identität zwischen Gegenwart und Vergangenheit sich in dem einzigen Lebenselement befand, in dem es existierte und die Essenz der Dinge genießen konnte, das heißt außerhalb der Zeit.«[105] Wie in der Benjaminschen Konzeption des dialektischen Bildes ergibt sich hier aus Überlagerung von Gegenwart und Vergangenheit ein Moment des Stillstands, der als Bild wahrgenommen wird und in dem des Wesentliche des vergangenen Moments zur Erscheinung kommt. Denn ist das, was hier im Protagonisten aufersteht, nur »ein Augenblick der Vergangenheit? Vielleicht weit mehr als das; etwas, was – zugleich der Vergangenheit und der Gegenwart zugehörig – viel wesentlicher als beide ist.«[106] Solche Au-

103) Proust: Die wiedergefundene Zeit, S. 260.
104) Ebd., S. 299.
105) Ebd., S. 263.
106) Ebd., S. 264.

genblicke sind »Reminiszenzen, die nicht eine Empfindung von einst, sondern eine neue Wahrheit, ein kostbares Bild bargen«; sie werden zu Zeichen, hinter denen sich »vielleicht etwas ganz anderes verbarg, das zu entdecken ich versuchen müßte: ein Gedanke, den sie nach Art jener Hieroglyphen übersetzten, die zunächst materielle Dinge vorzustellen scheinen. Zweifellos war diese Entzifferung schwierig, aber sie allein gab eine Wahrheit zu lesen.«[107]

»Mit dem Glück«, schreibt Adorno in den »Minima Moralia«, »ist es nicht anders als mit der Wahrheit: Man hat es nicht, sondern ist darin.«[108] Beide, die Wahrheit und das Glück, versperren sich der begrifflichen Erkenntnis. Insofern entsprechen beide auch dem »unaussprechlichen Namen«: Dieser bedürfte keines Mediums, weil die starre Trennung von Subjekt und Objekt im Namengeben aufgehoben wäre. Nichtsdestoweniger hält Adorno auch am Begriff einer emphatischen Wahrheit wie auch an der Möglichkeit eines Glücks der begrifflichen Erkenntnis fest, das zur Voraussetzung hat, daß diese sich aus eigener Kraft transzendierte: als Konstellation von Begriffen, an die die Hoffnung des utopischen Namens übergeht.

Die Erfahrung des Glücksversprechens des Namens, das als solches jedoch nicht erfüllt werden kann, ist für Adorno eine der wenigen heute noch möglichen unreduzierten metaphysischen Erfahrungen. Proust schildert in »Swanns Welt«, wie er bzw. der Protagonist des Romans als Kind die Bahnhofsfahrpläne betrachtet und welche Vorstellungen über die Beschaffenheit der Orte durch das bloße Lesen von deren auf den Plänen aufgeführten Namen ausgelöst werden: »Ich brauchte [...] nur die Namen auszusprechen: Balbec, Venedig, Florenz, in denen das Verlangen nach den durch sie bezeichneten Orten im voraus aufgespeichert lag. [...] Sie gaben mir von gewissen Stätten der Erde eine übersteigerte Vorstellung ein, indem sie sie einzigartiger machten und ihnen etwas wie eine erhöhte Wirklichkeit verliehen. [...] Wieviel persönlicher wurden sie dadurch, daß man sie mit Namen bezeichnete, die einzig ihnen zugedacht waren wie Personennamen.«[109] Und etwas später heißt es dann: »zweifellos hatte ich alles, wonach meine Phantasie verlangte und was meine Sinne nur unvollständig und

107) Ebd., S. 273.
108) Adorno: Minima Moralia. AGS 4, S. 126.
109) Proust: In Swanns Welt, S. 510ff.

ohne Freude in der Gegenwart wiederfanden, in diese letzte Zuflucht der Namen gebannt.«[110] Das Glücksversprechen, das die Ortsnamen enthalten, kann von den Orten selbst nicht eingehalten werden; die Erwartung unreduzierten Glücks wird in mehr oder minder großem Maße enttäuscht, sobald sie mir der Realität konfrontiert wird, denn »die Fassungskraft von Namen ist nur gering; ich konnte kaum zwei oder drei wichtigste ›Sehenswürdigkeiten‹ der Stadt in sie hineinbringen«. Die Bilder, die der Protagonist sich über die Einbildungskraft zu den Namen zu verschaffen vermag, sind »notwendigerweise stark vereinfacht« und »vielleicht war gerade die Vereinfachung ein Grund, weshalb diese Bilder solche Macht über mich gewannen.«[111] Die vereinfachten Bilder sind Idealbilder, denen die Realität nicht standhält. Sie könnte es erst, wenn die Bilder solche wären, die dem Allgemeinen entsprächen und damit auch den Begriffen, die zugleich verkürzen und verallgemeinern. Die Verkürzung der Bilder impliziert die Unzulänglichkeit, der Realität gerecht zu werden; insofern bedarf es der ›Verlängerung‹ der begrifflichen Deutung, die jene Diskrepanz zwischen den utopischen Bildern und der Realität als notwendige benennt. Denn Kinderbilder, so Tiedemann, »gelten dem ›unauflöslich Individuierten‹, von dem kein Weg zum Allgemeinen zu führen scheint, welches die Begriffe erstreben; jenes ›Glück‹ jedoch, das die Bilder verheißen, würde erst eines, wenn es das allgemeine wäre; Glück ist ein Pluraletantum, es ist das der Gattung oder es ist nicht.«[112] Der Protagonist Prousts weigert sich, das Versprechen, daß die Kinderbilder enthalten – und auch die Ortsnamen werden für ihn zu solchen Bildern – dranzugeben: »Sogar bei einem Wesen, das sich selbst unaufhörlich ablöst, schafft das Gedächtnis etwas wie eine Identität und bewirkt, daß es Versprechen nicht unerfüllt lassen möchte, an die es sich erinnert, selbst wenn es sie nicht unterzeichnet hat.«[113] Für ihn wird die Erfahrung des Glücks, das die Namen versprechen, zu einer, die Adorno mit dem Gefühl des »Zurückweichens«, des »Zu-Nahe-daran-Seins« beschreibt, »darin auf eine Weise dem Traumbild verwandt. Proust erhebt es im Namen zur Technik, alles so

110) Ebd., S. 515.
111) Ebd.
112) Rolf Tiedemann: Mythos und Utopie. Aspekte der Adornoschen Philosophie. München 2009, S. 83f.
113) Proust: Die wiedergefundene Zeit, S. 11.

zu betrachten, als wäre jedes Ding tatsächlich an seinem Ort und jeder Mensch an seiner rechten Stelle, so unvertauschbar wie es ihre Namen verheißen. Was die Städte Balbec, Florenz, Pisa und Venedig im Raum, sind in der Zeit die Geliebten. Daß jeder etwas absolut Individuiertes entspräche, was aus dem Bannwald der Ähnlichkeiten herausführt und den magischen Zirkel des Typus durchbricht, wäre Glück. In der Konfrontation des Traumbilds mit der Empirie zeigt sich dem Ich sein eigener Name als das ihm Entrückteste«[114], darin wiederum dem Glück verwandt, das mit Adorno »das Innere der Gegenstände als diesen zugleich Entrücktes« ist.

Auch Adorno selbst bezieht sich in seinen Kindheitserinnerungen immer wieder auf die von Ortsnamen evozierten Erfahrungen des Glücks. In einer Passage seiner Metaphysik-Vorlesung erläutert er: »Ich will nicht die Theorie der metaphysischen Erfahrung von Proust Ihnen hier reproduzieren. Ich möchte Sie nur darauf hinweisen, daß vielleicht eine der deutlichsten Erscheinungsweisen dessen, wovon hier geredet wird, die Art ist, mit der uns bestimmte Namen dafür einstehen mögen. Bei Proust sind es die Namen von Illiers und Trouville, von Cabourg und Venedig. Ich selber habe es auch an solchen Namen erfahren: wenn man als Kind in Ferien ist und Namen wie Monbrunn, Reuenthal, Hambrunn liest oder hört, dann hat man das Gefühl dabei: wenn man dort wäre, an diesem Ort, da wäre es. Dieses ›es‹, – was das ›es‹ ist, ist außerordentlich schwer zu sagen; man wird auch darin den Spuren Prousts folgend, wohl am ehesten sagen können, daß es das Glück sei. Wenn man dann an einen solchen Ort hingelangt, dann ist es dort auch nicht, dann hat man es *nicht.* [...] Aber das Merkwürdige ist, daß, auch wenn es dort nicht ›ist‹, also wenn man keineswegs in Monbrunn jene Erfüllung findet, die in diesen Namen aufgespeichert ist, daß man dann trotzdem nicht enttäuscht ist. Wenn ich es richtig interpretiere, dann deshalb, weil man [...] dann das Gefühl hat: wenn man ganz in diesen Phänomenen drin ist, dann kann man sie eigentlich gar nicht gewahren.«[115] Mit Proust selbst ließe sich resümieren: »Dennoch war ich froh mir zu sagen, daß jenes Glück, zu dem ich damals mit aller

114) Henning Teschke: Proust und Benjamin. Unwillkürliche Erinnerung und dialektisches Bild. Würzburg 2000, S. 54.
115) Theodor W. Adorno: Metaphysik. Begriff und Probleme. In: ders.: Nachgelassene Schriften (im folgenden NaS). Hrsg. von Theodor W. Adorno Archiv. Frankfurt am Main – Berlin 1993ff. Bd. IV.14, S. 218f.

Kraft hinstrebte und das mir nichts zu schenken vermochte, anderswo als nur in meinem Denken, tatsächlich sogar ganz dicht neben mir [...] vorhanden gewesen war. Ich hatte aber nichts davon gewußt!«[116]

Bildlichkeit und Schriftlichkeit stellen keine strikt getrennten Bereiche dar, sondern vermögen ineinander überzugehen, nämlich vermittels der Sprache. Bilder zu lesen heißt, sie in Sprache zu übersetzen. Dies ist möglich, weil das, was das Subjekt von den Dingen in den Bildern empfängt, nach Benjamins Sprachtheorie prinzipiell in Lauten ausgedrückt werden kann. Weil dies auf direkte Weise aber nur im Namen, der für Adorno wie auch für Benjamin den vollkommenen sprachlichen Ausdruck einer utopischen Erkenntnis darstellt, möglich wäre, *bedarf* es der schriftlichen Zeichen, die wiederum in der begrifflichen Sprache mitteilbar werden. Die Erinnerungsbilder, so Proust, ergeben »eine komplizierte und rankenreiche Zauberschrift [...], ihr erstes Charakteristikum bestand darin, daß ich nicht frei war zu wählen, daß sie mir nur so und nicht anders einfach gegeben wurden«[117], nämlich in Form einer unwillkürlichen Erinnerung eines Eindrucks, der »unser wahres Leben [war], die Wirklichkeit, wie wir sie verspürt haben, wie sie aber doch von dem, was wir glauben, so erheblich abweicht, daß wir ein derart starkes Glück empfinden, wenn uns ein Zufall die wirkliche Erinnerung daran entgegenträgt«[118]. Von dem, »was wir glauben«, weicht er deshalb so erheblich ab, weil wir »über unsere wahren Eindrücke die konventionellen Bezeichnungen, die praktischen Zwecke breiten, die wir fälschlich als das Leben bezeichnen«[119]. Diese »konventionellen Zeichen« sollen neuen weichen, die aber keine neu zu erfindenden sind, sondern sich aus veränderten textuellen Konstellationen der herkömmlichen ergeben, in denen sie über sich selbst hinausweisen.

Wenn Benjamin in den »Geschichtsphilosophischen Thesen« formuliert, daß es der traditionellen Geschichtsschreibung darum gehe, das Vergangene darzustellen, »wie es denn eigentlich gewesen ist«[120], benennt er damit eben jenen Anspruch, den der historische Materialist ebenso wie auch Proust desavouieren: das darzustellen, »worin alle

116) Proust: Die wiedergefundene Zeit, S. 17.
117) Ebd., S. 274.
118) Ebd., S. 277.
119) Ebd., S. 298.
120) Benjamin: Über den Begriff der Geschichte. BGS I, S. 695.

einig sind«, nämlich das Vergangene, wie es erscheint, wenn es dem herrschenden Kategoriensystem subsumiert wird. Wie es, mit Adorno, »wirklich gewesen« ist, meint dagegen das Vergangene, wie es sich aus einer Perspektive jenseits des common sense darstellt – dem sich niemand dauerhaft entwinden kann –, nämlich »ganz anders« denn als homogene Einheit. Daher, so wiederum Proust, ist die »mühevolle Arbeit, die unsere Eigenliebe, unsere Leidenschaft, unser Nachahmungstrieb, unser abstrakter Verstand, unsere Gewohnheiten geleistet hatten, [...] genau das, was die Kunst erst wieder beseitigen muß; denn gerade den umgekehrten Weg, den Weg, der zu den Tiefen zurückführt, in denen das, was wirklich existiert hat, von uns ungekannt ruht, heißt sie uns ja gehen.«[121] Hierzu wiederum bedarf es der Arbeit des Verstandes, welche die Bilder ihrer bloßen Zufälligkeit enthebt und deren wahre Bedeutung freigibt: »Man empfindet etwas, doch was man empfunden hat, gleicht gewissen Negativen, die nur schwarze Stellen aufweisen, solange man sie nicht in die Nähe einer Lampe bringt, und die man auch von der Rückseite her ansehen muß; man weiß nicht, was an dieser Empfindung ist, solange man sie nicht dem Licht des Verstandes nähert. Dann erst, wenn dieser sie erhellt, sie in die Sphäre des Intellekts verschiebt, erkennt man – und mit wieviel Mühe! – die Gestalt dessen, was man vordem gefühlt.«[122] Um also das »Rätsel des Glücks« zu lösen, reicht es nicht aus, die Bilder zu gewahren, die beispielsweise in der Madeleine aufgespeichert sind – genau genommen sind die Bilder nicht im Gebäck selbst aufgespeichert, sondern in dem Eindruck, den dessen früheres Schmecken hinterlassen hat –, vielmehr gilt es, diese Bilder als Zeichen zu betrachten, die auf etwas hindeuten, das in den den Bildern selbst nicht enthalten ist. Die Literatur Prousts bringt die konkreten individuellen Erfahrungen auf Begriffe, indem sie das Unwillkürliche zur Sprache bringt und deutet. Diese Erfahrungen sind vor allem solche der Kindheit, die prinzipiell in einem weit geringeren Maße durch bewußte Reflexionen vermittelt sind als solche der Erwachsenen; Proust hält sie fest und damit auch das aus der Kindheit stammende Glück. Zugleich gewahrt er es als schon immer vergangenes Glück, das in der Gegenwart nicht möglich ist, geschweige denn als dauerhaftes. »Die Treue zur Kindheit«, schreibt Adorno, »ist eine zur Idee des Glücks, das

121) Proust: Die wiedergefundene Zeit, S. 298.
122) Ebd., S. 298f.

Proust um nichts in der Welt sich wollte abhandeln lassen. [...] Indem er aber mit keinem Glück sich zufrieden gibt als dem ganzen, wird sein Glücksbedürfnis eines mit dem nach der ungeschmälerten, von keiner Konvention versperrten Wahrheit. Sie ist jedoch Schmerz, Enttäuschung, Wissen vom falschen Leben. [...] Totale Erinnerung antwortet auf totale Vergängnis, und Hoffnung liegt einzig bei der Kraft, dieser Vergängnis innezuwerden und sie festzuhalten in der Schrift. Proust ist ein Märtyrer des Glücks«[123]: Der Suche nach dem absoluten Glück, das in der Rettung des Vergangenen, der verloren geglaubten Zeit bestünde, opfert er seine empirische Identität, die sich auf Kosten des verdrängten Nichtidentischen herstellt, dessen adäquate Erkenntnis ihr unmöglich ist. Das Glück ›im Inneren der Gegenstände‹ zu finden und es vermittels der Sprache zur Wahrheit zu erheben, ist die Utopie der Literatur Prousts, an der sie scheitern muß. Dennoch dringt sie auf der frenetischen Suche nach dem verlorenen Glück wie kaum eine andere zur Wahrheit der Dinge vor: zur Wahrheit *in* den Dingen. Ihre ›Interpolation im unendlich Kleinen‹ ist das »großartige Experiment eines Dichters«[124], der sich dem Risiko jenes Scheiterns »mit unbändigem Glücksverlangen [...], ohne sein Ich zurückbehalten zu wollen«[125], ausgesetzt hat, um das Geheimnis metaphysischer Erfahrung zu ergründen, die dadurch charakterisiert ist, »daß sie danebengehen kann, daß sie ganz falsch sein kann; auf der anderen Seite aber auch, daß sie eines dinghaften Moments bedarf«. Diese beiden Motive machen für Adorno »geradezu gemeinsam die dialektische Figur, das dialektische Bild aus[...], an dem allein man dessen vielleicht innezuwerden vermag, was mit dem Begriff metaphysischer Erfahrung gemeint wird«[126], die im Falle der bei Proust dargestellten eine Kritik der heutigen Trennung von Wahrheit und Glück impliziert; einer Trennung, welche dieses nur als entstelltes, nicht aber als emphatisches zulässt. Das ist Prousts »Protest gegen die tödliche Versuchung, es sich leicht zu machen, indem man dem ganzen Glück und der ganzen Wahrheit entsagt. Lieber am

123) Adorno: Zu Proust. AGS 11, S. 675.
124) Theodor W. Adorno: Vorlesung über Negative Dialektik. Fragmente zur Vorlesung 1965/66. NaS IV.16. Hrsg. von Rolf Tiedemann. Frankfurt am Main 2007, S. 108.
125) Adorno: Negative Dialektik. AGS 6, S. 371.
126) Adorno: Metaphysik. Begriff und Probleme. NaS IV.14, S. 222.

Unmöglichen zugrunde gehen.«[127] – Die Wahrheit des Glücks wäre die Aufhebung seiner Dialektik, die bis dahin, als negative, die Reflexion des falschen bleibt.

127) Theodor W. Adorno: Der Artist als Statthalter. AGS 11, S. 114-126, hier S. 125. Adorno schreibt diese Sätze an der angeführten Stelle mit Blick auf die Literatur Paul Valérys; sie können aber in gleicher Weise auf diejenige Prousts bezogen werden, ohne an Wahrheit zu verlieren.

Devi Dumbadze

»Religion, die IST«
Ideologie und unreglementierte Erfahrung

Ideologie meint stets, sie sei woanders. Diese Meinung ist ihr sicheres Zeugnis. Sie ist auf kein Interesse, keine Intention besonderer Klassen oder Gruppen zurückzuführen[1]; kein Ergebnis bewußter Manipulation. Dennoch ist es der Ideologie zu verdanken, wenn jene ihre partikularen Vorstellungen zu unumstößlichen Gewißheiten erhärten. Der bloße Vorwurf, etwas sei Ideologie, im Gegensatz zu ihrer Kritik, hat den Ausgang längst gefunden. Die Wahrheit gilt ihm als erfüllt; ihr Ursprung ist in der Geschichte verwirklicht, bewegt jene doch von Anfang an deren Fortgang immanent, wie auch immer die schreckliche Fratze der Oberfläche der Erscheinungen dies verdecken mag. Wie Jesus Christus, ein sinnlicher Mensch, der endlich und sterblich ist, der mit den Händen greifbare Sohn des unsterblichen und unendlichen, übersinnlichen Gott-Vaters sein soll – das leibgewordene Allgemeine – so ist das Geld, das universelle Äquivalent des Werts aller möglichen Waren[2], die Verwirklichung jenes Allgemeinen in einem besonderen Ding in »verrückter Form«[3]. Das Geld ist die zur Sache gewordene Ideologie. Es ist das logische Kriterium der sich erfüllt wähnenden Wahrheit. Das Christentum ist dabei, was immer seine säkularen Gegner behaupten mögen, keinesfalls ein gealterter Rivale der selbsterhaltenden Vernunft. Nach Hegel schlicht die Religion in vollendeter Form[4], ist das Christentum vielmehr der Kult entwickelt zu einer solchen Gestalt, ohne die die aufgeklärte Ratio selbst keinen Bestand hätte. Dabei ist der Kultbegriff

1) Theodor W. Adorno: Beitrag zur Ideologienlehre. In: ders.: Gesammelte Schriften (im folgenden AGS). Hrsg. von Rolf Tiedemann. Frankfurt am Main 1997, Bd. 8, S. 457-477, hier S. 467.
2) Karl Marx: Das Kapital. Kritik der politischen Ökonomie. Bd. I. In: ders., Friedrich Engels: Werke (im folgenden MEW). Bd. 23, Berlin 1972, S. 83-85, hier 83.
3) Ebd., S. 90.
4) Georg Wilhelm Friedrich Hegel: Vorlesungen. Ausgewählte Nachschriften und Manuskripte. Vorlesungen über die Philosophie der Religion III. Die vollendete Religion (im folgenden PhdR III). Hrsg. von Walter Jaeschke, Hamburg 1984.

Hegels, der im weitesten Sinn die Objektivierung der Praxis als solche bedeutet, mit dem der Gesellschaft deckungsgleich.[5]

Die Vernunft ist sowenig überzeitlich wie die Folge einer undurchschaubaren Tatsache; weder zu verewigen noch beliebig durchzustreichen. Sie ist das Ergebnis der Dialektik der Aufklärung, die sie in einem Niemandsland zwischen dem atemporalen Transzendentalen und kontingenten Empirischen ansiedelt.[6] Je nachdrücklicher die im archaischen Mythos dem vorzeitlichen Naturzwang entlaufene Vernunft dessen Beherrschung vorantrieb, desto sicherer verwandelte sich jene Vernunft selbst in eine beständige Naturkraft, die auf dem Einzelnen als

5) »Von ›Religion‹ ist in diesem Entwurf [dem zur frühen Entwicklungsphase der Religionsphilosophie Hegels gehörigen Jenaer Manuskript »Naturphilosophie und Philosophie des Geistes«, 1805/06, siehe Georg Wilhelm Friedrich Hegel: Gesammelte Werke. Hrsg. von Rolf-Peter Horstmann unter Mitarbeit von Johann Heinrich Trede (im folgenden GW). Bd. 8, Hamburg 1976, S. 277-287, der Verfasser] in einem doppelten Sinne die Rede: Im weiten Sinne bezeichnet ›Religion‹ die gesamte Sphäre des Selbstbewußtseins des Geistes in Kunst, Religion und Philosophie – und nur als ein so sich wissender ist der Geist ›absoluter Geist‹. Im engen Sinne meint ›Religion‹ diejenige Gestalt dieses Selbstbewußtseins des Geistes, die sich der Form der Vorstellung bedient und sich dadurch von Kunst und Philosophie unterscheidet, die denselben Gegenstand in der Form der Anschauung bzw. des begreifenden Denkens thematisieren.« Walter Jaeschke: Einleitung. In: Georg Wilhelm Friedrich Hegel: Vorlesungen über die Philosophie der Religion I. Einleitung. Der Begriff der Religion. Hamburg 1993, S. XIX. Dieser »weite Sinn« hält sich verständlicherweise durch die gesamte Religionsphilosophie Hegels hindurch, einschließlich ihrer späten umfangreichen Ausarbeitungen in den Vorlesungen der Berliner Zeit. Denn der Bewußtseinsmodus der Vorstellung, die der Entzweiung des Subjekts von seinem Objekt entspricht, ist gerade das Kennzeichnende des »notwendig falschen Bewußtseins« der Ideologie (siehe Ulrich Enderwitz: Was ist Ideologie? http://www.isf-freiburg.org/isf/beitraege/enderwitz-ideologie.html, letzter Zugriff: 15.02.2015). Die Religion überhaupt, zumal die christliche, ist damit ideologisch, wie Ideologie umgekehrt die religiöse Form des Daseins hat, ohne damit immer mit einer ›bestimmten‹ ineinszufallen. (Siehe Georg Wilhelm Friedrich Hegel: Vorlesungen. Ausgewählte Nachschriften und Manuskripte. Vorlesungen über die Philosophie der Religion I. Einleitung. Der Begriff der Religion (im folgenden PhdR I). Hrsg. von Walter Jaeschke, Hamburg 1984, S. 142-163.

6) Siehe Max Horkheimer und Theodor W. Adorno: Dialektik der Aufklärung. Philosophische Fragmente. AGS 3, S. 16; Theodor W. Adorno: Negative Dialektik. AGS 6, S. 394.

Inbegriff »sozialer Tatsachen«[7] lastet. Die von der Magie des Mythos gänzlich befreite Aufklärung mündete aber in einem neuen, weil sie zur zweiten Natur erstarrte.[8] Was nun das Christentum anbetrifft, so ist es nach Hegel die alleinige bestimmte Religion – und »in gewissem Sinn« ist sie die »einzig[e]«[9], fügen Horkheimer und Adorno hinzu –, deren theologische Dogmatik die Menschwerdung des monotheistisch gedachten transzendenten Gottes, die Vereinzelung, und die Gottähnlichkeit eines jeden irdischen Menschen, sein Dasein als allgemeine Individualität, zur Identität des Unendlichen und Endlichen erklärt.[10] Hat in der christlichen Theogonie jedes Sinnliche unumgänglich an dem entfalteten Unsinnlichen als seiner Ursache teil, so erschöpft es sich in diesem auch. All das, was die besondere Kreatur als nichtidentische Qualitäten von seinem allgemeinen Begriff unterscheiden mag, gilt nur als ein beliebiger Füllstoff und kann, wenn es sein muß, auch getrost ignoriert werden. Im Hegelschen Begriff jenes Geistes, der »in der konkretesten Bedeutung«[11] *ist*, sind Subjekt und Objekt immer schon gleich. Das allgemeine Element des Geistes, trotz seiner vielfältigen Entäußerungen im Besonderen – denn »der Geist, der nicht erscheint, ist nicht; er reflektiert sich selbst in sich«[12] – absorbiert wiederum diese Besonderungen. Die Wirklichkeit dieses geistigen Elements in der Geschichte ist die der selbsterhaltenden Vernunft, die unter dem Kapitalverhältnis eine rationalisierte Form annimmt. Gott und das Kapital, der Sohn und das Geld: das sind keine Gegensätze, werden sie noch so beflissen von ihren Anwärtern als solche gegenseitig angeschwärzt.[13]

7) Siehe Emilé Durkheim: The Rules of Sociological Method. New York 1982, S. 50-59.
8) Horkheimer und Adorno: Dialektik der Aufklärung. AGS 3, S. 16.
9) Ebd., S. 202.
10) Siehe Hegel: Vorlesungen über die Philosophie der Religion I. PhdR I, S. 193-214.
11) Ebd., S. 56: »Der Geist ist in der konkretesten Bedeutung, es kommt ihm das absolute, höchste Sein zu«.
12) Ebd., S. 37.
13) »Man hat auf seine [Marxens, der Verfasser] theologisierende Metaphorik [...] zu achten, um zu erkennen, worin die skandalöse Spitze und der denunziative Nerv der Kritik der politischen Ökonomie besteht: *In nichts anderem als darin, daß, was Jahrhunderte sich unter ›Gott‹ nur im Ungefähren vorzustellen vermochten, in Begriff und Sache des Kapitals zum Bewegungsgesetz der Wirk-*

Die Religionsphilosophie Hegels ist nicht nur eine adäquate Darstellung des Wesens des Christentums, gerade wegen ihrer angestrebten Vermittlung zwischen seiner irrationalistischen und rationalistischen Auffassungen.[14] Sie ist zugleich das Zeugnis der Allgegenwart von Ideologie wider Willen, welcher, vermeint sie sich doch als die endgültige Verwirklichung der Wahrheit, alles andere ideologische Doxa ist. An ihr kann die kritische Theorie zeigen, wo die Grenze zwischen ihr und Ideologie verläuft: Sie scheidet Begriffe vom Widerspruch. In der Dialektik Hegels verwandelt sich dieser, da sie Nichtidentisches an das Identische angleicht, ins unverrückbare Prinzip der Einheitsphilosophie. »Der Widerspruch ist das Nichtidentische unter dem Aspekt der Identität; der Primat des Widerspruchprinzips in der Dialektik mißt das Heterogene am Einheitsdenken«.[15] Der Widerspruch ist bei Hegel vergeistigt und damit verewigt. In der negativen Dialektik nach Adorno hingegen ist er der Ausdruck eines geschichtlichen Ganzen, geleitet durch das Sensorium eines individuellen Leibs. Hegels *Konzeptualisierung* der christlichen Religion stellt die »Erhebung« des positiven Kults der Gemeinde zu dessen begrifflich artikulierter Lehre philosophisch dar: »Religion [ist] das Bewußtsein des an und für sich Wahren.«[16] »*Bewußtsein des an und für sich seienden, unbeschränkten,* ganz *allgemeinen* Wahren; es dies eine *Erhebung*, Reflexion, Übergehen vom Unmittelbaren, Sinnlichen, Einzelnen, denn das Unmittelbare ist das Erste und darum nicht die Erhebung; also ein *Aus-* und *Fortgehen* zu einem *Anderen* [...]«.[17] Aber diese Erhebung zum Begriff ist nichts weiter als das – selbst ideologische – Modell des Verhältnisses der Ideologie zu ihren Theoretisierungen. Solche bloße theoretische Beschreibungen der Ideologie begegnen in der gegenwärtigen Geistes- und Kulturwissenschaft,

lichkeit geworden ist – zum ›automatischen Subjekt‹. Diese leichthin gebrauchte Floskel hat noch keiner verstanden. Marx als Marxist am wenigsten, denn sie ist an sich und objektiv unverständlich, ist so objektiv arational, wie es sich für eine ›verrückte Form‹ gehört.« Initiative Sozialistisches Forum: Der Theoretiker ist der Wert. Freiburg 2002, S. 21.

14) Siehe Walter Jaeschke: Die Vernunft in der Religion: Studien zur Grundlegung der Religionsphilosophie Hegels. Stuttgart-Bad Cannstatt 1986.

15) Adorno: Negative Dialektik. AGS 6, S. 17.

16) Hegel: Vorlesungen über die Philosophie der Religion I. PhdR I: Begriff der Religion (Manuskript), S. 113.

17) Ebd., S. 116.

und sie mag sich heute am ehesten in den alltäglichen Produkten der Kulturindustrie manifestieren. Doch was beide, die alte Religionsphilosophie und die neuen Theorien der Kulturindustrie, eint, ist, daß sie zwielichtig eine solche Erfahrung verneinen, die über die zu den Zwekken der Selbsterhaltung reglementierte hinausgeht. Solche Erfahrung, das flüchtige Zeichen der versöhnten Gesellschaft, meldet sich in den vermeintlich einfachsten Dingen. Sie ist der Boden, dem die utopische Idee entwächst, das Gegenteil eines utopischen Bildes. Adorno bezeichnet sie auch als ungegängelte, wie auch den Gedanken, der sie erfassen könnte. Ist der Religionsphilosophie Hegels, dem ideologischen Modell der objektiven Ideologie, die ungegängelte Erfahrung fremd, so ist die negative Dialektik darauf hinaus, etwas denkbar zu machen, was selbst, jedenfalls noch, gesellschaftlich keinen Bestand hat, aber als einmal verallgemeinerte allein den Namen der freien Erfahrung verdienen würde.

Ein »ungegängelt dialektisch[er]«[18] Gedanke setze sich einer Dialektik, sei es der Idee, sei es der Sache selbst, darin entgegen, so Adorno, daß er sich nicht nach den Vorgaben eines vorausgesetzten Systems richte, jenes Ganzen, das doch das Unwahre sei.[19] Dem jeweils besonderen Objekt folgend, beabsichtigt solches unwillkürliches, da von der Imitation der natürlichen Regungen bewegtes, und zugleich willkürliches, weil Spontaneität des Subjekts erforderndes Denken in den Dingen dasjenige zu erfassen, was sich durch die für die Zwecke der Naturbeherrschung gebildeten allgemeinen Begriffe nicht erkennen läßt, obwohl es ohne sie ebensowenig zu erkennen wäre.[20] Solcher Gedanke, der das Widerspiel objektiver Ideologie ist und zum stets gesellschaftlich inhaltlich bestimmten besonderen Denken entfaltet werden kann, beruht auf der Kunst und der ästhetischen Erfahrung überhaupt. Jede emphatische Kunst bildet die in sich geschlossene Gesetzmäßigkeit eines monadischen Kunstwerks, das intentional immer das einzige ist. Sie beabsichtigt den geschichtlichen Zusammenhang so zur Sprache zu bringen, daß das Besondere des jeweiligen ästhetischen Materials nicht an ein allgemeines Schema preisgegeben wird, ein künstlerischer Stil

18) Theodor W. Adorno: Ästhetische Theorie. AGS 7, S. 309.
19) Theodor W. Adorno: Minima Moralia. Reflexionen aus dem beschädigten Leben. AGS 4, S. 55.
20) Siehe dazu Simon Duckheims Beitrag in diesem Band.

etwa nicht formellhaft erstarrt. Der ungegängelte dialektische Gedanke drückt ähnlich eine unreglementierte Erfahrung aus und antizipiert sogar universell »unreglementiertes Leben«[21]. Ihn zu begreifen erfordere, so Adorno, sich von der cartesianischen Maxime des klaren und deutlichen Denkens nicht den Blick darauf trüben zu lassen, daß auch die philosophisch-wissenschaftliche Erkenntnis sich nicht immer aus durchgängig transparenten Akten zusammensetzt. Nach Maßgabe der formallogischen Urteilslehre könne der dialektische Gedanke defizitär sein, ziehe er doch der vermeintlich stets herstellbaren Transparenz seiner Genesis die Aufrechterhaltung des Erkenntnisbezugs zu einem besonderen Ding vor. »Diese Unzulänglichkeit gleicht der der Linie des Lebens, die verbogen, abgelenkt, enttäuschend gegenüber ihren Prämissen verläuft und doch einzig in diesem Verlauf, indem sie stets weniger ist, als sie sein sollte, unter den gegebenen Bedingungen der Existenz eine unreglementierte zu vertreten vermag.«[22]

Gerade soviel ist nach Adorno am Existenzialismus der Nachkriegszeit zu loben, daß er mit dem antiszientifischen Begriff der tätigen Subjektvitität das Moment einer solchen besonderen Erfahrung retten will, die der zur Verwaltbarkeit zugerichteten möglichen nicht konform ist.[23] Nur geht er von einer unrestringierten Erfahrung als einer, wenn nicht gesellschaftlich bereits verwirklichten, so doch unmittelbar verwirklichbaren aus. Nicht nur an ihm, vielmehr an jeder Subjektphilosophie sei deshalb zu kritisieren, daß sie die Spontaneität des Subjekts abgelöst von seiner Abhängigkeit vom Objekt postuliert. Erfahrung ohne Reglement ist dem Existenzialismus durch die menschliche Seinsweise der Historizität ontologisch verbürgt. Diese werde beispielhaft in seiner Spielart, die zur Fundamentalontologie transformiert wurde, als ›Existenzial‹ dem Dasein selbst zur unhintergehbaren Grundbestimmung eingeschrieben.[24] Es gebe demnach keine von dem Subjekt auch tatsächlich unabhängige Objektivität, die zugleich nicht als eine un-

21) Theodor W. Adorno: Zur Demokratisierung der deutschen Universitäten. AGS 20.1, S. 332-338, hier S. 338.
22) Adorno: Minima Moralia. AGS 4, S. 91.
23) Adorno: Negative Dialektik. AGS 6, S. 129.
24) Theodor W. Adorno: Die Idee der Naturgeschichte. AGS 1, S. 345-365, hier S. 351.

greifbare und tote Natur mißverstanden werden würde.[25] Das Objekt hat aber nach Adorno den gesellschaftlichen wie epistemologischen Vorrang, weil es selbst als lebendige Natur den Keim der Subjektivität enthält.

Alfred Schmidt kritisiert in seiner Besprechung des Naturbegriffs bei Marx Ernst Blochs Natursubjekt und die von ihm anvisierte »breitere Physik«[26], insofern sie eine romantisierende Beseelung der Natur vermuten läßt. Adorno umgeht die Extremen eines naturwissenschaftlichen Begriffs der Natur wie ihrer metaphysischen Essenzialisierung als ein lebendiger Urgrund, der stets nur falsch objektiviert werden könnte. Sein Begriff der unreglementierten Erfahrung enthält demnach die beiden notwendigen Aspekte der kritischen Theorie: zum einen den dialektischen, der die Kontinuität in der Verfaßtheit und im Verlauf der Geschichte zu erfassen hat. Der Begriff der unreglementierten Erfahrung ist wie jener der möglichen nach Kant einer der Möglichkeitsbedingungen von Gegenständlichkeit, freilich nicht von der überhaupt[27]. Würde sie einmal gesellschaftlich verallgemeinert, würde dies ein solches Verhältnis zur Natur implizieren, das nirgends auf deren Beherrschung beruhte. Unreglementierte Erfahrung meint damit keinen individuellen Erlebniszusammenhang, auch wenn sie sich unter den bestehenden Herrschaftsverhältnissen so ausdrücken mag. Wenn ihre Bedingungen gesellschaftlich Bestand hätten, würden sie sich geschichtlich herausgebildet und solche Erfahrung allgemein realisierbar gemacht haben. Ihr Begriff ist insofern mit dem Hegelschen spekulativen der Objektivität verschwistert, da er historisch ist, mit dem Unterschied freilich, daß jenem das Subjekt das Objekt und umgekehrt das Objekt das Subjekt abstrakt bestimmt, und das heißt, beherrscht. Handelt es sich bei Hegels Begriff der Objektivtitä um ein in den Gedanken gespiegeltes Herrschaftsverhältnis, so ist mit dem Begriff der unregle-

25) »Offen gelichtet als sie selbst erscheint die Erde nur, wo sie als die wesenhaft Unerschließbare gewahrt und bewahrt wird, die vor jeder Erschließung zurückweicht und d. h. ständig sich verschlossen hält.« Martin Heidegger: Der Ursprung des Kunstwerkes (1935/1936). In: ders.: Holzwege. Frankfurt am Main 2003, S. 1-74, hier S. 33.
26) Siehe Alfred Schmidt: Der Begriff der Natur in der Lehre von Marx. Hamburg 1978, S. 162.
27) Siehe Immanuel Kant: Kritik der reinen Vernunft. Hamburg 1999, B 197 / A 158.

mentierter Erfahrung eine solche angesprochen, in der Subjekt und Objekt versöhnt und damit erst aufgehoben wären.

Somit ist der andere dem Gedanken von der unreglementierter Erfahrung inhärente Aspekt der undialektische. In der Negativität des dialektisch zu denkenden gesellschaftlichen Ganzen kommt unverhofft etwas zum Ausdruck, was in jenem nicht aufgeht, vielmehr über das Seiende und Bestehende hinausgeht. Dieses Moment ist ein solcher einfachere Ausdruck der Freiheit, der sich in der Diskontinuität, in der Loslösung von dem geschichtlichen Ganzen zeigt. Sie ist das Element der sonst unterdrückten natürlichen Spontaneität und besteht in der bewußten Veränderung der vorgegebenen Verhältnisse. Diese Freiheit kann ebensowenig hypostasiert werden, ihrer Verwirklichung steht historisch besonderer Block entgegen. So ist der Begriff der unreglementierten Erfahrung derjenige, der die »Nötigung, dialektisch zugleich und undialektisch zu denken«[28], die Adornos Denken prägt, auf den Punkt bringt.

Ungegängelte Erfahrung kann gerade nicht als ein subjektives Postulat des Denkens oder als eine praktische Maxime des Handelns gedacht werden[29], soll sie unabhängig von der alles sich selbst anpassenden subjektiven Vernunft bestehen. In der ästhetischen Erfahrung, ihrem flüchtigen Ausdruck, der sie aber als gesellschaftlich realisierbare bezeugt, manifestiert sich vielmehr etwas Nichtidentisches, das den universellen Begriffen ungreifbar ist, ohne sie aber deswegen unbestimmbar bliebe, weil es sich nicht darauf reduzieren läßt, was der Fall ist. Die ideologische Reglementierung der Erfahrung drückt sich dagegen, bis in ihre wissenschaftlichen Konzeptualisierungen hinein, in den Versuchen der Rückführung der unreglementierten auf einen der spiegelbildlichen Pole des Subjektivismus oder des Objektivismus aus. Zwischen ihnen wird theoretisch oszilliert, weil die Widersprüchlichkeit gesellschaftlicher Verhältnisse, die die Unstimmigkeit bedingt, real ungelöst bleibt. Marx expliziert diese Spaltung etwa anhand seiner Kritik der monetären Theorien der klassischen politischen Ökonomie, die zwischen dem naturalistischen Metallismus und konventionalistischer Zeichentheorie changieren.[30]

28) Adorno: Minima Moralia. AGS 4, S. 173.
29) Siehe jedoch dazu Fabian Kettners Beitrag in diesem Band.
30) Siehe Marx: Das Kapital. MEW 23, S. 109-160.

Was Erfahrung sei, wird einerseits vom selbsttätigen Subjekt abgeleitet, unter Berufung auf einen vermeintlich freischwebenden irrationalen Ursprung, ohne einen in der Sache begründeten durchgängigen begrifflichen Zusammenhang zwischen den gewonnenen Einzelbestimmungen der Erfahrung zuzulassen. Wie immer komplex die einzelnen theoretischen Bestimmungen der Wirklichkeit bestimmt sein können, am Ende müssen sie voneinander getrennt bleiben. Sie können nicht unter dem Gesichtspunkt der Versöhnung gedacht, die Totalität nicht als erlösbare und ihre Momente entsprechend veränderbar betrachtet werden. Andererseits wird die Erfahrung unter dem Primat der Systematik der objektiven, im Hegelschen Sinn schlecht abstrakten Kategorien naturalistisch ausgelöscht. Sie sind nichts als Werkzeuge der Beherrschung, weil eine herrschaftsfreie individuelle Erfahrung für sie unerheblich ist. Was dagegen Erfahrung gesellschaftlich werden könnte, entfiele einmal der Zwang der dem Einzelnen repressiv gegenübertretenden Gesellschaft, zeigt sich rudimentär, wie Horkheimer und Adorno dies in den »Elementen des Antisemitismus« vorzeichnen, in der reflektierten Projektion: in der unbeherrschten Mimesis[31], deren Quelle der leibliche Trieb des besonderen Seienden ist.

Erschlichene Versöhnung – stillgestellte Vergängnis

Die Religionsphilosophie Hegels, ein Schlüssel zum Verständnis von Ideologie wider Willen, bekämpft in sich konsequent sowohl die rationale Theologie als auch die dieser entgegengesetzte Lehre des unmittelbaren religiösen Gefühls.[32] Für sie könne Gott nur der Gegenstand eines besonderen Sentiments sein, das allein das Verkommen der himmlischen Gebote zu den abstrakten und subjektiv belanglosen Prinzipien überwinde. Die »Theologie der Aufklärung«[33] dagegen, selbst dem intellektuellen Streit mit der Kirchendogmatik entsprungen, läßt nichtsdestotrotz deren Glauben unberührt bestehen. Sie formuliert vernünftige Bestimmungen Gottes autonom durch die rationale Exegese der Heiligen Schrift und sei deshalb, so Hegel, ebensowenig das

31) Siehe Horkheimer und Adorno: Dialektik der Aufklärung. AGS 3, S. 212f. und 205.
32) Hegel: Vorlesungen über die Philosophie der Religion I. PhdR I, S. 38-44.
33) Ebd., S. 42.

wirkliche Wissen von Gott. Ihr abstraktes Denken vermöge die Spaltung zwischen dem Subjektiven und dem Objektiven: dem besonderen Glaubensinhalt einerseits und dem die Attribute des Unendlichen ohne Verbindung mit der Innerlichkeit fixierenden Verstandes andererseits, nicht zu beheben. Diese Entzweiung der Inbrunst und Einsicht zu überwinden, die gesellschaftlich vorherrscht, ist aber nach Hegel das endgültige Ziel der philosophischen Kritik schlechthin.

Die antirationale Position der inneren Offenbarung[34] verbleibe im Partikularismus der Andacht. Ist das religiöse Gefühl zufällig und wandelbar, so kann es Gott nicht wirklich erkennen. Seine inhaltliche Unzuverlässigkeit verschließt dieses in sich, läßt es die Verbindung zum Göttlichen einbüßen, könne ein Gefühl doch auch des Bösen durchaus gewiß sein. Das Ergebnis der Suprematie des religiösen Sentiments sei Solipsismus und Unwissenheit.[35] Hegel fordert dagegen von der Philosophie, die er nebenbei zur Theologie erklärt, den beiden gegenläufigen Bedürfnissen im Verhältnis zum Ewigen zu entsprechen: Gott als Objektives wahrhaft zu erkennen und die Gewißheit seiner subjektiven Erlebnis zu sichern.[36] Als ließe sich jene Forderung aber nur auf diesem Wege einlösen, setzt er das Göttliche mit dem Unendlichen gleich, während sich die natürliche Leiblichkeit des Einzelnen in seinem intelligiblen Wesen verflüchtigt. Ist die Religion im weiten Sinn jene gesellschaftliche Instanz, in der der Geist in seiner absoluten Gestalt sich als »Ausgießung«[37] aus sich selbst überhaupt manifestiert, so verhält sich der Geist in diesem natürlichen Äußeren wiederum nur zu sich selbst; Natur ist nur sein eigenes Anderes. Der notwendige Prozeß der Entfaltung des absoluten Begriffs ist, auch der »Wissenschaft der Logik« entsprechend, mit der Setzung der Welt bereits durchschritten. Die Idee ist schon immer in die Natur als in ihr Anderes übergegangen. Aber in Wahrheit ist sie schlicht mystisch zu ihr übergesprungen. Erst als eine derart verwirklichte, so Hegel, gelange aber die Idee zum Selbstbewußtsein.

34) Repräsentativ verweist Hegel auf Friedrich Heinrich Jacobi und die Lehre Friedrich Schleiermachers über das Gefühl der Abhängigkeit von Gott, siehe ebd., S. 168-183; Jaeschke: Einleitung. S. XXIV und XXVII.
35) Siehe Hegel: Vorlesungen über die Philosophie der Religion I. PhdR I, S. 50f.
36) Siehe »e) Übergang zum spekulativen Begriff«, ebd., S. 215-218.
37) Hegel: Vorlesungen über die Philosophie der Religion III. PhdR III, S. 252.

Die Logik firmiert »als das System der reinen Vernunft, als das Reich des reinen Gedankens«, welches »*die Wahrheit, wie sie ohne Hülle an und für sich selbst ist*«, darstelle; man könne sich »deswegen ausdrücken, daß dieser Inhalt die *Darstellung Gottes* ist, *wie er in seinem ewigen Wesen vor der Erschaffung der Natur und eines endlichen Geistes ist.*«[38] Logik ist deshalb nur metaphorisch als »die Darstellung Gottes« vor der »Erschaffung« der Natur zu bezeichnen, da gerade solche bildliche Sprache der vorstellungsmäßigen der Religion entspricht. Weil aber die gesamte Anstrengung der Philosophie nach Hegel darin kulminiert, jene Sprache der vollendeten, anders auch offenbar genannten Religion in die philosophische zu übertragen, ist diese damit keinesfalls obsolet zu machen. Die Philosophie ist für Hegel lediglich die Erhebung des Gehalts der offenbaren Religion zum Begriff, diese keineswegs sekundär, wie die linkshegelianische Interpretation ihre Bedeutung zu verkürzen pflegt, sondern der alleinige Boden, auf dem die Philosophie, als inhaltlich bestimmtes Denken, entwickelt werden kann. Ideologie ist die Grundlage der spekulativen Philosophie.

Es handelt sich um »die Religion, die IST«[39], schreibt Hegel mit beschwingtem Nachdruck in seinem Einleitungsmanuskript zur religionsphilosophischen Vorlesung von 1821. Nichts anderes als die Bestimmung der Realität des ideologisch falschen Bewußtseins spricht diese Formel mit doppelt hervorgehobenem »Ist« aus. Die Religion, freilich allein die vollendete christliche, soll Hegel buchstäblich der sich zum Gegenstand gewordene Geist sein. Sie sei nichts weiter als das Verhältnis des Bewußtseins des Einzelnen zum Absoluten, dem Geist, der von seiner Abhängigkeit von dem Anderen als einem Gegebenen losgelöst und damit frei ist. Nur bestehe jenes Verhältnis in der Religion in dem besonderen Bewußtseinsmodus der Vorstellung, das sich jener Absolutheit noch nicht bewußt sei. Dieses spezifische vorstellende Bewußtsein der Religion kontrastiert nicht nur mit dem Begriff der Philosophie, sondern auch mit der Anschauung der bildenden Kunst, der anders die gleiche subjektive Geistigkeit zukomme. »›Vorstellung‹ nennt Hegel die Bewußtseinsform für solche Gegenstände, die nicht unmittelbar präsent sind – wie das Kunstwerk für die Anschauung –, aber gleichwohl

38) Georg Wilhelm Friedrich Hegel: Wissenschaft der Logik. GW 5, Frankfurt am Main 1979, S. 44.
39) Hegel: Vorlesungen über die Philosophie der Religion I. PhdR I, S. 10.

den Koordinaten von Raum und Zeit wie auch dem Bildlichen verhaftet blieben. Dies gilt auch noch für den biblischen Gott und sein Handeln an den Menschen, das ja als in Raum und Zeit geschehend vorgestellt wird, wie auch für die kindlichen Bilder von ›Vater‹ und ›Sohn‹ für das innertrinitarische Verhältnis.«[40] Wie die Gegenstände der so bestimmten Vorstellung sind nach Marx auch die der Ideologie nicht unmittelbar gegeben. Das ist gerade ihr Clou, sind sie doch soziale Verhältnisse. Zugleich sind sie aber in Raum und Zeit, besitzen eine gespenstige Gegenständlichkeit, indem sie, darin jenen Gegenständen des religiösen Kultes ähnlich, praktische Wirkung entfalten. Die Ware als Produkt des Wertverhältnisses sei ein »sinnlich übersinnliches Ding«[41], in dem das Übersinnliche, der Wert, nur vermittels des Sinnlichen, des Gebrauchswerts, erscheinen kann. Und nur dank solcher dinglicher Erscheinung lenke die Bewegung dieses okkultischen Dings auch die Handlungen der Warenbesitzer, den verschiedenen produktionsbedingten Charaktermasken gemäß.[42]

Ideologie hat aber damit zugleich einen Bildcharakter.[43] Nach Hegel werden die Bilder in der Religion, anders als in der Kunst, welche das sinnliche Scheinen der Idee und damit durchaus bildlich ist, zu deren Verkettungen verdichtet und zu den Elementen der Texte und Narrative verwandelt. Die Wirkung der Ideologie besteht, erkenntniskritisch betrachtet, entweder im Auffassen der Dinge an sich als unabhängig von dem Bewußtsein seiend oder, im Gegensatz dazu, im Verschwinden der substantiellen Realität der Dinge an sich hinter ihrer nur subjektiven Konstruktion. In den beiden Extremen, denen Realismus und Idealismus entsprechen[44], bleibt etwas aus: die ungegängelte Reflexion des Bewußtseins. Es wird die Produziertheit und die subjektive Vermitteltheit der Dinge ausgeblendet; in der Religion herrscht

40) Walter Jaeschke: Hegel-Handbuch. Leben – Werk – Schule. Stuttgart – Weimar 2003, S. 455.
41) Marx: Das Kapital. MEW 23, S. 85.
42) Ebd., S. 91.
43) Siehe zum Bildcharakter Theodor W. Adorno: Radio Physiognomics. In: ders.: Current of Music. Elements of a Radio Theory. Hrsg. von Robert Hullot-Kentor. Cambridge 2009, S. 41-132.
44) Kant, der diese Einseitigkeiten kritisiert, sucht deshalb den transzendentalen Idealismus ineins mit dem empirischen Realismus zu begründen. Siehe Kant: Kritik der reinen Vernunft. B 274-279.

analog der objektiv allmächtige Gott ohne menschliche Freiheit. Oder es ist die dingliche Substanz der subjektiven Vorstellungen vernachlässigt; dem korrespondiert der Relativismus der subjektiv erzeugten Vielfalt der Gottheiten, die mannigfaltigen Gestalten des Polytheismus nach Hegel. Im Ergebnis sind aber immerzu das Subjekt und Objekt gespalten. Dadurch ergibt sich der Bildcharakter, hier aufgefaßt als der Gehalt des Bewußtsteinsmodus der Repräsentation, jener Vorstellung, in der reflexionslos Subjekt hüben und Objekt drüben ist. Die Diremtion, das Nichtversöhntsein von Subjekt und Objekt, ist Ursache dafür, daß Erscheinungen und Dinge an sich voneinder getrennt sind. Man besitzt bloß subjektiv gebildete Vorstellungen von den Dingen an sich, die jedoch zugleich Ergebnisse gesellschaftlicher und epistemologischer Zurichtung dieser zu den Objekten sind, welche die reale Erfüllung der Zwecke der bloßen Selbsterhaltung ermöglichen. Bedeutet die Selbsterhaltung unter dem Kapital die Anpassung an die Anarchie seiner kontinuierlichen und zugleich diskontinuierlichen Selbstbewegung, so entspricht der Bildcharakter der ideologischen Gehalte dem Fragmentarischen der Eindrücke, dessen Bestimmung Adorno mit Benjamin zu dem Schockhaften zuspitzt.[45] Unter dem Druck des dem Einzelnen durch das Kapital gesellschaftlich unentwegt zugefügten Leids der Selbstaufopferung schrumpft die gemodelte Erfahrung zur Repetition der diskreten Schocks zusammen.

Im Idealismus des Kults – mit Marx: der Ideologie selbst – fügt sich Erkenntnis zu einem von den äußeren Dingen unberührt fließenden Bewußtseinsstrom, der sich selbstbezüglich von ihnen abschottet. Das Bewußtsein wird insgesamt imaginär, da keine Einwirkung der bewußtseinsexternen Dinge, der Dinge, wie sie an und für sich sind, auf dessen Gehalte zugelassen ist. Die Einheit des Bewußtseins ist ephemer, trotz seiner scheinbar beliebig auszuweitenden Gehalte. Sein Inhalt tritt zwar im begrifflichen Kostüm auf, ist aber dennoch ohne Begriff im nachdrücklichen Sinn, weil seine Vorstellungen das jeweils Ungleiche, das den Begriff doch inhaltlich prägen sollte, eben nicht einfangen, vielmehr dies nur suggerieren. Für den idealtypischen Realismus auf der entgegengesetzten Seite, der die konstitutive Tätigkeit des Subjekts negiert, reduziert sich die Objektivität auf die Gesamtheit kontingenter und abstrakter Gesetzmäßigkeiten. Weil das Subjekt als ein Anhängsel

45) Adorno: Minima Moralia. AGS 4, S. 60 und 270.

des Objektiven sich klein macht, haben objektive Gesetze keine Relevanz für jenes. Sie sind ihm fremd und gleichgültig, oppressiv. Deren Kenntnis mag sich zwar auch aus der Sicht des Realismus erweitern, sich nach dem gegebenen Objekt, der Natur, richtend. Zwischen der Vielheit besonderer Gesetze ist aber kein sie miteinander durchgängig verbindender Zusammenhang herzustellen, was nötig wäre, damit sie als Bedingungen gesellschaftlicher Ermöglichung einer allgemein unreglementierten Erfahrung gedacht, praktisch benutzt und Schritt und für Schritt umgeformt werden könnten. Erst dann hätte jener Zusammenhang für das Subjekt eine nachdrückliche Bedeutung, weil er von ihm selbst konstituiert wäre, auch wenn dabei das isolierte Subjekt nicht dessen demiurgischer Schöpfer sein könnte, vielmehr den Zusammenhang in der Nachahmung der nichtidentischen Qualitäten der Natur herstellte. Für den selbstlosen Positivismus aber sind die Gesetze der Naturwissenschaft selbst Bilder: sie beziehen sich auf ein vom Subjekt unüberbrückbar abgeschnittenes Äußeres. Sie sind dem Subjekt fremd, keine Erfahrung für es stiftend und diskontinuierlich. Gesetze als Fragmente sind nicht als von der ungegängelten Bewegung des dialektischen Gedankens erfaßbar gedacht. Denn diese folgt der bestimmten Negationen des Objekts ohne einen vorgegebenen Abschluß[46], vorgegeben stets durch die Imperative der Selbsterhaltung.

Ihr ideologiekritisches Potenzial besitzt die auf Vorstellung statt Anschauung oder Begriff beruhende Konzeption der Religion dank der in ihr ausgelegten Spaltung zwischen Subjekt und Objekt. Die Wissenschaft, einschließlich jener der Gesellschaft und Kultur, unterscheidet sich doch vom Alltagsbewußtsein, dessen Reflexionsform sie sein soll, durch die Herleitung einer Gesetzmäßigkeit für die jeweils einzelnen Phänomene. Gleich denen der ersten Natur, sind die Regeln der Gesellschaft und der Kultur als die einer zweiten verfügbar zu machen. Jede Wissenschaft bleibt scheinbar nicht bei den sinnlichen Bildern stehen: bei der Auffassung des Besonderen. Sie sucht vielmehr deren je Über-

46) Im Kapitel »Weltgeist und Naturgeschichte« der »Negativen Dialektik« kritisiert Adorno geschichtsphilosophische Auffassungen, die einseitig entweder auf die Kontinuität oder auf die Diskontinuität in der Geschichte setzen. Dagegen ist »[d]ie Geschichte […] Einheit von Kontinuität und Diskontinuität.« AGS 6, S. 319. Die dort vorgetragene Kritik ist die geschichtsphilosophische Ausbuchstabierung der Kritik des erkenntnistheoretischen Dualismus.

sinnliches als eine allgemeine Regel hinter den einzelnen Erscheinungen. Nach Hegel ist genau dies der Gehalt der »Religion, die IST«, wenn auch das Beziehen des Besonderen auf das Allegemeine sich vorerst nur unbewußt vollziehe. *Religio* besteht in solchem unmittelbaren Bewußtsein des Unendlichen, das alle Erscheinungen der empirischen Wirklichkeit im Lichte ihrer Teilhabe am Unendlich-Übersinnlichen deutet. Diese Form des vorstellenden Bewußtseins der Entzweiung, dem stets Endliches in einer, Unendliches in einer anderen davon prinzipiell getrennten Dimension steht, scheidet Hegel zufolge die Religion von der Philosophie wie auch von der Kunst, einschließlich der dichtenden, wie von der ästhetischen Erfahrung überhaupt. Die Religion ist doktrinär. Sie entwickelt aus den Bildern eine Lehre, indem sie diese interpretiert und kodifiziert. Das sinnliche Scheinen der Idee kann hingegen, da aus deren einzelnen Anschauungen bestehend, keinerlei Erkenntnisgehalt bewahren. »Die Form der Vorstellung ordnet Hegel zwar auch schon der Poesie zu [...], da ja auch sie sich über die unmittelbare sinnliche Gegenwart und Anschauung eines Gegenstandes erhebt. Ihre Gegenstände sind zwar ›ideell‹, sie gehören nicht mehr dem äußerlich vorhandenen Sinnlichen an, werden aber noch in Raum und Zeit vorgestellt.«[47] Dennoch: »Während der Dichter für die von ihm entworfenen Gestalten zwar ›Wahrheit‹ beansprucht, nämlich poetische Wahrheit, spricht die Religion ihren Vorstellungsgestalten ›absolute Wahrheit‹ zu, und sie zielt nicht auf ein ästhetisches Verhältnis zur Dichtung, sondern auf Glauben an diese Vorstellungsinhalte.«[48] – Diese ›absolute‹ Wahrheit, die Wahrheit an sich zu sein, charakterisiert jedoch das Kapital als das »automatische Subjekt«[49]. Es ist ein sich nur auf sich selbst als auf sein eigenes Anderes beziehender und somit sich allein aus sich selbst heraus entfaltender Prozeß. Seine Akteure läßt dieses gebrochene Subjekt das Wert- und Kapitalverhältnis reproduzieren, ohne daß sie davon etwas wüßten.[50] Ist Logik Geld des Geistes, so das Kapital die absolute Form deren Bewegung. Die handelnden Warenbesitzer mögen zugleich dank des Nichtwissens eigener konstitutiven Tätigkeit, das auf der Trennung des Subjekts und Objekts beruht, umso fester an die Unver-

47) Jaeschke: Hegel-Handbuch, S. 455.
48) Ebd.
49) Marx: Das Kapital. MEW 23, S. 168.
50) Ebd., S. 88.

rückbarkeit dieses Verhältnisses auch glauben. Die besondere psychologische Einstellung zu ihm ist für seine gesellschaftliche Reproduktion aus sich selbst heraus qua Verwertung des Werts unerheblich.

Wenn Hegel bereits für die »vollendete« Religion des Christentums die logisch-historischen Stufen der »Verleiblichung der Idee«[51] beschreibt, die allein mit der Gründung der realen Gemeinde gläubiger Christen erreicht werde, bestimmt er als deren erste Stufe »das reine Herz, das Herz überhaupt, die allgemeine Geistigkeit«[52]. Im Unterschied zum von der Welt abgeschotteten Mönchtum, das anders gleichermaßen der entsagenden und frommen Seele entspringe, sei im Herzen des freien Einzelnen sein Gegensatz, die Weltlichkeit, bereits enthalten, wiewohl in einer noch rudimentären und weiter zu entfaltenden Form. Da das Mönchtum das Wissen Gottes ausschließlich für sich beanspruche, schränke es die allgemeine Geistigkeit zugleich notwendig gegen sich ein. So wird in der erweiterten Bestimmung der christlichen Religion die Vereinigung beider Bereiche gefordert: In der Kirche als objektivierter Religiosität stünden Geistigkeit und Welt schon in einem Wechselverhältnis. Nur erhebt auch hier die erstere noch immer einen Herrschaftsanspruch gegen die letztere – und »das Weltliche bleibt roh in sich«[53]. Müsse die kirchlich etablierte Religion die Weltlichkeit als ihr Äußeres nur noch beherrschen, so erzeuge sie die Knechtschaft, der alle weltlichen Staatsformen nichtig seien.[54] Hegel fordert alle Hindernisse zu beheben, die der Identifikation des Einzelnen mit jener »absoluten Wahrheit« im Wege stehen, einschließlich der institutionellen: Nicht die Auflösung, vielmehr die vollendete religiöse – ideologische – Durchdringung des Staats ist das finale Ziel.

Nur die Aufhebung der besagten Entzweiung wäre Hegel zufolge die wahrhaftige Versöhnung: die Überwindung jenes Widerspruchs in der konkreten Sittlichkeit. Sie läuft auf die Verwandlung der Staatseinrichtungen in »göttliche Institutionen«[55], auf deren Veredelung, hinaus. Diese Aufhebung müsse die Vernunft erwirken. Sie sei jenes Allgemeine, das der Knechtschaft der Staatsformen, die dem ›reinen Herzen‹

51) Hegel: Vorlesungen über die Philosophie der Religion I. PhdR I, S. 37.
52) Hegel: Vorlesungen über die Philosophie der Religion III. PhdR III, S. 262.
53) Ebd., S. 263.
54) Ebd., S. 260.
55) Ebd.

wie der Kirche äußerlich bleiben, mit dem Begriff der Versöhnung entgegentrete. Das Problem ist jedoch, daß die Entzweiung nicht aufgelöst wird. Stattdessen geht sie als solche in den Begriff vom versöhnten Zustand ein und wird zu seinem logisch notwendigen Bestandteil. Hegel affirmiert nur die Entzweiung, während er die sittliche Welt des Christentums als eine schon versöhnte verklärt. Sei das Allgemeine der Vernunft mit seinem aufklärerischen Impetus anfangs gegen alles Äußere gerichtet, das nicht von der Vernunft selbst verbürgt wäre, so wende es sich damit gegen jedes Konkrete, selbst gegen die wahre Idee Gottes, gehe diese doch nicht in seinem verstandesmäßigen Begriff auf. Solch aufklärerisches Denken, weil es die Idee Gottes nicht als Dreieinigkeit denke, sei eine unlebendige Abstraktion. Es gehöre zum beschränkten Verstand, dessen falsches Gesetz das der abstrakten Identität sei.[56] Dagegen: »Wahrhafte Identität ist Wahrheit des Konkreten«[57]. Sie muß sich und ihr Anderes als unterschieden und gleich ineins denken. Das erlösende Dritte werde demnach gedanklich erst erfüllt, nachdem der geistesgeschichtliche Standpunkt der Philosophie erreicht werde. Der widersprüchliche Inhalt der Religion – nichts anderes als die *Vorstellung Gottes* selbst – »[flüchtet] in den Begriff«[58]. Dadurch allein erreiche das Denken Konkretisierung. –»[D]iese Versöhnung ist die Philosophie. Die Philosophie ist insofern Theologie.«[59]

»Die Philosophie hat überhaupt Gott zum Gegenstand, und eigentlich zum einzigen Gegenstand.«[60] »Er [der Gedanke Gottes, der Verfasser] ist der eine und einzige Gegenstand der Philosophie; mit ihm sich zu beschäftigen, in ihm alles zu erkennen, auf ihn alles zurückzuführen, sowie aus ihm alles Besondere abzuleiten und alles allein zu rechtfertigen, insofern es aus ihm entspringt, sich in seinem Zusammenhang mit ihm erhält, vor seinem Strahl lebt und seine Seele hat. Die Philosophie ist daher Theologie, und die Beschäftigung mit ihr oder vielmehr in ihr ist für sich Gottesdienst.«[61]

56) Ebd., S. 266.
57) Ebd.
58) Ebd., S. 267.
59) Ebd., S. 269.
60) Hegel: Vorlesungen über die Philosophie der Religion I. PhdR I, S. 33.
61) Ebd., S. 3f.

Philosophie tritt nicht nur als Einheit der Gegensätze auf: der »Eitelkeit des Verstandes« und der »unbefangene[n] Religiosität«[62], was der Verwerfung des formallogischen Prinzips des zu vermeidenden Widerspruchs in der gesellschaftlichen Wirklichkeit gleichkommt, insofern nur die Philosophie jene Gestalt des absoluten Geistes sei, die den Staat stiften soll. Philosophie ist vielmehr zugleich, als das Begreifen des Vernünftigen in der Welt, notwendig Theologie. Sie wird zur begrifflichen Selbsterkenntnis Gottes. Sie ist der vollendete Ausdruck seiner Selbstveräußerung zur Welt, die eben der Prozeß der gebrochenen Selbstbewegung des automatischen Subjekts ist. Als Geistiges zum Göttlichen erhoben, ist das elende menschliche Dasein auf der Erde zu einem von Anbeginn an erlösten erniedrigt. In der *unio mystica* mit dem Ewigen, die die spekulative Philosophie anvisiert, in der Identität der subjektiven Gewißheit des Glaubens und der objektiven Erkenntnis seines vernünftigen Wesens, werde Gott statt mit den abstrakten Verstandeskategorien, die ihn nur als das äußere Fremde und den Gegensatz des Bewußtseins denken, als in seinem Anderen, in der Welt der uneingeschränkten Geistigkeit, sich selbst gegenständlich gewordener gedacht.[63] Den realen Beweis davon liefere Gottes Fleischwerdung im Leben des besonderen Menschen Jesu.

Die abstrakte Einheit des sinnlichen Einzelnen mit Gott ist aber nur scheinbar überwunden; und die Versöhnung ist erschlichen. Die Verweltlichung Gottes in Christus ist vielmehr lediglich das, was sie auch eigentlich sein will: ein in den Begriffen spekulativer Philosophie verkleidetes Wunder, dessen Entzauberung Hegel nur vortäuscht. Zum Geist als »Leben«[64] werde ihm zufolge nur der sich notwendig in sein Gegenteil entäußerte. Unter den Religionen bilde sich allein der unendliche Vater-Gott des Christentums bewußt als sein eigener Gegensatz heraus, indem er zu einem besonderen Endlichen als ein einzelner Mensch werde. Gott ist damit nicht mehr ewig. Er stirbt eines irdischen Todes – und dies nicht nur an sich, in dessen kultischen Vorstellung, was doch auch in anderen, etwa den Naturreligionen begegne. Gott stirbt vielmehr zugleich für sich: und zwar als ein heuchlerisch zum le-

62) Beides Hegel: Vorlesungen über die Philosophie der Religion III. PhdR III, S. 269.
63) »Unio mystica, das Selbstgefühl Gottes«, ebd., S. 260.
64) Ebd., S.201.

bendigen Wesen, dem freien Menschen Christus, transfigurierter Inhalt der Religion selbst. Diese Verlebendigung im historischen Einzelnen allein mache aber jenen Gott zu dem der vollendeten, weil christlichen, Religion.

In den vorchristlichen Religionen, etwa den zu den unmittelbaren Vorgängern des Christentums erklärten jüdischen und römischen, sei die Zeit noch nicht reif gewesen.[65] In den Kollegien verschiedener Jahre ändern sich in der Darstellung Hegels sowohl die Reihenfolge der diversen Religionen, ausgenommen das Christentum, als auch die Akzentuierungen ihrer Definitionen, weil Hegel sichtlich darum bemüht ist, die Abhandlung nichtchristlicher Religionen unter einen dialektischen Hut zu bringen. Diese Offenheit ist der Religionsphilosophie Hegels durchaus zugute zu halten, die sich jenseits der vorgefaßten Schemata bewegt. Doch den Status des Judentums, trotz seiner Einstufung als eine überkommene Religion, leitet Hegel in allen Vorlesungen gleich aus dem Verständnis der inneren Struktur des Christentums ab, die sich wiederum kaum wandelt. Hegels religionsphilosophische Konzeption ist auch an keiner vermeintlichen religionswissenschaftlich-typologischen Vollständigkeit interessiert. Das ist gut bezeugt beispielsweise durch die marginale Abhandlung des ebenso monotheistischen Islam, kann dieser nach Hegel doch nur als ein irrationalistisches Nachbild des Christentums betrachtet werden, welches die aus Sicht seiner Religionsphilosophie geistesgeschichtlich bereits erreichte individuelle Subjektivität Gottes auf der Erde regressiv bestreitet.

Im Judentum sei Gott, obwohl wie im Christentum ein in sich versammelter einheitlicher Geist, von der Welt abgewandt. Jenseitig und ungreifbar, sei er über jedes konkrete Seiende »erhaben«[66]. Ohne die Verleiblichung im besonderen lebendigen Menschen ist Gott nicht wirklich. Deswegen sei er auch nicht in der Welt frei tätig und kein Bürge der erfolgten Versöhnung. Bei den Römern hingegen konkreti-

65) Hegel evoziert Gal. 4.4: »Da aber die Zeit erfüllet war, sandte Gott seinen Sohn«. Ebd., S. 233; Hegel: Vorlesungen über die Philosophie der Religion I. PhdR I, S. 59.

66) Siehe »B. Die Religion der Erhabenheit oder die jüdische Religion«. Georg Wilhelm Friedrich Hegel: Vorlesungen. Ausgewählte Nachschriften und Manuskripte. Vorlesungen über die Philosophie der Religion II. Die bestimmte Religion (im folgenden PhdR II). Hrsg. von Walter Jaeschke. Hamburg 1985, S. 573-579.

siere sich zwar der Geist in den vielen anthropomorphen Deitäten, deren Gesamtheit einzelne Werte humaner Sittlichkeit wie *dramatis personae* verkörperten und die empirische Welt bevölkerten. Doch seien sie damit lediglich Personifizierungen der irdischen Zwecke, die den vielen Göttern des römischen Pantheon nur äußerlich zugeschrieben werden. In ihrer »Religion der Zweckmäßigkeit«[67], dem ausschließlich durch das instrumentelle Telos der Selbsterhaltung motivierten Pragmatismus, werden die gegebenen menschlichen Zwecke, schließlich die politische Despotie, vergöttlicht, statt daß das göttliche Ziel der Versöhnung vermenschlicht würde.

Der vom Christentum vollzogene logische und geistesgeschichtliche Schritt ist aber bei Hegel letztlich gegen das Judentum gerichtet. Er soll über dieses hinausführen, denn nur in diesem, ja noch existierenden und mit dem Christentum konkurrierenden Monotheismus ist Gott ein ebenfalls transzendenter Geist der zusammenhängenden Natur, während der römische Polytheismus nur Korrelat des uneinheitlichen Relativismus ist. Der real existierende Islam wird als Kontrahent kaum ernst genommen, da er keinen rationalen Begriff des transzendenten universellen Geistes entwickele. Das Hinausgehen übers Judentum ist es dann auch, das in der Religionsphilosophie Hegels deren ideologischen Charakter am krassesten offenbart, was sich zugleich in seiner Ausführung des ontologischen Gottesbeweises zugunsten der christlichen Religion zeigt.[68]

Das christliche Prinzip der Verweltlichung Gottes zielt auf die jüdische Skepsis gegenüber dem Messias, dem zum besonderen Menschen gewordenen Gott.[69] »Die menschliche Selbstreflexion im Absoluten, die

67) Siehe »C. Die Religion der Zweckmäßigkeit«, ebd., S. 580-590.
68) Siehe »Der ontologische Beweis nach der Vorlesung von 1831 (Sekundäre Überlieferung)«. Hegel: Vorlesungen über die Philosophie der Religion III. PhdR III, S. 271-276.
69) Hegel schritt öffentlich gegen Antisemitismus ein, etwa indem er seinen Studenten Friedrich Wilhelm Carové bei dem Streit um die Zulassung jüdischer Studenten zu einer Burschenschaft der Heidelberger Universität verteidigte (Siehe Yirmiyahu Yovel: Dark Riddle. Hegel, Nietzsche, and the Jews. Penn. State 1998, S. 90-93). Doch ist das Urteil Yovels, in Hegels Philosophie sei, trotz einzelner antisemitischer Äußerungen in der frühen philosophischen Schriften, keine Spur des Antisemitismus zu finden (ebd., S. 89), zutreffend nur insofern, als Hegel gewiß kein offen antisemitisches Ressentiment gegen das Judentum

Vermenschlichung Gottes durch Christus ist das proton pseudos« – so Horkheimer und Adorno über die beiden Monotheismen. – »Der Fortschritt über das Judentum ist mit der Behauptung erkauft, der Mensch Jesus sei Gott gewesen. Gerade das reflektive Moment des Christentums, die Vergeistigung der Magie ist schuld am Unheil. Es wird eben das als geistigen Wesens ausgegeben, was vor dem Geist als natürlichen Wesens sich erweist. Genau in der Entfaltung des Widerspruchs gegen solche Prätention von Endlichem besteht der Geist. So muß das schlechte Gewissen den Propheten als Symbol empfehlen, die magische Praxis als Wandlung. Das macht das Christentum zur Religion, in gewissem Sinn zur einzigen: zur gedanklichen Bindung ans gedanklich Suspekte, zum kulturellen Sonderbereich.«[70] Das Christentum glaubt an den antinaturalistischen Zauber, der im wundertätigen Christus zum Leib geworden sein soll. Als glaube es selbst aber doch nicht recht ans eigene »gedanklich Suspekte«, muß die zum Begriff verklärte Wundertätigkeit jenen besonderen Kultus verdrängen, der ihre Realität in Frage stellt, ohne dabei die Idee universeller Wahrheit aufzugeben. Im Judentum ist die Idee spezifisch einer solchen Gnade, die das göttliche strenge Gesetz des aliquoten Gebens und Nehmens durch die von Gott selbst in Liebe gewährten Erlösung außer Kraft setzte, nicht vorhanden.[71] Die

pflegt. In der Philosophie der Religion lobt er es vielmehr ausdrücklich als die erste Religion, die Gott in seiner transzendenten Einheit gedacht habe. Zugleich disqualifiziert dieses Lob aber diese Religion nicht minder, wird sie doch als eine funktionale Vorstufe zur vollendeten christlichen abgehandelt – ähnlich freilich zu allen anderen. Die »Religion des Lichts« Griechenlands beispielsweise sei mangelhaft, weil sie, auch gegen das Judentum, das Prinzip subjektiv freier Geistigkeit zwar erkenne, jedoch deren Einheit mit der ihr entgegengesetzten Natur nicht einsehe (PhdR II, S. 515). Das Judentum aber gelangt demnach zu keiner entfalteten Wahrheit, anders als das Christentum, das den Geist als sich selbst und gleichzeitig sein Anderes, vergeistigte Natur, denkt. Unter diese wird jenes sozusagen subsumiert. So wird auch verschiedenen »bestimmten« Religionen ihre substantielle Eigenständigkeit zugesprochen, nur um diese als ein beschränktes Moment in der Bewegung des absoluten Geistes aufzulösen. Das Judentum ist eine besondere Religion, deren Besonderung ephemer ist, weil sie der Zeit des Geistes hinterher hinkt. Sie sei falsch; insbesondere denke sie nicht trinitätstheoretisch, und insofern liefert Hegels Religionsphilosophie durchaus eine philosophische Grundlage zum Antisemitismus.

70) Horkheimer und Adorno: Dialektik der Aufklärung. AGS 3, S. 202.

71) Ebd., S. 201.

Versöhnung wird mit der Befolgung eherner Gebote auch *à contrecœur* erwartet, obwohl kein Erlöser der Erde erschienen ist und durch den magischen Eingriff in den gesetzlichen und damit geschichtlichen Zusammenhang der Natur die Rettung souverän auf sich genommen hätte. So wäre in der Tat als die Stiftungsszene des Christentums die Vertreibung der Händler aus dem Tempel zu betrachten.[72] Denn zum Prinzip des Bösen, dem als Judas vorgestellten Satan, wird für das Christentum derjenige, der in seinem Kult den bestehenden Widerspruch zwischen der Maxime des guten Tuns und Mehrens[73] und der Erfüllung des göttlichen Gebots nicht verdeckt. Die beiden Momente sind für das Judentum erst noch zu versöhnen, darin besteht Gottes Bund mit den Auserwählten. Nur auf welche Art und Weise? Das sei, so Horkheimer und Adorno, trotz des ausgeprägten Regelwerks der Rituale, die kodifizierten Maßnahmen der Selbsterhaltung darstellten, unbekannt. Darum muß die Gemeinde selbst den Weg dazu erst noch ebnen.

Das Christentum hingegen, weil es jenen Widerspruch als eine stimmige Realität verklärt, nimmt die Magie, etwa im Sakrament der Transsubstantiation ausgedrückt, für bare Münze: Es glaubt daran, der Mensch Jesus sei wirklich Gott gewesen. Es ist dies der gleiche Widerspruch, der sich im Geld in der Einheit seiner »sinnlich übersinnlichen« gegensätzlichen Eigenschaften manifestiert, Geldware und Wertausdruck zugleich zu sein. Wie Christus lebendiger Gott, okkultistisch ein endliches Unendliches, so ist das Geld verrückterweise ein sinnlich Übersinnliches: das »Thier« Marxens neben einzelnen Tierarten als eine monströse Realisierung des Wertes in einem empirischen Ding. »Es ist als ob neben und außer Löwen, Tigern, Hasen und allen andern wirklichen Thieren, [...] auch noch das Thier existirte, die individuelle Incarnation des ganzen Thierreichs.«[74] Weil aber diese doch geglaubte Unwahrheit, also die Lüge, verdrängt wird und unbewußt dem Gläubigen schlechtes Gewissen beschert, wird das ungedachte Ei-

72) Siehe Gerhard Scheit: Verteufelung der Juden, Auferstehung des Blutes. Über den Zusammenhang von religiösem Judenhaß und rassistischem Antisemitismus. In: Streifzüge, 3, 1998; sowie ders.: Verborgener Staat, lebendiges Geld. Zur Dramaturgie des Antisemitismus. Freiburg 1999, S. 19.
73) Siehe 5. Moses 28:63.
74) Karl Marx: Das Kapital. Kritik der Politischen Ökonomie. Erster Band, Hamburg 1867. Berlin 1983 (im folgenden MEGA) Bd. II/5, S. 37.

gene blindlings externalisiert, um dem Druck Abhilfe zu schaffen. »Was als Fremdes abstößt, ist nur allzu vertraut«[75], betonen Horkheimer und Adorno mit Freud. Durch die falsche Projektion wird dies vertraute Eigene, das als wahr geglaubte auf der Magie beruhende gesellschaftliche Verhältnis, nach außen getragen, als sei man selbst nicht dessen Teil. Es wird demjenigen zugeschrieben, der die Wahrheit jenes Suspekten eben nicht gelten läßt und damit einem entlarvend an die eigene Unwahrheit erinnert. Der Jude wird zur Verkörperung des widersprüchlichen Geldes, der Christ des gereinigten liebenden Herzens – in der Geburtsstunde antisemitischer Heuchelei, die, weil sie idiosynkratisch Eigenes nur als Fremdes verkennen kann, sich aus pathischer Projektion speist.

Der Kult des übernatürlichen Gottes des Judentums ist zugleich die geregelte Form der Mimesis an die überlegene Macht der Natur, eine Form, bemerken Horkheimer und Adorno, die zwar selbst nicht rational gewesen sei, aber zur Rationalität den Grund gelegt habe.[76] Für das Christentum, das auf der Verdrängung des Widerspruchs zwischen Rationalität und Welt fußt, den das Judentum nicht verbirgt, wird der Jude zur Verkörperung der eigenen verdrängten Mimesis. Die Widersprüchlichkeit der gebändigten Mimesis, die sich in den ungestillten Ansprüchen des triebhaften Es meldet, fällt der Repression anheim. Sie wird im Ergebnis auch theoretisch identitätsphilosophisch eingeebnet. Das Verdrängte bricht sich wiederum unbewußt Bahn und langt nach einer Darstellung: als Persiflage. Wird die unbeherrschte Mimesis zum Zweck der Selbsterhaltung im Judentum gleichermaßen reglementiert, so identifiziert es sich mit jenem Zweck dennoch nicht ohne Einspruch; der Messias soll erst noch kommen, die Bedingungen erst geschaffen werden, damit er in dieser Welt erscheinen kann. Der Antisemitismus aber ist gerade »die Mimesis der Mimesis«[77], die unbewußte Imitation der tabuierten. Dessen Eingeständnis sich der Christ bei Strafe des Untergangs verbieten muß: daß er durch den Glauben ans Wunder das von ihm gebrachte Opfer rationalisiert, welches die allgemein vorherrschende Reglementierung des eigenen leiblichen Triebes ist, bewegt ihn dazu, das eigene Verdrängte blind nach außen hin-

75) Horkheimer und Adorno: Dialektik der Aufklärung. AGS 3, S. 207.
76) Ebd., S. 202: »Entspringen die Regeln [des Rituals im Judentum, der Verfasser] auch nicht aus rationaler Überlegung, so entspringt doch aus ihnen Rationalität.«
77) Ebd., S. 210.

auszusetzen. Um an dieses extern Projizierte jedoch zugleich auch als an verkehrte Wahrheit glauben zu können, muß ihr Realität verschafft werden. Der Verdränger hat es selbst imitierend zu verkörpern: er hat es in der Wirklichkeit darzustellen. Hierin liegt die Quelle des Drangs zur Imitation des Juden durch den Antisemiten, ebenso wie der jenem entwachsenden antisemitischen Dramaturgie[78], die der Idiosynkrasie der falschen, unreflektierten Projektion folgt. – Doch »[d]avon, ob der Inhalt der Idiosynkrasie zum Begriff erhoben, das Sinnlose seiner selbst innewird, hängt die Emanzipation der Gesellschaft vom Antisemitismus ab.«[79] Der Boden der vollendeten Religion des Christentums und des entfalteten Kapitalverhältnisses ist die gleiche Rationalisierung der auf die Selbsterhaltung geeichten Repression, die die nichtgleiche innere wie äußere Natur erfährt.

Nach Hegel ist nunmehr die »Verleiblichung der Idee« ein notwendiger Schritt, um Gott als die Wirklichkeit solcher als einer bereits erfüllt gedachten Versöhnung zu bezeugen. Der Gottesbegriff befreie sich von seiner schalen Abstraktheit nur dadurch, daß der als vereinzelter Mensch zu seinem Anderen gewordene Gott einen leidvollen Tod erfährt. Soteriologisch ist das Leben Jesu, die allgemeine Personifikation des je besonderen Opfers, zur praktischen Verbildlichung der Theosis unumgänglich. Das Leben des Begriffs, so auch die Ideenlehre der »Wissenschaft der Logik«, bestünde in seiner Selbstunterscheidung in sich zur Natur und zum Geist und gleichzeitig im Wissen seiner selbst als in diesem Unterschied dennoch mit sich identisch.[80] Dies gilt Hegel als rationaler Kern der Dreifaltigkeitslehre, die allein im Christentum in ebenso rationaler Gestalt gegeben sei. Begegne man auch dem Gedanken der Dreieinigkeit in den anderen Religionen, so doch nur in begrifflich unartikulierter Form, etwa in der indischen »Religion des Insichseins«[81], in der jener nur in den voneinander isolierten Bildern statt in den zusammenhängenden Begriffen besteht. Diese Religion des bloßen Insichseins stellt keinen konzeptuellen Zusammenhang zwischen den iden-

78) Siehe Scheit: Verborgener Staat, lebendiges Geld. Darin ist die Dramaturgie des Antisemitismus von den Passionspielen bis zu Wagner nachgezeichnet.
79) Horkheimer und Adorno: Dialektik der Aufklärung. AGS 3, S. 204.
80) Hegel: Vorlesungen über die Philosophie der Religion III. PhdR III, S. 201.
81) Hegel: Vorlesungen über die Philosophie der Religion II. PhdR II, S. 484, 490, 498.

tischen und zugleich unterschiedenen Personen des Göttlichen her im Fortgang der bestimmten Negation durch die einzelnen Fixpunkte der Gottesgestalten. Solcher Konnex läßt sich nach Hegel allein dialektisch durch die Vernunft, nicht im Verstandesdenken herausbilden. Die Konkretisierung der Wahrheit ist ihm die inhaltliche Selbstdifferenzierung des Begriffs. Der Begriff springt aber in Wahrheit kurzerhand zu seiner entgegengesetzten materiellen Natur über, damit den Abgrund des Unverbundenen erst aufreißend, der bei Hegel aber umgehend wieder zugeschüttet wird, indem er den Gegensatz des Empirischen und des Transzendentalen bei dessen nominellen Aufrechterhaltung zugunsten des letzteren nivelliert. Die Rechtfertigung des Dreifaltigkeitsprinzips ist die Ausschaltung der widerspruchsfrei zu seienden formalen Logik, doch so, daß der philosophische Begriff selbst den Widerspruch in sich aufnimmt und diesen zu einer Invariante verewigt.

Der Skandal besteht darin, daß in der Entgegensetzung zu sich selbst die unterschiedenen Momente des Geistes, als Personen nur bildlich vereinfacht vorgestellt, ungeachtet ihrer vermeintlich substantiellen Differenz immer schon identisch sind und bleiben. Das Konkrete soll doch vom Abstrakten jene inhaltliche Fülle trennen, die erst der durch die Negation konkreter Bestimmungen hergestellte begriffliche Zusammenhang herausbildet, der historisch im Bereich des geistigen Realen deren schrittweise Genese entspricht.[82] Aber die vermittelte Unmittelbarkeit, die Verleiblichung der Idee, die im Leben Christi geschieht, läßt die Spur des vermittelten Leibes verschwinden. Christus stirbt nicht nur, sondern ersteht wiederum auch auf. Nach dem gleichen Modell der magischen Resurrektion setzt sich in der Logik jede neue Unmittelbarkeit, indem sie nach dem jeweiligen Schritt der Vermittlung zu einer solchen avanciert, mit dem Vermittelnden, dem Begriff gleich, ist es doch der Begriff in seiner Allgemeinheit, der allein zum wirklich Seienden erklärt wurde. Besteht der Unterschied des Verstandes von der Vernunft in seinem Nichtbegreifenkönnen der entgegengesetzten Momente in ihrer Einheit, so sei der Grund davon nach Hegel die sinnliche wie die verstandesmäßige Betrachtung von allem in Raum und Zeit:

82) Siehe auch Karl Marx zur Methode des Aufsteigens vom Abstrakten zum Konkreten in: ders.: Grundrisse der Kritik der politischen Ökonomie [Rohentwurf] 1857-1858. Berlin 1974, S. 21f.

»neben-, außer- und nacheinander«[83]. Nur der spekulativen Vernunft sei es möglich, zwei widersprüchliche Bestimmungen, wie Endliches und Unendliches, in ihrer Identität zu denken, weil sie über die raumzeitliche, damit leibliche Beschränkung hinausgehe. »Aber das Leben ist dies, den Widerspruch aufzulösen, das Bedürfnis zu befriedigen, es zum Frieden zu bringen, aber so, daß der Widerspruch auch wieder entsteht; es ist die Abwechslung des Unterscheidens, des Widerspruchs und seines Aufhebens. Aber für sich Trieb und Befriedigung betrachtet, faßt der Verstand auch dies nicht, daß im Affirmativen, im Selbstgefühl selbst zugleich die Negation des Selbstgefühls, die Schranke, der Mangel ist, ich aber als Selbstgefühl zugleich über diesen Mangel übergreife. Das ist also die bestimmte Vorstellung von μυστήριον; man nennt es unbegreiflich, aber was unbegreiflich scheint, ist eben der Begriff selbst, das Spekulative oder dies, daß das Vernünftige gedacht wird. [...] Denn das Prinzip des Verstandes ist die abstrakte Identität mit sich, nicht die konkrete, daß diese Unterschiede in einem sind. [...] Das heißt das Unbegreifliche.«[84] Der Ausgang aus der religiösen Vorstellung, die doch die Trennung des Subjekts und des Objekts fixiert, also raumzeitlich repräsentiert, und der Übergang zur *Philosophie* der Religion, bezeichnet Hegel auch aus dem Grund als eine Erhebung, weil sie eine psychologische Veränderung in dem Gemütshaushalt des Einzelnen beinhaltet: die Konversion in der individuellen Theosis – sozusagen den Surplus der Inbrunst liefert. »Die Region, in der alle Rätsel der Welt, alle Widersprüche des Gedankens, alle Schmerzen des Gefühls gelöst sind«[85] – nichts weiter als Religion selbst – wird im Übergang von dem Verstandes- zu dem Vernunftdenken lediglich intellektuell durchdrungen. Doch dieser Übergang findet in Wahrheit gar nicht erst statt, weil er für Hegel immer schon stattgefunden hat. Auch die philosophische Rekuperation des von Hegel in diesem Zusammenhang erörterten Mysterions ist keineswegs zwingend, als dessen Entfaltung ihm nichtdestotrotz die Gesamtbewegung des dialektischen Gedankens gilt. »Die spekulative Idee ist nicht bloß dem Sinnlichen, sondern auch dem Verständigen entgegengesetzt; sie ist daher ein Geheimnis für beide. [...]

83) Hegel: Vorlesungen über die Philosophie der Religion III. PhdR III, S. 205.
84) Ebd., S. 207f.
85) Hegel: Vorlesungen über die Philosophie der Religion I. PhdR I, S. 3.

Μυστήριον nämlich ist das, was das Vernünftige ist [...]«. [86] Dialektik wird bei Hegel positiv, zu einer Gegebenheit, weil der Prozeß der Vermittlung abgeschlossen, indem er über den Raum und die Zeit hinausgetragen wird.[87]

Im Leben der Kreatur, das stets dialektisch als Einheit von Produktion und Konsumtion hervorgeht, zum Teil der Natur durch die Mimesis eines anderen wird, ist allein die Vergängnis.[88] Adorno deutet diesen Begriff aus Georg Lukàcs' »Die Theorie des Romans«: Die Vergängnis meint das Vergehen der Zeit an ihr selbst, so, daß sie nicht einem vorausgesetzten Wesen folgt. Das derart aufgefaßte Vergehen der Zeit trägt zugleich das Moment der Vergangenheit verschlossen in sich: als das abgeschüttete Bewußtsein von der Teilhabe schließlich jedes Seienden am Schuldzusammenhang des geschichtlichen Ganzen. Daß die Versöhnung noch nicht sei und erst zu vollziehen ist, schulden die Heutigen den »gewesenen Geschlechtern«[89]. Die Rettung des Lebendigen wäre jedoch nach den allgemeinen Begriffen der selbsterhaltenden Vernunft, jener »Religion, die IST«, nicht zu vollbringen, würde sie doch nur die Gesetzmäßigkeit der Reproduktion des Vergangenen unter bestehender Form der Naturbeherrschung als ein Ewiggleiches wiederholen. Die Vergängnis, bei Hegel stillgestellt, ist es indes, die nach Adorno jedes Seiende mit der lebendigen Natur verbindet, die selbst geschichtlich sei.[90] Zum unreglementierten Ausdruck würde sie in der unbeherrschten Mimesis gelangen, dem Antidot der vom Zwang zur Selbsterhaltung gegängelten.

Der ontologische Gottesbeweis – die utopische Idee

Der ontologische Gottesbeweis, den Hegel nur für das Christentum in Anspruch nehmen muß, fußt auf der Anerkennung jenes fundamentalen Übergangs von Religion zu Philosophie als einer bereits gegebe-

86) Hegel: Vorlesungen über die Philosophie der Religion III. PhdR III, S. 205.
87) Adorno: Negative Dialektik. AGS 6, S. 298.
88) Theodor W. Adorno: Die Idee der Naturgeschichte. AGS 1, S. 358.
89) Walter Benjamin: Über den Begriff der Geschichte. In: ders.: Gesammelte Werke (im folgenden BGS). Hrsg. von Hermann Schweppenhäuser und Rolf Tiedemann. Frankfurt am Main 1991, Bd. I, S. 690-708, hier S. 691.
90) Adorno: Die Idee der Naturgeschichte. AGS 1, S. 354f.

nen Realität. Der falsch verstandene ontologische Gottesbeweis ist Grundbestand der Ideologie. Die Anerkennung des Übergangs ist das Verschwinden der Leiblichkeit des besonderen Menschen in der begrifflichen Vermittlung, das sein Wesen bestimmt. Im Unterschied zu Anselm von Canterbury stützt sich Hegel in seiner Darstellung des Beweises nicht auf den Begriff des vollkommenen Wesens, demzufolge Gott dasjenige sei, worüber hinaus nichts Größeres gedacht werden könne, und weil indes Sein größer sei als nur das Denken, der Begriff Gottes notwendig sein Dasein einschließe.[91] »[D]ie Religion, die IST«, die Vorstellung Gottes als absoluter Geist, ist ihm bereits allein kraft dieser Vorstellung auch schon das Sein ihres Inhalts. Ob dies nicht immer zum reflexiven Bewußtsein des bestimmten Kultes vordringe, sei unerheblich. Das Denken und das Sein sind für Hegel dasselbe. Freilich betrifft das nicht das diskursive Denken des Verstandes, sondern eben das dialektische der Vernunft, dessen empirisch limitierte Form das verstandesmäßige ist. Beides aber, Denken und Sein, trotz der gesamten historischen Bewegung, die der notwendige Bestandteil der Entfaltung deren Einheit sein soll, wird damit unbeweglich: Sie werden keinesfalls in einem solchen Werden gedacht, dessen Ende noch nicht gegeben ist. Nur für uns, das alltägliche Bewußtsein, so Hegel, sei diese Vorstellung von dem Geist, der *ist*, unmittelbar. An sich sei sie das Ergebnis der Selbstentfaltung Gottes zur Welt. »Dies, daß das Subjekt selbst ein Kind Gottes werden soll, enthält, daß die Versöhnung an und für sich vollbracht ist in der göttlichen Idee und daß sie dann auch zweitens erschienen und also die Wahrheit den Menschen gewiß ist.«[92] Diese Gewißheit soll die empirische Geschichte über die Geburt und den Märtyrertod Christi verbürgen. Das Bezeugen seines Todes durch die Jünger, die wirkliche Gründung der Gemeinde in ihrem Zusammenkommen, sei Beweis dafür, daß Gott Anderes geworden und erst dadurch wirklich ist; somit ist dies auch die Erlösung.[93] »So ist die Gemeinde selbst der existierende Geist, der Geist in seiner Existenz, Gott als Gemeinde existierend«[94] – weil konkrete Menschen die Sterblichkeit Gottes hi-

91) Anselm of Canterbury: Proslogion. In: ders.: The Major Works. Oxford – New York 2008, S. 87f.
92) Hegel: Vorlesungen über die Philosophie der Religion III. PhdR III, S. 254.
93) Ebd., S. 251-270.
94) Ebd., S. 254.

storisch erlebten und sie bezeugten. Das Wunder besteht gerade darin, daß der absolute Geist zum Nichts wird, nicht allein schon in seiner leiblichen Existenz. Doch ist dies nichts weiter als eine in das Sein selbst sich leise hineinschleichende Versöhnung, was das Judentum ebenfalls verneint.[95] Der Identitätsbegriff Hegels, als Identität von Identität und Nichtidentität, enthält schon die Unwahrheit dieses Begriffs.[96] Nicht zufällig bestimmt Marx nach eben diesem den Wert als Einheit von Tauschwert und Gebrauchswert. In den beiden Fällen ist das Nichtidentische nur der sogenannte »Träger«[97] des Identischen. Nichtidentisches ist nur das aleatorische Behältnis der Verleiblichung jenes Gleichen, das sich in Raum und Zeit als eine Entität erhält, weil Sein und Nichts gemäß der Einheit von Einheit und Unterschied gedacht werden, in der das Nichts immer schon im Sein verschwunden ist. Der Tod ist selbst tot und überwunden.

Es gäbe also keinen Glauben, so Hegel, weder im subjektiven Sinn der Andacht, noch objektiviert in der Kirche als Institution, wäre der absolute Geist selbst als das Universelle nicht schon wirklich. Ein diesem ontologischen Beweis ähnliches Argument verwendet ebenso Adorno, um das utopische Moment der Kritik zu begründen, für das alles, was faktisch ist, nicht alles ist, sondern das, was von dem bereits Seienden verschieden gedacht wird, gerade weil es überhaupt gedacht werden kann, schon auch potentiell sein muß: anders wäre dessen Spur im Bestehenden erst gar nicht zu begegnen. Adorno formuliert diesen Gedanken im Gespräch mit Ernst Bloch, dessen Reaktion darauf Überraschung ist.[98] Doch würde man behaupten, Adorno meine damit wie

95) Horkheimer und Adorno: Dialektik der Aufklärung. AGS 3, S. 203.
96) Adorno: Negative Dialektik. AGS 6, S. 19f.
97) Hans-Georg Backhaus: Der widersprüchliche und monströse Kern der nationalökonomischen Begriffsbildung. In: ders.: Marx, Adorno und die Kritik der Volkswirtschaftslehre. (im Erscheinen, Vordruck: http://www.isf-freiburg.org/verlag/leseproben/backhaus-marx.adorno_lp.html, letzter Zugriff: 15.02.2015).
98) Siehe Dirk Braunstein: Adornos Kritik der politischen Ökonomie. Bielefeld 2012, S. 363. »ADORNO Wir sind ja merkwürdig nahe herangekommen an den ontologischen Gottesbeweis, Ernst ...
BLOCH Das überrascht mich! ...
ADORNO ... denn in dem, was Du sagst, steckt ja drin, daß wir den Begriff von dem, was du mit Brecht genannt hast – Etwas fehlt – eigentlich gar nicht haben könnten, wenn es nicht Fermente, Keime dessen, was dieser Begriff eigentlich

Hegel, daß mit diesem Gedanken über die »Gewalt des Begriffes«, in dem »das Moment seiner Wirklichkeit schon mitbeteiligt ist«[99], die ihm entsprechende Wirklichkeit auch schon ganz realisiert sei, so käme dies der Reduktion der negativen Dialektik auf die positive Hegels gleich. Der Gedanke Adornos wäre vielmehr so zu interpretieren, daß das Denken selbst, die Kritik dessen, was ist, statt dessen bloßer Erkenntnis[100] nicht existieren würde, hätte sie keine Grundlage in dem, was über den Gegenstand der Kritik – was der Fall ist – hinausgeht. Solches Nichtidentische ist nach Adorno zwar ein Ideales, das selbst objektiv ist. Doch das bedeutet keinesfalls, daß die Kraft dieses Idealen mit dem Setzen des Objekts durch das Subjekt aus sich selbst als seines Anderen gleich wäre. Obwohl Hegel zufolge das Subjekt, die Geistigkeit, vermittelt ist, es durch die Geschichte des Objektes konstituiert ist, konstituiert das Subjekt zugleich umgekehrt die objektive Welt, weil die Welt für Hegel das magische Hinaussetzen der Natur aus dem Subjekt ist. Dies ist der Sinn der spekulativen Methode der spiegelbildlichen Abbildung des Subjekts im Objekt und des Objektes im Subjekt, auch in der Religionsphilosophie.[101] Diese Spiegelung, das heißt die Einheit des Subjekts und Objekts, liegt jenem »sinnlich übersinnlichen Ding« zugrunde, das in der klassischen wie gegenwärtigen politischen Ökonomie als eine stimmige Wirklichkeit firmiert, den in ihm enthaltenen Widerspruch als ewig zementierend.

besagt, gäbe. Eigentlich würde ich denken, daß, wenn es nicht irgendeine Spur von Wahrheit an dem ontologischen Gottesbeweis gibt, d.h., daß in der Gewalt des Begriffs selber auch das Moment seiner Wirklichkeit schon mitbeteiligt ist, es nicht nur keine Utopie geben könnte, sondern daß es dann kein Denken geben könnte.« Theodor W. Adorno und Ernst Bloch: »Etwas fehlt ... Über die Widersprüche der utopischen Sehnsucht«. (Interview mit Horst Krüger) In: Ernst Bloch: Viele Kammern im Welthaus. Eine Auswahl aus dem Werk. Frankfurt am Main 1994, S. 687ff. Zitat nach Braunstein: Adornos Kritik der politischen Ökonomie, S. 363f.

99) Ebd, S. 364.

100) Max Horkheimer: Traditionelle und kritische Theorie. In: ders.: Gesammelte Schriften. Hrsg. von Alfred Schmidt. Bd. 4. Frankfurt am Main 1998, S. 201, Fußnote.

101) Peter C. Hodgson: Hegel's Philosophy of Religion. In: Frederick C. Beiser (Hrsg.): The Cambridge Companion to Hegel and Nineteenth-Century Philosophy. Cambridge 2008, S. 234.

Nach Adorno hingegen ist das Ideale, die Subjektivität, mehr als das Objekt, nicht mit diesem identisch. Das Subjekt gebe dem Objekt in der Erkenntnis stets mehr zurück, als es davon erhalte.[102] Doch um ihm dieses Mehr zurückzugeben, muß das Subjekt von dem Objekt etwas empfangen können, statt es zu beherrschen. Das gelingt dem Subjekt durch die zwanglose Mimesis an die Natur, die von dem evolutionstheoretischen Begriff der Mimkry durch das Element des Bewußtseins geschieden ist.[103] Diese Angleichung an die Natur, ist sie doch das Gegenteil davon, daß das Subjekt der Natur den eigenen Begriff aufzwingt, wäre nach Adorno nicht möglich, wäre die Natur selbst nicht »*da, wo sie als Natur scheinbar am tiefsten in sich verharrt, zu begreifen als ein geschichtliches Sein.*«[104]

So ist die Annahme, daß zwei ähnliche Aussagen Adornos über den Zusammenhang des Subjekts und des Objekts entweder einen redaktionellen Fehler oder gar eine Ungenauigkeit seitens des Autors enthielten, nicht zutreffend.[105] Schreibt Adorno: »Von Objektivität kann Subjekt potentiell, wenngleich nicht aktuell weggedacht werden; nicht ebenso Subjektivität von Objekt«[106], gibt es keinen Grund, eine Konfusion im Satz zu unterstellen. Diese Aussage impliziert vielmehr, daß von der Objektivität, der Natur, das Subjekt, als das Ergebnis der Geschichte der Selbsterhaltung und damit gesellschaftlich formiertes, in der Tat wegfallen könnte: nämlich wenn sich die Gesellschaft veränderte und damit die soziale Grundlage für die Ablösung der besonderen, historisch gebildeten versteinerten Subjektivität entstünde, die sich nur als universelle gebart. Die damit angesprochene Potentialität des Wegdenkens des Subjekts bedeutet neben dem trivialen Sinn, daß Dinge ohne Bewußtsein gar nicht gedacht werden könnten – und denkt man das Subjekt weg, so kann die Objektivität nicht gedacht werden, sondern sie wäre, ohne erkannt zu werden –, daß das Subjekt, als das herrschaft-

102) Horkheimer und Adorno: Dialektik der Aufklärung. AGS 3, S. 214.
103) Siehe Roger Caillois: Mimicry and Legendary Psychoasthenia. In: ders.: The Edge of Surrealism. A Roger Caillois Reader. Durham 2003, S. 89-106.
104) Adorno: Die Idee der Naturgeschichte. AGS 1, S. 355.
105) So jedoch Simon Duckheim, gestützt auf Rolf Wiggershaus, in diesem Band, S 54. Der erste dort – und hier – thematisierte Satz stammt aus »Zu Subjekt und Objekt«, der zweite, der unten folgt, aus »Negative Dialektik«.
106) Theodor W. Adorno: Zu Subjekt und Objekt. AGS 10, S. 741-779, hier S. 747.

liche Ich, nicht notwendigerweise immer existieren muß. Doch kann ohne Subjekt die Natur aktuell nicht gedacht werden, da das Subjekt, als ein bereits historisch gebildetes, nicht beliebig abzustreifen ist. – Auch in einem weitergehenden Sinn charakterisiert freilich das Subjekt die Natur aktuell, weil nämlich die Natur qua unreglementierte Erfahrung eine ungebrochen spontane ist, im Gegensatz zu der auf die instrumentelle Handlung reduzierten. Der Nachsatz »nicht ebenso Subjektivität von Objekt« ist somit stimmig. Die Objektivität meint hier durchaus nicht dasselbe als das Objekt, ebenso wie etwa in Kantischer Terminologie die Bedingungen der Möglichkeit der Gegenständlichkeit und der Gegenstand verschiedenes meinen. Es ist freilich unmöglich, von dem Objekt die Subjektivität wegzudenken – und zwar wiederum, erstens, um ein bestimmtes Objekt denken zu können, die Subjektivität vorausgesetzt werden muß; es gibt nie ein Objekt ohne Subjektivität. Und zweitens, im grundsätzlichen Sinn hätte kein bestimmtes Objekt von der Subjektivität auch nur je gedacht werden können, wäre das Objekt, die Natur selbst, nicht die Quelle jenes Lebens, das erst leben würde, paraphrasiert man den von Adorno zitierten Satz Ferdinand Kürnbergers inversiv.[107] Im Objekt entspricht nämlich dem Subjekt der Keim der Subjektivität, der selbst materiell ist.

Die gesellschaftliche Herrschaft besteht darin, daß die Natur sich gegen die Natur wendet, wie dies zum Beispiel die ersten beiden Kapitel der »Dialektik der Aufklärung« beschreiben. Das ursprüngliche Aufkommen der Sprache, da die Natur die Augen aufschlage[108], wird dort mit dem Ruf des Schreckens angesichts der überlegenen Kraft der Natur erklärt, mit dem ersten Namen, der dieser im vergeblichen Versuch gegeben werde, sie möge anhalten und den Schwächeren schonen.[109] Wie käme jedoch die Sprache erst zustande, wenn das geistige Moment, die Idee des Nichtidentischen, nicht schon in der Natur selbst

107) »Das Leben lebt nicht.« Siehe Theodor W. Adorno: Gesellschaft. AGS 8, S. 9-19, hier S. 17; auch ders.: Minima Moralia. AGS 4, S. 20. Ein solcher Lebensbegriff hat dabei nichts mit dem des Vitalismus Bergsons gemein, dem Leben als ein von der begrifflichen Durchdringung freier amorpher Fluß gilt, einzig durch die Intuition und nicht intellektuell erkennbar. Siehe Adorno: Negative Dialektik. AGS 6, S. 20.

108) Adorno: Ästhetische Theorie. AGS 7, S. 310.

109) Horkheimer und Adorno: Dialektik der Aufklärung. AGS 3, S. 31.

existierte, die Natur als Objekt nicht jenes ›Ferment‹ der Subjektivität in sich einschlösse? Freilich entwickelt sich die Subjektivität in der Geschichte der Aufklärung auf dem Weg der Herrschaft. Je weiter sich die Verfügungsmacht über das Objekt verfestigte, durch die Anwandlung des Subjekts an die ihm überlegenen Naturkräfte, die die Identifizierung des Nichtidentischen zu den einheitlichen und objektiven Kräften unter der Nivellierung und tendenziellen Vernichtung des Nichtidentischen bewirkt, desto mehr glich sich das Subjekt selbst der unterworfenen und das heißt unlebendigen Natur an, statt daß die Mimesis an die lebendige stattfände.

»Von Subjekt ist Objekt nicht einmal als Idee wegzudenken«, schreibt Adorno in einer ähnlichen Passage aus der »Negativen Dialektik«.[110] Auch dieser Satz drückt zunächst einfach aus: Das Bewußtsein ist stets eines von Etwas, damit intentional auf ein Objekt gerichtet. Doch gäbe es keine Möglichkeit der Erkenntnis des Objekts, wenn Subjekt und Objekt nicht Gemeinsames verbinden würde. Das Subjekt existiert überhaupt, weil es, selbst ein Stück Natur, sich von der Natur getrennt und sich dieser als einem Objekt entgegengesetzt hat, indem es sie zu beherrschen lernte, obwohl die Beherrschung niemals endgültig gelingt, was die Distanz zwischen seinen Begriffen und den zu erkennenden Dingen doch bezeugt. Im Begriff des Subjekts als eines Herrschenden ist das Objekt selbst ideal bereits mitgedacht. – Der Satz fährt fort: »aber vom Objekt Subjekt«. Hier ist vom Objekt gerade im gleichen Sinn die Rede, wie im ersten Teil des Satzes aus »Zu Subjekt und Objekt« von Objektivität. Das Selbstverständliche, daß Natur, Erde und Himmel doch existierten, gäbe es überhaupt gar keinen Menschen, ist nur deshalb allzuverständlich, weil die Natur, so das Argument, in sich die Möglichkeit eines herrschaftsfreien Daseins einschließt, in dem das Objekt und das Subjekt nicht mehr voneinander getrennt wären, so daß das beherrschende Subjekt vom Objekt weggedacht werden könnte. Auch würden dabei das Objekt und das Subjekt nicht miteinander gleich sein, denn das ist im gewissen Sinn gerade in der Herrschaft des Subjekts über das Objekt schon der Fall: das Objekt ist doch das Produkt des Subjekts, gilt absolutistisch als von ihm gesetzt. Würde aber die Natur in ihren mannigfaltigen Erscheinungen nicht für die Zwekke ihrer Beherrschung zugerichtet, sondern das Subjekt statt dessen

110) Adorno: Negative Dialektik. AGS 6, S. 185, zitiert auch bei Duckheim, S. 55.

sich ihr als ein je besonderes Lebendiges einem anderen besonderen Lebendigen angleichen, so könnte das Objekt das ihm gegensätzliche feindliche Subjekt abstreifen. Dies wäre nach Adorno allein auf der Grundlage der je partikularen Beziehungen, in der »Kommunikation der Verschiedenen«[111] zu bewerkstelligen, nicht aufgrund jener universellen Gesetzesbegriffe, die zum Zweck des instrumentellen Gebrauchs der Natur gebildet sind, so sehr man sich dabei auf jene als Spuren des von der Natur Erkannten stützen müßte. »Zum Sinn von Subjektivität rechnet es, auch Objekt zu sein; nicht ebenso zum Sinn von Objektivität, Subjekt zu sein.«[112] Es kann auch eine Objektivität geben, die sich nicht zum Subjekt konstituiert, doch der Sinn der Subjektivität schließt mit ein, daß sie gleichzeitig Objekt ist. Die Angleichung der Natur qua Subjekt an die Natur qua Objekt ist nur deshalb möglich, weil Natur selbst einen Ansatz der Subjektivität enthält.

Allein in diesem Sinn des Gedanken der im Objekt eingeschlossenen Subjektivität nimmt Adorno den ontologischen Gottesbeweis in Anspruch. Er sagt nichts weiter aus, als daß die Versöhnung noch nicht erreicht sei. Damit ist er der Erhebung der christlichen Religion zum Begriff gerade entgegengesetzt, die in der spekulativen Philosophie in jenem Geist, der *sei*, vollzogen werden soll. Der Religionsphilosophie gilt die Natur als durch den Geist hervorgebracht, statt daß umgekehrt der Geist ein Element der Natur wäre. Wirklich versöhnt wäre jedoch ein Zustand, in dem die subjektiven Qualitäten, die »erst recht ein Moment des Objektiven sind«, nicht mehr notwendig durch die Zwecke der Selbsterhaltung eingeschränkt wären: »Hat Subjekt einen Kern von Objekt, so sind die subjektiven Qualitäten am Objekt erst recht ein Moment des Objektiven. Denn einzig als Bestimmtes wird Objekt zu etwas.«[113] Solange freilich diese Bestimmung des Objekts zu etwas bloß zum Zweck der Selbsterhaltung erfolgt, ist sein Boden die Opferung des Nichtidentischen an die Identität, gleichsam dessen Abtötung.

Die utopische Idee nach Adorno enthält damit ein säkularisiertes Theologumenon, treffend beschrieben mit dem Verweis auf eine rabbinische Erzählung[114], demzufolge im versöhnten Zustand alles wie sonst

111) Adorno: Zu Subjekt und Objekt. AGS 10, S. 743.
112) Adorno: Negative Dialektik. AGS 6, S. 185.
113) Adorno: Zu Subjekt und Objekt. AGS 10, S. 747.
114) Siehe Braunstein: Adornos Kritik der politischen Ökonomie, S. 373f. Vgl.

sein würde, nur geringfügig zurechtgerückt; dann erst wäre »alles, alles gut!«[115] Es würde sich ein gesellschaftlicher Zustand einstellen ohne die Notwendigkeit, die Natur zu reglementieren. Das Dasein eines reinen Objektes sei zwar eine Fiktion, so Adorno, doch gleichzeitig die gesellschaftliche Wirklichkeit, weil es das Resultat der Angleichung der Dinge an sich selbst durch das Subjekt ist, das von der lebendigen Natur abstrahiert und versteinert. »Umgekehrt ist das vermeintlich reine, der Zutat von Denken und Anschauung ledige Objekt gerade der Reflex abstrakter Subjektivität: nur sie macht durch Abstraktion das Andere sich gleich. Das Objekt ungeschmälerter Erfahrung, zum Unterschied vom bestimmungslosen Substrat des Reduktionismus, ist objektiver als jenes Substrat.«[116] Das Objekt ungeschmälerter Erfahrung ist demnach gerade deshalb ein Mehr von Objekt, weil die subjektiven Qualitäten in ihr nicht wie in der reglementierten abgestumpft wären. Betrachtet man Dinge, wie sie sich von dem Standpunkt der Versöhnung aus darstellen[117] – und nichts, was weniger ist, heißt kritisch – so wird »Subjektivität als Gestalt von Objekt durchschaut«.[118] Das utopische Moment besteht in der Natur selbst, die damit ebensowenig eine ontologische Kategorie ist wie auf einen dem Naturbegriff der mathematischen Naturwissenschaft entsprechenden Gegenstand zu reduzieren.[119] Vielmehr ist sie das geschichtliche Dasein der nichtidentischen Idee. Zur Sprache gelangt ein solches Dasein nur vermittels des einzelnen Leibs, insofern ja die Person und das Individuum soziologische Kategorien des Identischen sind.[120]

Walter Benjamin: Franz Kafka. Zur zehnten Wiederkehr seines Todestages. BGS II, S. 409-438, hier S. 432.

115) Ebd., S. 367.

116) Adorno: Zu Subjekt und Objekt. AGS 10, S. 748.

117) Adorno: Minima Moralia. AGS 4, S. 333f.

118) Adorno: Zu Subjekt und Objekt. AGS 10, S. 749.

119) Adorno: Die Idee der Naturgeschichte. AGS 1, S. 345.

120) »Wenn darin [in der »Negativen Dialektik«] Nichtidentisches namhaft gemacht wird, betrifft es immer die Physis, an ihr allein erkennt das Bewußtsein, daß es unaufhebbar das eines Einzelnen ist. Das Individuum erfährt, was sein Begriff bedeutet: unteilbar zu sein, auch wenn die Gesellschaft immer perfekter darin wird, alles teilbar zu machen, damit das Kapital sich verwertet. Der Leib ist so gesehen auf der Ebene des individuellen Lebens, was die Krise auf der Ebene des gesellschaftlichen darstellt: Dem Geist erscheint er als das Hinzutretende, das

Für Hegel hingegen ist der in der bestimmten positiven Religion faktisch existierende Glaube bereits die Wahrheit. Er legt Zeugnis davon ab, daß die universelle Ordnung der Vernunft schon verwirklicht sei. »Denn der Glaube ist die Wahrheit, die Voraussetzung, daß an und für sich gewiß die Versöhnung vollbracht ist. Nur vermittels dieses Glaubens, daß die Versöhnung an und für sich und gewiß vollbracht sei, ist das Subjekt fähig und im Stande, sich selbst in diese Einheit zu setzen.«[121] In der Geschichte walte die Vernunft, trotz der ihr ins Gesicht schlagenden Tatsache, daß jene eine »Schlachtbank« ist, »auf welcher das Glück der Völker, die Weisheit der Staaten und die Tugend der Individuen zum Opfer gebracht worden«[122]. Das Böse in seiner empirischen Erscheinung hat nach Hegel keine wesentliche Realität, anders als das Gute. Das Böse löst sich gleichsam aus dem Guten heraus, was Hegel neuplatonisch als »Ausgießung«, die Emanation des Geistes charakterisiert. Die Erschaffung der Welt, der Sündenfall des Menschen, ist notwendig. Er ist eine unvermeidliche Stufe in der Verwirklichung Gottes.[123] Aller Schrecken der Vergangenheit kann jedoch für Hegel die Identität der Vernünftigkeit des Guten mit sich selbst nicht erschüttern. Noch die Katastrophe, lebte Hegel nach ihr, würde ihm zufolge der Wirklichkeit des Sinns in der Geschichte nichts anhaben, weil

er nicht nur nicht los wird, an den zugleich seine Vermittlungen abprallen und die Synthesis scheitert.« Gerhard Scheit: Quälbarer Leib. Kritik der Gesellschaft nach Adorno. Freiburg 2011, S. 19f. Das nicht Individuierbare als Kreatürliches ist das Objekt, sofern es subjektive Qualitäten besitzt, und damit wäre es stets beides: naturgeschichtlich bestimmt und unbestimmt zugleich.

121) Hegel: Vorlesungen über die Philosophie der Religion III. PhdR III, S. 255.

122) Georg Wilhelm Friedrich Hegel: Vorlesungen über die Philosophie der Geschichte. In: ders.: Werke. Bd. 12, S. 35.

123) Der Sündenfall ist kein substantieller nach Hegel, sondern er ist das Bewußtsein der Entzweiung. Wenn Gott selbst sage: »[...] ›siehe, Adam ist geworden wie unser einer‹« – verwiesen wird auf Mose 3,22 – bemerkt dazu Hegel: »Das Wort der Schlange war also gar keine Täuschung.« Hegel: Vorlesungen über die Philosophie der Religion III. PhdR III, S. 226. Daß dies Wort bloß ironisch gemeint sei, es scherze also der Gott mit der Behauptung, Adam sei wie Gott selbst geworden – das sagten nur die Irrationalisten, etwa Herder (ebd., S. 345). Der Sündenfall sei eine Realität, er sei das Bewußtsein der Diremtion – und sei es zugleich wieder nicht, dem Begriff der Identität der Identität und Nichtidentität gemäß, denn die Diremtion selbst ist ja nach Hegel nichts weiter als das Herausspringen der Welt aus dem absoluten Geist, in dem sie aufgehoben ist.

seine Reflexionsphilosophie eben zu einem Positivismus jenes Geistes verkommt, der das Seiende deifiziert.[124] Die unerschütterliche Überzeugung vom Guten, die sich in Worten wie den folgenden in all ihrer legitimatorischen Bereitschaft unverblümt zeigt: »Sofern aber das Böse im Menschen aufkommt, wenn er etwas Böses tut, so ist das zugleich als ein an sich Nichtiges vorhanden, über das der Geist mächtig ist, so daß der Geist die Macht hat, das Böse ungeschehen zu machen«[125], ist der verbissene Antidefätismus der Vernunft, für den die Sinnlosigkeit ausgeschlossen ist, weil tautologisch sonst nichts einen Sinn hätte. Das geistige Moment in der Wirklichkeit verleitet Hegel dazu, diese als bereits nach dem Bilde dieses Geistigen geformte zu verklären. Daher ist die philosophische Lehre von der Religion, die zugleich der Schlußteil des Systems ist[126], eine Theodizee[127], für die noch die Vernichtung um der Vernichtung willen notwendig in irgendeiner Gestalt mit Sinn versehen und damit gerechtfertigt werden müßte. Die Lehre über die universelle Vernunft in der Geschichte diskreditiert damit sich selbst, weil man nach ihr annehmen müßte, jene Vernichtung, das Sinnlose, sei doch sinnvoll. Dies löst jedoch die diesen Gedanken zulassende Vernunft selbst als eine einheitliche auf, indem sie sich korrumpiert. »Eben das: daß also die Welt, wie man so sagt, einen Sinn habe, läßt sich angesichts dessen, was wir in unserer geschichtlichen Periode erfahren haben, schlechterdings nicht mehr behaupten.«[128]

Jenes Verrückte, das Marx hingegen im Geld erblickt, der Kern der Ideologie, hat kaum auch die geläufigen Theorien der Geistes- und Sozialwissenschaft davon abgehalten, entweder der von Hegel beschriebenen Spaltung des religiösen Bewußtseins gemäß, aufgrund der Nivellierung des Widerspruchs der Extreme des Subjekts und des Objekts theoretisch aleatorisch zwischen diesen hin und her zu springen oder, mit Hegel, den Widerspruch im Identitätsbegriff selbst derart zu affir-

124) Adorno: Negative Dialektik. AGS 6, S. 298.
125) Hegel: Vorlesungen über die Philosophie der Religion III. PhdR III, S. 259.
126) Walter Jaeschke: Einleitung. In: Georg Wilhelm Friedrich Hegel: Vorlesungen über die Philosophie der Religion III. Die vollendete Religion. Hamburg 1995, S. XXIV.
127) Hegel: Vorlesungen über die Geschichte der Philosophie III. GW 20, S. 455.
128) Theodor W. Adorno: Vorlesung über Negative Dialektik. Fragmente zur Vorlesung 1965/66. Frankfurt am Main 2007, S. 90.

mieren, daß jener zu einem kaum merklichen, aber unhintergehbaren Moment der Identität wird. Sind auch die Neuinterpretationen der Kritik von Marx dagegen nicht gefeit, so geben sie den Anspruch kritischer Theorie damit auf. Daß die Versöhnung, die Verwirklichung des Begriffs, doch noch nicht erfolgt sein könnte – und nach Hegel existierte das logische Denken, das ja solche Theorien für sich in Anspruch nehmen, ohne die verbürgte Versöhnung gar nicht – wird dann um so nachdrücklicher verdrängt, je unabweisbarer die Möglichkeit der Vernichtung um ihrer selbst willen gesellschaftlich nach wie vor vorherrscht, nachdem und weil sie historisch bereits zur Wirklichkeit wurde. Die Religion, den Glauben an die Realität des Universellen, hat Hegel gerechtfertigt. Ihr »Anschauen, Gefühl, Glaube« – mit einem Wort: die *Vorstellung*, der Inhalt der Ideologie – als vom Subjekt unabhängig und damit in seiner Abhängigkeit vom Objekt verkannt, wird in Hegels Reflexion philosophisch legitimiert. Für das sogenannte Alltagsbewußtsein kommt diese Religiosität insbesondere in den Produkten der Kulturindustrie zum Vorschein, weil sie zumeist die Möglichkeit reflektierter Mimesis bereits ihrer eigenen kommodifiziert technologischen Verfaßtheit nach verbauen.[129] Die die Kulturindustrie bloß analysierende Wissenschaft beschränkt sich in den besten Fällen darauf, deren Produkte moralisierend zu rügen; sie wähnt sich von dem in der Kulturindustrie exemplifizierten versachlichten Denken unabhängig: draußen. Sie setzt damit dasjenige Identitätsdenken, dem normativ betrachtet diese Produkte nicht gerecht werden würden, bereits als realisierte voraus, und zwar als die Sphäre der Logik vor der Natur und der Gesellschaft, die sich im Kopf des Theoretikers einnistet – nur die empirische Wirklichkeit der Kultur würde dem nicht genügen. Solche Wissenschaft erschöpft sich dann in der bloßen »Erhebung zum Begriff« des in der alltäglichen Vorstellung bereits Gegebenen, nämlich der Universalität der Ware, als seine affirmative Theorie. Sie ist damit selbst Bestandteil der Kulturindustrie, des Reproduzierers der objektiven Ideologie, und stünde sie mit ihren Produktionsstätten, Firmen, Agenturen, Behörden in keiner unmittelbaren Verbindung.

All dem entgegengesetzt ist die Kritik. Denn daß der Widerspruch in der Wirklichkeit unbegreiflich ist, das hat Marx aufgespürt. Er zeigt, daß die gesellschaftlich bestimmenden ökonomischen Verhältnisse, de-

129) Horkheimer und Adorno: Dialektik der Aufklärung. AGS 3, S. 148.

ren Keimzelle der Wert ist, monströsen Charakters sind. Aber es gibt in ihnen nichts zu begreifen, denn bleibt Hegels Begriff des Begriffs das Maß der Dinge, so sind jene Verhältnisse unbegreiflich: sie sind realer Widerspruch. An ihnen wäre nur all ihr Widersinniges zu kritisieren, weil sie ihrer Auflösung noch harren. Ideologisch bleibt demnach eine Deutung von Marx, die den realen Widerspruch im Wert einebnet. Alle Kritik verneint den falschen Messias, weil sie von der utopischen Idee dessen zehrt, was noch nicht ist, aber im ungebundenen mimetischen Verhalten der Natur unreglementiert aufscheint.

Verdrängte Erfahrung – das soziale System

Marx' Kritik der Tauschgesellschaft wird oft genug derart verdreht, als würde sie nur im Unterschied zur klassischen politischen Ökonomie herleiten, wie der Wert sich konstituiert und dessen positive Erklärung liefern. Dies kann geschehen auch, wenn die Deutung zu Recht eine traditionelle Lesart von Marx infragestellt. Das Mißverständnis vom Wert wird dabei auf das gesamte ›soziale System‹ übertragen, das sich auf den Wert als basale Form der modernen Gesellschaft stützen soll. Der Gehalt der Marxschen Kritik wird dadurch verfehlt, daß der Begriff mit dem Sein gerade dem Grundgedanken von der Identität der Identität und Nichtidentität gemäß identifiziert wird.

Nach der sogenannten »logisch-systematischen«[130] Deutung des »Kapital« sollen Verhältnisse wie der Wert und das Geld als rationale Bestimmungen aufzufassen sein. Die Rationalität dieser sozialen Formen bestehe darin, daß ihnen innere Mängel nachgewiesen werden können, aufgrund deren diese Kategorien jeweils neue Übergänge zu den weiter bestimmten Kategorien erforderten. Damit bildeten sie eine sozusagen selbst ideale Reihe aller möglichen Bestimmungen des Kapitalismus »im ideellen Durchschnitt«[131]. Die Reihe gilt dabei als abge-

130) Ingo Elbe: Soziale Form und Geschichte. Der Gegenstand des ›Kapital‹ aus der Perspektive neuerer Marx-Lektüren. In: Deutsche Zeitschrift für Philosophie, 58, April 2010, S. 222. »Um ein soziales System zu erklären, muss, wie gezeigt, das wechselseitige Voraussetzen der Sachverhalte ›begrifflich aufgesprengt‹ werden, sonst bewegt sich die Untersuchung lediglich in erklärungstheoretischen Zirkeln.« Ebd., S. 225.
131) Ebd.

schlossen, denn das »System« sei ein »endlich[es]«[132]. Diese Endlichkeit des Systems allein sei zugleich der Sinn der Äußerung Marxens, die »dialektische Form der Darstellung [sei] nur richtig, wenn sie ihre Grenzen kennt«.[133] Doch Marx betont mit diesem Satz lediglich, Dialektik könne eben nicht alles erklären. Und das Bewußtsein von dieser Schranke scheint der Ausgangspunkt auch der ›logisch-systematischen‹ Deutung zu sein. Jedoch wird es dazu verkehrt, die Ökonomie in ein System zu verwandeln und dieses damit zugleich zu einem erkennbaren zu verklären. Ökonomie stellt sich infolgedessen lediglich als ein System neben anderen sozialen Systemen heraus: sie ist gänzlich erkennbar. Kann sie als ein System in sich abgeschlossen begriffen werden, so ist es nicht nur ein Gegensatz zur Natur, sondern als System der Ökonomie inhaltlich bestimmt und als ein endliches fertig. Es reproduziert sich dann, wie immer krisenhaft, aus sich selbst heraus, und ist damit autopoietisch, denn die implizit rationalisitische Auffassung vom ökonomischen System, bei gleichzeitiger Abweisung des Theorie seines prädestinierten Zusammenbruchs, zeugt von einem gedanklich gebildeten *perpetuum mobile.* »Endlich« meint ja keine empirische Ressourcenknappheit, sondern die logische Endlichkeit in der Reihe der konstitutiven Bestimmungen. Aber wenn Ökonomie ein System ist, daß sich selbst reproduziert, so reproduziert es nichts anderes als sich selbst, und dann existiert auch ihr Äußeres und Anderes. Damit existieren auch andere soziale Systeme daneben wie das Recht, die Kultur usw., wenn sie nicht aus jenem abgeleitet werden; und werden sie doch abgeleitet, so sind sie auch nur Verlängerungen der Ökonomie. Einen imaginären Surplus logischer Abgeschlossenheit einem Sachverhalt hinzuzusetzen, der diese womöglich gar nicht besitzt, ist die Bestrebung einer jeden »Ursprungsphilosophie«[134]. Dort, wo nur die geschichtliche Reproduktion der Krise herrscht, ohne jegliche schöpferische Destruktion der Autopoiesis, setzt sie ein ideales Erstes, das allein intelligibel zu greifen zugleich die Veränderung des gesamten vorgestellten Systems mit den Händen greifbar machen soll.

132) Ebd.
133) Karl Marx: Ökonomische Manuskripte und Schriften 1858-1861. MEGA Bd. II/2. Berlin 1981, S. 91.
134) Theodor W. Adorno: Zur Metakritik der Erkenntnistheorie. Studien über Husserl und die phänomenologischen Antinomien. AGS 5, S. 20.

Um Kreise in der Beweisführung zu vermeiden, werden sie in einen wohlgeordneten »Begründungszusammenhang« zwischen dem »Einfachen« und dem »Komplexen« überführt, die »in einem realen Verweisungs- und Bedingungszusammenhang stehen«[135] sollen. Aber die kontemporäre Geschichte des Kapitals, von der Marx spricht, kann lediglich in der Darstellung zu einem kohärenten Zusammenhang der ineinander übergehenden, jeweils logisch defizienten Begriffe konstruiert werden. Kritik soll demzufolge allein in der Demonstration dessen bestehen, was als Unmittelbares auftrete, sei in Wahrheit vermittelt.[136] Doch nicht das Aufdecken des vermittelten Wesens hinter der unmittelbaren Erscheinung ist der springende Punkt der Kritik, vielmehr daß die Vermittlung im Objekt selbst in »gespenstige[r]«[137] Form ist. Die Bloßstellung der Vermitteltheit des Objekts allein wäre kaum hinreichend. Sie wäre lediglich eine Analyse des Zusammengesetzten, die aber nicht zeigt, daß das Zusammengesetzte selbst nicht rational ist. Kritisch wird die gesellschaftliche Vermittlung als die real widersprüchliche nur zur Sprache gebracht, um denunziert zu werden. Denn »[d]ie Widersprüche einfacher Kategorien« sind keineswegs »›immer schon ›gelöst‹«.[138] Deren permanente Lösungsversuche sind vielmehr nichts weiter als die Wirklichkeit der Krise. Das nur absurd daherkommende Reale ist nach keiner kohärenten logischen Struktur zu fassen[139], sondern es ist unbegreiflich gerade deshalb, weil auch das kritische Bewußtsein selbst nicht von der Krise der Geschichte unabhängig sein kann. Kritik ist unabhängig von ihrem Gegenstand nur insofern eben das Bestehende nicht alles ist, was sein könnte. Doch ist sie auch vom geschichtlichen Gegenstand abhängig, weil sie nur als eine immanente wirksam ist und sein kann.

135) »Dialektische Darstellung ist also keinesfalls empirische Nachzeichnung der Entstehung eines Komplexen aus Einfachem, [...] sondern vielmehr Einholung notwendiger Voraussetzungen des nur scheinbar Einfachen.« Elbe: Soziale Form und Geschichte, S. 226.
136) Ebd.
137) Marx: Das Kapital. MEW 23, S. 52.
138) Elbe: Soziale Form und Geschichte, S. 226.
139) Dialektische Darstellung sei »Wesenserkenntnis im Sinne der Rekonstruktion eines empirisch nicht unmittelbar erfassbaren gesellschaftlichen Struktur- und Handlungszusammenhangs, der Erarbeitung von ›nicht-empirischen Begriffsbildungen, die das Begreifen der empirisch erscheinenden erst ermöglichen‹«. Ebd.

Man verläßt sich aber schlicht darauf, Kritik sei von ihrem Gegenstand und das Denken von der Geschichte eben unabhängig. Nur deshalb kann überhaupt eine »objektive Semantik«[140] der bürgerlichen Gesellschaft behauptet werden, die sich zugleich freilich »nicht in den Köpfen der Menschen«[141] befinde. Dies würde auf eine Bedeutungslehre hinauslaufen, die nichts bedeutete, denn eine Semantik hat Geltung nur in Bezug auf etwas, wofür sie gilt, nämlich ein Bewußtsein. Die Kritik kann sich allein deshalb von der bedrückenden Totalität der Gesellschaft unterscheiden, die doch als ein »gesellschaftlicher Struktur- und Handlungszusammenhang«[142] nur verschönert ist, weil es in dieser negativen Totalität ein sie transzendierendes Moment gibt, das nicht von jener limitiert ist. Dieses Moment wäre das der unreglementierten Erfahrung. Nach Ingo Elbe ist im Gegensatz dazu das Bewußtsein des »Beobachters«[143] von dem geschichtlich gebildeten Ganzen der Gesellschaft epistemologisch getrennt. Anders könnte das System nicht als ein endliches, seine Erkenntnis in der Reihe dialektischer Kategorien eben nicht als erschöpfend gelten. Zwar mag es stimmen, daß »[w]eder die einzelnen Kategorien der inneren Struktur noch deren Zusammenhänge (Übergänge) [...] damit ›unmittelbare empirische Referenten‹«[144] besitzen. Und in der Tat läßt dies das Problem des Wesens der »Wertgegenständlichkeit« aufkommen, die Marx in seiner Kritik der bürgerlichen Wertlehren abhandelt. Doch der Begriff »sozialer Form«[145] löst dieses Problem insofern nicht, als durch die Verbindung der Worte Form und Soziales das erst noch zu lösende als ein bereits Aufgelöstes präsentiert wird. Adorno beruft sich dagegen mit mehr Recht auf das »Begriffliche in der Realität selbst«[146] bei der Besprechung des Wertbegriffs. Auch dabei handelt es sich letztlich um das Begriffliche in

140) Der Begriff stammt von Dieter Wolf. Ebd., S. 234.
141) Ebd.
142) Ebd., S. 226.
143) Ebd., S. 235.
144) Ebd., S. 226.
145) »[S]oziale Formen [sind] aus den allgemeinen Vergesellschaftungsprinzipien resultierende, den Individuen in fetischisierter und verdinglichter Weise gegenüberstehende Verobjektivierungen ihres gesellschaftlichen Zusammenhangs.« Ebd., S. 228, Fußnote 52.
146) Zitiert nach: Helmut Reichelt: Neue Marx-Lektüre. Zur Kritik sozialwissenschaftlicher Logik. Hamburg 2009, S. 13.

dem Sinn, nach dem in der Natur selbst ein geistiges Moment anzunehmen sei. Jedoch ist dieses »Begriffliche in der Realität selbst« zugleich der Ausdruck der Verselbständigung des Begrifflichen. Entfernt es sich vom Einzelnen in der Geschichte der Naturbeherrschung, kondensiert es sich gegen diesen zum kategorialen Apparat allgemeiner Begriffe, so wird es zu einem für den Einzelnen undurchdringlichen Fremden, durch dessen Formen hindurch dieser nichtsdestotrotz denkt. Gerade daß »[f]ür Marx dagegen [...] die Gestalten des Reichtums sozialhistorische Bedeutungen, bestimmte Organisationsweise der Vergesellschaftung der Arbeiten und Arbeitsprodukte, spezifisch gesellschaftliche Eigenschaften sui generis«[147] sind, ist doch das eigentliche Problem, das es zu denunzieren gilt. Das als gesellschaftlich *sui generis* genannte ist die Gestalt, in der die historisch gebildete Totalität bis heute auf den Einzelnen lastet; im vergangenen Jahrhundert wurde sie zur Realität der Katastrophe und zum Ursprung einer neuen Barbarei, eines in der Tat neuartigen Produktionsverhältnisses, das den Klassenantagonismus pazifizierend dennoch vermittels des Kapitalverhältnisses existiert. Der Wert, dessen im Postnazismus noch immer konstitutive Kern, läßt sich weder auf eine natürliche Entität noch auf ein bloß subjektives Erzeugnis gedanklich zurückführen. Diese objektive Inkonsistenz des Werts wäre aber zur Positivität verkehrt, benutzte man sie zur Grundlage, auf der die falsche Totalität zu einer schlüssigen sozialen Form transfiguriert wäre. Die Widersprüchlichkeit ist vielmehr das Wundmal der Gesellschaft, die einen Zustand rigoros verunmöglicht, in dem man wirklich ohne Angst verschieden sein könnte, macht doch die darin real herrschende Identität von Identität und Nichtidentität das jeweils Verschiedene des individuellen Menschen sich gleich, will er darin überleben.[148] Den Boden für eine solche Transfiguration liefert der Begriff der Arbeit als »ewige Naturnotwendigkeit«[149].

Es verwundert, wenn man den antimarxistischen Kritikern die »Unterstellung, Marx favorisiere einen naturalistisch-ungesellschaftlichen Arbeitsbegriff«, vorwirft und zugleich selbst jenen Substantialismus der Arbeit vertritt, gegen den auch Marx nicht gefeit ist. »Die Klassik sei unkritisch« – dies sei Marxens Urteil – »weil sie nicht zwischen

147) Elbe: Soziale Form und Geschichte, S. 228.
148) Siehe Adorno: Minima Moralia. AGS 4, S. 116.
149) Siehe Marx: Das Kapital. MEW 23, S. 57.

dem spezifischen sozialhistorischen Aspekt der Arbeit als Wertsubstanz und dem anthropologischen Aspekt als nützlicher Arbeit, die Naturstoffe menschlichen Zwecken gemäß umformt, unterscheide.«[150] Doch nützliche Arbeit hat keinen anthropologischen Aspekt. Dies würde ein menschliches Wesen unterstellen, das jedenfalls Adorno zufolge ohnehin stets nur der bestimmten Zeit abgelesen und damit falsch verallgemeinert wäre. Solcher Anthropologismus geht nicht zufällig mit einem politischen Regulationismus einher, für den der gesellschaftliche Inhalt ewig gleich ist, die Form jedoch, von jenem vermeintlich säuberlich getrennt, bewußt ebenso gesellschaftlich beliebig variabel. Hierin besteht die versteckt positivistische Technokratie des ›logisch-systematischen‹ Geistes, die mit ihm als einem abgeschlossenen und endlichen nur noch hantieren will. Weil ihr der Geist von der Geschichte losgelöst ist, setzt sie die Gesellschafts- von der Erkenntniskritik frei: in einer Minimalbestimmung des Akademismus.

Das versteckte Antlitz vom menschlichen Wesen kommt aus den Tiefen der logisch-systematischen Darstellung in der Verabsolutierung des Begriffs des Gebrauchswerts ans Tageslicht. »Schließlich haben Gebrauchswerte und ihre Gebrauchsweisen selbstverständlich auch ihre Geschichte, doch man kann auf einem Stuhl sitzen, ob man nun im Feudalismus lebt oder im Kommunismus. In diesen verschiedenen Produktionsweisen mit einem bunten Stück Papier alle gesellschaftlich produzierten Güter einzutauschen, sollte sich dagegen als schwierig erweisen.«[151] Zu glauben, die Form der Dinge – das Geld und das Kapital – könnte zugleich das Verhältnis der Menschen zu den Dingen nicht bestimmen, deren Gebräuchlichkeit, das heißt die inhaltliche Bestimmung des Begriffs des Gebrauchswerts, sich gerade darin ausdrückt, daß die Menschen die Dinge zumeist als bloße Mittel zur Selbsterhaltung handhaben, ist kaum überzeugend.[152] Es ist keine der verwegensten Vermutungen, der Gebrauchswert selbst als gesellschaftliche Kategorie – jene notwendige materielle Hülle, die der Tausch-

150) Elbe: Soziale Form und Geschichte, S. 230.
151) Ebd., S. 233.
152) Wolfgang Pohrt: Theorie des Gebrauchswerts, oder über die Vergänglichkeit der historischen Voraussetzungen, unter denen allein das Kapital Gebrauchswert setzt. Frankfurt am Main 1976, S. 49f.

wert und damit der Wert braucht, um zu erscheinen[153] – könnte einmal seine gesellschaftliche Realität einbüßen. Der Arbeitszwang wäre gelockert und die Zeit, die bislang mit den Dingen bei der Arbeit wie bei der dieser subsumierten Freizeit verbracht wird, nicht mehr durch den Umstand reglementiert, daß im Leben des Einzelnen sie im Ausbeutungsprozeß verausgabt wird, ohne ihm die volle Entlohnung dafür jemals zu gewähren. Die tatsächliche Realisierung des gerechten Tauschs enthält die Vorstellung auch davon, daß selbst das Sitzen auf einem Stuhl nicht mehr dasselbe sein dürfte, was es unter solchen gesellschaftlichen Verhältnissen geworden ist, die allein der Selbsterhaltung angepaßt sind. Eine gesellschaftliche Erfahrung zu denken, die auf dem Individuum nicht mit dem Zwang zur Arbeit und zur Freizeit lastet, scheint ›logisch-systematisch‹ unmöglich, da das Besondere des Kapitalismus darin bestehe, daß man darin »mit dem Sachverhalt der Vergesellschaftung von (konkreter) Arbeit durch (abstrakte) Arbeit zu tun [habe], während in allen vorhergehenden Produktionsweisen die Arbeiten und Produkte durch direkte Gewalt oder soziale Normen gesellschaftlich anerkannt wurden«[154]. Kapitalismus als Produktionsverhältnis unterscheidet sich zwar tatsächlich vom Feudalismus durch die tendenzielle Totalisierung des Warentauschs im Gesamtprozeß ökonomischer Reproduktion – durch das Unumgänglichwerden der widersprüchlichen Verwirklichung menschengemachter Verhältnisse in den Dingen gleichsam noch in der entlegensten Ecke der Gesellschaft. Zur Erklärung dieses Prozesses der Verallgemeinerung des Warentauschs kann aber keine wundersame »objektive Semantik« herhalten, auch kaum mit dem einsichtigen Ziel, Marx' »kritische[n] Realismus«[155] gegen die subjektiven Werttheorien zu verteidigen.[156] Man gelangt dabei zu solchen irrationalen Resultaten, die sich nicht anders als die Rationalisierung der Widersprüche einer Gesellschaft darstellen, die sich noch nach der Katastrophe unter dem Kapitalverhältnis am Leben erhält, den Kapitalismus darin überlebend, daß die formal gleiche Konkurrenz der unabhängigen Privatproduzenten und der Klassenantagonismus unter der integrierten Aufrechterhaltung der Klassen verschüttet ist. Der

153) Marx: Das Kapital. MEW 23, S. 70.
154) Ebd., S. 231.
155) Ebd., S. 227.
156) Ebd., S. 238.

langatmige Nachweis »historischer Spezifik« des Kapitalismus setzt gerade so viel Verselbständigung voraus, wie es zur Auslöschung des undialektischen Moments in der »dialektischen Darstellung« notwendig ist.

Den »innovativsten und vielleicht [sic] auch provokantesten Beitrag« über die Wertgegenständlichkeit schreibt man deshalb der schlichten Annahme der Verselbständigung des Begriffs wegen einem Autor zu, der lediglich behaupte: »[...] ›sachlich vermittelt‹ [meint], dass die Anerkennung der konkreten Arbeit eines Privatproduzenten als gesellschaftlich nützliche Tätigkeit sich als Eigenschaft der Arbeitsprodukte geltend macht und in einem Reduktionsakt ihrer konkreten Arbeiten auf Arbeit schlechthin besteht. Unbewusst beziehe sich auf ein Nichtwissen der Wareneigner über diesen Prozess [...], nicht ein innerpsychisch Unbewusstes.«[157] Wie es dabei möglich sein könnte, daß konkrete Arbeiten auf die Arbeit schlechthin reduziert werden und dies in keinerlei Hinsicht etwas mit dem Unbewußten zu tun hätte, bleibt dahingestellt. Schließlich verhält man sich handelnd zu den Dingen als Waren aufgrund jener Sozial- wie Denkformen, und dies schließt das Unbewußte als Mitkonstituierendes dieses Verhältnisses notwendig mit ein, läßt man freilich das Unbewußte als ein Element des Bewußtseins gelten. Jene Reduktion ist eben nur dann keiner Rede wert, wenn die Arbeit schlechthin in ihrer Objektivation zu einer eigenständigen Einheit zählt, der ungeniert Sein zugesprochen wird. Deshalb wird ja auch bei der Verwerfung des historischen wie dialektischen Materialismus unverhofft der »ontologische[...] Zusammenhang« heraufbeschworen, der zwischen den »Erscheinungsformen des Werts«[158] existieren soll. Die durch abstrakte geprägte konkrete Arbeit existiert gesellschaftlich, aber sie ist einer logischen Durchdringung des Seins eben nur im Sinne der zu kritisierenden falschen Einheit von Einheit und Unterschied zugänglich: als ein Akt der Beherrschung dessen, was unterschieden ist, in der Arbeit und im Begriff aber gleich gemacht wird. Diese Stelle in der Argumentation Elbes bestätigt deshalb am krassesten die Verdrängung der qua Staatsmonopol existierenden verrechtlichten Gewalt des politischen Souveräns, da die durch diesen aufrechterhaltene Wirklichkeit des Wertverhältnisses ideologisch zum Sein verdreht

157) Ebd., S. 232f.
158) Ebd., S. 236.

wird. Ähnlich wie in Niklas Luhmanns Systemtheorie werden die »›psychische[n] Systeme‹« als »›Umwelt‹« des »Prozesses« der »elementaren Reichtumskonstitution«[159] gehandhabt. Wie dort der Sinn, so hier der Wert zum Sein erhoben. So entwächst die wohlwollende Deutung Marxens der unreflektierten Identifikation in der Theorie mit jener »Religion, die IST«. Diese ist es, die in der logisch-systematischen Darstellung rekonstruierbar gemacht werden soll. Ihr ist es der Begriff der sozialen Form, der zugleich *ist.* Und zwar ist dieser Begriff als das Sein seines eigenen Inhalts: ebenso, wie die Religion das Sein ihrer Vorstellung ist. So wird aber die Arbeit zur ewigen, während deren Form biegsam bleibt wie die Gedanken der Theorie selbst. Der additiv zusammengesetzte Begriff der sozialen Form beruht auf der Identität von Identität und Nichtidentität: auf der Gleichheit der Form mit dem von ihr unterschiedenen, ihrem eigenen Dasein. Der bei ›logisch-systematischen‹ Deutung der Kritik der politischen Ökonomie schlicht verdrängte Vorrang des Objekts setzt dagegen eine Erfahrungsfähigkeit voraus, die individuell aktualisiert werden mag ohne individuell zu sein, und die erst den Sinn für die Geschichte der Natur bewahrt, die in der Geschichte der Naturbeherrschung nicht aufgeht.

Das unumgängliche Geld – die unbeherrschte Mimesis

Marx behauptet nicht, was der Wert ist, sei rational rekonstruierbar. Wert ist ihm vielmehr die Einheit gegensätzlicher Momente, deren gewaltsame Aussöhnung in der politischen Ökonomie dem gleichen Muster folgt wie in Hegels Religionsphilosophie die des Allgemeinen, das das Unendliche sei, mit dem endlichen Sohn: in der wundersamen Konkretisierung des Allgemeinen zum besonderen Menschen.[160] Gleicherma-

159) Ebd., S. 234.
160) »Die Idee der Versöhnung ist, mit und gegen Hegel, nur zu bewahren, indem konsequent die Entzweiung so aufgeklärt wird, daß sie nicht mit Identität als Versöhnung zusammengezwungen wird; allein eine Aufklärung der Entzweiung verrät nicht die Idee eines herrschaftsfreien Verhältnisses von Subjekt und Objekt. Ist Entzweiung, dem Versöhnungsbegriff zufolge, mit Herrschaft identisch [...], so verfehlt die Identitätsphilosophie beides: Entzweiung und Versöhnung. Nicht ein herrschaftsfreies, sondern ein durch Herrschaft bestimmtes Verhältnis zum Objekt besteht, wenn dieses, als bloß Gedachtes, der absoluten Subjektivität integriert wird«. Gerhard Stapelfeldt: Das Problem des Anfangs in der Kritik der

ßen zeigt Marx, daß die Einheit des Gebrauchs- und Tauschwerts, die ihre allgemeine Wertform in der Geldware erhält, auf eine unbegreifliche, nur kritisch darzustellende Art und Weise prozessiert. Alle ungelösten Probleme, die bei einer affirmativen Betrachtung des Wesens des Geldes bestehen – wird die Frage nach dessen Wesen überhaupt gestellt[161] – sind durch seine aporetische Struktur bedingt, die Marx im Kapitel über das Geld des »Kapital« darstellt. Nicht nur der klassischen politischen Ökonomie ist Geld, der »theologischen Mucken«[162] der Ware selbst wegen, ein Rätsel voller Ungereimtheiten. Es sei angenommen zunächst als ein konventionell eingeführtes handliches Tauschmittel, gelte doch seine Existenz für die Warenwirtschaft als akzidentiell. Vorstellbar soll dabei ein Tauschvorgang sein, in dem Geld nicht vorkomme. Doch trotz möglicher empirischer Unterrepräsentierung des realen Geldes in einer bestimmten Wirtschaft sei seine Funktion logisch in jeder auf dem Austauschprozeß basierten Wirtschaft vorauszusetzen. Ein Ding mit jenen nichtidentischen Qualitäten, die den Kern des Objekts ausmachen, wird zu einem Gebrauchswert, indem es durch den Wert zu seinem Ausdruck verwendet wird. Es zu einem identischen Ding mit einem gesellschaftlich beständigen Gebrauchswert umzugestalten und ihm dauerhaft die gesellschaftliche Qualität des Werts einzuprägen, deren Inhalt darin besteht, als eine Größe im Tauschwert in Gestalt des Preises ausgedrückt zu werden – damit also nicht eine »einfache«[163], sondern »allgemeine«[164] Wertform zu etablieren – ist nur dann möglich, wenn diese gesellschaftliche Qualität des Werts die unabhängige Realität einer besonderen Ware besitzt, nach der als einem allgemeinen Äquivalent sich sodann der gesamte Austausch- und Produktionsprozeß richten kann.[165] Diese Realität des Geldes als einer

Politischen Ökonomie von Karl Marx. Zum Verhältnis von Arbeitsbegriff und Dialektik. Hamburg 2009, S. 266.

161) Siehe Hans-Georg Backhaus: Zur Dialektik der Wertform. In: ders.: Dialektik der Wertform. Untersuchungen zur marxschen Ökonomiekritik. Freiburg 2011, S. 41-64.

162) Marx: Das Kapital. MEW 23, S. 85.

163) Ebd., S. 63.

164) Ebd., S. 79.

165) »In very simple societies exchanging just a few commodities the absence of a common standard of values is no great problem.« Glyn Davies: A History of Money: From Ancient Times to the Present Day. University of Wales Press

besonderen Ware, mit dem, sei es als Münze, Assignation oder Digitalcode, empirisch hantiert werden kann, wird gesellschaftlich unumgänglich, wenn der Austauschprozeß die Produktion nicht mehr allein fragmentarisch, sondern bereits insgesamt derart bestimmt, daß diese dem Prozeß der Akkumulation des Kapitals subsumiert wird.[166]

Ist dieser Zustand gesellschaftlich erreicht, so besteht das Geld als eine wirkliche Ware mitsamt seinen vielfachen Funktionen, ideal in jedem Austausch bereits eingeschlossen. Die Auffassung vom Geld als einem historisch zufälligen, womöglich kontraktualistischen Hilfsmittel des Tauschs, das kein notwendiges Warendasein eines eigenständigen Elements des Reproduktionsprozesses des Kapitals hätte, ist für Marx unzureichend. Die ihr entgegengesetzte Sicht, die das Geld in einem bestimmten Stoff, etwa Gold oder Silber, natürlich fundiert annimmt, erscheint ebenso problematisch. In beiden Fällen gilt das Geld als in einem konkreten geschichtlichen Prozeß kontingent hervorgegangen, wobei subjektiv per Konvention oder natürlich durch Sacheigenschaften ein besonderes Ding zum ›Träger‹ der Funktionen des allgemeinen Äquivalents avanciert. Warum jedoch Geld überhaupt existiere und jene verschiedenen Manifestationsformen haben könne, sei nach Marx nicht auf ein empirisches Ding oder nominalistische Konvention zurückzuführen und bleibe deshalb der politischen Ökonomie verschlossen.

Was Marx durch die Analyse des Werts wie auch der Metamorphose dieser retrograd begründeten Gestalt des Kapitals zum Geld vollzieht, ist die Kritik durch die Darstellung, die sich von der theoretischen Begründung eines Prinzips scheidet. Die politökonomische Theorie erklärt die Existenz des Geldes nicht; sie ist vielmehr schlicht affirmativ. Nur in seiner ›verrückten‹ Widersprüchlichkeit perzipiert, die mit

2002, S. 15. Glyn Davies' Geschichte des Geldes stellt ebenfalls eine Bestimmung dessen wesentlicher Funktion auf: »Money is anything that is widely used for making payments and accounting for debts and credits.« Ebd., S. 29. Dennoch wird die Frage, die logisch durch jede funktionalistische Definition dieser Art aufgeworfen wird – tut man sie nicht zugleich mit einem faktischen *petitio principii* ab –, warum denn diese bestimmte Funktion überhaupt existiere, bereits in der Exposition der Arbeit verworfen.

166) Siehe Marx: Das Kapital. MEW 23, S. 321-355. Das Kapital existiert nur durch die ebenso allgemeine Verwandlung der Arbeitskraft zu einer Ware, der Arbeit damit zur Lohnarbeit. Siehe ebd., S. 184.

dem Widerspruch der Gleichheit des Unendlichen und Endlichen gleich ist, wird das Geld als eine Tatsache hingenommen und damit zu einem falsch verstandenen Natürlichen verkehrt. Die Unbegreiflichkeit des Geldes, die keine sein soll und Hegel mit seinem Dreieinigkeits- und Liebesbegriff erfassen will, gilt als Wahrheit schlicht deshalb, weil es ist. Nach Marx ist jedoch Kritik genau dies: das Beharren darauf, daß die Versöhnung von Allgemeinem und Besonderem noch nicht vollbracht sei. Die Theorie dagegen, die das Geld als ein real bestehendes Mysterium nicht einsieht, sein verrücktes Dasein für selbstverständlich hält, bewohnt wohlbehalten jene »Region, in der alle Rätsel der Welt, alle Widersprüche des Gedankens, alle Schmerzen des Gefühls gelöst sind«. Die Verdrängung des Leidens, das die unversöhnte Gesellschaft unentwegt hervorruft, in der Identifikation damit in der schlüssig gemachten Theorie ist der Baum des Lebens im Garten Eden der Ideologie.

Die Ware als Einheit von Wert und Gebrauchswert ist eine Entität, in der die nichtidentischen Qualitäten eines Objekts nivelliert und dessen somit hergestellter Identität subsumiert werden. Diese Identität ist zwar eine qualitative Bestimmung: ein gesellschaftlich Seiendes. Jedoch ist es ihr Charakteristisches, sich in einer quantitativen Relation auszudrücken, als Tauschwert im Preis zu erscheinen. Der Gebrauchswert einer bestimmten Ware ist demnach keinesfalls ein ihr äußerliches Moment, dem die Form des Tauschwerts nur sekundär aufgezwungen worden wäre. Im Gegenteil drückt der Gebrauchswert den Wert aus, der das Nichtidentische so zu dem Gebrauchswert modelt, wie dieser sich aus der produktiven Arbeit unter dem Kapitalverhältnis jeweils ergibt.[167] Darauf zielt Adorno mit dem Satz, mit der gesellschaftlichen Verbreitung des Werts genössen die Menschen nicht mehr den Gebrauchswert, sondern, wenn überhaupt, diesen gerade nur als den Ausdruck des Tauschwerts.[168] Auch sein späteres skeptisches Urteil über diesen Satz gilt eigentlich der eigenen Methode, nicht dem Umstand, daß nunmehr

167) Pohrt: Theorie des Gebrauchswerts, S. 50.
168) »Je unerbittlicher das Prinzip des Tauschwerts die Menschen um die Gebrauchswerte bringt, um so dichter vermummt sich der Tauschwert selbst als Gegenstand des Genusses. [...] Die Erscheinung des Tauschwerts an den Waren hat eine spezifische Kittfunktion übernommen.« Theodor W. Adorno: Über den Fetischcharakter in der Musik und die Regression des Hörens. AGS 14, S. 14-50, hier S. 25f.

der Tauschwert genossen werde; er sei vielmehr nur sozialpsychologisch, »und zwar im Sinn gewisser Freudischer Kategorien«[169] zu begreifen, sei daher kein strikt gesellschaftliches Phänomen. Insofern der Gebrauchswert lediglich ein sozusagen vom Tauschwert zugerichtetes Ding ist, so mag der ausschließlich instrumentelle Umgang mit diesem zugleich Gegenstand psychoanalytischer Untersuchung werden sollen, die aufzeigen könnte, worin die Vergegenständlichung der nichtgleichen Qualitäten dem neurotischen Verlust der Erfahrungsfähigkeit entspricht.

Die mögliche Erfahrung, welche gesellschaftlich konstituiert ist, ist doch zugleich die im Bewußtsein und damit der Erkenntnispraxis reglementierte, die die Arbeit in ihrer konkreter gesellschaftlichen Gestalt ist.[170] Deshalb ist die Beschaffenheit dieser Erfahrung selbst zu kritisieren, indem die reduzierte mit einer solchen konfrontiert wird, die in jener sich nicht erschöpft und über sie hinausgeht. Als solche gilt Adorno die »unbeherrschte Mimesis«[171], die unrestringierte Nachahmung der Natur, die als Mittel der Selbsterhaltung gesellschaftlich instrumentell gebändigt wird. Im geschichtlichen Prozeß der Herausbildung der Herrschaft über die Natur entspringe archaische Mimesis aus der Vorzeit als eine solche den Naturkräften sich anähnelnde magische Praxis des Zauberers, in welcher Realität und Einbildung noch nicht voneinander geschieden sind.[172] Die ursprüngliche Form der Kunst und damit des Denkens ist die Magie[173]. Die Herauslösung des beherrschenden Subjekts aus dem Zusammenhang des furchterregenden Objekts besteht in der magischen Limitierung der Sphäre des Sakralen, des Bedeutungsvollen, durch die vorzeitlichen Bilder des Zauberers. Die darauf folgende lange zivilisatorische Entwicklung ist aber die Rationalisierung der Mimesis in historischer Gestalt der Arbeit. In dieser ist das beständige identische Ich, der unbewegte Abglanz unbewegt gemachter Natur, bereits ausgebildet. Die Selbstheit des herrschaftlichen Ichs

169) Siehe Theodor W. Adorno: Philosophische Elemente einer Theorie der Gesellschaft. Frankfurt am Main 2007, S. 76.
170) Siehe Klaus-Dieter Oetzel: Wertabstraktion und Erfahrung. Über das Problem einer historisch-materialistischen Erkenntniskritik. Frankfurt am Main 1978.
171) Adorno: Dialektik der Aufklärung. AGS 3, S. 205.
172) Siehe Marcel Mauss: A General Theory of Magic. London 2005, S. 120-150.
173) Siehe Arnold Hauser: Sozialgeschichte der Kunst und Literatur. München 1972, S. 6-8.

gilt Adorno dabei als das Produkt des sich Gleichsetzens nicht mit der lebendigen, sondern mit der totgemachten, reglementierten und damit bloß verräumlichten Natur.[174]

Anhand der Geschichte von Odysseus erläutert Adorno in der »Dialektik der Aufklärung« die Erlangung des Ichs des Herren durch jenen prototypischen Bourgeois als den intentional nominalistischen Gebrauch der Sprache, in dem sich das Wort bereits von seiner Ausdrucksfunktion löst. Das Wort verwandelt diese derart, daß es sich von dem besonderen Ding distanziert, das es nunmehr, selbst eine Formel, bloß extern bezeichnet, indem es umgekehrt dem Ding sich als dessen Begriff unterschiebt. Ob jemals gewußt werden könne, wann genau diese kopernikanische Wende stattgefunden habe, wonach die Objekte sich nach den Vorstellungen richten statt umgekehrt diese nach jenen, sei offen. Mit dem besagten Übergang beginne jedoch das Wort sich von dem darin ausgedrückten Leben zu entfernen: die Namen verwandelten sich allmählich in allgemeine Begriffe. Dieser Prozeß wird anhand der Äquivokation in einem Wortspiel analysiert, mit dessen Hilfe Odysseus den Kyklopen Polyphemos überlistet. Auf die Frage des Menschenfressers, wer er sei, antwortet Odysseus mit »Niemand«: udeis.[175] Und wie zweifelhaft die Etymologie des Namens auch sein mag, das Beispiel verdeutlicht, daß sich das Wort nunmehr intentional von den Dingen scheidet, da es zweideutig wird. Es erkennt sich als frei, bezeichnet zu gleicher Zeit und in gleicher Hinsicht Odysseus und Niemand. Und analysiert man das Wortspiel weiter, so wird ersichtlich, daß darin das Wort tatsächlich an Odysseus etwas bezeichnen muß, denn anders gewährte es, hier als Eigenname, keine Einsicht in und damit keine Verfügungsmacht über die Natur, hier den besonderen Menschen Odysseus. Das Wort wäre leer, keine Erkenntnis. Nur erfaßt dieses Wort als Name die besondere Natur allein derart, daß in ihm Odysseus tatsächlich in ein Nichts verwandelt wird: er wird zur abstrakten Identität mit sich selbst und deshalb wirklich zu einem Niemand. Odysseus ist Niemand, weil er, listig der Gefahr der überlegenen Naturmacht entfliehend, dies nur insofern bewerkstelligen kann, als er sich dieser Macht angleicht.[176]

174) Siehe Josef Früchtl: Mimesis. Konstellation eines Zentralbegriffs bei Adorno. Würzburg 1986, S. 32f.
175) Horkheimer und Adorno: Dialektik der Aufklärung. AGS 3, S. 87.
176) Ebd., S. 79f.

Ähnelt er sich ihr an, so erkennt er eine objektive Kraft an und opfert seine eigene leibliche Verschiedenheit dem Gesetz ihrer Wirklichkeit, denn er muß den Bewegungen der äußerlichen Kraft gehorchen, um sie für seine eigenen Zwecke verwenden zu können. Odysseus akzeptiert, daß seine individuelle Existenz einem besonderen Allgemeinen unterzuordnen ist, will er sein Leben erhalten. Er sei Niemand geworden als eine getötete Natur, da deren nunmehr objektivierte Kraft nicht mehr ihrer unbeherrschten Erfahrung in individueller Zeit gehorcht. Diese paßt sich im Gegenteil der räumlichen Bestimmung an. Der Raum ist nach Adorno ohnehin »die absolute Entfremdung. Wo Menschliches werden will wie Natur, verhärtet es sich zugleich gegen sie.«[177] Im unbewegten Raum erreicht die Natur ihr Extrem, sie wird zu einer erstarrten und damit unlebendigen. In der Zeit hingegen als der Form des inneren Sinns werde gerade die Entfremdung des Raumes aufgelöst und die Natur kann als Nichtidentisches erlebt werden.[178] Dies geschieht nach Adorno in der unreglementierten Erfahrung, von der die ästhetische in wie auch immer reflektierter Form zeugt.[179]

Dieses idealtypische Opfer des Odysseus, das darin besteht, daß nichtidentische Qualitäten zu einem identischen Ding reduziert werden, mündet, historisch weiter rationalisiert, in der Wertform. Wie im vorzeitlichen Opfer, so wird auch in der Ware eine Äquivalenzbeziehung aufgrund der Kommensurabilität des zu Opfernden und damit zu Tauschenden hergestellt. Dieses Geopferte ist die Zeit des jeweils eigenen Lebens und damit der leibliche individuelle Trieb. Man muß Göttern der archaischen Phase, den Personifikationen überlegener Na-

177) Ebd., S. 205.

178) Klaus-Dieter Oetzel analysiert die Wertabstraktion als Konstituens möglicher Erfahrung gegen Heideggers Ontologisierung der a priori Kategorien und Anschauungsformen. Er folgt zwar dabei der Erkenntnistheorie Kants, verortet diese jedoch kritisch im naturgeschichtlichen Zusammenhang der Formierung der Wertabstraktion nach Marx und Adorno. Siehe ders.: Wertabstraktion und Erfahrung.

179) Sofern das Nichtidentische sich im Neuen zeigen muß, expliziert Adorno dessen Aufkommen in der Veränderung der Zeitstruktur etwa in seinem »Beethoven« beispielhaft anhand der Symphonie »Eroica«. Das hat Clemens Nachtmann in einem (bisher unveröffentlichten) Vortrag »Autonomie als Programm. Über die Anfänge der neuen Musik bei Beethoven und Berlioz« bei der Tagung »Die Kunst der Freiheit« in Wien 2011 dargestellt.

turkräfte, stets jenes Eigene opfern, um auf deren Zuneigung zu hoffen: hierin besteht die noch magische Beschwichtigung der Naturkräfte. Die Konstitution des aliquoten Anteils im ›Aug' um Auge, Zahn um Zahn‹ ist nichts weiter als die Benennung eines allgemeinen Gesetzes für eine bestimmte Naturkraft, das anfänglich jedoch mehr imaginär denn realitätsgerecht konzipiert sein mag. Doch eine Regularität der Naturkraft wird beobachtet, ihre besondere Gesetzmäßigkeit allmählich genauer erkannt, und der Name wird tatsächlich zum Begriff für einen besonderen natürlichen Zusammenhang, der somit immer weiter geprüft und präzisiert werden kann. In der Warengesellschaft ist dann die Selbsterhaltung durch die Produktion und den Tausch der identisch konstituierten Waren vermittelt. Die Kommensurabilität der nichtidentischen Qualitäten der Dinge oder Prozesse hat sich stabilisiert in einem Zusammenhang der »sachliche[n] Verhältnisse der Personen und gesellschaftliche[n] Verhältnisse der Sachen.«[180] Schon für Odysseus an der Schwelle der historischen Vorzeit gilt es jedoch, den nichtidentischen Trieb seiner Physis aufzugeben, um überleben und das abstrakte Ich formieren zu können. Weil das Ich der Natur als ein selbstbewußter Geist entgegentritt, kann es damit auch den aufgegebenen individuellen Trieb als Vergangenes von der je punktuellen Gegenwart trennen und die Zukunft als eine erst noch zu kommende Zeit der Erfüllung imaginieren. »Wie Wasser, Erde und Luft scheiden sich ihm die Bereiche der Zeit. Ihm ist die Flut dessen, was war, vom Felsen der Gegenwart zurückgetreten, und die Zukunft lagert wolkig am Horizont.«[181] Im Opfer wird Gott das Seine gegeben, um der Gegenleistung der Selbsterhaltung willen. Jedoch was dieses Seine wird, die Vernunft, bestimmt wiederum das Naturwesen Mensch, der die Natur zum Zweck der Selbsterhaltung beherrscht.

Daher ist dies Opfer aus der archaischen Phase die noch rudimentäre Gestalt dessen, was Schritt für Schritt, mit *trial and error* der Effektivierung der Produktion entwickelt, im Warentausch als eine rationalisierte Produktionsweise praktiziert wird. Die Herausbildung des abstrakten Selbst infolge der Selbstaufopferung macht es tatsächlich möglich, die Natur als Objekt experimentell zu testen, ihre Kräfte zu erkennen und sie womöglich zu steuern, weil eben allgemeine Begriffe

180) Marx: Das Kapital. MEW 23, S. 87.
181) Horkheimer und Adorno: Dialektik der Aufklärung. AGS 3, S. 49.

gebildet werden, die die Regeln der Natur ausdrücken, welche empirisch auf die Probe gestellt werden können. Doch das Problem ist, daß dabei die beiden Pole objektiviert werden: das Äußere ebenso wie das innere Ich.[182] Das Subjekt ist gleichermaßen ein Produkt der Reglementierung wie das Objekt. Deshalb weist auch Adorno die Regression allein auf die Intuition gegen die ästhetische wie politische Reaktion zurück, die dem Verstand der allgemeinen Regeln eine Absage erteilt und eine vermeintlich direkte Vereinigung mit dem Objekt fordert.[183] Es gibt vielmehr kein unmittelbares Objekt.[184] Ist die Natur mit dem Keim des Selbst ausgestattet, so müßte diese in der Selbsterkenntnis sowohl wie im gesellschaftlichen Handeln zu einer solchen herausbilden können, daß die jeweils besondere Leiblichkeit des eigene Bedürfnisse befriedigenden Individuums und die nichtidentischen Qualitäten der Natur nicht preisgegeben wird. Weil aber die Gesellschaft sich durch das Opfer formiert, wird die abgeschnittene Natur vom Subjekt als das unerfüllte Vergangene so lange erinnert, und sei es unbewußt, bis es versöhnt werden kann. Die Vergangenheit ist die Hülle, die über die lebendige Natur durch ihre Unterwerfung zum Zweck ihrer Beherrschung geworfen wurde. Die unterworfene Natur verlangt aber nach der Errettung – und zwar nach der von allen natürlichen Wesen, was allein von der bewußten Natur, schließlich den Menschen zu erfüllen ist. Die Erlösung des Einzelnen von dem gesellschaftlichen Zwang ist unmöglich, solange dieser nicht allgemein aufgelöst wird. Deshalb ist die Idee des Glücks in der Versöhnung notwendig universalistisch. Wird aber die vergessene Erfüllung stattdessen nur verdrängt, rationalisiert oder im Rausch des unbewußt drückenden Triebs aufgelöst – von letzterem berichtet die Rückkehr der Weggefährten in den Naturkreislauf bei der Zauberin Kirke –, ohne in der Vermittlung gedacht und realisiert zu werden, so verliere der Mensch, was ihm einzig die Möglichkeit gäbe, die Versöhnung herbeizuführen: das geistige Moment.[185]

Der Arbeitsprozeß ist nach Adorno nur das rationalisierte Opfer. Alle daran Beteiligten, ungeachtet ihrer rechtlich fixierten Klassenposition, ob Arbeiter, Kapitalisten oder Grundeigentümer, verausgaben die

182) Adorno: Zu Subjekt und Objekt. AGS 10.2, S. 750f.
183) Horkheimer und Adorno: Dialektik der Aufklärung. AGS 3, S. 51.
184) Hegel: Wissenschaft der Logik. GW 5, S. 65.
185) Horkheimer und Adorno: Dialektik der Aufklärung. AGS 3, S. 90f.

Zeit ihres Lebens, um sich selbst zu erhalten. Für die verlorene Zeit mögen die Arbeiter zwar sogar nach den historischen und moralischen Kriterien einer bestimmten Epoche oder Gesellschaft beizeiten einen als gerecht empfundenen Lohn erhalten. Weder sie noch Kapitalisten erhalten jedoch je die volle Entlohnung für die verausgabte Zeit. Dies würde erfolgen, wenn kein Individuum die Zeit seines Lebens für eine fremdbestimmte Tätigkeit aufwenden müßte; dies allein wäre der eigentlich gerechte Tausch, im Grunde dessen Aufhebung. Unter dem Kapital wird aber das Opfer durch den Prozeß der Ausbeutung des Mehrwerts dargebracht. Das utopische Moment besteht nach Adorno gerade im Bewußtsein dessen, daß nur dann, wenn niemand mehr gezwungen wäre, eigene Zeit ohne den Erhalt des ganzen Gegenwerts zu verausgaben, sich der gerechte Tausch realisieren und damit obsolet werden würde – die Bedingungen dafür wären geschaffen, daß in der Tat kein Leiden mehr sei. Solange es eine Wirtschaft gibt, die auf den Warentausch und damit auf abstrakter Arbeit als Wertsubstanz beruht, bildet sie eine negative gesellschaftliche Totalität, weil sie das jeweilige besondere Leben unter sich bringt, tendenziell alle Beziehungen in der Gesellschaft einschließend. Das Bewußtsein vom Widerspruch ist genau dies: daß die Totalität eine negative ist. Daß der einzelne Mensch, erfährt er doch von ihr Leid, der Zurichtung des eigenen Leibes und dessen Ausdrucks – der individuellen Zeit seines Lebens – zum Opfer widersetzt, ist die einzige Realität der Kritik. Deshalb ist jede Theorie, die die Begründung dieses Widerspruchs in der leiblichen Existenz des Individuums verneint, affirmativ, weil sie das Opfer als unvermeidlich, damit als die alleinige Wirklichkeit gelten läßt. Insofern diese Vernachlässigung des individuellen Leibs, nach Hegels Religionsphilosophie, im Christentum der Fall ist, drückt es in der Tat nur noch in vollendeter Form das aus, was schon die »Naturreligion«[186] auszeichnet: Gott ist der Inhalt seiner eigenen Vorstellung von sich selbst. Denn er ist nichts anderes als das Sich-selbst-Begreifen des Subjekts als die reale Geschichte der geistigen produktiven Tätigkeit. Wird sie zur allumfassenden Realität erhoben, so wird darin jedes Endliche, der Trieb des einzelnen Leibs, mit dem Allgemeinen gleichgemacht, da das endlich Seiende in der vernünftiger Reflexion, der Struktur der Dreieinigkeit gemäß, vom Unendlichen zugleich unterschieden und doch mit ihm

186) Vorlesungen über die Philosophie der Religion II. PhdR II, S. 415.

identisch sein soll. Der besondere Leib hat eine flüchtige Eigenständigkeit, deren Sinn einzig und allein die Opferbereitschaft ist.

Adorno kritisiert solches Identitätsdenken präzis anhand des Anfangs der »Wissenschaft der Logik« Hegels. Man frage sich, warum diese mit dem Sein und nicht vielmehr mit dem Seienden anfange. Der Anfang mit dem Sein als unbestimmtem Unmittelbaren ermögliche den ersten – im Grunde: den einzigen – gedanklichen Übergang, indem das Sein mit dem Nichts identisch gesetzt wird.[187] Dieser Übergang entspricht in der religionsphilosophischen Deutung des Christentums dem Heraustreten Gottes aus sich in seinen Sohn und sodann dessen Tod. In ihrem Unterschiedensein sind die Momente je schon als gleiche anerkannt: Gott ist tot, nichts ist – dann wiederum aber auch nicht. Der gedankliche Übergang werde erst möglich, so Adorno, weil vorerst im ersten Schritt das Sein zu einem Unbestimmten erklärt werde: Sein sei das unbestimmte Unmittelbare. Doch in dem folgenden argumentativen Schritt werde das Unbestimmte unter der Hand durch die Unbestimmtheit ersetzt. Meine das Unbestimmte ein etwas, das unbestimmt sei, so werde hingegen die Unbestimmtheit, die eigentlich eine begriffliche Bestimmung ist, unmerklich selbst zu einem Etwas. »›Das Unbestimmte‹: das hat Substratcharakter«.[188] Aus der Annahme, es existiere etwas Unbestimmtes, erfolgt ein gedanklicher Sprung zu der ungedeckten Behauptung, die Unbestimmtheit selbst existiere als ein Seiendes. Eine Vorentscheidung »von unermeßlicher philosophischer Tragweite, und von ebenso großer Fragwürdigkeit«[189] ist damit gefallen. Ist das Unbestimmte ein Attribut der Sache, so die Unbestimmtheit eine begriffliche Bestimmung, die jedoch stillschweigend zum Sein gemacht wird. Weil die Unbestimmtheit damit selbst zum Sein wird, wird erst überhaupt vorstellbar, daß sie dasselbe ist wie das Nichts. Auf diese Art und Weise läßt Hegel Seiendes, ein Unbestimmtes, unbemerkt zugunsten des Seins auflösen, um dadurch die Identität des Seins – das nun zum bloßen Gedanken geworden ist – mit dem Nichts behaupten zu können. Gerade dies stellt jedoch den Begriff der Identität in Frage. Ebenso ist damit die Grundannahme der Identitätsphilosophie hinfällig, daß im Seinsbegriff der Unterschied zwischen dem Begriff ›Sein‹ und

187) Adorno: Vorlesungen über Negative Dialektik, S. 92.
188) Ebd., S. 93.
189) Ebd.

der Sache ›Sein‹ zu vernachlässigen sei, die so gerechtfertigt wird, daß dies den Unbestimmtheitscharakter der allgemeinsten Bestimmungen, die in der »Wissenschaft der Logik« abgehandelt werden, beeinträchtigen würde.[190] Um zu erreichen, daß der Begriff und die Sache ›Sein‹ ununterscheidbar werden, schmuggelt Hegel unversehens das Wunder in die Logik hinein.

Das Ziel der Hegelschen Beweisführung ist somit, das konkrete Seiende von Anbeginn an als den identischen universellen Begriff zu denken. Im gesamten Prozeß seiner dialektischen Entfaltung streift dieser auf jeder neuen Stufe der Unmittelbarkeit, die als Resultat vermittelt ist, das Leibliche ab. Der Begriff verliert, mit anderen Worten, die Idee des Nichtidentischen aus seinem Inhalt. Die Wirklichkeit des Leiblichen gegenüber dem allgemeinen Begriff ist aber nur darin begründet, daß es eben keinen beliebigen Corpus, keine tote Natur, keinen Körper wie jeder andere bezeichnet. Vielmehr schließt der besondere Leib immerzu die Vermittlung mit ein. Anders gäbe es keine Selbstbesinnung jenes Lebens, das erst lebte: keine Vorstellung über sich selbst als ein Lebendiges, das freilich kein undifferenziertes bewußtes Leben gemäß eines allgemeinen Begriffs ist, sondern stets ein besonderes Nichtidentisches. Dies macht den auschlaggebenden Unterschied zum Hegelschen Begriff des Selbstbewußtseins aus. Das Selbstbewußtsein existiert gerade nicht als das Allgemeine. Es ist nicht als ein besonderes Allgemeines eine über den Trieb, die Einbildung und Vorstellung des einzelnen leiblichen Seienden hinausgehende Wirklichkeit. Adorno verweist in der Einleitung zur »Negativen Dialektik« auf einen Satz Hegels über Krug, der gesagt haben soll, dieser mein besonderer Gegenstand, diese meine individuelle Feder interessiere den Dialektiker Hegel gar nicht.[191] Hegel konnte dem entgegnen, das Auf und Ab des geschichtlichen Prozesses habe für dessen Begriff keine wesentliche Bedeutung sowenig wie die konkrete nichtidentische Realität der Feder für deren Begriff. Diese Aussage fiel allerdings Hegel deshalb so leicht, weil sein Beispiel das eines Körpers und nicht eines Leibes ist. In der natürlichen Leiblichkeit, die eben nach der unbeherrschten Mimesis verlangt, ist die Reflexion bereits ihr unteilbares Moment.[192] Über einen Körper kann das nicht

190) Ebd., S. 92.
191) Adorno: Negative Dialektik. AGS 6, S. 49.
192) Wenn Scheit auf die Möglichkeit der Selbsttötung als Beweis dieses refle-

gesagt werden. Stimmt dies, so geht die Naturgeschichte in die Bestimmung des jeweiligen begrifflichen Wesens mit ein, freilich die Naturgeschichte weder historizistisch noch ontologisch aufgefaßt.

In der Ware realisiert sich die Hegelsche Formel von Identität als Gleichheit von Gleichheit und Unterschied nur um dem Preis, daß der durch den leiblichen Trieb gekennzeichnete Widerspruch nivelliert ist, der der Unterschied des individuellen Widerstands zum gesellschaftlich Allgemeinen ist. In solcher Identität besteht der Widerspruch nur unter dem Vorzeichen der Identität.[193] Insofern auch Arbeit die Einheit der abstrakten und der konkreten Arbeit ist, bringt sie beides hervor: den Tauschwert und den von diesem geformten Gebrauchswert, wobei die nichtidentischen Qualitäten der Dinge durch den Tauschwert zugunsten der quantifizierbaren Identität der Ware eingeebnet werden. Deshalb hat man es in der ästhetischen Erfahrung – bei jenem geistigen Moment also, das über die abstrakte Identität hinausgeht, ohne auf den Begriff zu verzichten, aber zugleich den Begriff nicht verabsolutiert – mit einer solchen zu tun, die zwar aus der Arbeit hervorgeht, jedoch in dieser nicht aufgeht, so wie die moderne Kunst nur Ergebnis bürgerlich arbeitsteiliger Gesellschaft ist und trotzdem nicht mit ihr gleich.[194] Ästhetische Erfahrung drückt vielmehr ein von dem Zwang der Selbsterhaltung unabhängiges Moment der Erfahrungsfähigkeit aus.

Eine solche vom Zwang zur Selbsterhaltung gelöste Versöhnung des Subjekts und Objekts deutet Adorno unverhofft nach dem Begriff der Heimat. »Heimat ist das Entronnensein«[195] und die Philosophie, nach Novalis, das Heimweh. Odysseus gelinge die Beschwichtigung des Allgemeinen, das zum Ende des Epos der Ozeangott Poseidon verkörpert, wenn sich die ihm von Tiresias mitgeteilte Weissagung darüber erfülle, wie er sich mit jenem zu versöhnen habe. Mit einem Ruder über der Schulter solle er wandern und wandern, bis er in ein Land komme,

xiven Moments im Leib verweist, so kann die Bedeutung der dieses Moment negierenden Tortur darin gesehen werden, daß die Folter im Menschen mehr vernichten kann als der Tod. Sie verwandelt den Menschen in eine totlebendige Natur, da sie ihn in einen Zustand versetzen kann, in dem geistige Reflexion unmöglich wird. Vgl. dazu den Beitrag von Gerhard Scheit in diesem Band.

193) Adorno: Negative Dialektik. AGS 6, S. 17.

194) Siehe Adorno: Ästhetische Theorie. AGS 7, S. 335.

195) Horkheimer und Adorno: Dialektik der Aufklärung. AGS 3, S. 97.

dessen Bewohner weder das Meer noch die gesalzene Speise kennen.[196] Begegne ihm einer, der darüber staune, daß Odysseus eine Wurfschaufel über die Schulter trage, so sei der rechte Ort des Opfers an Poseidon erreicht. Die Verwechslung müsse dem Ionier, dem die epische Geschichte eigentlich erzählt wird, unwiderstehlich drollig vorkommen. Die Komik ist indessen dem Gott, nicht den Menschen zubestimmt. Der zornige Poseidon werde in Lachen ausbrechen, den mythischen Zwang des Gebens und Nehmens der aliquoten Schicksalsschläge lockern und aufheben. Der Wassergott, die Kraft des Universellen, sehe dann ein: die Welt sei nicht identisch – und sei es aufgrund des kleinsten Unterschieds zwischen der ozeanischen und terrestrischen Lebensform. Nur einem Landbewohner, dem das Meer ein Fremdes ist, ist das Ruder ein fernes Seltsames; nur die Freigabe des nichtidentischen Besonderen durch das Universelle das richtige Verhältnis der beiden.

196) Ebd., S. 96f.

Isabelle Klasen

»Erfahrung wider das Ich«

Überlegungen zu einem Begriff des Schönen nach Adorno

I

Es ist kein Geheimnis, daß die idealistischen Systeme historisch längst gescheitert sind. Seitdem schlägt sich die Ästhetik mit dem Problem herum, daß ihre allgemeinen Begriffe und Kategorien, die über einen langen Zeitraum für die Kunstbetrachtung gültig waren, anachronistisch geworden sind, adäquat weder der gegenwärtigen Erfahrung der Realität noch der modernen Kunstproduktion, da die Vorstellung eines umfassenden Sinnzusammenhanges, der Identität von subjektiver Erfahrung und Welt, mit der Durchsetzung der bürgerlichen Gesellschaft, spätestens aber angesichts der Shoah, absurd geworden ist. Andererseits kann sich die Ästhetik jedoch keine anderen Begriffe herbeizaubern. Dieses Dilemma ist nicht aufzulösen. Es gilt insbesondere für einen Zentralbegriff der Ästhetik: die Kategorie der Schönheit, welche traditionell an der Vorstellung einer umfassenden kosmischen Harmonie, dem Hegelschen »Weltchoral«, orientiert ist. Der harmonistische Schönheitsbegriff ist gebunden an bestimmte historische Voraussetzungen wie das lange Zeit verbindliche metaphysische Weltverständnis: Im Schönen stellt sich anschaulich die prinzipielle Identität von Individuum und Wirklichkeit dar, die Welt wird als ein mit der individuellen Erfahrung harmonierender heiler Sinnzusammenhang erfahrbar, der noch im Idealismus ausgedrückt ist. Hegels berühmte Definition des Schönen als das sinnliche Scheinen der Idee ist Ausdruck des Gedankens, daß die schöne Kunst die sinnlich-affirmative Repräsentation von Wahrheit als Übereinstimmung von Ich und Welt ist. Jedoch ahnte auch Hegel, daß die identische ästhetische Erfahrung angesichts des schönen Scheins zu seiner Zeit bereits zum falschen Bewußtsein wurde. Er beschied der schönen Kunst einen Vergangenheitscharakter, da sie historische Wahrheit angesichts der Schlachtbank Geschichte nicht mehr angemessen auszudrücken vermochte. Diese konnte, als entzweite Wirklichkeit, nur noch kritisch, für Hegel heißt das: begrifflich, dargestellt werden.

Den Angriff auf den unwahr gewordenen Schönheitsbegriff vollendeten die Avantgarden im frühen 20. Jahrhundert, als sich der Kapitalismus samt negativen Folgen endgültig durchgesetzt hatte. Mit den beiden Weltkriegen und der Shoah schließlich ist die klassische Kategorie des Schönen vollends unmöglich geworden. Nach dem Untergang eines Subjekts, welches sich als mit der Welt identisch zu erfahren vermag, nach Auschwitz, läßt sich Schönheit nicht mehr affirmativ aus der »Nachtigallen- und Singdrosselperspektive«[1] betrachten.

II

Die Kritik an der Kategorie des Schönen angesichts ihrer Krise ist nicht neu. Sie wurde, als Ausdruck historischer Probleme und objektiver Widersprüche, auf sehr verschiedene und zumeist auch widersprüchliche Weise geübt. Neu ist jedoch eine Tendenz der Ästhetik, solche Widersprüche vermeiden zu wollen oder sie schlicht zu ignorieren. So werden weniger die ästhetischen Kategorien kritisiert, indem sie, wie noch Kant es verlangte, vor den Gerichtshof der Vernunft zitiert werden, sondern ihnen wird ein recht kurzer Prozeß gemacht. Geurteilt wird entweder affirmativ: Da das Schöne, die traditionelle ästhetische Kategorie schlechthin, heute für die Kunstbetrachtung offenbar keine Relevanz mehr besitzt, kann es nun der Kulturindustrie und der Warenwelt, dem aktuellen Reich des Schönen zugeschlagen werden. Dies ist oftmals der Standpunkt der Kulturwissenschaften oder einer dezidiert pluralen, postmodernen Ästhetik. Oder die Kategorie wird gemäß einer Tendenz gegenwärtiger philosophischer Ästhetik eskamotiert und durch andere ersetzt, die für die gegenwärtige Kunstproduktion als adäquat betrachtet werden. Beide Urteile aber sind von der Prämisse geleitet, daß der Begriff des Schönen nur einer Kunst oder Kultur verfügbar ist, die auf dem Primat der Identität und der Harmonie beruht und beide laufen daher schließlich auf das gleiche Resultat hinaus: Mimikry an Gesellschaft und infolgedessen die Rechtfertigung bestehender Verhältnisse.

So ist es gegenwärtig hoffähig geworden, die traditionellen ästhetischen Kategorien, wie etwa die des Schönen und der ästhetischen Er-

1) Zitiert nach: Axel Gellhaus: Die Polarisierung von Poesie und Kunst bei Paul Celan. In: Celan-Jahrbuch. Hrsg. von Hans-Michael Speier. Bd. 6. Heidelberg 1995, S. 55.

fahrung, nicht mehr kunstimmanent zu kritisieren, sondern sie aus ihrer Beschränkung auf die Kunst zu lösen und auf die Kulturindustrie oder die warenproduzierende Gesellschaft als ganze auszuweiten oder zu übertragen. Eine Neubestimmung erfahren hierdurch sowohl die Begriffe als auch die Kritik an der Kulturindustrie[2], die das aktuell geltende Prinzip des Schönen bilde, so exemplarisch Knut Hickethier.[3] Die Kulturindustrie ermöglicht es den Konsumenten aus dieser Perspektive, dasjenige Bedürfnis nach Schönheit auszuleben, das die Kunst heute nicht mehr zuläßt. Es sind nicht deren Werke, sondern ein gelungener Alltag, die »Wonnen der Gewöhnlichkeit«[4], durch die der »Wunsch nach einer von Mangel und Triebverzicht befreiten Welt«[5] kultiviert werden kann. Die »Schönheiten des Populären sind zum Modell für sinnliche Erfahrung überhaupt geworden«, stellt auch Winfried Fluck fest, denn einzig an ihnen erfahren die Individuen noch ihre Übereinstimmung mit der Welt.[6]

Damit will man der historischen Entwicklung, insbesondere der zunehmenden Anästhetisierung der Kunst bei gleichzeitiger Ästhetisierung der Waren- und Lebenswelt als eine neue Stufe kapitalistischer

2) Vgl. Gernot Böhme: Zur Kritik der ästhetischen Ökonomie. In: Kaspar Maase (Hrsg.): Die Schönheiten des Populären. Ästhetische Erfahrung der Gegenwart. Frankfurt – New York 2008, S. 38f.

3) Knut Hickethier: Die Schönheit des Populären und das Fernsehen. In: Maase: Die Schönheiten des Populären, S. 113. Auch Wolfgang Welsch geht davon aus, daß die Wirklichkeit zunehmend artistischen Charakter annimmt, da Ästhetisierung heute die primäre ökonomische Strategie sei; vgl. Wolfgang Welsch: Grenzgänge der Ästhetik. Stuttgart 2010, S. 145. Die Leugnung dieser Ästhetisierung seitens der Ästhetik sei daher »billig« (ebd., S. 21) und die Verengung auf Kunst und das Aufrechterhalten der Grenzen zur Kulturindustrie nur ein Vorwand, um den drängenden Fragen zu entgehen. Dennoch übt Welsch Kritik am schönen Schein der Kulturindustrie: Dessen Pathos verhindere die Reflexion der negativen Folgen gesamtgesellschaftlicher Verschönerung.

4) Vgl. Kaspar Maase: Grenzenloses Vergnügen. Der Aufstieg der Massenkultur 1850-1970. Frankfurt am Main 2007, S. 270f.

5) Vgl. Dieter Wellersdorf: Puritaner, Konsumenten und die Kritik. In: Die Zeit, 3.1.1969. Für Wellersdorf ist der Genuß der Farben und Formen der Warenwelt überdies völlig unabhängig von der objektiven Beschaffenheit der Waren, daher lasse sich die Kulturindustrie mit Kategorien wie »Entfremdung«, »affirmativer Schein« oder »Repression« nicht in der nötigen Differenziertheit erfassen.

6) Winfried Fluck: Ästhetische Konzepte der amerikanischen Populärkultur. In: Maase: Die Schönheiten des Populären, S. 76.

Vergesellschaftung, Rechnung tragen. Diese Entwicklung soll nicht länger ignoriert werden, indem auf der Kunstimmanenz beharrt und die Kulturindustrie kritisiert wird mit wehmütigem Blick in die glorreiche Vergangenheit von Kunst. Denn die Abschaffung des Exklusivrechts der Kunst am Schönen, das diese stets beansprucht hatte, sei auch ein demokratischer Prozeß: Da es die alltägliche Wirklichkeit allein ist, welche nun als Objekt ästhetischer Erfahrung bestimmt ist, ist niemand von dieser Erfahrung ausgeschlossen und diese ihrerseits jedem unangestrengt kommensurabel, da das Schöne kein sinnliches Scheinen einer bloß Gehirnakrobatik zugänglichen Idee ist, sondern notwendig warenförmig und insofern bloß Oberflächenerscheinung. Diesem Sachverhalt korrespondiert der Verzicht auf einen allgemeinen Begriff des Schönen, denn ein solcher werde der Pluralität der Phänomene des Schönen nicht gerecht. Auffällig ist jedoch, daß aller Pluralität zum Trotz die Bestimmungen stets diffus angelehnt bleiben an den traditionellen harmonistischen Schönheitsbegriff. Das Schöne dient dementsprechend als ein Sammelbegriff für irgendwie positiv bewertete Erlebnisse im »bunten Feld«[7] plural erfahrbarer schöner Waren.

Eine solche Gestalt ästhetischer Theorie ist jedoch eine ungenügende Reaktion auf ästhetische Probleme und insofern auch auf eine gesellschaftliche Situation. Weit entfernt davon, diese überhaupt als aus einer historischen Situation entsprungenen Probleme wahrzunehmen, wird Ästhetik hier zu einer bloß äußerlichen Reaktion auf eine Problemlage, zu einem Reflex gesellschaftlicher Verhältnisse. Denn überträgt man den Begriff des Schönen umstandslos auf die Kulturindustrie, verliert er nicht nur die eminent kritischen, sondern eigentlich alle Qualitäten, die ihm historisch, nicht zuletzt durch die Trennung der Kunst von der alltäglichen Praxis, zugewachsen sind. Er wird affirmativ; so falsch wie die Gesellschaft, aus der er resultiert. Was von ihm übrig bleibt, ist lediglich eine identische, durch den Warencharakter der kulturindustriellen Produkte geprägte, folglich eine schematisierte Schönheit, die durch nicht mehr als unqualifizierbare Stimuli wirkt. Da der Schematismus der Kulturindustrie von qualitativen Unterschieden absieht, sind die Produkte a priori so zugerichtet, daß sie sich verwerten lassen. Schematisch sind sie somit ganz objektiv, unabhängig von ihrer Wirkung auf

7) Maase: Einleitung: Zur ästhetischen Erfahrung der Gegenwart. In: ders.: Die Schönheiten des Populären, S. 14.

die Konsumenten.[8] Allerdings wirkt auch das schematisch Schöne, und zwar als ein falsches Glücksversprechen: Da es lediglich eine Funktion der Bedürfnisbefriedigung ist, die für Waren notwendig ist, um absetzbar zu sein, werden die ästhetischen Bedürfnisse der Konsumenten ausgebeutet, jedoch nicht erfüllt. Aller Beschwörung des Gegenteils zum Trotz können solche Produkte das Glück bloß versprechen: Einzulösen ist es dagegen auf dieser Grundlage nie.

Die Anwendung der Kategorie des Schönen auf die Kulturindustrie hat infolgedessen erhebliche Konsequenzen für den Begriff des ästhetischen Scheins, dessen Träger das Schöne ist. Denn wird der Schein von der Beschränkung auf Kunst, einer von gesellschaftlicher Praxis getrennten Sphäre, befreit, büßt er den Widerspruch ein, sowohl scheinhaft als auch wahr zu sein; im Zusammenfallen von ästhetischem mit gesellschaftlichem Schein geht das für den ästhetischen Schein wesentliche Moment der Verblendung gegen die Realität verloren, das deshalb wahr ist, da es das Wesen gesellschaftlicher Verhältnisse als falsch entlarvt. Was bleibt ist ein ubiquitäres und ideologisches Phänomen: der fetischistische Schein der Unhintergehbarkeit der antagonistischen Wirklichkeit, da durch die schematische Glattheit und formale Harmonie der kulturindustriellen Produkte das antagonistische Wesen gesellschaftlicher Verhältnisse verdeckt wird. Zwar erzeugt auch die Kulturindustrie, wie die Kunstwerke, eine scheinhafte Realität; jedoch unbewußt, im Sinne einer mehr oder weniger illusionistischen Verdoppelung der Wirklichkeit. Dies läßt die Kulturindustrie zur gesellschaftlich bewußtseinsproduzierenden Instanz werden, so daß die Möglichkeit ästhetischer Erfahrung überhaupt in Frage gestellt ist. Stellt sich die Übereinstimmung mit dem Gegenstand schematisch her, da die allgemeinen Bedingungen und Regeln der Sinnlichkeit, unter denen Kategorien auf Gegenstände Anwendung finden, von der Kulturindustrie gestellt werden, ist die Rezeption so präformiert, daß die Vermittlung zwischen dem Gegenstand und dem Rezipienten nicht mehr von letzterem geleistet wird, sondern das Vorgegebene im Sinne einer Anpas-

8) Dies dämmert übrigens auch derjenigen Theorie, welche auf die Schönheit des Populären setzt: Sie schließt die objektiven Qualitäten der Gegenstände a priori aus der Betrachtung aus und geht zumeist bloß von unqualifizierten Reizen und der subjektiven Reaktion auf diese aus, wodurch insofern den Gegenstand sachhaltiger Ästhetik verfehlt wird, als diese sich nicht damit begnügen kann, lediglich das, was offensichtlich ist, zu protokollieren.

sungsleistung nur mechanisch wiederholt werden muß. Somit gibt es weder ein unreglementiertes Material der Wahrnehmung, noch ein verantwortliches Subjekt von Erfahrung, sondern nur das unbewußte Wiedererkennen eines bereits vertrauten Gegenstandes. Fraglich wird allerdings dann, ob sich am Begriff der Erfahrung überhaupt noch festhalten läßt[9], versteht man diese als eine spontane Aneignung von Gegenständen, die sowohl dasjenige am Objekt nicht vergißt, das sich jeglicher Schematisierung entzieht als auch dem Rezipienten ein Moment von Freiheit gegenüber dem Gegenstand läßt.

Kann man der Ästhetik, welche die »Schönheiten des Populären« als Maßstab nimmt, noch bestenfalls Naivität in bezug auf die ideologischen Elemente der Kulturindustrie unterstellen, affirmiert die Warenästhetik ganz unverhohlen den Schein des Warenfetischismus, von dessen Standpunkt aus Kultur organisiert werden solle. Hartmut Böhme etwa sieht die Möglichkeit einer Überwindung gesellschaftlicher Antagonismen, der Entzweiung von Individuum und Gesellschaft darin, »Afrika in uns«[10] zu entdecken. Oder Wolfgang Ullrich, der einen »Fiktionswert« der Waren, der auf die magische Praktik der Dingbelebung verweist, dabei beobachtet, wie er sich vom Gebrauchswert und damit vom Warencharakter emanzipiert, so daß endlich die warenästhetische Erziehung des Menschen beginnen könne, wie es auf Schiller anspielend heißt: Bald gälten alltägliche Produkte als Meisterwerke ästhetischen Scheins, dessen Fiktion keinesfalls Lüge sei, sondern imstande, eine reflektierende und emanzipatorische Wirkung zu entfalten.[11]

Der Versuch, den traditionellen Schönheitsbegriff, dem sich die Kunst bereits seit langem aus gutem Grund versperrt, auf die Kulturindustrie oder die Warenästhetik zu übertragen, muß scheitern, da er sich historischer Erfahrung verschließt. Eine solche Ästhetik bildet ihre Urteile anhand von konventionellen Vorstellungen über schematisierte

9) Vgl. auch Welsch: Grenzgänge der Ästhetik, S. 10. Erfahrung, so bemerkt Welsch, wenngleich wenig kritisch, werde zunehmend durch »Erlebnis« als zentrales Stichwort gesellschaftlicher Verschönerungsprozesse ersetzt.

10) Hartmut Böhme: Fetischismus und Kultur. Eine andere Theorie der Moderne. Reinbek 2006, S. 343.

11) Wolfgang Ullrich: Philosophen haben die Welt immer nur verschieden interpretiert – verändern Produktdesigner sie auch? In: Heinz Drügh, Christian Metz, Björn Weyand (Hrsg.): Warenästhetik. Neue Perspektiven auf Konsum, Kultur und Kunst. Berlin 2011, S. 128.

Gegenstände. Begriffe wie der der Schönheit werden infolgedessen so sehr aufgeweicht, daß sowohl die innere Historizität als auch dasjenige aus ihnen verschwindet, was sich kritisch gegen die historische Entwicklung richtet, welche die Begriffe hat problematisch werden lassen.

Ein anderer Versuch, die Probleme mit dem Schönen zu lösen, besteht darin, diese Kategorie ganz aus der Ästhetik zu verabschieden. Argumentiert wird hier ebenfalls häufig vor dem Hintergrund des traditionellen harmonistischen Ideals: Eine Kategorie wie die der Schönheit wird als der Gegenwart und ihrer künstlerischen Produktion nicht mehr angemessen betrachtet. Dementsprechend problematisiert etwa Ursula Franke die traditionelle, in systematische Bezüge eingespannte Auffassung des Schönen, die in einem humanistisch-metaphysischen Weltverständnis wurzele, mit Blick auf die zeitgenössische Kunstproduktion.[12] Verwende man eine Kategorie wie die des Schönen, interpretiere man Kunstwerke unweigerlich als geistige Gebilde, die ein absolutes Weltverständnis vermittelten. Die an Humanität und Metaphysik orientierte Auffassung der Wirklichkeit sei heute jedoch in ihrer Eindeutigkeit nicht mehr verbindlich, und das bringe die Kunst zum Ausdruck. Angesichts der Entgrenzung der Künste ins Leben, beispielhaft dafür etwa Pop-Art oder Happening, und der Auflösung der Kunstautonomie als ein von der Lebenspraxis getrennter Bereich, sei die zeitgenössische Kunst nurmehr als Zeichenrelation aufzufassen, als »abstraktes wie austauschbares Medienzeichen.«[13] Dies bedeute gleichzeitig den Verlust einheitlicher ästhetischer Erfahrung. Diese Entwicklung, durch eine Kategorie wie die der Schönheit nicht mehr angemessen zu verstehen und zu reflektieren, erfordere neue Kategorien; Franke schlägt hier etwa »Inszenierung« und »Medialisierung« vor. Selbst Günther Figal attestiert gemeinsam mit Hans Georg Flickinger dem Begriff der Schönheit insofern Unwahrheit, als die objektive Geltung des Begriffs schöner Kunst in der Moderne suspendiert und von der nicht mehr schönen

12) Ursula Franke: Jenseits von schön und häßlich. Eine Skizze im Blick auf die Gegenwartskunst. In: Heiner F. Klemme, Michael Pauen, Marie-Luise Raters (Hrsg.): Im Schatten des Schönen. Die Ästhetik des Häßlichen in historischen Ansätzen und aktuellen Debatten. Bielefeld 2006. In diesem Sinne äußert sich auch Norbert Bolz, der die Auswirkungen des Zeitgeistes auf eine nun »posthumane« Kultur untersucht (zitiert nach Franke, S. 296).
13) Ebd., S. 297.

Kunst absorbiert worden sei.[14] Angesichts der historischen Erfahrung könne sich moderne Kunst nicht mehr wie die klassische auf die objektive Geltung ihrer unmittelbar sinnlich gestalteten Wahrheit berufen. Diese sei daher geistig, nicht mehr anschaulich und könne nicht mehr unter Prämissen von Kategorien wie Schönheit verstanden werden.

Dieselbe historische Erfahrung läßt auch für Lyotard die Kunst sich vom sinnlich Darstellbaren ab- und dem Anästhetischen zuwenden, so daß der Begriff des Schönen falsch werde: »Jeglicher Klassizismus erscheint verboten in einer Welt, in der die Wirklichkeit in einem Maße destabilisiert ist, daß sie keinen Stoff mehr für Erfahrung gewährt, wohl aber für Erkundung und Experiment«[15] Für Lyotard ist es Auschwitz, das das Ende des Darstellens und des Subjekts bedeutet und nur ein »Gefühl« des Nichtrepräsentierbaren hinterlasse, dem die Kategorie des »Erhabenen« korrespondiere. Eine Ästhetik des Erhabenen sei daher Triebkraft moderner Kunst, deren Aufgabe im Sichtbarmachen des Nicht-Darstellbaren bestünde.[16] Nach Wolfgang Welsch schließlich muß Kunst dem Schönen und Sinnlichen sogar ausdrücklich entgegentreten, um das Nichtidentische zu retten: Sei in ästhetisch kargeren Zeiten Schönheit noch ein Elysium von Sinnlichkeit gewesen, das die Kunst für sich zu retten versuchte, sei dies nun angesichts der Ästhetisierung der Lebenswelt verkehrt geworden.[17] Dagegen müsse man »ästhetische Brachflächen« schaffen, die mit Kategorien wie »Störung« oder »Alterität« zu erfassen seien.[18]

Obwohl diese Absagen an die Kategorie des Schönen historischer Erfahrung durchaus gerecht zu werden suchen, bleiben sie durch ihre

14) Vgl. Günther Figal und Hans Georg Flickinger: Die Aufhebung des schönen Scheins. Schöne und nicht mehr schöne Kunst im Anschluß an Hegel und Adorno. In: Hegel-Studien, 14, Hamburg 1979, S. 206.

15) Jean-François Lyotard: Beantwortung der Frage: Was ist postmodern? In: Peter Engelmann (Hrsg.): Postmoderne und Dekonstruktion. Texte französischer Philosophen der Gegenwart. Stuttgart 1990, S. 37.

16) Ebd., S. 43.

17) Wolfgang Welsch: Grenzgänge der Ästhetik, S. 160. Welsch beruft sich hier auf Baudrillard, der allerdings die Kunst insgesamt für tot erklärt: »Kunst ist daher tot [...] weil die Realität selbst – vollständig von einer Ästhetik geprägt [...] – mit ihrem eigenen Bild verschmolzen ist« (Jean Baudrillard: Der symbolische Tausch und der Tod. München 1982, S. 114).

18) Welsch: Grenzgänge der Ästhetik, S. 209.

abstrakten Negation letztlich so wenig kritisch wie die Hinwendung zur Kulturindustrie. Wenngleich unter umgekehrten Vorzeichen droht Ästhetik auch hier in Affirmation umzuschlagen. Ein Grund dafür ist, daß der ästhetische Schein, der mit der Kategorie des Schönen aus der Kunstbetrachtung verschwindet, nicht mehr kritisch gewendet werden kann gegen den falschen Schein der warenproduzierenden Gesellschaft und ihrer Kulturindustrie. Denn der sinnliche Schein des Schönen ist ein Modus der Repräsentation von Wahrheit, die derart nicht durch mehr Rationalität zum Ausdruck gebracht werden kann. Die Abkehr vom Sinnlichen würde so das Glücksversprechen des ästhetischen Scheins unmöglich machen. Ein weiterer Grund für die affirmative Wendung der Ästhetik, die mit der Absage an das Schöne eintritt, betrifft die Möglichkeit, besser: Unmöglichkeit ästhetischer Erfahrung. Denn Lyotard etwa eskamotiert mit der Kategorie des Schönen zugleich die des Subjekts, dessen Identität zerstört wird durch die Erschütterung angesichts des erhabenen, völlig formlosen Nicht-Darstellbaren.[19]

Die Kritik an einem geschichtlich überholten Schönheitsbegriff ist zwar richtig und die Unmöglichkeit heiler ästhetischer Erfahrung nicht zu bestreiten; der Begriff des Schönen ist ja auch keine fixe, überhistorische Tatsache, sondern hat einen jeweils bestimmten gesellschaftlichen Kontext, war in der frühen bürgerlichen Gesellschaft etwa an andere Voraussetzungen gebunden als unter Bedingungen der Kulturindustrie. Falsch ist es allerdings, gerade aus diesem Grund, die Kategorie einfach begrifflich, das heißt in diesem Falle subjektiv, außer Kraft zu setzen. Solange es etwas objektiv Widersprüchliches, Unerledigtes am Schönen gibt, das auf seine historische Bedingtheit verweist, läßt sich der Begriff nicht aus der Ästhetik verdrängen. Ästhetische Probleme sperren sich oftmals der Auflösung; an der Ästhetik wäre es daher, Probleme zu stellen, nicht, einfache Lösungen zu produzieren.[20] Eine solche Problemstellung wäre etwa ein Schönheitsbegriff, der sein historisches Veralten selbst reflektiert. Mag der Begriff in traditioneller

19) Vgl. Peter Zima: Ästhetische Negation. Das Subjekt, das Schöne und das Erhabene von Mallarmé und Valéry zu Adorno und Lyotard. Würzburg 2005, S. 153.
20) Vgl. Bazon Brock: Das Veralten der traditionellen Ästhetik – und das der neuen? Theodor W. Adornos Kampf gegen Oberpriester und Oberkellner eines Wissenschaftsideals. In: Rainer Erd, Dietrich Hoß, Otto Jacobi, Peter Noller (Hrsg.): Kritische Theorie und Kultur. Frankfurt am Main 1989, S. 192.

Gestalt überkommen sein, erweist er sich doch der Realität nicht als völlig unangemessen. Trotz des Verfalls von Schönheit in einer »posthumanen« Kultur ist der Gehalt des Begriffs historisch nicht abgegolten und insofern weder durch ein Festhalten am überkommenen Begriff stillzustellen noch schlicht zu negieren angesichts des gegenwärtigen Resultats, der modernen bzw. nicht mehr schönen Kunst. Andererseits darf jedoch auch nicht mit Gewalt am Begriff festgehalten werden oder sein historisch tatsächlich abgestorbener Gehalt restauriert, oder wie es heute so oft heißt: rekonstruiert werden. Das Schöne muß ästhetisch erfahrbar, nicht abstrakt konstruiert sein. Daher ist die immanente Kritik der Kategorie des Schönen ein möglicher Ausweg aus dem Dilemma. Die Reflexion der Bedingungen und der Geschichte des Schönen ermöglicht dessen differenzierte, unreglementierte Erfahrung.

III

Angesichts der Krise der Ästhetik insistiert Theodor W. Adornos ästhetische Theorie darauf, daß die Alternative von abstrakter Negation oder einem Aufweichen und Öffnen ihrer überholten Kategorien keine sei, der sich derjenige beugen müsse, der vor ästhetischen Problemen nicht bloß resigniert. In einem Entwurf zur Neuausgabe der »Dialektik der Aufklärung« von 1969 äußert sich Adorno zu dem Problem, vor das sich jeder gestellt sieht, der heute an den Kategorien der politischen Ökonomie festhält: »Kritische Theorie heute sieht dem Dilemma sich gegenüber, entweder diese Kategorien streng festzuhalten und dadurch kraß zu verfehlen, was offenkundig der Fall ist, oder in der Absicht den Veränderungen der Realität Rechnung zu tragen, das theoretische Skelett aufzuweichen und [...] dem begriffslosen Positivismus anheimzufallen.« Diesem Dilemma, dieser Grenze kritischer Theorie angesichts der Möglichkeit daran zu scheitern, sei am ehesten Rechnung zu tragen durch Verwendung der einst gültigen kritischen Begriffe, »nicht, um sie als Invarianten aufzurichten, sondern um sie im Prozeß ihrer Reflexion aufzuzehren und vielleicht weiterzutreiben.«[21] In diesem Sinne

21) Theodor W. Adorno: Aus einem Entwurf »Zur Neuausgabe« der Dialektik der Aufklärung, Frankfurt am Main, Februar 1969. In: Frankfurter Adorno Blätter (im folgenden FAB). Bd. VIII. Hrsg. von Theodor W. Adorno Archiv. München 2003, S. 7.

sind auch die tradierten Kategorien der Ästhetik keine überzeitlichen absoluten Normen, sondern immanent zu kritisieren. Sie seien »angefressen« worden vom Prozeß der Öffnung von Kunst, den die Avantgarde angestoßen habe, so heißt es zu Beginn der »Ästhetischen Theorie«, und gleichzeitig verlören sich die Konstituentien, die aus einem überholten Kunstideal und dem der Humanität stammten, da ihnen vom fortschreitenden historischen Bewußtsein die Substanz entzogen worden sei.[22] »Äußerster Argwohn gebührt aller selbstgerechten Anrufung von Humanität inmitten des inhumanen Zustandes. Kein Wort fürs Edle, Gute, Wahre und Schöne, das nicht geschändet und in sein Gegenteil verkehrt worden wäre, so wie die Nationalsozialisten sich begeisterten am Haus, auf Säulen ruht sein Dach, während in den Kellern gefoltert ward. Die positiven Werte sind heruntergekommen zum Mittel, die Besinnung darauf zu verhindern, daß keiner von ihnen verwirklicht ist. Wem es darum geht, darf sie nicht mehr in den Mund nehmen und muß sie demontieren, wo man sie ihm entgegenhält.«[23] Diese geschichtliche Allergie gegen das Schöne entspringt der Empfindlichkeit gegen die augenscheinlich falsche Versöhnung, die alles Wohlgefällige impliziert. Da für Adorno die Idee des Kunstwerks aber Versöhnung ist, muß es Kunst unbehaglich werden angesichts jeden Versuchs, solche Versöhnung als existent zu unterstellen und das Leiden zu verdrängen. Das Unbehagen der Kunst an sich selber, »nach den realen Katastrophen und im Angesicht kommender«[24], verspüre auch die Ästhetik, die mit ihren Begriffen hilflos hinter einer Situation der Kunst hertrabe, »in der diese, gleichgültig was aus ihr wird, an den Begriffen rüttelt, die kaum von ihr weggedacht werden können«.[25] Daß Adorno hier von der Unmöglichkeit des Wegdenkens spricht, verweist auf die objektive Erfahrung, die in den Kategorien sedimentiert ist. Diese ob-

22) Theodor W. Adorno: Ästhetische Theorie. In: ders.: Gesammelte Schriften (im folgenden AGS). Hrsg. von Rolf Tiedemann. Frankfurt am Main 1970ff., Bd. 7, S. 9. Vgl. auch S. 42

23) Theodor W. Adorno: Musik und neue Musik. In: AGS 16, S. 476-492, hier S. 490f. An anderer Stelle erwägt auch Adorno übrigens eine Preisgabe der Kategorie des Schönen, die deren Idee mächtiger festzuhalten vermöchte als die Konservierung verfallener Schönheit (ders.: George und Hofmannsthal. Zum Briefwechsel: 1891-1906. AGS 10, S. 195-237, hier S. 229).

24) Adorno: Ästhetische Theorie. AGS 7, S. 503.

25) Ebd., S. 504.

jektive Erfahrung ist die der gesellschaftlichen Herrschaft; da sich diese Herrschaft auch gegen die Schönheit als solche richtet, kritisiert diese, wo sie aufblitzt, das gesellschaftliche Unglück auf ähnliche Weise, wie Adorno es dem gelungenen Denken zutraut. Darum darf auch das Schöne nicht verkümmern.[26] Eine Ästhetik ohne die Kategorie der Schönheit ist folglich nicht nur positivistisch, etwa wenn Schönheit nun von der Kunst weg- und der Kulturindustrie mit ihrer trivialen, von schematischen Vorstellungen abgezogenen Allgemeinheit zugedacht wird, sondern auch falsch, wenn von Schönheit geschwiegen wird, bloß da sich das Geschwätz von Harmonie und ähnlichem angesichts der Wirklichkeit nicht mehr ertragen läßt, wie Adorno in einer Ästhetik-Vorlesung von 1959 anmerkt. Dies resignative Schweigen führt er zurück auf »die Todesangst, sich an den Begriffen die Hände aufzureißen«[27], wie die Kunst selbst an ihnen zu rütteln, und sie doch festzuhalten, um sie reflektieren zu können, daß sie sich selbst der ästhetischen Erfahrung heute als angemessen erweisen können. Der Glaube, sie schlicht durch andere Kategorien ersetzen zu können, kommt einer Absage an die aufklärerische Kraft von Ästhetik gleich und einer Kapitulation vor dem, was bloß der Fall ist. Vergessen zu werden droht dann, wie es in Adornos »Negativer Dialektik« bezüglich der Fragen der Metaphysik heißt, »was den Menschen [...] das Dringlichste sein müßte; objektiv ist es problematisch geworden; subjektiv vergönnt das soziale Gespinst und die permanente Überforderung durch den Druck zur Anpassung ihnen weder Zeit noch Kraft mehr, darüber nachzudenken. Nicht sind die Fragen gelöst, nicht einmal ihre Unlösbarkeit bewiesen. Sie sind vergessen, und wo man sie beredet, werden sie nur desto tiefer in ihren schlimmen Schlaf gesungen«[28] Dies wäre auch Gerhard Scheit entgegenzuhalten, der kritisiert, daß Adorno noch die »toten idealistischen Kategorien abstrakter Kunst« verwendet. Da diese unterhalb des sich doch auch für Adorno jeglicher Sublimierung und Erfahrung entziehenden gequälten Leibs angesiedelt seien, gerate deren theoretischer Apparat letztlich zum Trost über den Verlust jeglichen Sinnes.[29] Obwohl bekanntlich alle

26) Theodor W. Adorno: Resignation. AGS 10, S. 794-799, hier S. 799.
27) Ebd., S. 39.
28) Theodor W. Adorno: Negative Dialektik. AGS 6, S. 387.
29) Vgl. Gerhard Scheit: Quälbarer Leib. Kritik der Gesellschaft nach Adorno. Freiburg 2011, S. 191. Scheit moniert, daß der kategorische Imperativ Adornos

Kultur für Adorno nach Auschwitz Müll ist, ihr Begriff scheinhaft und widersinnig und die Kunst, die dies ernst nimmt, durchdrungen von Scham angesichts des gequälten Leibs[30], kündigt er aber der Tradition samt ihren Fragen nicht abstrakt auf.[31] Dies wäre auch gar nicht möglich, da Tradition selbst in ihrer Negation nie ganz verschwindet. Die Kategorien der Ästhetik müssen kritisiert werden, jedoch damit nicht verworfen. Bereits in den Aufzeichnungen zur Ästhetik-Vorlesung von 1931/32 formuliert Adorno diesbezüglich, daß die Systeme der Ästhetik zwar Symptome falschen Bewußtseins seien; ihr historisches Scheitern verweise auf die Ohnmacht der Idee angesichts der Wirklichkeit und daher seien sie zu kritisieren. Gleichzeitig seien sie jedoch zu retten, denn im Bereich des Ästhetischen sei Geschichte immer Problemgeschichte, so daß historische Sachverhalte immer aus den sachlichen Problemen der Ästhetik entwickelt werden müßten, die sich dann als geschichtlich produziert zu erkennen geben; die Einsicht in den Verfall einer Kategorie wie die der Schönheit bleibe daher immer an geschichtsphilosophische Erwägungen geknüpft.[32] Die Historisierung des Schönen stellt folglich einen Willkürakt dar, bei dem konkrete Sachfragen übersprungen werden. Dementsprechend betont auch Adorno, daß aus diesem Problem nur der dialektische Weg hinausführe.[33] Auch in der viel späteren »Ästhetischen Theorie« heißt es, daß die Veränderung der Kategorien auf das Eindringen historischer Erfahrung in die Theorie verweise, was dazu zwinge, die Probleme auszutragen, die sonst historisch stets wiederkehren.[34] Daher ist die Entfaltung der Kategorien erzwungen; dies habe zwar einen scheinhaften Aspekt und sei insofern

für dessen ästhetische Theorie nicht gelte (vgl. S. 185), die einen durchgängigen historischen Sinnverlust voraussetze und den Bruch, den Auschwitz darstellt, nicht reflektiere. Daher dürfe sie nicht Theorie bleiben, sondern müsse in Kritik zurückverwandelt werden (S. 190).

30) Theodor W. Adorno: Jene zwanziger Jahre. AGS 10, S. 499-506, hier S. 506; AGS 7, S. 476.

31) Vgl. Burkhard Lindner: Was heißt nach Auschwitz? Adornos Datum. In: Stefan Braese, lger Gehle, Doron Kiesel, Hanno Loewy (Hrsg.): Deutsche Nachkriegsliteratur und der Holocaust. Frankfurt – New York 1998, S. 290.

32) Theodor W. Adorno: Aufzeichnungen zur Ästhetik-Vorlesung von 1931/32. Mit Auszügen aus Johannes Volkelt: System der Ästhetik. FAB I, S. 37.

33) Ebd., S. 39.

34) Adorno: Ästhetische Theorie. AGS 7, S. 392.

zu kritisieren, habe jedoch gleichzeitig genug Kraft, um jeglichen ästhetischen Relativismus zu brechen.[35] »Die untergehenden Kategorien müssen als übergehende gedacht werden in bestimmter Negation. Motivierte und konkrete Auflösung der gängigen ästhetischen Kategorien allein ist übrig als Gestalt aktueller Ästhetik; sie setzt zugleich die verwandelte Wahrheit jener Kategorien frei«.[36] Die verwandelte Wahrheit der Kategorie des Schönen wäre jedoch eine, die geschichtlich noch unerfüllt ist und sich erst in der Kritik der Kategorie zeigt, die ihren Verfall, in dem diese in ihre Negation übergeht, reflektiert. Die Abschaffung einer Kategorie wie der des Schönen wäre daher gleichbedeutend mit der Abschaffung der Objektivierung historischer Wahrheit. Da sich Ästhetik nicht bei einer feststehenden invarianten Wahrheit beruhigen kann, muß sie ins Offene und Ungedeckte. Damit setzt sie sich allerdings stets dem Mißlingen aus.[37] Ästhetik kann folglich nicht wissen, ob ihr Anspruch historisch honoriert wird.

Die Kategorie des Schönen ist für Adorno offensichtlich alles andere als unproblematisch. Dennoch steht für ihn außer Frage, daß Ästhetik auf den Begriff nicht verzichten kann, da ohne die Idee des Schönen ein Kunstwerk kaum gedacht werden kann. Denn das sinnliche Moment des Kunstwerks, zugleich das Zentrum des Schönen, ist für Adorno das allerhöchste Moment von Kunst, wie sinnliche Erfahrung diejenige sei, die der metaphysischen am nächsten komme.[38] An Adorno anschließend ließe sich ein kritischer, an objektiver, historischer Erfahrung orientierter Schönheitsbegriff entwickeln. Daß Adorno in der »Negativen Dialektik« hinsichtlich der Metaphysik feststellt, daß sie nur gewinnen könne, indem sie sich wegwirft, also in Materialismus

35) Ebd., S. 532. So beruft sich Adorno in der »Ästhetischen Theorie« auf Schönberg, der Harmonie zu seiner Zeit nicht zur Diskussion stellte. Der Musik wurde die in sich sprechende Harmonik entzogen, was die Verarmung des Materials in seiner unangemessenen Bereicherung bedeutete. Obschon Tonalität nach Adorno nicht einfach restituiert werden kann, sei es möglich, daß der qualitative Zusammenklang einmal gegen die totale Quantifizierung in der Musik erneut zur Diskussion stehe (vgl. ebd., S. 61f.).

36) Ebd., S. 509, S. 195: Diese Wahrheit der Kategorien ergibt sich nur durch bestimmte Negation, die Ästhetik exponieren muß.

37) Ebd., S. 525.

38) Theodor W. Adorno: Ästhetik 1958/59. In: ders.: Nachgelassene Schriften (im folgenden NaS). Hrsg. von Theodor W. Adorno Archiv. Frankfurt am Main – Berlin 1993ff., Bd. IV.3, S. 228.

übergeht, da »was geschah, dem spekulativen metaphysischen Gedanken die Basis seiner Vereinbarkeit mit der Erfahrung zerschlug«[39], bedeutet für das Schöne, daß es nur transponiert in den Bereich des Materialen, Physischen zu retten ist. Adornos Intention ist hier der Celans verwandt: Ein Begriff von Schönheit nach Auschwitz ist für Celan nur aus dem Schmerz heraus vorstellbar. Wer nur um das Schöne weine, der töte es; erst wer mit dem »allereigensten Schmerz« zum »Krummnasigen, Bucklichten« gehe, begegne dem Eidos des Schönen.[40]

IV

Gemäß der Forderung, die untergehenden Kategorien als in bestimmter Negation übergehende zu denken, knüpft Adorno an die klassischen ästhetischen Systeme an, vor allem an Kant und Hegel, und wendet deren Begriff des Schönen negativ. Eine harmonistische, positive Bestimmung ist nicht mehr denkbar, da die gesellschaftliche Ordnung ihr widerspricht. In äußerster Konsequenz bedeutet dies den Übergang des Schönen ins Häßliche, das für Adorno den Widerspruch gegen diese Ordnung und das Leiden ausdrückt, da es zurückzuführen ist auf das Prinzip von Gewalt. Der Erfahrung des Häßlichen ist jedoch ein ideologisches Moment beigesellt; die Entrüstung über jenes entspricht der Gesellschaft, die ihren auf Herrschaft und Zwang beruhenden Charakter verleugnet.

Insofern faßt die Kategorie, so legt es die Lektüre der Passagen nahe, in denen Adorno auf das Häßliche zu sprechen kommt, all das zusammen, was die naive Rezeption, aber auch die Ästhetik stets verfemt und worüber sie sich entrüstet hat: Leiden, die archaische Angst vor der grauenerregenden Natur, Negativität. Das Häßliche scheint für Adorno daher eine Chiffre für das Nichtidentische des Schönen zu sein, das weder mit diesem versöhnt ist, noch ganz darin aufgeht. Das Schöne, für Adorno das geschichtlich sich einst Entringende[41], hat das Häßliche aufgehoben, wie auch in bestimmten geschichtlichen Phasen das Häßliche wieder zur Negation des Schönen werden kann. Wenn Ador-

39) Adorno: Negative Dialektik. AGS 6, S. 354.
40) Vgl. Joachim Seng: »Die wahre Flaschenpost«. Zur Beziehung zwischen Theodor W. Adorno und Paul Celan. FAB VIII, S. 155.
41) Adorno: Ästhetische Theorie. AGS 7, S. 407.

no etwa die krude Stofflichkeit von Werken betont, die sich der anorganisch anmutenden, verwüsteten Industrielandschaft, der das, »was Geist: Gedanke wie Kunst, dem Anderen antut«, anzusehen sei, angleiche mit der Intention der Wiedergutmachung, verweist er auf diese Negation. Das Schöne sinkt durch diese gleichsam in eine tiefere »historische Gesteinsschicht«[42] ab, büßt dort jedoch keinesfalls jegliche Wahrheit ein.

Dieser negative, durch das Häßliche erweiterte Begriff des Schönen ergibt sich aus der Kritik des Kantischen Subjektivismus und insbesondere der Hegelschen Vorstellung vom Schönen als dem sinnlichen Scheinen der Idee, die Adorno als Schein einer falschen Totalität kritisiert, sich zugleich jedoch um die Rettung des ästhetischen Scheins bemüht. Die Rettung des Scheins bedeutet für ihn die einzige Möglichkeit, an der sinnlichen Repräsentation von Wahrheit festzuhalten. Das Sinnliche ist aber nicht mehr Hegels Darstellung einer absoluten Idee, sondern für Adorno, der Metaphysik ja als in Materialismus übergehend denkt, Darstellung des physischen Leidens, welches, durch sein Eintreten ins Kunstwerk vergeistigt, auf diese Idee verweist. Wahrheit ist daher nicht als absolute Übereinstimmung gedacht, sondern als Repräsentation eines Nichtseienden, Nichtidentischen. Der Schein des Schönen ist, als eine momentane Negation der falschen Totalität, auf Grundlage seines Nichtidentischen erfahrbar; für Adorno muß das Schöne folglich das Häßliche in sich aufgenommen haben, auf dem es beruht und das auf die Unversöhntheit nicht zuletzt gesellschaftlicher Naturverhältnisse hindeutet. Die Erfahrung des Schönen ist keine der Identität, sondern verweist auf die historische Nichtidentität von Subjekt und Objekt; sie ist eine Erfahrung von Objektivität, die, so Adorno, auf dem Subjekt lastet.[43]

Eine solche Erfahrung soll sich, wie Adorno in seiner Vorlesung zur Ästhetik nachzuweisen versucht, aus der immanenten Kritik der subjektivistischen Vorstellung Kants ergeben, der das Schöne aus einer subjektiven Reaktion heraus entwickelt, dem Geschmack, und es, mangelhaft, daher bloß als das sinnlich Wohlgefällige bestimme. Geschmack aber ist für Adorno eine gegenüber Kunst unzureichende Kategorie: Diese Auffassung sieht von einem von Auffassungsformen un-

42) Ebd., S. 383.
43) Adorno: Negative Dialektik. AGS 6, S. 29.

abhängigen Moment des Schönen ab und reiche insofern nicht heran an die subjektive ästhetische Erfahrung des Schönen, die nicht in unmittelbarem Genuß aufgehe.[44] Im Werk wirkten zwar sinnliche Reize, das Wohlgefällige, diese seien jedoch nicht wesentlich für das Werk, sondern versprengt gegenüber dem, was es eigentlich ausmache, seine objektive Organisation als Sinnzusammenhang.[45] Ästhetische Erfahrung kann Sinnliches daher nur gebrochen empfinden, adäquat nur in Relation zu diesem Zusammenhang, nie isoliert, denn dies käme für Adorno der Rücknahme des geistigen Moments im Werk zugunsten des Bestialischen, blind Natürlichen gleich wie der Aufhebung der Trennung von Kunst und Realität. Das Schöne könnte so niemals als Träger des ästhetischen Scheins bestimmt werden. Kants Bestimmung laufe letztlich auf bloßen Kunstkonsum hinaus, der ein Werk mühelos dem Subjekt kommensurabel macht und der dem Konsum des akkumulierten Tauschwerts gleichkomme, unabhängig vom objektiven Gehalt des Werks.[46] Ästhetische Erfahrung ist für Adorno aber nicht kommensurabel, da das Subjekt, vom Werk »verletzt«, in ihr zurücktrete[47] und insofern einen sehr beschränkten Anteil daran habe. Kants Rückzug auf den Geschmack läßt sich daher als ein Reizschutz deuten, der sich letztlich vor der Erfahrung der antagonistischen Wirklichkeit verschließt. Auch Kants Definition des Schönen als das, was ohne Begriff Gegenstand eines interesselosen Wohlgefallens sei, kritisiert Adorno unter dem Aspekt des Subjektivismus. In der »Ästhetischen Theorie« heißt es diesbezüglich, daß Kant fälschlich einen einheitlichen Begründungszusammenhang verspreche, da das Schöne hier bloß formal abgeleitet sei aus unveränderlichen subjektiven Bedingungen als apriorischen Maßstäben, die unabhängig von jeglicher historischer Erfahrung oder gesellschaftlicher Vermittlung seien.[48] Dadurch werde die Bestimmung des Interesses aber so arm und unbestimmt, daß sie angesichts ästhetischer Phänomene notwendig versage. Dem Interesselosen müsse dagegen der »Schatten des wildesten Interesses gesellt sein, wenn es mehr sein soll als nur gleichgültig.«[49]

44) Adorno: Ästhetik 1958/59. NaS IV.3, S. 176.
45) Ebd., S. 177.
46) Adorno: Ästhetische Theorie. AGS 7, S. 290.
47) Ebd., S. 271.
48) Ebd., S. 264.
49) Adorno: Ästhetik 1958/59. NaS IV.3, S. 24.

Mit Hegel, der die subjektive Reaktion stets als zufällig, äußerlich und dürftig qualifiziert, ist Schönheit nicht auf sensuelle Reize reduziert, sondern läßt sich dagegen auch als objektiv, durch die historische, nie invariante Erfahrung bestimmen.

Hegels Begriff des Schönen ist seinerseits jedoch von der metaästhetischen Idee des Absoluten her konzipiert. Kunst als Ausdruck anschaulicher Wahrheit ist insofern dem Gesetz der einheitlichen, harmonischen Form unterworfen, in der sich übergreifende Idee objektiviert; daher kann und darf sie von ihrem Nichtidentischen, dem Dissonanten und dem Häßlichen nicht affiziert werden.[50] Die Betonung des substantiellen geistigen Moments gegen das bloß Sinnliche sieht Adorno zunächst als Fortschritt gegenüber Kant; das idealistische Moment im Sinne einer objektiven Vermittlung durch den Geist, sei daher von Kunst nicht wegzudenken.[51] Das Schöne ist bei Hegel sinnliches Scheinen eines geistigen Prinzips, in der Erscheinung des Schönen daher stets ein historischer Sachverhalt zu gewahren. Die auf der Prämisse der Identität und dem Ausschluß des Nichtidentischen beruhende Bestimmung des Schönen verliert nach Adorno jedoch in einer historischen Situation an Plausibilität, in der die Vorstellung einer allgemeinen substantiellen Vernünftigkeit, der absoluten Identität der Objektivität des Geistes und eines wesenhaften Scheins illusorisch werde angesichts der Wirklichkeit[52] und der gegenwärtigen Kunst. Das Festhalten am wesenhaften Schein setzt sich daher nicht nur dem Spott der Wirklichkeit aus, sondern muß auch zu ästhetischen Unstimmigkeiten führen. Nur wenn der totale Anspruch tatsächlich honoriert würde, die Idee also historisch auf den Begriff gebracht werden könnte, hätte dieses Prinzip Bestand: »In einer geschichtlichen Phase, in der die Ansicht von der Wirklichkeit der Vernunft zum blutigen Spott ward, verblaßt Hegels Deutung«, so Adorno, jedoch »trotz des Reichtums an wahrer

50) Auch in der idealistischen Ästhetik nach Hegel ist es stets das Negativ-Schöne geblieben, welches letztlich in einer umfassenden Harmonie aufgehoben wird: Sowohl Hermann Christian Weiße als auch Karl Rosenkranz erkennen dem Häßlichen zwar objektiven Charakter und damit ein Moment von Wahrheit zu, jedoch ist es immer der Idee des Schönen gegenüber defizient. In seiner Aufhebung im Idealschönen verliert es jegliche Substantialität und folglich die historische Wahrheit.

51) Adorno: Ästhetische Theorie. AGS 7, S. 135.

52) Adorno: Ästhetik 1958/59. NaS IV.3, S. 12.

Einsicht, den sie aufschloß zum Trost.«[53] Der metaphysische Schein objektiver Vernünftigkeit verdeckt nicht zuletzt mittels der harmonischen Form das materialistische Moment: daß dem Schönen historisch auch das Häßliche, das Leiden und das Grauen angesichts der Wirklichkeit zugewachsen ist. Dies zeigt sich auch angesichts der Hegelschen Verachtung für das Naturschöne, dem sich Adornos ästhetische Theorie wieder zuwendet. Natur, für Hegel die Idee in ihrer Andersheit, kann aufgrund ihrer sinnlichen Unmittelbarkeit nicht an sich schön sein, sondern nur für das auffassende Bewußtsein. Diesen Mangel berichtigt aber Kunst, in der das Schöne mit der Form die Substantialität des absoluten Geistes gewinnt. Hegels formalen, absoluten Schönheitsbegriff sieht Adorno als eine archaische Erbschaft: Er sei entstanden durch Abdichtung vom unmittelbaren Dasein, während der Emanzipation von der Angst vor der überwältigenden, furchterregenden Natur, welche dann, erst retrospektiv, zum Häßlichen werde, das dem formalen Schönheitsbegriff widerspricht.[54] Diese Angst, im Häßlichen geronnen, sei als Grund des Schönen der Gehalt der Werke; ohne diesen wäre der Begriff leer, »Fahrt ohne Fracht«, wie es in der »Ästhetischen Theorie« heißt.[55] Die Angst dürfe, wie Adorno es ja auch in Anbetracht des kantischen Schönheitsbegriffs fordert, nicht verdrängt werden. Sie zeigt das fortdauernde Grauen der Natur und zwingt damit zum geschichtlichen Eingedenken, zur Wendung zum »Bucklichten« und Glanzlosen: »Kunst muß das als häßlich Verfemte zu ihrer Sache machen, nicht länger um es zu integrieren, zu mildern [...] sondern um im Häßlichen die Welt zu denunzieren, die es nach ihrem Bilde schafft und reproduziert«.[56] Das häßliche Moment des Schönen fungiert für Ador-

53) Adorno: Ästhetische Theorie. AGS 7, S. 523.

54) Vgl. ebd., S. 77. Adorno datiert die Entstehung der Kategorie des Häßlichen auf eine geschichtliche Stufe, auf der sich Kunst von der archaischen Phase abhebt, deren Wiederkunft sie zugleich für ihn markiert. Die Kultfratzen, Nachahmung mythischer Angst, würden häßlich durch die Depotenzierung dieser Angst durch das entstehende Subjekt angesichts der Versöhnung, die mit dem Subjekt erst in die Welt komme. Da das Subjekt als Agent von Unfreiheit aber den mythischen Bann fortsetze, überdauerten die Fratzen in der Geschichte. Der einst gestürzte, aber wiedergekehrte Inhalt wird in Kunst sublimiert zur Form, folglich ins Schöne integriert, von ihm absorbiert. Häßliches läßt sich insofern als das wiederkehrende Andere des Schönen verstehen, das dessen affirmatives Moment kritisiert.

55) Ebd., S. 83.

56) Ebd., S. 79. Adorno sieht hier jedoch stets die Gefahr der Affirmation des

no mithin als Antrieb, die Bewegung über die Wirklichkeit hinaus zu vollziehen. Eine nachidealistische, verwandelte Kategorie des Schönen hätte daher gerade das nichtidentische Moment in sich aufzunehmen, welches Zeuge der Ohnmacht des Hegelschen Formgesetzes ist: »In der Absorption des Häßlichen ist Schönheit kräftig genug, durch ihren Widerspruch sich zu erweitern«.[57]

V

Der Fortschritt des Hegelschen Begriffs gegenüber Kants Subjektivismus geht mit dem Ausschluß des kritischen Moments des Schönen einher, nämlich all dessen, was nicht vom Subjekt beherrscht ist. So läßt es das Schöne verarmen. Es ist hier wieder Kant, an dessen Theorie des Naturschönen Adorno anknüpft, um mit seinem Begriff des Schönen über Hegel und den »finsteren Schatten« des Idealismus[58] hinauszugelangen gemäß der Forderung negativer Dialektik, die Richtung der Begrifflichkeit zu ändern und diese dem Nichtidentischen zuzukehren.[59] Kants Bestimmung des Naturschönen richtet sich gegen das harmonistische Ideal der Kunst, welches »das Stichhaltige an den Rand dessen verschlug, was der breite und schmutzige Hauptstrom des Geistes mit sich wälzte«[60], da sich hier das Leiden des herrschaftlichen Subjekts an der Wirklichkeit deutlich machen läßt. Kant registriert Momente an der ästhetischen Erfahrung der Natur, die für Adornos Theorie des Kunstschönen relevant werden. Insofern ist für Adorno das Naturschöne Modell des Kunstschönen.[61] Denn Kant, für den nur »schön ist, was

Häßlichen, die auf ein mögliches Einverständnis mit der Erniedrigung hinweist. Zuviel Häßlichkeit ist daher gleichbedeutend mit einem Rückfall in bloße Natur, wie es etwa an Werken des Photographen Peter Whitkin deutlich zu machen sein könnte.

57) Ebd., S. 407.

58) Ebd., S. 98.

59) Adorno: Negative Dialektik. AGS 6, S. 24.

60) Adorno: Ästhetische Theorie. AGS 7, S. 99.

61) Vgl. Adorno: Ästhetik 1958/59. NaS IV.3, S. 44, auch S. 54: Das Verhältnis von Natur- und Kunstschönem kann hier nicht angemessen diskutiert werden. Dennoch: die Theorie des Naturschönen ist für Adorno aufgrund des dialektischen Verhältnisses von Natur und Kunst nicht von der des Kunstschönen zu trennen. Obwohl Kunst, wenngleich vermittelt, der dialektische Gegensatz der Natur sei,

ohne Begriff als Gegenstand eines notwendigen Wohlgefallens erkannt wird«[62], erinnert an die objektive Vermittlung des Schönen, dessen Substanz nicht wieder in Subjekt aufgelöst werden kann und verweist damit auf das, was Adorno als den Wahrheitsgehalt von Kunst begreift: Natur. Nicht das absolute System herrschender Subjektivität führt bei Kant zum ästhetischen Urteil, vielmehr erfolgt dieses nach einem unbewußten Prinzip, den ewigen Regeln einer in sich zweckvollen Natur, die dem Subjekt vorgegeben und nicht begrifflich faßbar sind. »Das Naturschöne deutet auf den Vorrang des Objekts«[63], so folgert Adorno, und, so ist hinzuzufügen: auf die negative Bestimmung des Schönen. Das nicht subjektiv aufzulösende Moment des Naturschönen ist dessen negative Substanz, die von der unreflektierten Rezeption da-

wolle sie dieser doch zu ihrem Recht verhelfen, sie, wie Adorno in unzähligen Wendungen vorbringt: vertreten (vgl. Ästhetische Theorie. AGS 7, S. 104), einlösen, was Natur verspricht (S. 103), das Stumme der Natur zum Sprechen bringen (S. 121). Der Ausdruck der Natur ist demzufolge zwar Urbild der Kunst, ihre *raison d'être*, das Naturschöne kann aber erst durch seinen Untergang in Kunst überhaupt ausgedrückt werden. Daher ist vielen Interpreten der ästhetischen Theorie Adornos nicht zuzustimmen, wenn sie behaupten, daß dieser das Naturschöne über dem Kunstschönen rangieren läßt. Das Naturschöne verweist zwar für Adorno auf einen herrschaftsfreien Zustand, da sich in ihm etwas anmelde, was nie gewesen sei (S. 104), es zerfließe andererseits aber durch das Rätselhafte (S. 114), sich dem Begriff wie dem Bild Entziehende, absolut transitorische, ins Amorphe, aus dem sich geistige Freiheit einst erhoben habe. Daher ist es auch insuffizient gegenüber Kunst. Die Anamnesis von Freiheit im Naturschönen irrt Adorno zufolge, da sie sich Freiheit im älteren Unfreien erhoffe (S. 104). Kunst dagegen entwinde sich dem Mythos und dem Naturbann, obschon sie ihr *telos* an Natur habe, oder, wie Adorno es ausdrückt: dem Naturschönen an sich (S. 113). Kunst mit ihrer verfügenden und versöhnenden Sprache sei daher schwach und stark gegenüber dem dunklen Naturschönen, das lockend und drohend in einem sei, gleich dem noch nicht zur Kunst neutralisierten Sirenengesang, den Adorno und Horkheimer in der »Dialektik der Aufklärung« beschreiben.

62) Immanuel Kant: Kritik der Urteilskraft. In: ders.: Werke. Bd. 8. Hrsg. von. Wilhelm Weischedel. Darmstadt 1957, S. 324 / A 68 (Hervorhebung der Verfasserin). Das Urteil über die Schönheit einer Sache ist bei Kant nicht schematisch im Sinne einer formelhaften Vorschrift und erfolgt nicht nach Kriterien wie Symmetrie und Maß. Erst das wesentlich Unbestimmte ermöglicht für Kant ein ästhetisches Urteil.

63) Adorno: Ästhetische Theorie. AGS 7, S. 113.

her als häßlich empfundene Dissonanz. Kant konzipiert für Adorno jedoch das Naturschöne zu harmonisch insofern jener es vom Erhabenen trennt und das dissonierende Moment des Schönen ausklammert, das, was sich dem Prinzip der Identität nicht fügt und das sich mit Kant ja durch die wesentliche Unbestimmtheit des Schönen durchaus denken ließe. Die Dissonanz, etwa die Erfahrung der Übermacht und der abstrakten Größe der Natur, entspricht bei Kant dem Erhabenen, nicht dem ruhigen Gefühl des Schönen. Adorno zieht die Bestimmungen des Schönen und Erhabenen in einer Theorie des Naturschönen zusammen, die über Kant hinausgeht. Die Analytik des Erhabenen ist letztlich auch wegweisend für Adornos dissonierende Bestimmung des Schönen.[64] Es erweist sich als negativ, insofern es jedoch nicht zerstörerisch auf das erfahrende Subjekt wirkt, ist es stets gefährdet in Affirmation umzuschlagen. Dementsprechend sei das Schöne ein Spannungsfeld zwischen dem Wohlgefälligen und dem Abstoßenden, so Adorno in der Ästhetik-Vorlesung von 1958/59. Es bewege sich zwischen dem Bedingten der sinnlichen Natur und dem begriffslosen Unbedingten, das als Widerspruch zum Subjekt erfahrbar sei.[65] Und er fährt fort, daß der geistige Teil des Menschen im Angesicht des Schönen beglückt sei, während dem natürlichen Teil angesichts der Präsentation eines Transzendenten unbehaglich werde, ohne daß es einen Gegensatz zwischen Geist und Sinnlichkeit gebe, da das Geistige im schönen Schein selbst sinnlich erscheint.[66] Gespannt ist im Schönen einerseits die Möglichkeit der Emanzipation vom Naturzwang, nämlich durch das Bewußtsein des Subjekts von sich selbst und seiner Freiheit, und andererseits archaische Angst, an die das Übermächtige der Natur gemahnt.[67] Mit anderen Worten: Obschon sich das Schöne von der Natur abhebt, erinnert und wiederholt es diese gleichzeitig. Insofern hat auch das Schöne teil an der Dialektik der Aufklärung. Es hat den vorweltlichen Schrekken absorbiert, den die Menschen Adorno zufolge einst aufgrund ihrer tatsächlichen Ohnmacht vor der Natur empfanden und dessen Verschwinden jetzt zu fürchten sei; die Aufklärung werde stets begleitet

64) Vgl. auch Oliver Baron: Dissonanz als ästhetische Kategorie. München 2008, S. 71.
65) Adorno: Ästhetik 1958/59. NaS IV.3, S. 164.
66) Ebd., S. 165.
67) Ebd., S. 53.

von der Angst, es möge das verschwinden, was sie anstieß, die Wahrheit. Kunst sei daher Mnemosyne an das im Namen von Wahrheit Verurteilte, erinnerter Schrecken, der selbst Aufklärung sei. Im Werk befreie sich der Schauer vom mythischen Trug des Ansichseins, ohne jedoch auf den subjektiven Geist reduktiv bezogen zu werden.[68] Daher ist dem Schönen für Adorno stets ein grausames Moment beigesellt; sein »finsteres Strahlen«, das der ästhetische Schein nach Hegel nur sein kann, ist Ausdruck der Übermächtigkeit der Realität, die nicht mehr harmonistisch in eine heile Form transformiert werden könne.[69]

Die negative Begründung des Schönen in der Dissonanz scheint historisch für Adorno überhaupt die einzige Möglichkeit zu sein, den Schein als Repräsentation von Wahrheit retten zu können. Die Dissonanz ist daher für die Ästhetik Adornos zentral; so lange, bis ihr Unterschied zur Konsonanz abgeschafft ist, denn sie erscheint nur so lange negativ, wie das Bewußtsein auf Einheit drängt.[70] Sie muß daher Moment einer Einheit sein, ohne die sie nicht dissonieren würde. Erst in der Emanzipation der Kunst vom Schein fände das Dissonante sein Ende, und das wäre nur in einer Wirklichkeit möglich, die nicht mehr auf zwanghafter Einheit beharren würde und in der die Rede von Harmonie und Konsonanz kein »blutiger Spott« mehr wäre. Das Verhältnis von Dissonanz und Schein, der an die Form gebunden ist, stellt sich jedoch alles andere als unproblematisch dar: Jene ist zugleich Aufstand gegen diesen und an dessen Kohärenz und Stimmigkeit gebunden; nur durch die Form kann das Dissonante als Widerspruch überhaupt wahrnehmbar werden, was auf die Zerrüttung der Form hinausläuft, gleichzeitig muß die Form stimmig sein, darf nicht amorph werden, in Natur zurückfallen.[71]

Vor Adorno hat bereits Nietzsche versucht, das Häßliche und Disharmonische, als den Urgrund der Kunst als Resultat des Leidens, mit dem schönen Schein zu vermitteln: »Der Schmerz als Erscheinung – schweres Problem«, so Nietzsche in einer seiner Notizen.[72] In der »Ge-

68) Adorno: Ästhetische Theorie. AGS 7, S. 124f.
69) Ebd., S. 81.
70) Ebd., S. 235, auch S. 512 ; vgl. auch Adorno: Negative Dialektik. AGS 6, S. 17.
71) Dementsprechend ist die Kategorie der Stimmigkeit für Adorno unabdingbar für ein gelungenes Werk.
72) Friedrich Nietzsche: Nachgelassene Fragmente 1869-1874. In: ders.: Kritische

burt der Tragödie« löst auch er das Problem mittels der Kategorie der Dissonanz. Bei Nietzsche wird diese in die Form einbezogen, ohne daß letztere zerstört wird. Die Dissonanz löst zwar jegliche Harmonie auf, denn diese legt nach Nietzsche einen »Schönheitsschleier« über das Wesen der Kunst, den Schmerz[73], der schöne Schein bleibt jedoch in seinem Untergang zugleich erhalten, da nur durch die stimmige Form das Leiden überhaupt erscheinen kann. Das Dissonante, darauf verweist Oliver Baron, unterliegt bei Nietzsche einem Statuswechsel: Von der Seite des Grauenhaften und Häßlichen wechselt es auf die des Schönen, so daß der bislang verdeckt gebliebene Schrecken wahrnehmbar wird. Da es von sich aus nach Auflösung verlangt, dynamisiert es die Gestalt des Schönen. Dennoch wird es letztlich nicht in einem übergeordneten Ganzen aufgelöst, sondern freigesetzt als Zäsur in der Harmonie des Schönen. Es läßt sich daher fassen als eine Zerstörung der eigenlogischen Ordnung des Schönen aus dieser Ordnung heraus, die nicht zu einem vollständigen Formverfall führt.[74]

Auch für Adorno, der wie Nietzsche versucht, die Erhaltung des Schönen in seinem Untergang zu denken, ist die gelungene, in sich stimmige Einheit des Werks widersprüchlich, als dissonierend gedacht, was in der Synthesis der Momente des Werks immer bereits angelegt ist. In der gelungenen Form ist das Dissonante folglich nicht harmonisch aufgehoben, sondern wird erst durch die auf Harmonie zielende Dynamik in einem Kunstwerk entfesselt, wodurch der schöne Schein in seiner Evokation zugleich gestört wird. Insofern ist für Adorno das Schöne nur *apparition*, eine augenblickliche Erscheinung des Glücks, ohne eine Aussicht, es festzuhalten: »Kunst ist das Versprechen des Glücks, das gebrochen wird«.[75] Die Erscheinung von Einheit in der Form zerfällt, nach einem augenblicklichen, sofort verlöschenden Ausdruck, wie »der aus der dichten Gestalt nackt heraustretende Ton«, wieder in disparate Momente, die auf das Grauen der Natur, das Nichtbegriffliche, Amorphe verweisen, die jegliche Einheit dementieren.[76] Dieser Verweis ist

Studienausgabe in 15 Bänden (im folgenden KSA). Hrsg. von Giorgio Colli und Mazzino Montinari. München 1980. Bd. 7, S. 201.

73) Friedrich Nietzsche: Die Geburt der Tragödie. KSA 1, S. 9-156, hier S. 155.

74) Vgl. Baron: Dissonanz als ästhetische Kategorie, S. 22.

75) Adorno: Ästhetische Theorie. AGS 7, S. 205.

76) Vgl. ebd., S. 138.

freilich keine äußerliche Störung des Scheins, sondern erfolgt auf dessen eigener Grundlage.[77] Infolgedessen ist die Destruktion des schönen Scheins durch die Dissonanz nie vollkommen; sie ist selbst zum Träger des Scheins geworden. Die Demarkation gegen den Schein, so Adorno, bleibe auch Schein[78], was notwendig sei, damit das Werk nicht in bloße Natur bzw. affirmative Häßlichkeit zurückfalle. Obschon Adorno vom augenblicklichen Glück am Schönen spricht, dieses insofern nicht konsequent negativ gedacht zu sein scheint, ist die ästhetische Synthesis für ihn kein harmonisches Ganzes oder das Schöne ein Trost angesichts des vollkommenen Sinnverlustes in der Wirklichkeit. Adornos ästhetische Theorie ist nicht aus der Perspektive einer überholten harmonistischen Vorstellung von Kunst gedacht, die geschichtliches Leiden verdrängt und die Adorno kritisch zu überwinden versucht. »Daß freilich die Welt, die [...] ihren Duft und seitdem ihre Farbe verloren hat, ihn von der Kunst wiederempfange, dünkt nur der Arglosigkeit möglich«, so ist in der »Ästhetischen Theorie« zu lesen. Kunst verklagt die Harmonie, die das Leiden an der Welt verdeckt, aber zugleich verklagt sie auch die Notwendigkeit der Dissonanz, die das Leiden zum Ausdruck bringt. Wäre solches Leiden das letzte Wort der Kunst, besiegelte sie es »so weit, wie es immer noch anders werden kann«. Was von einer harmonistischen Geschmacksästhetik, welche nach Adorno die Katastrophen überdauert habe, als Perversion diffamiert werde: »daß die finstersten Momente der Kunst etwas wie Lust bereiten sollen, ist nichts anderes, als daß Kunst und ein richtiges Bewußtsein von ihr Glück einzig noch in der Fähigkeit des Standhaltens finden. Dies Glück strahlt von innen her in die sinnliche Erscheinung. Wie in stimmigen Kunstwerken ihr Geist noch dem sprödesten Phänomen sich mitteilt, es gleichsam sinnlich errettet, so lockt [...] das Finstere als Antithesis zum Betrug der sinnlichen Fassade von Kultur auch sinnlich. Mehr Lust ist bei der Dissonanz als bei der Konsonanz [...] Das Schneidende wird, dynamisch geschärft, in sich und vom Einerlei des Affirmativen unterschieden, zum Reiz; und dieser Reiz kaum weniger als der Ekel vorm positiven Schwachsinn geleitet die neue Kunst in ein Niemandsland, stellvertretend für die bewohnbare Erde.«[79] Dies Moment des sinnlichen Reizes,

77) Vgl. Baron: Dissonanz als ästhetische Kategorie, S. 67.

78) Adorno: Ästhetische Theorie. AGS 7, S. 169.

79) Ebd., S. 66f.

des Begehrens, das als Einspruch gegen das Affirmative, aber auch gegen den Warencharakter von Kunst, für eine bewohnbare Erde steht und insofern für Adorno das allerhöchste Moment der Kunst ist[80], muß durch die Dissonanz vermittelt sein, da es in einer Kunst, die allergisch gegen das sinnlich Wohlgefällige geworden ist, nicht unmittelbar vorhanden und oft sogar zugunsten von Rationalität ganz verdrängt ist. Mittels der Kategorie der Dissonanz ist es dagegen möglich, das Sinnliche als transfiguriert in »seine Antithese, den Schmerz«[81] zu denken. Daß das Sinnliche nicht als Wohlgefälliges, sondern nur in seiner Antithese erscheint, ist einerseits auf die »permanente gesellschaftliche Katastrophendrohung« zurückzuführen, die es nicht erlaubt, dieser Gesellschaft einen Sinn zu unterstellen und Genuß daraus zu ziehen. Andererseits ist es als Wohlgefälliges diskreditiert durch die Kulturindustrie, welche sich um diese Katastrophendrohung nicht schert und das Bedürfnis der Menschen nach Schönheit ausbeutet. Durch diese Transfiguration des Sinnlichen wird für Adorno sogar der Idee des Schönen mehr Ehre angetan, als wenn es unmittelbar, als Wohlgefälliges hervorgebracht würde. Sie unterliegt freilich selbst gesellschaftlichen und geschichtlichen Bedingungen: Ein sensuelles Tabu kann nach Adorno zuzeiten nicht nur für das Wohlgefällige gelten, sondern auch auf die Dissonanz übergreifen, da in dieser durch Negation ihr Gegenteil noch

80) Adorno: Ästhetik 1958/59. NaS IV.3, S. 228.

81) Adorno: Ästhetische Theorie. AGS 7, S. 29. In diesem Zusammenhang kommt Adorno in seiner Ästhetik-Vorlesung von 1958/59 noch einmal auf das Verhältnis von Natur- und Kunstschönem zu sprechen: Es sei wichtig, um das Kräftespiel zwischen Begehren und Versagung darzustellen, das alles Schöne in sich einschließe. »Und ich glaube, es gibt keine Empfindung des Schönen, der nicht in einer bestimmten Art von Schmerz noch etwas beigesellt wäre von jener Trennung zwischen Begehrtem und Begehrendem, die ursprünglich in der Erfahrung des Schönen sich ausdrückt, vielleicht aber auch sogar von dem Schmerz, der im Begriff der Schönheit deshalb liegt, weil sie, um als Schönheit überhaupt wahrgenommen werden zu können, von dem Begehren abgedrängt wird, dem Begehren entzogen wird, und dadurch jenen Charakter der Uneigentlichkeit, der ästhetischen Sondersphäre, alles dessen annimmt, was man gemeinhin mit dem Namen des ästhetischen Scheines bedenkt.« (NaS IV.3, S. 56) Das Kunstschöne hat sich nach Adorno vom ursprünglichen Begehren, das im Naturschönen seine Stätte hat, abgestoßen. Diese Abstoßung vom unmittelbaren Begehren ermöglichte erst die Freiheit zum Objekt, von Naturzwängen, Selbsterhaltung und somit erst die Wahrnehmung des Schönen. Im Tabu über das Begehren im Kunstwerk sei das Naturmoment aber als negativ aufgehobenes gleichzeitig bewahrt (S. 57).

mitgefühlt sei, wodurch die Dissonanz zu nahe an Versöhnung läge und zum falschen Schein des Menschlichen gerate, ähnlich dem der Kulturindustrie. Andererseits könne die Dissonanz, verabsolutiert sie dieses Tabu, aber auch zum völlig indifferenten Material erkalten.[82]

In beiden Fällen käme dann die gegen das Ich gerichtete objektive Erfahrung angesichts des Schönen nicht zustande. Erfahrung, derjenige Modus von Erkenntnis, der sich dem Nichtidentischen, unauflöslich Objektiven überläßt, ist von Adornos Begriff von Schönheit aber nicht wegzudenken: Sie ist die subjektive Seite des Schönen.[83] Obschon sich Schönheit nicht subjektivistisch, von der Wirkung her bestimmen läßt, wie Adornos Kritik an Kant ja gezeigt hat, geht sie ebenso wenig auf in Objektivität, da sie sich ohne Reflexion auf menschlichen Geist nicht denken läßt. Nur als Spannungsverhältnis von Subjekt und Objekt ist das Schöne denkbar; kein Schönes ist daher ohne das Subjekt. Für Adorno wird nur das an sich schön, das durch sein Für-anderes hindurchgegangen ist. Dies Für-anderes ist jedoch das gerade Gegenteil des Verlangens, das Schöne möge dem Subjekt etwas geben – jenes ist für Adorno keine Wand, vor welcher der Rezipient nur das Echo seiner selbst vernimmt, wie es bei den Produkten der Kulturindustrie der Fall ist.[84] Das Schöne ist nur für das Subjekt, insofern es dessen Selbstsetzung revoziert und einen Einblick in das Wesen und nicht bloß auf die Fassade von Subjektivität gewährt; nämlich indem es an die Verstörung erinnert, die das Subjekt dem Schönen dadurch antut, daß es sich dessen Objektivität gegenüber herrschaftlich gebärdet. Auch hier dient Adorno das Naturschöne wieder als Modell: Im Eingedenken der Natur »tritt das Ich, geistig, aus der Gefangenschaft in sich selbst heraus«.[85] Um die Natur zu erinnern, muß sie jedoch erst überwunden

82) Ebd., S. 30.
83) Adorno: Ästhetische Theorie. AGS 7, S. 185.
84) Ebd., S. 33.
85) Ebd., S. 410. Auch hier wird allerdings wieder der Mangel des Naturschönen deutlich: dessen oftmals unwillkürliche Wahrnehmung ist für Adorno bewußtlos, Natur nur blind zu sehen (vgl. S. 108). Diese Bewußtlosigkeit sei jedoch ein mit steigender rationaler Mündigkeit unvereinbares archaisches Rudiment (S. 109). Ästhetische Erfahrung bedürfe daher stets auch der Willkür des Bewußtseins, was wieder auf das Kunstschöne verweist. Das Schöne erschließt sich nach Adorno der Analyse, die selbst ein unwillkürliches Moment habe, wolle sie nicht vergebens sein: »Angesichts des Schönen stellt analytische Reflexion den temps

sein: Erst das historisch erstarkte und naturbeherrschende Subjekt hat nach Adorno daher die Kraft, vor dem Schönen zurückzutreten und seine Selbstsetzung zu revozieren.[86] Anders gesagt: Erst ein gegenüber Naturzwängen freies Subjekt könnte von seinem Herrschaftsanspruch ablassen und einem Objekt den Vorrang einräumen. Da es das Subjekt ist, welches sich ins Ungedeckte wagen und die reflexive Distanz zum Objekt überbrücken muß, darf es nicht bereits objektiv gebunden sein. Durch diese Entäußerung im Scheitern herrschaftlicher Subjektivität kommt aber nach Adorno gleichzeitig das Subjekt, und zwar das konkrete, empfindende und leidende Individuum, zu seinem Recht, das eine »opferlose Nichtidentität«[87] durch die Spontaneität des Denkens zu erfahren vermag. Auch hier ist Adornos Argumentation gegen die idealistische Subjektivität gerichtet: Nur das konkrete Individuum kann Erfahrungen machen – und die sind für Adorno als historische immer leidvoll. Dieses Leiden vertritt sowohl den eigenen Anspruch als auch den des Objekts, da es auf die Zerrissenheit von Subjekt und Objekt verweist, die das Subjekt am eigenen Leib spürt. Diese Erfahrung mit sich, die das Subjekt angesichts des Schönen und seines Scheins macht, ist für Adorno das Zentrum seines Denkens gewesen; nicht zuletzt aus diesem Grund ist die Rettung der Kategorie des Schönen für ihn so ungemein dringend.

Sein Scheitern kann das Subjekt freilich nicht angesichts des Wohlgefälligen, sondern nur des Dissonanten erfahren; auf seiten des Werks drückt sich dies in der Zerrüttung der Form aus. Durch die negative Erfahrung der Dissonanz wird sich das Subjekt, aufgrund der Unverständlichkeit des Nichtidentischen erschüttert, seiner Nichtigkeit und

durée durch seine Antithese wieder her. Analyse terminiert in einem Schönen, so wie es der vollkommenen und selbstvergessenen bewußtlosen Wahrnehmung erscheinen müßte« (ebd.).

86) Ebd., S. 397.

87) Vgl. Adorno: Negative Dialektik. AGS 6, S. 277. Diese Argumentation ist jedoch eine *petitio principii*, die auf eine Aporie verweist: Angesichts des Schönen wird die Selbstsetzung des Subjekts zerstört, was ihm Freiheit ermöglicht, diese Freiheit ist aber Voraussetzung, das Schöne überhaupt erfahren zu können. Und da es heute für Adorno überdies kein selbstherrliches Subjekt mehr gibt, sondern lediglich eine naturverfallene Schwundstufe von Subjektivität, scheint die Möglichkeit von Erfahrung überhaupt prekär geworden. Auch das Schöne wird damit zur Flaschenpost.

Beschränktheit bewußt: »Die Schocks des Unverständlichen [...] schlagen um. Sie erhellen die sinnlose Welt. Dem opfert sich die neue Musik. Alle Dunkelheit und Schuld der Welt hat sie auf sich genommen. All ihr Glück hat sie daran, das Unglück zu erkennen; all ihre Schönheit, dem Schein des Schönen sich zu versagen.«[88] Der Schmerz angesichts der Schocks und der Erkenntnis des Unglücks verweist aber auch auf die Sehnsucht nach dem, was dem Subjekt bislang versperrt ist, der Nichtidentität. Erst dann gelangt es über sich hinaus »zu dem, was anders ist«.[89] Bei Adorno sind Glück und Negativität stets durcheinander vermittelt. In der Überwältigung, der »Auslöschung« des in sich zusammenstürzenden Subjekts, liegt nur aus dem Grund, daß das Negative auf die Möglichkeit von etwas Nicht-Negativem verweist, ein Moment des Glücks. Nur der Dilettant findet einzig schön, woran er sich nicht verletzt.[90]

VI

Daß ein Kunstwerk ohne die Idee des schönen Scheins kaum denkbar ist, diese Idee gleichwohl heute nur negativ zum Ausdruck zu bringen ist, rückt die Perspektive einer Absage an Kunst näher, insofern diese als Medium historischer Wahrheit verstanden wird. Denn Negativität stellt ein Kunstwerk vor eine eigentlich unmögliche Aufgabe. Sie entzieht sich, als ein Ausdruck des Leidens unmittelbar, der Erfahrung und Sublimierung, folglich auch der Darstellung mittels der künstlerischen Form. Das Gelingen von Kunstwerken hängt jedoch letztlich von der Sublimierung ihres Gehalts ab; erst durch diese wird das Sinnliche, für Adorno das allerhöchste Moment von Kunst, überhaupt schön. Erst durch die Reflexion des Sinnlichen in seiner Unmittelbarkeit, gegen die ein Kunstwerk geradezu allergisch ist, kann es als *apparition* Repräsentation historischer Wahrheit werden. Und auch Erfahrung ist von den Kunstwerken ja nicht wegzudenken: Als Spannungsverhältnisse von subjektiven und objektiven Momenten sind sie nicht indifferent gegenüber dem Subjekt, das angesichts der Werke objektive Erfahrungen mit sich macht. Die verabsolutierte Negativität, die Zerstörung der Form

88) Theodor W. Adorno: Philosophie der neuen Musik. AGS 12, S. 125f.
89) Adorno: Ästhetische Theorie. AGS 7, S. 296.
90) Vgl. Adorno: Ästhetik 1958/59. NaS IV.3, S. 188.

und des Scheins, ist auch mittels der Kategorie der Dissonanz, in der die Dialektik von Schönem und dessen Zerrüttung noch gedacht ist, nicht mehr zu fassen. Sie nährt sich einer Position wie der Lyotards, der in der Kunst sowohl das Ende des Darstellens als auch die Auslöschung des Subjekts behauptet, welches Erfahrung nicht mehr zuläßt und bloß ein »Gefühl« des Nichtrepräsentierbaren zurückläßt. Die Kunstwerke sind dann nicht mehr dialektisch, sondern fallen zurück ins Opake, in die unmittelbare sprach- und vernunftlose Darstellung des Leidens, die diesem eventuell jedoch angemessen ist.

Die Frage nach der Möglichkeit des Schönen läßt sich zuspitzen zur Frage nach der Möglichkeit von Kunst überhaupt. Auch Adorno beschäftigte nicht nur die Frage nach der rettenden Kritik der traditionellen ästhetischen Kategorien, sondern mehr noch, wie Rolf Tiedemann bemerkt, die Tatsache, daß nach den geschichtlichen Katastrophen überhaupt weiterhin Kunstwerke entstanden und noch entstehen.[91] Die Konsequenz ist, so scheint es, daß für Adorno, trotz aller Überlegungen zum Schönen, geschichtlich nur noch absolut negative Kunstwerke möglich sind. Diese seien, wie es in der »Ästhetischen Theorie« heißt, als einzig richtiges Bewußtsein einer Epoche, in der die Möglichkeit der totalen Katastrophe mit der Möglichkeit von Utopie vereint sei[92], Bilder des Untergangs. Solche Bilder müssen dialektisch sein: Ihre Negativität kann, auf die Spitze getrieben, sowohl die Möglichkeit des Verstummens, des Absterbens von Kunst bedeuten als auch die ihres zeitlichen Endes in einem scheinlos gegenwärtigen Glück.[93] So findet sich in der »Negativen Dialektik« ein Verweis darauf, daß, solange die Welt ist, wie sie ist, alle Bilder von Frieden dem des Todes ähneln.[94] Wenn eine solche Unterscheidung aber nicht mehr zu treffen ist, läuft ein solches dialektisches Bild Gefahr, nicht nur stillgestellt zu werden, sondern in sich zusammenzufallen zu einem diffusen »Nichts geht mehr«.

Sich dieser Gefahr aussetzend, versucht Adornos ästhetische Theorie, Rechenschaft über die Möglichkeit von Kunst, und folglich des Schönen, angesichts ihrer historischen Problematik abzulegen. Exem-

91) Rolf Tiedemann: Gegen den Trug der Frage nach dem Sinn. FAB III, S. 18.
92) Adorno: Ästhetische Theorie. AGS 7, S. 55f.
93) Vgl. ebd., S. 197.
94) Adorno: Negative Dialektik. AGS 6, S. 374.

plarisch läßt sich diese Schwierigkeit anhand von Adornos Deutung der Lyrik Celans verdeutlichen. Für diesen verbürgen nicht die Motive, sondern Pause oder Intervall die Wahrheit des Gedichteten, auf die Utopie wird hierbei nur durch Eingedenken des Gegenteils hingedeutet. Die Gedichte haben für Adorno einen rein negativen Wahrheitsgehalt, da sie das äußerste Entsetzen durch Verschweigen, also durch eine Verweigerung der sinnlichen Repräsentation, sagen. Celans Sprache nähere sich dem Anorganischen, Toten und bewege sich daher auf der Bahn vom Entsetzen zum Verstummen; Adorno bezeichnet das auch als eine Transposition der Entgegenständlichung der Landschaft in sprachliche Vorgänge.[95] Eine solche Entgegenständlichung beschreibt er, wenn er sich in der »Ästhetischen Theorie« mit dem Naturhäßlichen beschäftigt: Die sich dem Anorganischen nähernde Industrielandschaft, die das Unbeherrschte dem Betrachter zukehrt, wird von diesem als häßlich empfunden, weil dieser auf dem Standpunkt der Herrschaft steht. Aber wie das Häßliche, Negative, eigentlich Nichtidentische der Industrielandschaft ja nur aus der Perspektive des herrschenden, die Gewalt verdrängenden Bewußtseins als solches erscheint, vermag auch die Sprache Celans demjenigen ein Moment des Schönen zu enthüllen, der es im Eingedenken aus einer anderen Perspektive betrachtet. Das Schöne, für Adorno in eine historische Gesteinsschicht gesunken, ist nur dem zugänglich, der ihm durch Negation eingedenk ist und hierdurch, wenngleich stumm, auf das hinweist, was schön ist. Dies Moment des Eingedenkens sei dem Zerrüttenden konträr, an das die Wahrheit von Kunst überging, lebe aber darin fort, daß es als formende Kraft die Gewalt dessen anerkenne, woran es sich mißt. »In dieser Idee ist Kunst verwandt dem Frieden. Ohne Perspektive auf ihn wäre sie so unwahr wie durch antezipierte Versöhnung. Das Schöne in der Kunst ist der Schein des real Friedlichen. Dem neigt noch die unterdrückende Gewalt der Form sich zu in der Vereinigung des Feindlichen und Auseinanderstrebenden«.[96] Darin mag sich zwar, wie Adorno ja auch von der Lyrik Celans behauptet, ein letzter Trost verbergen, der unangemessen ist angesichts der Wirklichkeit. Dies ist jedoch in Adornos ästhetischer Theorie der »Spalt der Inkonsequenz«, aus dem die Bilderwelt des Nichts als Etwas hervortreten kann, die für ihn auch Becketts Dichtung charakterisiert.

95) Vgl. Adorno: Ästhetische Theorie. AGS 7, S. 477.
96) Ebd., S. 382f.

Diese sei keine Identifikation mit dem Nichts, keine Affirmation des Leidens, sondern »die kleinste Differenz zwischen dem Nichts und dem zur Ruhe Gelangten wäre die Zuflucht der Hoffnung«.[97]

Aus dieser kleinen Differenz, dem Spalt der Inkonsequenz, ergibt sich für die ästhetische Theorie Adornos freilich die Hoffnung, an Kunst festhalten zu können im Hinblick auf eine mögliche andere, menschliche Welt. Die Kategorie der Dissonanz, in welcher diese Inkonsequenz immer auch mitschwingt, leistet in dieser Hinsicht die Vermittlung von reiner Negativität und der Möglichkeit schönen Scheins. Das Schöne zeigt an, daß die Negativität nicht das Endgültige, die Norm und folglich das Ende von Kunst bedeutet. Obschon diese absolut negativ sein muß, um dem Leiden der Menschen an der Geschichte Ausdruck zu verleihen, wäre mit Adorno darauf zu beharren, daß sie zugleich die Notwendigkeit einer solchen Negativität beklagt.

97) Adorno: Negative Dialektik. AGS 6, S. 374.

Irene Lehmann

Die möglichen Unendlichkeiten des Unverständlichen und die Formen der Kritik

Luigi Nono und das engagierte Kunstwerk[1]

»›Kleiner roter Elefant, Spielzeug meines Sohnes, dich lasse ich als ersten in mein Buch, damit sich nicht andere brüsten.‹
Der kleine rote Elefant quiekt. Alle Gummi-Spielzeuge sollen quieken, wozu käme sonst Luft aus ihnen heraus? [...]
Mein Sohn lacht.
Er begann zu lachen, als er zum ersten Mal ein Pferd sah, er glaubte, daß es im Scherz vier Beine machte und eine lange Schnauze.
Wir sind in verschiedene Formen gestanzt, aber wir haben alle ein und dieselbe Stimme, wenn man uns zusammenquetscht.«
Viktor Šklovskij: *Über einen kleinen roten Elefanten*[2]

Es gibt eine linksradikale und marxistische Tradition, Kunst mißtrauisch zu beäugen und sie, zusammen mit der gesamten bürgerlichen Gesellschaft, als elitär und korrumpiert zu verwerfen. Diese Haltung, die sich sowohl in den Auseinandersetzungen im Bund proletarisch-revolutionärer Schriftsteller in den späten 1920er und frühen 30er Jahren oder auch im Umfeld der französischen Situationisten findet[3], beeinflußt noch immer die Wahrnehmung des Verhältnisses von Politik, Kritik und Kunst. Die Idee, Kunst müsse politisch sein, bildete sich in ihrer heutigen Form erst Anfang des 20. Jahrhunderts aus. Ausgehend von Friedrich Schillers Schriften verhandelten die Vorläufer das Verhältnis von Kunst und Moral vor allem unter dem Aspekt der Erziehung. Jean-Paul Sartre prägte schließlich den Begriff der politischen als »engagierten« Kunst, der trotz aller Verunsicherungen über den Begriff des

1) Dieser Text beruht auf einem Vortrag, der auf der Konferenz »Die Kunst der Freiheit. Autonomie und Engagement nach Sartre und Adorno« (30.9.-2.10.2011) in Wien am gehalten wurde.
2) Viktor Šklovskij: Über einen kleinen roten Elefanten. In: ders.: Dritte Fabrik. Frankfurt am Main 1988, S. 11.
3) Vgl. Helga Gallas: Ausarbeitung einer marxistischen Literaturtheorie im BPRS und die Rolle von Georg Lukács. In: Alternative, 67/68, 1969, S. 148-173; Guy Debord: Gesellschaft des Spektakels. Berlin 1996, S.164f. Die Position des Situationismus zur Kunst ist allerdings nicht einheitlich.

Politischen im 20. Jahrhundert noch heute über einige Ausstrahlungskraft zu verfügen scheint.[4] Aktuelle theoretische Bezugnahmen auf das Verhältnis von Kunst und Politik wie die von Martin Seel und Dieter Mersch stellen die Begriffe Ethik und Ästhetik ins Zentrum, wodurch eine Verschiebung und Veränderung im Begriff des Politischen selbst deutlich wird.[5] Dennoch zeigt ein Blick zurück ins 20. Jahrhundert, daß die Debatten um politische Kunst heute weiterwirken und noch der umfassenden Auseinandersetzung harren. Die Neue Musik erweist sich als ein Kristallisationspunkt dieser Diskussionen und steht immer auch quer zu ihnen.

Dem Komponisten Luigi Nono (1924-1990) gelang es in der Debatte um politische Kunst, einen anderen Weg als den vieler Zeitgenossen einzuschlagen, obwohl er seit 1952 der Kommunistischen Partei Italiens (PCI) angehörte und sich auf Sartres Konzept des politischen Engagements bezog.[6] Im Gegensatz zu den meisten seiner Parteigenossen sah er keinen Widerspruch zwischen experimenteller avangardistischer Ästhetik und seiner politischen Positionierung. Bemerkenswert ist dies umso mehr, als zu seiner Zeit in den Staaten des Ostblocks Zwölfton-Musik[7] als dekadent zensiert wurde, weder gab es Aufführungen noch wurden Partituren gedruckt.[8] Noch 1961 wurde die Zusammenarbeit

4) Siehe etwa die Diskussion in der Zeitschrift Prodomo, 15, 2011 und 16, 2012.
5) Dieter Mersch: Ereignis und Aura. Untersuchung zu einer Ästhetik des Performativen. Frankfurt am Main 2002; Martin Seel: Ethisch-ästhetische Studien. Frankfurt am Main 1996.
6) Vgl. Luigi Nono: Notizen zum Musiktheater heute. In: Jürg Stenzl (Hrsg.): Luigi Nono. Texte. Studien zu seiner Musik (im folgenden LN). Zürich 1975, S. 61-67. Zentral für Nono ist die Bemerkung Sartres aus »Was ist Literatur?« (Reinbek 1981, S. 67): »[...] obwohl die Literatur eine Sache ist und die Moral eine ganz andere, erkennen wir hinter dem ästhetischen Imperativ den moralischen Imperativ.«
7) Anders als die klassische Musik und die Popmusik beruht die Zwölftonmusik nicht auf der tonalen Kompositionsweise, die ihrerseits auf der Dur-Moll-Dualität basiert und ein System signifikanter Bezüge darstellt. Idee der dodekaphonen Technik, die von Arnold Schönberg entwickelt wurde, ist zunächst eine Gleichberechtigung aller Töne und ihrer Beziehungen.
8) Vgl. Irmgard Jungmann: Kalter Krieg in der Musik. Eine Geschichte deutschdeutscher Musikideologien. Wien 2011, S. 95-97. Lars Klingberg: Die Debatte um Eisler und die Zwölftontechnik in der DDR in den 1960er Jahren. In: Michael Berg, Albrecht von Massow, Nina Noeske (Hrsg.): Zwischen Macht und Freiheit. Neue Musik in der DDR. Köln 2004, S. 39-61.

Nonos mit dem Bühnenbildner Josef Svoboda dadurch behindert, daß die tschechische Regierung dessen Mitwirkung in einem dodekaphonen Stück verhindern wollte.[9] Der Hauptvorwurf, der von seiten der Vertreter des sozialistischen Realismus genauso wie von seiten der westdeutschen Vertreter einer gemäßigten Moderne an Nono wie an die Neue Musik im allgemeinen erging, war derjenige der Unverständlichkeit. Wie verbreitet diese Auffassung war, zeigen die vielen Bücher, die in der BRD zu dieser Zeit erschienen, um die Neue Musik dem Publikum näherzubringen. Eines beginnt mit den Worten: »Immer wieder wird die Klage erhoben, ›Neue Musik‹ sei eigentlich unverständlich.«[10] Tatsächlich ergibt sich aus der genaueren Betrachtung von Nonos Ästhetik und der Rezeptionsgeschichte seiner Stücke, daß dieser Vorwurf bei ihm etwas Spezifisches trifft, da Unverständlichkeit in seinen Kompositionen zur ästhetisch-kritischen Kategorie wird.

Die Vernachlässigung der Form in der Debatte um engagierte Kunst

Neben Sartre waren als Bezugspunkte für Künstler und Kritiker, die sich der politischen Intervention auf marxistischer Grundlage widmeten, lange Zeit Bertolt Brecht und Georg Lukács bedeutsam. Zwischen den drei Theorien lassen sich einige Gemeinsamkeiten ausmachen, die hier näher betrachtet werden sollen als die ebenfalls erheblichen Differenzen. Besonders Brechts Ästhetik und Rezeption sind sehr ambivalent, da er sowohl für als auch gegen die vorherrschende Vorstellung realistischer Kunstproduktion in Dienst genommen wurde, sich gegen Lukács, aber auf seiten des Realismus positioniert.

Während Lukács unter dem Begriff des Realismus die idealistische Inhaltsästhetik des 19. Jahrhunderts zur Norm der Beurteilung macht, bleiben Brecht und Sartre trotz ihrer formalen Experimente ebenfalls bei der Vorstellung, gesellschaftliche Zustände ließen sich abbilden und sinnlich erfahrbar machen. Diese Vorstellung beruht auf einem Ideal

9) Josef Svoboda durfte dokumentarisches Bildmaterial nicht ausführen. Auch dem Regisseur Alfred Radók wurde die Ausreise verwehrt. Vgl. Angela I. De Benedictis (Hrsg.): L'opera si racconta nelle voci epistolari dei protagonisti. In: dies.: Giorgio Mastinu (Hrsg.): Intolleranza 1960. A cinquant'anni dalla prima assoluta. Venedig 2011, S. 57-111, hier S. 89.
10) Rudolph Stephan: Neue Musik. Göttingen 1958, S. 3.

von Einfachheit und Verständlichkeit, besonders bei Sartre und Lukács sollen mit einfachen, leicht verständlichen Formen politische Botschaften übermittelt werden. In musikalischer Hinsicht wird diese Position in den Chören Hanns Eislers ausgedrückt, die durch das Mittel der Einstimmigkeit den Eindruck von Massivität hervorrufen. Brecht formuliert zwar vor allem in seiner Schauspieltheorie die Notwendigkeit der Verfremdung[11] bei der Darstellung der Wirklichkeit und erklärt zunächst die Distanznahme der Zuschauer zum Bühnengeschehen als ideale Haltung. Er beharrt jedoch auf einer pädagogischen Einstellung gegenüber den Zuschauern, denen etwas gezeigt werden müsse. Brechts Kritik am »singenden Menschen auf der Bühne« beruht darüber hinaus auf der mangelnden realistischen Motivation des Gesangs. In Ablehnung der formalistischen Künstlichkeit der Oper beschränkt Brecht die zulässigen Darstellungsweisen und qualifiziert Musik überhaupt als unvernünftig ab.[12] In der sogenannten »Expressionismusdebatte«, die sich an der Begeisterung einiger expressionistischer Dichter für den Nationalsozialismus entzündete, verwarf Lukács die gesamte moderne Kunst zugunsten seiner Vorstellung von Realismus. Brecht kritisiert diese Position zwar, plädiert aber im wesentlichen nur für eine Erweiterung des Realismusbegriffs.[13] Eine Schwierigkeit in dieser Debatte, die der Diskussion um politische Kunst erhalten bleibt, ist der immer unklarer werdende Begriff des Realismus. So wird zur Verurteilung dieser oder jener Autoren deren Abweichung von der empirischen Rea-

11) Verfremdung ist ein konstruktivistisches Prinzip, erstmals formuliert von Viktor Šklovskij: Die Kunst als Verfahren [1916]. In: Jurij Striedter (Hrsg.): Russischer Formalismus. Texte zur allgemeinen Literaturtheorie und zur Theorie der Prosa. München 1981, S. 3-35.

12) Bertolt Brecht: Das moderne Theater ist das epische Theater. In: ders.: Schriften zum Theater. Frankfurt am Main 1957, S. 13-22. »Dieses Unvernünftige der Oper liegt darin, daß hier rationale Elemente benutzt werden, Plastik und Realität angestrebt, aber zugleich alles durch die Musik wieder aufgehoben wird. Ein sterbender Mensch ist real. Wenn er zugleich singt, ist die Sphäre der Unvernunft erreicht« (S. 15).

13) Vgl. Bertolt Brecht: Volkstümlichkeit und Realismus. In: Hans-Jürgen Schmitt (Hrsg.): Die Expressionismusdebatte. Materialien zu einer marxistischen Realismuskonzeption. Frankfurt am Main 1973, S. 329-336, hier S. 333. Brecht spricht sich hier (S. 330) auch für die Verständlichkeit der Kunst für die breiten Massen aus.

lität angeführt, positiv bezieht Lukács sich jedoch auf einen Begriff des Typischen. In Verbindung mit dem Streben nach »Volkstümlichkeit« führt ihn das schließlich dazu, traditionellere Autoren wie Tolstoi gegen Joyce oder Proust zum Muster zu erheben.[14]

Während die Avantgarde seit der Jahrhundertwende zum 20. Jahrhundert sich im Bruch zur realistischen Darstellungsweise bildet, halten die linken Theorien an ihr fest und versuchen sie zu restaurieren. Zum Teil nehmen sie damit auch die Entwicklung der Kunstpraxis der 1910er und 1920 Jahre nicht ernst, die den Begriff der politischen Kunst prägen, so etwa die multimedialen Experimente Erwin Piscators.[15] Auch in seinem überaus einflußreichen Buch »Was ist Literatur?«[16] schließt Sartre an die Ideale des 19. Jahrhunderts an, was sich vor allem in der Konzeption des Verhältnisses von Kunstwerk und Künstler sowie der damit zusammenhängenden Konzeption von Sprache zeigt. Künstler, Kunstwerk und Mittel der Darstellung werden bei Sartre als unmittelbare Einheit aufgefaßt. Sprache wird ausschließlich als Instrument verstanden, um das intentionale Vorhaben des Autor-Subjekts auszuführen. Sartre verpflichtet damit die Sprache auf eine eindeutige Sinnproduktion und -vermittlung, die Voraussetzung des Engagements ist. »Worte sollen Dinge der Welt korrekt angeben, nicht gefallen oder mißfallen«, heißt es. Und: »Wenn man in Schwierigkeiten ist, greift man nach irgendeinem Werkzeug. Ist die Gefahr vorüber, erinnert man sich nicht einmal mehr, ob es ein Hammer oder ein Holzscheit war.«[17] Explizit wendet sich Sartre gegen Literatur, die Formen und Kunstmittel wahrnehmbar macht: »Der Stil muß unbemerkt bleiben. Da ja die Wörter transparent sind und der Blick durch sie hindurchgeht, wäre es absurd, unpolierte Scheiben dazwischen zu schieben.«[18] Deutlich prägen sich hier die ästhetischen Konzepte des 19. Jahrhunderts aus, die Vorstel-

14) Vgl. Gallas: Ausarbeitung einer marxistischen Literaturtheorie im BPRS und die Rolle von Georg Lukács.
15) Dies verdeutlicht Lukács schon während der Expressionismusdebatte 1937/1938. Vgl. Georg Lukács: Es geht um den Realismus. In: Schmitt: Die Expressionismusdebatte, S. 192-230.
16) Jean-Paul Sartre: Was ist Literatur? Reinbek 1981. Aufgrund seiner überaus verbreiteten Rezeption beschränkt sich die Analyse auf diese Schrift, zumal sie nicht in eklatantem Widerspruch zu anderen Texten Sartres steht.
17) Ebd., S. 25.
18) Ebd., S. 28.

lung der Abbildbarkeit ist verbunden mit der Idee der Einheit von Form und Inhalt unter dem Primat des Inhalts. Dieser Auffassung folgt Sartre auch, wenn er bemerkt, zuerst falle die Entscheidung für den Gegenstand, ob es sich nun um ein Buch »über Schmetterlinge oder um die Situation der Juden« handle, sodann bleibe »zu entscheiden, wie man darüber schreiben werde.«[19] Die Form wird starr gedacht und als tradierte nur weiterverwendet.

Als radikalste und gesellschaftlich wirksamste Form ästhetischer Restauration ist wohl der Sozialistische Realismus zu verstehen, dem Sartre zumindest inhaltlich nahesteht. Ähnlich wie dieser wendet sich Lukács gegen die Avantgarde, aufgrund seiner Position als Staatsästhetiker mit größerer gesellschaftlicher Wirkung. Für ihn ist alles vom Realismus Abweichende ein Zeichen der Dekadenz, der Schwäche des Subjekts und auch der Künstler, was diesen persönlich zum Vorwurf gereicht. In der politischen Praxis wurden ästhetische Urteile nicht nur von Lukács schließlich zur Verhängung von Schreibverboten oder zur Deportation in den Gulag verwendet, wie es dem Theateravantgardisten Wsewolod Meyerhold geschah, dessen Experimente bis Anfang der 1920er Jahre noch von staatlicher Seite unterstützt wurden. Lukács richtet seine Kritik gegen die Moderne von Flaubert bis Proust, von Joyce bis Beckett.[20] Während im Westen der politische Inhalt als Ausweis kritischer Kunst galt, führte das Verdikt des Sozialistischen Realismus dazu, daß die als formalistisch verschrienen Experimente aus dem Westen, ob sie nun streng seriell komponiert waren oder sich experimentell an John Cage anlehnten, mehr kritisches Potential entfalten konnten als die Kompositionen, die das Ewige als Ideal der Inhaltsästhetik aufrechterhielten.[21]

Die Privilegierung des Inhalts, wie sie bei Sartre und anderen vorzufinden ist, entspricht der Vorgabe, oberstes Kriterium der politischen

19) Ebd., S. 29.

20) Vgl. Georg Lukács: Wider den mißverstandenen Realismus. Die Gegenwartsbedeutung des kritischen Realismus. Hamburg 1958. Das Buch erschien bereits nach Stalins Tod und dem auf dem 20. Parteitag 1956 dekretierten Ende des Stalinismus.

21) Etwa die Aktionen Tadeusz Kantors und Bogusław Schaeffers, die sofort nach dem Ende des Stalinismus ab 1956 beim Musikfestival »Warschauer Herbst« zu sehen waren.

Kunst müsse ihre Verständlichkeit sein. Ihre ästhetische Qualität und somit das, was sie zur Kunst macht, bleibt untergeordnet; ihre Form wird höchstens nach ihrer Wirkung beurteilt. Bei Sartre führt das so weit, daß er von den Künstlern überhaupt nur Schriftsteller in die Pflicht nimmt, sich politisch zu engagieren. Wenn aber die Sprache des Schriftstellers nur pragmatisch auf Kommunikation reduziert wird, bleibt von der eigenen Qualität von Literatur und Poesie, der Literaturhaftigkeit, wie Roman Jakobson sie nannte, wenig übrig. Diese würde höchst präzise zwischen Holzscheiten und Hämmern, Schmetterlingen und Juden unterscheiden. Sartre nimmt so die antike Trennung von Rhetorik und Poesie wieder auf, die er auf das Verhältnis von Prosa und Poesie überträgt und jene damit auf ihre kommunikative Funktion reduziert.[22]

Eine kritische Tradition, die in heutigen Diskussionen weitgehend unbeachtet bleibt, ist der russische Formalismus, der zeitgleich mit der russischen Avantgarde das bisherige Denken über Kunst und Literatur grundlegend in Frage stellte.[23] Ein wesentliches Moment dieser Kritik und ist die Reflexion auf die Form des Kunstwerks, die nunmehr als poetisches und ästhetisches Prinzip gefaßt wird und nicht mehr als beiläufige, tradierte Form, die zufällig zu diesem oder jenem Inhalt hinzutritt. Daß sie unter anderem mit der Untersuchung von Versformen der russischen Lyrik gegen die alte Literaturwissenschaft genauso wie gegen das marxistisch begründete Verlangen polemisierte, Kunst direkt für den Aufbau der neuen Gesellschaft dienstbar zu machen, weist auf die gesellschaftliche Bedeutung der ästhetischen Form hin. Nicht zufällig wird man sich der Bedeutung der Form und den Revolutionen von 1905 und 1917 bewußt. Der konstruktivistische Ansatz, die Form eines Kunstwerks bewußt zu machen, war kurze Zeit später zwar noch zur Kritik der zaristischen Gesellschaft akzeptiert, paßte aber nicht zur sowjetischen Vorstellung der Neuen Gesellschaft und des Neuen Men-

22) Vgl. Gotthold Ephraim Lessing: Laokoon oder über die Grenzen der Malerei und Poesie [1766]. Hrsg. von Kurt Wölfel. Frankfurt am Main 1988, S. 113.
23) Als Vertreter können Viktor Schklowski, Jurij Tynjanow, Boris Eichenbaum, auch Michail Bachtin und für den Prager Strukturalismus Roman Jakobson und Jan Mukařovskij genannt werden. Es gibt sowohl eine Ähnlichkeit im Denken zum amerikanischen New Criticism als auch zu Adornos und Benjamins Ästhetiken. Eine breitere Rezeption gab es in Deutschland seit den 1970er Jahren. Vgl. Viktor Erlich: Russischer Formalismus. Frankfurt am Main 1987; Striedter: Russischer Formalismus.

schen und führte schließlich, zwischen 1924 und 1930, zum Verbot der formalistischen Zeitschriften und Vereinigungen.[24] In den Ästhetiken von Benjamin und Adorno werden viele dem russischen Formalismus verwandte Konzeptionen entwickelt. Besonders hervorzuheben ist ihre Untersuchung der Spannung und gegenseitigen Veränderung formaler und inhaltlicher Momente sowie die Entfaltung des kritischen Moments aus der Struktur des Kunstwerks selbst heraus, die auf der Theorie des autonomen Kunstwerks beruht.[25]

Auch in heutigen Debatten über Kunst herrscht die Beschäftigung mit den inhaltlichen Momenten von Kunst vor, ob sie nun in den verschiedenen politischen Szenen oder im bürgerlichen Feuilleton geführt werden. Wird von einer bruchlosen Einheit der Welt, ihrer gegenständlichen Abbildung und der Rezeption der über diesen merkwürdigen Umweg der Kunst mitgeteilten Botschaft ausgegangen, ist die übliche Vorgehensweise, Kunst nach Kategorien zu beurteilen, die aus Politik, Psychologie oder Moralphilosophie gewonnen sind, nicht weiter verwunderlich. Allerdings bleibt ungeklärt, warum diese Kategorien überhaupt auf Kunst angewendet werden müssen. Wären Botschaften so einfach zu übermitteln, wie es das zugrundeliegende Sender-Empfänger-Modell annimmt, müßten weder Romane noch Musik geschrie-

24) Vgl. zur Konfrontation von Sowjet-Marxismus und Formalismus ausführlich Erlich: Russischer Formalismus, S. 109-130. Während in frühen formalistischen Schriften eine polemisch zugespitzte Entgegensetzung von Gesellschaft und Literatur gemacht wurde, sind doch die Schriften von Bachtin, besonders über das Prinzip des Karnevals (der Parodie und Groteske umfaßt), der auf der Umkehrung der Werte beruht, antizaristisch gelesen worden. In dieser Hinsicht wurden etwa die Stücke und Romane von Nikolai Gogol und Anton Tschechow interpretiert. Kennzeichnend für diese Auseinandersetzung ist auch der Roman Michail Bulgakows »Der Meister und Margerita«, der mit Mitteln der Parodie und Verfremdung die sozialistische Gesellschaft kritisiert, der zwischen 1927 und 1940 entstand, aber erst 1966/67 posthum erscheinen konnte.

25) Entwicklung von allgemeinen Formen über die »Ismen« der ersten Avantgarde zum Nominalismus, mit dem jedes Kunstwerk seine eigene Form und Semantik ausprägt, beschreibt Adorno in: Vers une musique informelle. In: Theodor W. Adorno: Gesammelte Schriften (im folgenden AGS). Hrsg. von Rolf Tiedemann. Frankfurt am Main 1970ff., Bd. 16, S. 493-540. Aus der Autonomie des Kunstwerks folgt auch der Gedanke der Evolution der Formen. Insgesamt wären diese Bezüge noch herauszuarbeiten, wie auch die zum New Criticism, was in diesem Rahmen jedoch nicht geleistet werden kann.

ben, noch ihre kritische Reflexion unternommen werden, um die Gesellschaftskritik zu erweitern.

Sinnliche und geistige Momente

Vor allem die Ästhetiken von Lukács und Sartre setzen mit dem Primat des Textes und des Geistigen in der Kunst die Positionen des deutschen Idealismus fort. Die idealistische Kunstbetrachtung geht davon aus, daß eine vorher existierende Idee im Kunstwerk nur dargestellt wird und eine rein repräsentative Funktion einnimmt. Anders formuliert: Der Text repräsentiert in diesem Zusammenhang allein die Idee, das Schöne ist nur ihr schönes Scheinen, darf aber nicht ob seiner eigenen sinnlichen Qualität betrachtet oder genossen werden. Dies hat die Reduktion des Verstehensbegriffs auf den Text und auf den sogenannten geistigen Gehalt zur Folge.

Im Unterschied dazu macht Adorno auf die qualitative Veränderung der Ideen aufmerksam, die abhängig von der konkreten Materialität ist, in der sie ausgedrückt werden. Er beobachtet, wie die Auswahl der Materialien selbst Bedeutung erzeugt.[26] Insofern ist die Vorstellung einer dem konkreten Kunstwerk vorgängigen Idee nicht mehr aufrechtzuerhalten. Adorno spricht dagegen von sinnlichen und geistigen Momenten im Kunstwerk und von Impulsen, die ihm zwar vorgängig, in ihrer Abstraktheit und Unmittelbarkeit aber nicht zugänglich sind. Material und Technik begreift er als Momente des Kunstwerks, die in dieses eingehen und stets den historischen Index ihrer Genese mit sich führen. Durch die Korrespondenz mit der technischen Entwicklung und Material- und Naturbeherrschung der Gesellschaft ist die Kunstproduktion mit der realen vermittelt, weist auf Sprünge in deren Entwicklung oder ihren Stillstand hin.

Sowohl die geistigen als auch die sinnlichen Momente bilden den Gehalt eines Kunstwerks und erfordern damit einen anderen Verstehensbegriff als den ideen- und textzentrierten, der sich an der Alltagssprache orientiert. Darauf gründet sich Adornos Auffassung, daß Kunst eine andere Erkenntnisweise als die theoretisch bleibende Philosophie ermögliche und verlange, und daß beide Erkenntnisweisen sich zu ergänzen hätten. Während die Philosophie wesentlich ein begriff-

26) Theodor W. Adorno: Die Kunst und die Künste. AGS 10, S. 432-453, hier S. 442.

liches Erkennen ermöglicht, beruht die Kunst auf mimetischen Produktions- und Verständnisweisen. Anders als in der traditionellen, auf Platon beruhenden Philosophie ist das Mimetische nicht als reproduktive Nachahmung zu verstehen, sondern als Anähnelung an den Gegenstand, die somatische Aspekte umfaßt. Walter Benjamin expliziert dieses Prinzip eindrücklich in seinen Reflexionen der kindlichen Erfahrung, etwa wenn der kindliche Erzähler Schmetterlinge jagt oder die Einrichtungsgegenstände der bürgerlichen Wohnung beseelt.[27] Obwohl Adorno besonders den Unterschied zwischen Philosophie und Kunst betont, ist in seinen Schriften genauso unübersehbar, daß die Bedeutung der ästhetischen Erfahrung das philosophische Denken verändert, weil sie sich nicht vollständig in eine geistige Struktur aufheben läßt.[28]

Bereits aus der »Dialektik der Aufklärung« läßt sich erschließen, daß Adorno das bestehende Verhältnis von Geistigem und Sinnlichem in Kunsttheorie und Gesellschaft kritisiert, da sich in diesem Verhältnis immer die Dialektik der Naturbeherrschung niederschlägt, an der auch Kunst teilhat: In der Tat unterbrach die Arbeit an der »Dialektik der Aufklärung« den »Entwurf zu einer Theorie der musikalischen Reproduktion«, in der Adorno die Gedanken über die Teilhabe der Musik sowohl an Aufklärung als auch Naturbeherrschung entwickelt.[29] Der entscheidende Unterschied zu den Ästhetiken von Sartre und Lukács ist, daß bei Adorno Natur nicht einfach als eine diskursive Struktur des Geistes vorgestellt wird oder als gestaltlose Masse, über die der Geist verfügen soll, sondern als ein irreduzibles Moment, das selbst eine Geschichte hervorbringt. Unmittelbar ist Natur oder im ästhetischen Bereich der mimetische Impuls nicht zugänglich, nichtsdestotrotz aber wesentlicher Bestandteil des Kunstwerks.

In bezug auf die Frage nach dem Verstehen betont Adorno, »daß es nichts Geistiges im Kunstwerk gibt, das nicht zugleich auch sinnlich

27) Siehe Walter Benjamin: Berliner Kindheit um Neunzehnhundert. In: ders.: Gesammelte Schriften. Hrsg. von Rolf Tiedemann und Hermann Schweppenhäuser (im folgenden BGS). Bd. IV, Frankfurt am Main 1972ff., S. 235-304; ders.: Lehre vom Ähnlichen. BGS I, S. 204-210.

28) Siehe auch: Theodor W. Adorno: Erfahrungsgehalt. AGS 5, S. 295-325.

29) Siehe Theodor W. Adorno: Dialektik der Aufklärung. AGS 3; ders.: Zu einer Theorie der musikalischen Reproduktion. Hrsg. von Henri Lonitz. Frankfurt am Main 2005.

wäre, und daß es nichts Sinnliches im Kunstwerk gibt, das nicht zugleich auch geistig wäre, ohne daß dabei aber nun das Geistige und das Sinnliche jemals einfach ineinander aufgingen.« Demnach beschränkt sich das Verstehen nicht auf das Erfassen einer textlichen Botschaft: »Und ein Kunstwerk verstehen heißt unter diesem Aspekt eigentlich gar nichts anderes, als der Konstellation oder der Dialektik innewerden, in der diese Momente zu einander stehen, also zu verstehen, in welcher Weise das Sinnliche das Geistige ist und in welcher Weise das Geistige sinnlich ist, die beiden Momente also immer auseinanderzuhalten und immer doch zugleich zusammenzudenken.«[30] Diese Form des Verstehens ist bei Adorno eng an ästhetische Erfahrung geknüpft, auf diese gründet die besondere Relevanz der Ästhetik in Adornos Philosophie. Der Nachvollzug des Kunstwerks, wie er hier beschrieben wird, ist an die subjektive Erfahrung der Rezipienten geknüpft, die sich sinnlich und geistig konstituiert. Das Individuelle ist aber nicht zufällig oder beliebig, sondern an ästhetische Objekte gebunden und ermöglicht damit die Überschreitung der subjektiven Beschränktheit. Erfahrung ist konstitutiv für die Erkenntnis im allgemeinen. In der Kunst wird überdeutlich, daß Erkenntnis sich nicht darin erschöpft, diesen oder jenen Sachverhalt in Kategorien einzuordnen. Vielmehr ist sie auf das Neue gerichtet, für das die richtigen Worte nicht bereit liegen wie Instrumente, sondern für das sie noch gefunden werden müssen. Flaubert hält das für die wirkliche Aufgabe des Schriftstellers: »trouver le mot juste«.[31]

Die Möglichkeit der Erfahrung von Gesellschaft, die Kunst bietet, ist gleichbedeutend damit, sie als widersprüchliche und antagonistische aufzufassen, die sich nicht zu einem harmonischen Ganzen fügen läßt.[32]

30) Adorno: Ästhetik 1958/59. In: Theodor W. Adorno: Nachgelassene Schriften (im folgenden NaS). Hrsg. von Theodor W. Adorno Archiv. Frankfurt am Main – Berlin 1993ff., Bd. IV.3. Hrsg. von Eberhard Ortland. Frankfurt am Main 2009, S. 166.

31) Diese Maxime gehört zu den bekanntesten Flauberts, siehe dazu etwa: Thierry Poyet: Flaubert ou une conscience en formation: Ethique et esthétique de la correspondance. 1830-1857. Paris 2008, S. 48.

32) Vgl. Adorno: Erfahrungsgehalt. AGS 5, S. 317: »An der Gesellschaft ist der dialektische Widerspruch erfahren.« – »Die logisch-metaphysische Theorie von der Totalität als dem Inbegriff der Widersprüche heißt, dechiffriert, daß die Gesellschaft nicht ein von Widersprüchen, Disproportionalitäten bloß Durchfurchtes und Gestörtes sei; daß sie Totalität nicht als geschlichtetes Ganzes, sondern nur

Insofern ist die Reflexion der verschiedenen Ästhetiken nicht auf einen von den wesentlichen Fakten abgetrenntem Bereich für Schöngeister begrenzt. Vielmehr liegt hier ein Grundproblem gesellschaftlicher Konstitution. Die Art und Weise, in der Adorno das kritische Potential des Kunstwerks herausarbeitet, unterscheidet sich ebenso grundlegend von Sartre und Lukács' spätidealistischen Konzeptionen. Adorno macht darauf aufmerksam, daß eine identifizierende oder kontemplative Rezeptionshaltung gegenüber den Kunstwerken der Moderne nicht mehr adäquat ist, da deren Ästhetik auf Erschütterung beruht. Dies ist ein Grund, weshalb sich seine Theorie mehr als diejenige von Sartre oder Lukács eignet, Prozesse der Kunst im späteren 20. und 21. Jahrhundert zu erfassen. Seine Schriften für eine klassizistische Idealisierung von Beethoven und Schönberg zu verwenden oder diese ihm vorzuwerfen, beruht auf einem Mißverständnis.

Material, Bedeutung und Subjektivität

Der Zusammenhang zwischen dem politischen Anspruch an Kunst und der Inhaltsästhetik bildete sich mit der Kunst des 19. Jahrhunderts. Die Ebene des Dargestellten konnte zu Beginn der Moderne noch ein kritisches Moment entfalten, da der alte Formalismus des 18. Jahrhunderts, der den Ausdruck dem Anstand und den Regeln der Schönheit unterwarf, durch die Darstellung von Armut oder Arbeit, die Verbindung von profanen und sakralen Gegenständen, aber auch von großem Schmerz, angegriffen und unterhöhlt wurde.

Die Erschließung neuer Ausdrucksmöglichkeiten und Materialien war ein zentrales Moment in der Entwicklung der atonalen Musik und der Dodekaphonie. Der Bruch mit dem tonalen System bedeutete eine große Materialerweiterung und -aufwertung, trug aber zugleich zum berühmten Schock der Avantgarde bei. Bezogen auf die Musik entstand dieser, der mit dem Vorwurf der Unverständlichkeit eng verknüpft ist, dadurch, daß die gewohnten Bedeutungszuschreibungen zu Akkorden und Tonarten, zu Intervallen und Modulationen aufgehoben wurden.

vermöge ihrer Widersprüche werde.« Vgl. dazu Auch Christine Kirchhoff: Die Möglichkeit als eine der Wirklichkeit fassen. Über den Erfahrungsbegriff Theodor W. Adornos. In: dies. et al. (Hrsg.): Gesellschaft als Verkehrung. Perspektiven einer neuen Marx-Lektüre. Freiburg 2004, S. 83-104.

Seitdem ist Verlaß weder darauf, daß am Ende einer Komposition zum Grundton zurückgekehrt wird, noch daß das Auftauchen eines G-Dur-Akkords die Lösung vorhandener Spannungen zeigt und verdoppelt, wie es nur noch die standardisierte Filmmusik verspricht. Dieser Bruch mit den eingeübten Bedeutungszuweisungen an ein bestimmtes Material und mit den zur zweiten Natur gewordenen Reaktionsschemata erzeugt den Eindruck der Unverständlichkeit der Neuen Musik. Die Freisetzung des Materials von eindeutigen Sinnzuschreibungen kann als allgemeiner Prozeß in den Avantgarden des 20. Jahrhunderts beschrieben werden, der sich in allen Kunstgattungen, von bildender Kunst über Tanz bis zur Literatur, nachvollziehen läßt. An die Stelle der Interpretation der repräsentierten Ideen tritt die Beschäftigung mit dem sinnlichen Material und seiner Beschaffenheit. Die Zufälligkeit der Sinnzuschreibungen an bestimmte Materialien wird offensichtlich, die Reflexion dessen erzeugt neue Formen. Daß die idealistische Repräsentationsästhetik im Grunde im 20. Jahrhundert nicht mehr funktioniert, ist bei Sartre selbst abzulesen, wenn er die Malerei aus dem engagierten Bereich mit der Begründung ausschließt, die Darstellung eines Elendsquartiers sei »stumm«.[33] Sie kann aus seiner Sicht nicht die eindeutige Bedeutung erzeugen, die zur Übermittlung einer Botschaft notwendig wäre.

Autonomie von Material und Form

Naheliegend ist, daß in der Beziehung von Musik und Sprache das Verhältnis zum Text in der Musik seit Jahrhunderten so relevant wie umstritten ist. Der Streit um das Primat der Ausdrucksweise datiert auf den Beginn der bürgerlichen Kunst und wird keineswegs nur in opernästhetischen Schriften geführt, sondern in der allgemeinen Diskussion um die Autonomie der Kunst. Schon früh existiert die Spaltung: »prima la musica« oder »prima le parole«? In dieser Diskussion geht es schon im 18. Jahrhundert um die Frage, ob die Musik eine eigene Ausdrucksebene sei und wie sie sich in diesem Fall zum Text verhalte. Strittig geblieben ist, ob sie nur wiederhole und untermale, was der Text sagt, oder ob dieser nur sage, was in der Musik ohnehin vorhanden ist. In bezug auf die Oper erweitert sich die Frage um die Dimension der Geste, die

33) Sartre: Was ist Literatur? S. 15.

meist zwischen der instrumentalen Darstellung und dem begrifflichen Text auf der Ebene des Sichtbaren vermittelt, aber auch Aufschluß gibt über das vorgestellte Verhältnis von körperlichem und sprachlichem Ausdruck.

Während Goethe in der Debatte um Text und Musik die Position des deutschen Klassizismus vertritt und in der Vertonung seiner Gedichte nur eine Untermalung oder Bebilderung ihres Inhalts erlaubt, die dem Text nichts hinzufügt, formuliert Schubert im Sinne der frühromantischen Ästhetik bereits die Autonomie der medialen Ebenen Musik und Text. Auf diese Auffassung, die Schönberg mit einem Hauch von Genieästhetik noch einmal aufgreift, beruft sich schließlich auch Nono, um seine Kompositionsprinzipien zu verteidigen.[34]

Nebenbei sei bemerkt, daß das verbreitete Romantikverständnis einer Revision bedarf, da oft nur die konservative Spätromantik ab den 1820er und 1830er Jahren durch Lukács' Augen als Vorbereitung des Faschismus (treffender wäre: Nationalsozialismus) betrachtet wird.[35] Wenig beachtet wird, daß die Frühromantik um 1800 gerade für die Formulierung der Kunstautonomie, aber auch durch die neue Konstellierung der Begriffe Kritik, Dialektik und Hermeneutik Wesentliches zur Entwicklung von Marx' Kritikbegriff als auch zur Ästhetik von Adorno und Benjamin beigetragen hat.[36] Schlegels hermeneutische Schriften unterscheiden zwischen den verschiedenen Ebenen von Autor, Text und Leser. Der Leser vollzieht nicht passiv das Vorgegebene nach, sondern wird zum »zweiten Autor«, da er bei jedem Lesen erneut einen Sinnzusammenhang herstellen muß. In der Musik des 20. Jahrhunderts gelangt zu Bewußtsein, daß dieser Prozeß ganz besonders die Interpreten betrifft, die die Notation erklingen lassen. Damit verändert sich auch der Begriff des Kunstwerks, das nun nicht mehr als statisches, im-

34) Vgl. Luigi Nono: Text – Musik – Gesang. LN S. 41-67; Arnold Schönberg: Komposition mit zwölf Tönen. In: ders.: Stil und Gedanke. Leipzig 1989, S. 146-176, hier S. 146.

35) Vgl. auch Ernst Bloch: Diskussionen über Expressionismus. In: Schmitt: Die Expressionismusdebatte, S. 180-191, hier S. 186.

36) Vgl. die Einleitung der Herausgeber Andreas Arndt und Jure Zovko in: Friedrich Schlegel. Schriften zur kritischen Philosophie 1795-1805. Hamburg 2007, S. 7-64. Zu Benjamins ausführlicher Beschäftigung mit dem Kritik-Begriff siehe: Der Begriff der Kunstkritik in der deutschen Romanik. BGS I, S. 7-122.

mer verfügbares vorgestellt wird, sondern dessen Erfahrung und Verstehen vom subjektiven Vermögen abhängig ist, den Buchstaben Geist zu verleihen, wie es frühromantisch heißen würde. Schlegel beschreibt diesen Prozeß so: »*Kritisiren* (!) heißt, einen Autor besser verstehen, als er s.[ich] selbst verstanden hat.«[37] Die Kunstwerke erhalten aus der Perspektive der kritischen Hermeneutik, wie Schlegel sie entwickelt, eine historische Dimension, die sich mit dem subjektiven Vermögen und der Erfahrung der Rezipienten herstellt. Auf diese Weise gelangen die Kunstwerke aus dem Bereich ewiger Ideen in den irdischen der Geschichtlichkeit und damit auch in den Bereich des Verfallens und Absterbens, der in Benjamins Theorie von Bedeutung ist.

Ein neuralgischer Punkt in der Unterscheidung von Adornos und Sartres Ästhetik und dem Verhältnis von Kunst und Gesellschaft ist die Bedeutung des Autonomiebegriffs, der in Adornos Ästhetik eine Grundvoraussetzung der Kritik bildet. Die Autonomie, die als *fait social* eine gesellschaftlich erlangte und nicht vollständig verwirklichte, also scheinhafte ist, wird durch die Form des Kunstwerks bedingt.[38] Indem es sich durch die Form sowohl vom Kreis der empirischen Dinge unterscheidet als auch die empirischen Materialien; Bezüge und Ideen nach je eigenen – autonomen – Gesetzlichkeiten umbildet und organisiert, kann das Kunstwerk eine kritische Distanz zur Gesellschaft einnehmen. Deshalb ist es so leicht, in der Rezeption ein Kunstwerk zu verfehlen, indem es nach politischen, moralischen oder psychologischen Kriterien beurteilt wird. Die Sphärentrennung wird in den Avantgarden des 20. Jahrhunderts besonders deutlich, wenn der Zusammenhang zwischen den Materialien und ihnen gesellschaftlich-konventionell zugewiesenen Bedeutungen einerseits zerfällt und sich andererseits in den formalen Experimenten über die Entstehung solcher Zusammenhänge überhaupt erst Aufschluß verschafft wird. In der Philosophie Adornos ist die Sphärentrennung Voraussetzung für den andersgearteten Modus der Erkenntnis, den Kunst ermöglicht und erfordert. Nicht alleine durch die begriffliche Kategorialisierung kann es gelingen, das Besondere eines Kunstwerks zu erfassen. Dies gelingt vielmehr erst durch den mimeti-

37) Schlegel, zitiert in der Einleitung der Herausgeber Andreas Arndt und Jure Zovko in: Friedrich Schlegel. Schriften zur kritischen Philosophie 1795-1805. Hamburg 2007, S. 7-64, hier S. 29. Hervorhebung im Original.
38) Adorno: Ästhetische Theorie. AGS 7, S. 334-338.

schen Nachvollzug, indem Ähnliches durch Ähnliches erkannt wird und so überhaupt erst ein Neues jenseits der bekannten Kategorien erfahrbar und beschreibbar wird. Diese Beschäftigung mit dem Neuen ist einer der wichtigen Verknüpfungspunkte von Adornos Philosophie und der Neuen Musik.

Mit der Formulierung der Scheinhaftigkeit der Autonomie betont Adorno dezidiert das Einwirken der Gesellschaft auf das konstituierende Moment des Kunstwerks, seiner Form. Die gesellschaftlichen Prozesse haben jedoch auch Einfluß auf die konkrete Gestaltung der jeweiligen Form, dies kommt in der vielzitierten und wenig explizierten Formulierung von der Form als »sedimentiertem Inhalt« zum Ausdruck.[39] In den »Ideen zur Musiksoziologie« lotet Adorno die Bedeutung dieses Gedankens für das Verstehen aus: »Gesellschaft hat sich in ihrem Sinn und dessen Kategorien sedimentiert, und ihn muß Musiksoziologie entziffern. Sie ist damit verwiesen auf das eigentliche Verständnis von Musik bis in die kleinsten technischen Zellen hinein. Nur dann gelangt sie über die fatal äußerliche Zuordnung geistiger Gebilde und gesellschaftlicher Verhältnisse hinaus, wenn sie in der autonomen Gestalt der Gebilde, als ihres ästhetischen Gehalts, eines Gesellschaftlichen innewird.«[40] Ohne die Spannung im Verhältnis von Kunstwerk und Gesellschaft ist das Verhältnis von Form und Inhalt nicht zu denken.

Die Idee, Gesellschaft könnte die Form des Kunstwerks beeinflussen, sucht man bei Sartre vergebens. Er kam schließlich zur selben Verlegenheitslösung wie einige kommunistische Parteien in Europa in den 1950er und 1960er Jahren. In langen, fruchtlosen Debatten beschäftigten sie sich damit, wie sich wohl ein eindeutiger Zusammenhang zwischen Kunst und Politik herstellen lasse, wie man sich also sicher sein könne, ob ein Kunstwerk politisch auf der richtigen Seite stehe. Besonders im Bereich der Musik war dies schwierig festzustellen, wenn diese nicht der Einfachheit halber einen eindeutig konnotierten Text verwendete. Ähnlich wie Sartre gelangte man schließlich zu dem Schluß, die Haltung des Künstlers zum Kriterium zu erheben. Wie erwähnt, restauriert Sartre damit die Einheit von Künstler und Werk, die in der idealistischen Genieästhetik des 19. Jahrhunderts ihren Höhe-

39) Ebd., S. 15.
40) Theodor W. Adorno: Ideen zur Musiksoziologie. AGS 16, S. 9-23, hier S. 10.

punkt erreichte[41], seitdem aber so herabgesunken ist, daß eine Figur aus Robert Musils »Der Mann ohne Eigenschaften« feststellt, daß heutzutage schon Rennpferde genial genannt würden.[42]

Das Pochen auf die engagierte Haltung des Künstlers und des Intellektuellen hat neben ihrer Ratlosigkeit noch eine häßliche Seite an sich, der bislang wenig Beachtung geschenkt wird: Mit moralischem Druck ging es um die Durchsetzung parteipolitischer Linien, um die Absicherung hierarchischer Gruppen und die Erreichung des Massencharakters der jeweiligen Partei.[43] Die geistige Verpflichtung der Intellektuellen umfaßte in der Sowjetunion etwa die Forderung nach ihrer Teilnahme am »Leben des Volkes«, um gemäß Andrej Schdanows Vorgaben von 1934[44] sozialistisch schreiben und am Aufbau der neuen Gesellschaft mitwirken zu können. Dies umfaßte aber auch jederzeit die Möglichkeit der Verbannung in einen äußerst innovativen, aber weit abgelegenen Betrieb auf dem Land. Kennzeichen selbst der frühen sowjetischen Vorstellungen von Kunst war die Aufhebung der Sphärentrennung, so daß

41) Vgl. Immanuel Kant: Kritik der Urteilskraft. Hamburg 2009, A 178-180; A 197-198. Noch stärker: Georg Wilhelm Friedrich Hegel: Vorlesungen über die Ästhetik I. Werke. Bd. 13. Frankfurt am Main 1986, S. 366.

42) Robert Musil: Der Mann ohne Eigenschaften. Bd. 1. Reinbek 1978, S. 44.

43) Vgl. zu beiden Aspekten: Irmgard Jungmann: Kalter Krieg in der Musik, Eine Geschichte deutsch-deutscher Musikideologien, Wien 2011; Katrin Breuer: Grundlagen und Wirkungen der Realismusdebatte in Zeitschriften der Kommunistischen Partei Italiens (PCI) im Italien des Dopoguerra 1944-1962. Rinascita, Società, Contemporaneo. Hamburg 2011, S. 28f.

44) Diese wurden erst 1958 aufgehoben. Schdanow hatte die Richtlinien auf dem 1. Allunionskongreß 1934 formuliert: »Das heißt erstens, das Leben kennen, um es in den künstlerischen Werken wahrheitsgetreu darstellen zu können, nicht scholastisch, nicht tot, nicht einfach als ›objektive Wirklichkeit‹, sondern als die Wirklichkeit in ihrer revolutionären Entwicklung. Dabei muß die wahrheitsgetreue und historisch konkrete künstlerische Darstellung mit der Aufgabe verbunden werden, die werktätigen Menschen im Geiste des Sozialismus ideologisch umzuformen und zu erziehen. Das ist die Methode, die wir in der schönen Literatur und in der Literaturkritik als Methode des sozialistischen Realismus bezeichnen« (zitiert nach Breuer: Grundlagen und Wirkungen, S. 76). Zur Entwicklung der Musik formuliert Schdanow: »Nicht alles leicht Verständliche ist genial, aber alles wahrhaft Geniale ist verständlich, und es ist um so genialer, je verständlicher es für die breiten Volksmassen ist.« Ders.: Über Kunst und Wissenschaft. Berlin 1951, S. 72.

Kunst wie eine Tätigkeit unter anderen behandelt wurde, Kunstwerke wie Produkte unter anderen. An Sartres Schrift »Was ist Literatur?« wird ebenfalls ein merkwürdig strategisches Verhältnis zur Literatur deutlich. Die Entwicklung der literarischen Formen seit Flaubert sind ihm keinesfalls verborgen geblieben, aber es hat den Anschein, als meine er, sie seien »in Gefahr« nicht von Bedeutung.[45] Selbst der Vortrag »Der Autor als Produzent«, den Benjamin einige Jahre, bevor Sartres Buch erschien, im besetzten Paris hielt, betont, daß politische Literatur nicht auf das Moment literarischer Qualität verzichten kann, wenngleich er auch Zeichen von Benjamins Naivität hinsichtlich Zuständen wie der Zensur im russischen Kunstbetrieb ist.[46]

Bemerkenswert ist, daß die Konzepte vieler europäischer und amerikanischer Avantgarde-Künstler der 1960er Jahre, die zur Aufhebung der Trennung von Kunst und Leben aufrufen, sich in eine verwandte Richtung wie die Theoretiker der Sowjetunion bewegen. Peter Bürger formuliert dazu die These, die Künstler versprächen sich davon, den kritischen Impuls der bürgerlichen Kunst reformerisch zu verwirklichen, indem die Institution Kunst aufgehoben werde und dadurch der Konflikt zwischen Autonomie und Scheinhaftigkeit aufgelöst werde, um zugleich der Wirkungslosigkeit zu entkommen.[47] Am Beispiel von

45) Sartre: Was ist Literatur? S. 25.
46) Walter Benjamin: Der Autor als Produzent. BGS II, S. 683-701, bes. S. 683f. Benjamin wendet sich explizit gegen die dezisionistische Herausforderung, wenn er sein Publikum folgendermaßen anspricht: »Sie sind nicht geneigt, ihm [dem Dichter] diese Autonomie zuzubilligen. Sie glauben, daß die gegenwärtige gesellschaftliche Lage ihn zur Entscheidung nötigt, in wessen Dienste er seine Aktivität stellen will« (ebd.).
47) Vgl. Peter Bürger: Theorie der Avantgarde. Frankfurt am Main 1974, S. 66-69. Dort heißt es auf S. 68: »Die Kunst hat in der bürgerlichen Gesellschaft eine widersprüchliche Rolle: Sie entwirft das Bild einer besseren Ordnung, insofern protestiert sie gegen das schlechte Bestehende. Aber indem sie das Bild einer besseren Ordnung im Schein der Fiktion verwirklicht, entlastet sie die bestehende Gesellschaft vom Druck der auf Veränderung gerichteten Kräfte.« Zu bemerken ist, daß Bürger in seine Theorie nur bestimmte Strömungen der Avantgarde der 1960er Jahre einbezieht, um ein Ende der Kunstgeschichte zu verkünden. Inwiefern er deshalb zu anderen Ergebnissen als Adorno kommt, wäre an anderer Stelle zu ergründen. Genauso wäre auch die Entwicklung der feministischen Avantgarde seit den 1950er Jahren anders zu beschreiben.

Joseph Beuys und Hermann Nitsch wird deutlich, daß diese Reform zuweilen mehr mit Personenkult zu tun hat als mit gesellschaftlicher Veränderung.

Adorno beschreibt diesen Konflikt als das Rütteln der Kunst an ihren eigenen Ketten. Stets läuft sie Gefahr, sich hermetisch in ihren Bedeutungssystemen abzuschließen oder ihre Wirkungslosigkeit mit politischen Parolen überdecken zu wollen. Von diesem Widerspruch kommt auch die Kunstproduktion heute nicht frei, ob sie nun auf bestimmte Wirkungen zielt oder nicht. Aus diesem Grund sind die Implikationen von Adornos Autonomiebegriff für die Diskussion dieses Widerspruchs und der Frage nach einem kritischen Potential von Kunst, das der Forderung nach ihrem Engagement oder ihrer politischen Wirksamkeit entgegenzusetzen wäre, ernstzunehmen. Zur Unterscheidung der Begriffe des Politischen und des Kritischen, sei an dieser Stelle zunächst nur bemerkt, daß sie nicht synonym sind. Politische Kunst ist nicht zwangsläufig kritisch, da etwa eine Opernaufführung zur Ehre Mussolinis als politische Manifestation aufzufassen ist, jedoch offenkundig keine gesellschaftskritische Wirkung hat. Adorno begreift politische Intentionen als Materialien wie alle anderen auch, die von der Form des Kunstwerks verwandelt werden. Zudem nimmt Adorno Kants Bestimmung des Kunstwerks als zweckfreies auf, die einer politischen Indienstnahme der Kunst entgegensteht: »Daß die Kunstwerke, nach Kants großartig paradoxer Formel, ›ohne Zweck‹, nämlich von der empirischen Realität abgesondert seien, keine für Selbsterhaltung und Leben nützliche Absicht verfolgen, hindert daran, den Sinn trotz seiner Affinität zur immanenten Teleologie als Zweck zu nennen.«[48] Vielmehr ist es gerade die Zwecklosigkeit des Kunstwerks, die zu seinem kritischen Potential beiträgt. Die Existenz von Dingen, die ihre Funktion nicht ausweisen können, stellt in der heutigen Gesellschaft einen Skandal dar, der besonders dann zu Bewußtsein kommt, wenn die Kunstwerke sich nicht widerstandslos konsumieren lassen und damit sowohl für kommunikative wie reproduktive Zwecke ungeeignet sind.

Formen der Unverständlichkeit

Der Vorwurf der Unverständlichkeit wurde universal gegen die Neue Musik erhoben. So wurde Nono, der bis Mitte der 1970er Jahre explizit

48) Adorno: Ästhetische Theorie. AGS 7, S. 229.

politische Texte verwendete, immer wieder hämisch vorgeworfen, diese seien nicht zu verstehen und daher schwerlich geeignet, Personen oder gar Massen zu erreichen. Dazu ist anzumerken, daß die Unverständlichkeit gesungener Texte beileibe kein neues Phänomen ist, das erst in den 1920er oder 1950er Jahren entstanden wäre, sondern für Opernaufführungen im allgemeinen gilt und von der heutigen Übertitelungspraxis verdeckt wird.

Höchst aufschlußreich ist aber das Fragment »Über die Unverständlichkeit« von Friedrich Schlegel[49], in welchem er den an seine Zeitschrift »Athenaeum« ergangenen Vorwurf der Unverständlichkeit reflektiert. Er kommt zu dem Schluß, daß dieses Phänomen nicht am »Unverstand der Unverständigen« oder am »Unverstand der Verständigen« liege, sondern daran, daß »die Worte Verbindungen eingehen und sich gegenseitig oftmals besser verstehen als diejenigen, von denen sie gebraucht werden«. »Philosophische Worte« verhielten sich »wie eine Schar zu früh entsprungener Geister«, die »alles verwirren«. – Schlegel hegte die Hoffnung, im »nächsten Jahrhundert«, dem 19., könne alles verstanden werden.[50] Seine Hoffnung gründet sich nicht auf eine individuelle Veränderung, sondern eine der Zeit, der Geschichte, der Gesellschaft – konkret darauf, daß sich die Französische Revolution auf Deutschland ausweite. Die Unverständlichkeit verweist bei Schlegel auf das transzendierende Moment der Sprache und der Kunst, auf die Möglichkeit, sich selbst und der eigenen Zeit voraus zu sein. Indem er die inneren Bezüge beschreibt, die philosophische Worte zu einander eingehen, und die den Fortgang eines Textes bestimmen können, verweist er auf die Eigendynamik des Systems Sprache. Er macht damit darauf aufmerksam, daß sich aus einer Konstellation von Worten Bedeutungen ergeben können, die über die Einzelbezüge von Signifikanten und Signifikaten hinausweisen. Diese Gedanken finden sich in Benjamins Erkenntnistheorie weiterentwickelt, wo er den Begriff der Konstellation expliziert, aus dem ein veränderter Verständnisbegriff zu extrapolieren wäre.[51]

49) Friedrich Schlegel: Über die Unverständlichkeit. In: Gerda Heinrich (Hrsg.): Athenäum. Auswahl. Leipzig 1978, S. 234-245. Die Zeitschrift erschien von 1798 bis 1800.
50) Ebd., S. 234f. und 243.
51) Siehe Walter Benjamin: Ursprung des deutschen Trauerspiels. BGS I, S. 203-

Ähnlich wie Schlegel annahm, daß Verständlichkeit nur eine Frage der Zeit sei, war auch Schönberg der festen Überzeugung, daß die dodekaphone Musik dieselbe Allgemeingültigkeit erlangen werde wie die tonale, weil er sie nicht als revolutionären Bruch verstand, sondern als logische Entwicklung aus der Dynamik des tonalen Systems heraus.[52] Nur konnten ihm in dieser Annahme weder die Kritiker noch das Publikum im 20. Jahrhundert folgen – und niemand pfeift auf der Straße ein dodekaphones Motiv, keines fand Eingang in den Bereich der Handy-Klingeltöne. Vielmehr ist evident, wie absurd es wäre, solche Hoffnungen aus heutiger Zeit zu formulieren.

Nonos Komposition »Il canto sospeso« (Der gebrochene, der schwebende Gesang) die 1956 bei den Darmstädter Ferienkursen uraufgeführt wurde, weist darauf hin, daß der historische Index der Unverständlichkeit nach der Shoah ein anderer ist. Die Unverständlichkeit Schlegels und Schönbergs, die von der Hoffnung späteren Verstehens beseelt ist, ist durch die Unfaßbarkeit der Shoah, die trotz aller historischen und theoretischen Forschung weiter besteht, so nicht mehr formulierbar. Nach 1945 verschärfen sich einige Momente im Bereich der ästhetischen Praxis und Theorie, die bereits seit der Jahrhundertwende präsent sind: In diesem Zusammenhang steht die Krise des Ausdrucks, der Sprache, die die Krise des Werks und der Idee einer autonomen Kunst nach sich ziehen. Nonos »Il canto sospeso« und die Reaktionen darauf stehen jedoch in enger Verbindung mit dieser Problematik. Ersichtlich wird dies daraus, daß allein ihre Textunverständlichkeit nahezu ein Skandal im konservativen Nachkriegsdeutschland provoziert hätte. Zugrunde liegen der Komposition Briefe zum Tode verurteilter Widerstandskämpfer, die in Europa gegen Nationalsozialismus und Faschismus kämpften.[53] Sie gruppieren sich um einen Abschiedsbrief einer jungen jüdischen Frau, die deportiert wird.[54] Mehr

430, bes. S. 16: »Die Ideen verhalten sich zu den Dingen wie die Sternbilder zu den Sternen.«

52) Vgl. Arnold Schönberg: Komposition mit zwölf Tönen, S. 147.

53) Piero Malvezzi und Giovanni Pirelli (Hrsg.): Lettere di condannati a morte della Resistenza europea. Mit einem Vorwort von Thomas Mann. Turin 1954. Deutsche Ausgabe: Und die Flamme soll euch nicht versengen. Zürich 1955.

54) Vgl. die ausführlichen Analysen von Wolfgang Motz und Erika Schaller. Wolfgang Motz: Konstruktion und Ausdruck. Saarbrücken 1996. Erika Schaller: Klang und Zahl. Luigi Nono: serielles Komponieren zwischen 1955 und 1959. Saar-

als um die typischen Positionen, die die Personen vertreten, wird ihr individuelles Empfinden, ihr individueller Widerstand gegen die Vernichtung hervorgehoben.

Die Presse kommentierte: »Denn mit der ›neuesten‹ Komponiermethode, die die Worte in Silben zerpflückt und die Silben auf verschiedene Stimmen verteilt, verliert der erschütternde Text nicht nur seine Verständlichkeit, sondern seinen Sinn.«[55] Der »sinnlose Klang« wird zur Chiffre der Unverständlichkeit. Karlheinz Stockhausen, der in einer Radiosendung Nonos Komposition, den »Marteau sans maître« (1954) von Pierre Boulez und seinen eigenen »Gesang der Jünglinge« (1956) in der Absicht gegenüberstellte, sich als die dialektische Mitte zwischen Verständlichkeit und Unverständlichkeit zu präsentieren, warf Nono vor, er treibe dem Text seinen Sinn aus: Nono komponiere den Text so, »als gälte es, dessen Sinn wieder zurückzuziehen aus der Öffentlichkeit. Er bringt den Text in einer Form, daß man beim Anhören nahezu nichts mehr versteht. Wozu dann überhaupt Text und gerade diesen? Man kann es sich so erklären: Besonders bei der Vertonung derjenigen Briefstellen, bei denen man sich am meisten darüber schämt, daß sie geschrieben werden mußten, nimmt der Musiker nur noch als Komponist Stellung zu sich selbst, der doch vorher die Texte ausgewählt hatte: er interpretiert nicht, er kommentiert nicht: er reduziert vielmehr die Sprache auf ihre Laute und macht mit diesen Musik.«[56] Augenfällig an dieser Ablehnung ist das Beharren auf einem sinnvollen Zusammenhang, der bei diesem historischen Gegenstand aus der Perspektive des um Existenzmythen ringenden Nachkriegsdeutschlands unter keinen Umständen in Frage gestellt werden durfte. Der Wunsch nach der großen Erzählung von der »Leidensgeschichte des deutschen Volkes« zeigt sich im Bereich der Kunst in der mühseligen Konstruktion einer »gemäßigten Moderne«, die die Nachkriegszeit prägte.[57] Diese zeichnete

brücken 1997. Die Literatur zu »Il canto sospeso« ist ausgesprochen umfangreich.

55) Marcel Rubin in: Volksstimme, 23.06.1959, zitiert nach Jürg Stenzl: Luigi Nono. Reinbek 1998, S. 42.

56) Karlheinz Stockhausen: Sprache und Musik II. In: ders.: Texte zur elektronischen und instrumentalen Musik, Bd. 2. Hrsg. von Dieter Schnebel. Köln 1964, S. 157-165, hier S. 158.

57) Die Vorstellung einer »gemäßigten Moderne« wurde in der Musik von Paul Hindemith vertreten, im Bereich der Literatur steht die »Gruppe 47« dafür. Vgl. auch Adorno: Ad vocem Hindemith. AGS 17, S. 210-246, z. B. S. 232. Eine künstle-

sich etwa durch das konservative Festhalten an linearer Narrativität oder an der sicheren Ordnung der Tonalität aus und verdrängte die Krise der Darstellbarkeit. Noch 1975 fordert ein Kritiker der »Opernwelt« anläßlich der Uraufführung von Nonos musiktheatralem Stück »Al gran sole carico d'amore«: »Hier geht es aber nur darum, daß eine etwas weniger artifizielle Formsprache selbst Avantgarde-Künstlern zumutbar wäre und den breiten Publikumsschichten den Zugang sicherlich erleichtern würde.«[58] Sichtbar wird, wie so die Trennung zwischen Avantgarde und einem größeren Publikum, die schon die ersten Realismus-Debatten in den 1920er Jahren bestimmten, aufrechterhalten wird.

Wichtig an Nonos Kompositionsweise ist, daß es sich bei der Unverständlichkeit nicht um willkürliche Destruktion handelt und auch nicht nur eine Sprachkrise vorgeführt wird. Nonos Art zu komponieren beruht einerseits auf einem deutlichen Bruch mit den traditionellen Ordnungsschemata, jedoch überschreitet er das Moment der Unterbrechung zwischen Text und Musik, das in »Il canto sospeso« selbst zum Ausdrucksmoment wird. Als Ziel dieser Unterbrechung formuliert Nono, neue, polyvalente Beziehungen zwischen Text und Musik zu schaffen. Dies geschieht, indem unter Bezugnahme auf die Polyphonie der Renaissance und Schönberg das Phonetische der Sprache entfaltet wird. Durch das Blockieren des scheinbar unmittelbaren Textverstehens gewinnt das sinnliche Moment von Sprache an Bedeutung.

Eine weiterreichende Bedeutung bezieht dieses Vorgehen aus dem Kontext der Avantgarde der 1950er und 1960er Jahre, in der als Kehrseite der Krise des Werkbegriffs der sinnliche Aspekt von Kunst bewußter zum Gegenstand der Auseinandersetzung wird. Dies mündet bei einigen im Versuch, Kunst wieder auf ihre magische, ritualgebundene Dimension zu reduzieren, führt aber andererseits zur Entfaltung der Reflexion über Wahrnehmung. In der Musik zieht dies eine Veränderung der Notationsverfahren nach sich, die nun ihr graphisches Moment hervorkehren und entwickeln und damit die »Zone der Unbestimmtheit«,

rische Bearbeitung findet dieser Sachverhalt bei Christoph Marthaler: Die Stunde Null oder die Kunst des Servierens. Deutsches Schauspielhaus Hamburg 1995. Hier wird die »Rede an die deutsche Jugend« von Ernst Wiechert verwendet, die diesen Wunsch beispiellos zum Ausdruck bringt.

58) Gábor Halasz: Fragwürdiger Humanismus. In: Opernwelt, 25, 1975, S. 24f.

die jeder Notation eigen ist, bewußt machen.[59] Die aleatorischen (durch Zufallsoperationen erzeugten) Notationsverfahren verdeutlichen, daß aus jeder Partitur eine Vielzahl von Klanggestalten hervorgehen. Zudem gewinnen Klangfarbe und Räumlichkeit an Bedeutung, insgesamt wird somit die sinnliche Dimension von Musik betont. Diese Entwicklung sprengt die traditionelle und zum Klassizismus neigende Idee, die ideale Rezeptionsweise von Musik sei das Lesen der Partitur; diese die ›eigentliche‹ Werkgestalt. Vollends in Verzweiflung gerät diese Auffassung angesichts der Verwendung elektronischer Musik: die Verwendung von Tonbändern gilt in ihrer Anfangszeit aufgrund fehlender Notation als nicht analysierbar. Mit der Verschiebung der Rezeption auf die Aufführung entsteht jedoch eine neue, kritische Interpretationsart, die der Auffassung von den Kunstwerken als Repräsentanten ewiger Ideen ihre Prozessualität und Geschichtlichkeit entgegenstellt.[60] Diese praktische Kritik ist besonders in der Aufführung von Werken des klassischen Kanons wie denen Schuberts und Beethovens wirkungsvoll, da sie zeigt, wie diese Stücke über sich selbst und ihre Zeit hinausweisen und Kompositionsweisen der Neuen Musik vorbereiten, ohne daß diese bereits strukturbestimmend wären. Obgleich die Partitur viele Interpretationen ermöglicht und somit über die einzelne Interpretation hinausweisen kann, muß der musikalische Zusammenhang in jeder Interpretation neu erschlossen und in Benjamins Sinne, das heißt aus dem Material, konstruiert werden.

Konstruktion und Wahrnehmung

Im Hinblick auf die unter anderem von Stockhausen an ihn gerichteten Vorwürfe formuliert Nono ein Konzept, das in eine entgegengesetzte Richtung weist. Nicht um das Verbergen des Textes geht es ihm, sondern darum, den Text als »phonetisch-semantisches Gebilde zum Ausdruck« zu bringen.[61] In der Freisetzung des phonetischen Moments könne die-

59) Vgl. Adorno: Zu einer Theorie der musikalischen Reproduktion, S. 239: »Die Zone der Unbestimmtheit ist keine bloße Unzulänglichkeit der Notation, sondern die Konsequenz eines Zeichensystems für Intentionsloses.«
60) Vgl. Adorno: Ästhetische Theorie. AGS 7, S. 262-268.
61) LN, S. 60.

sem ein semantischer Gehalt zukommen.[62] Die Idee Nonos kann als Versuch beschrieben werden, eine Kongruenz von Form und Ausdruck zu schaffen, das sich sodann als Klanggeste fassen läßt. Indem die »einfache Linearität der Ereignisse« durch eine neue Vielschichtigkeit abgelöst wird, entsteht ein polyphones Gebilde, das die Überlagerung von Bedeutungen zur Folge hat.[63] Es ist offensichtlich, daß Stockhausens Vorwurf, es gehe um die Bewegung des Materials um seiner selbst willen, und deshalb werde der Text wie ein Parameter unter anderen behandelt, nicht zutrifft.[64] Nono unterscheidet sich insofern von anderen seriellen Komponisten, die sich an Zahlenmystik und der korrekten Berechnung der Parameter erfreuen, als er sein Material so organisiert, daß durch die serielle Behandlung hindurch Bedeutung und Expressivität entstehen können. Die Überlagerung der Textfragmente dient nicht der Auslöschung des Sinns, vielmehr werden die individuellen Erfahrungen in vielfacher Weise in Beziehung gesetzt. Die polyphone Form ermöglicht etwas Besonderes für den Chorsatz: Durch die Verdichtung entsteht ein Gemeinsames und Allgemeines, ohne daß das Individuelle aufgehoben würde. Nono formuliert zu seiner Chortechnik, in der die Worte sukzessiv in verschiedene Stimmlagen verteilt werden: »Ich wollte eine horizontale melodische Konstruktion, die sämtliche Register ergreift; ein Schweben von Laut zu Laut, von Silbe zu Silbe: eine Linie, die manchmal aus der Abfolge von Einzel-Tönen oder Einzel-Tonhöhen entsteht und manchmal sich verdickt zu Klängen.«[65]

Der Vorwurf von Stockhausen, Nono orientiere sich an den seriellen Verfahren der frühen 1950er Jahre, die das Material gegenüber der streng errechneten Struktur bedeutungslos werden ließen, ist insofern merkwürdig, als Nono 1959 in einem Vortrag in Darmstadt diese Art zu komponieren wie auch die aleatorischen Verfahren John Cages scharf kritisiert.[66] Beiden hält er vor, sie behandelten das Material als geschichtslose Masse, das jedem Zweck verfügbar gemacht werden

62) Ebd., S. 48.
63) Ebd., S. 50.
64) Wolfgang Motz weist in seiner ausführlichen Analyse des Stücks nach, daß Stockhausens Analyse auch formal nicht zutreffend ist. Vgl. Motz: Konstruktion und Ausdruck, S. 47f.
65) Luigi Nono: Gespräch mit Hans-Jörg Pauli. LN, S. 198-209, hier S. 201.
66) Luigi Nono: Geschichte und Gegenwart in der Musik von heute. LN, S. 34-40.

könne, statt es in seinem Gewordensein zu reflektieren und erfahrbar zu machen. Nonos Argument bezieht sich sowohl auf die Reflexion der Kompositionsmittel der europäischen Klassik als auch auf die Integration musikalischer Momente aus anderen Kulturen. Sein Gedanke zeigt eine starke Analogie zu Marx' Überlegungen über die Methode der Kritik, die wesentlich auf der Historisierung gesellschaftlicher Phänomene beruht. Nono verlangt von sich und den Komponisten seiner Zeit ein hohes Maß an Reflexion, damit sie sich des historischen Index und der Besonderheiten bewußt werden, die das jeweilige Material mit sich schleppt. Die Geschichtlichkeit könnte am ehesten als das Moment gefaßt werden, durch das das Material eigene Bedeutungen hervorbringt. Das Besondere von Nonos Produktionsweise wird vor allem daran erkennbar, wie er mit nicht-italienischen Texten in seinen Kompositionen verfährt. Bei diesen beschäftigt er sich aufs genaueste mit der Phonetik und Prosodie der jeweiligen Sprache, egal ob es sich dabei um Italienisch, Französisch oder Vietnamesisch handelt. Beziehen ließe sich Nonos Kritik auch auf die große Bedeutung, die sich an die Bezeichnung Neue Musik heftete, deren Name die Hoffnung auf einen Neubeginn, eine Stunde Null, ausdrückt. Einige Verfahren der Materialreinigung können durchaus als Wunsch gelesen werden, sich überhaupt nicht mehr mit Geschichte beschäftigen zu müssen.

Die Positionierung gegen das rationalistische Ausrechnen von Musik einerseits und die Vorstellung einer unmittelbaren Klangerfahrung andererseits, wie sie John Cage und andere amerikanische Komponisten in Anlehnung an den Pragmatismus von Ralph Waldo Emerson und Henry Thoreau vertreten[67], verstärkt sich im Verlauf von Nonos Komponieren. An dieser Stelle ist allerdings zu erwähnen, daß die Konstruktionen, die Cage unternehmen muß, um eine Klangerfahrung zu ermöglichen, die unabhängig vom Nachvollzug des musikalischen Zusammenhangs stattfindet, so komplex sind, daß von Unmittelbarkeit in einem einfachen Sinn nicht gesprochen werden kann. Cages Stücke, die in Darmstadt zunächst Gelächter ernteten und mit widerwilliger Geste als Jux abgetan wurden, lösten gleichzeitig eine weitgehende Veränderung im europäischen Komponieren aus und wurden auch von philoamerikanischer Bewunderung getroffen. Bemerkenswerterweise wur-

67) Vgl. ausführlich Stefan Jürging: Die Tradition des Traditionsbruches: John Cages amerikanische Ästhetik. Frankfurt am Main 2002.

den Cage und die amerikanischen Hörer darum beneidet, daß sie ohne geschichtliche Prägung und Vorbelastung, quasi mit »unschuldigen Ohren« hören könnten.[68] Weder der Umstand, daß Cage bei Schönberg studiert hatte, noch die Tatsache, daß es seit Anfang des 20. Jahrhunderts einen regen Austausch zwischen amerikanischen und europäischen Künstlern gab, konnten die Reinheitsprojektion der Deutschen trüben. Tatsächlich aber sind die Klänge, die Cage hörbar macht, zutiefst geschichtlich und gesellschaftlich geprägt. In »4'33''«[69] etwa, einem seiner bekanntesten Stücke, bringt Cage die Form des Konzerts zur Reflexion. Überliefert wird, daß David Tudor, bedeutender Interpret der neuen Musik, die Bühne betritt, sich an den Flügel setzt, ihn öffnet und nach einer zuvor aleatorisch bestimmten Zeitspanne wieder schließt. Diesen Vorgang wiederholt er noch zweimal und tritt dann wieder ab. Infolgedessen beginnt das Publikum binnen sehr kurzer Zeit, sich selbst und den äußeren Geräuschen zuzuhören. Im zweiten Teil wird ein Gewitter vernehmbar. Während bei einem gewöhnlichen Konzert die als störend empfundenen Außengeräusche und die anderen Personen des Publikums ausgeblendet werden, werden sie hier zu einem Teil des Stücks. Voraussetzung dafür ist die Verwendung der traditionellen Konzertform, die sich zugleich zu einem inhaltlichen Moment wandelt. Ihre sichtbaren Elemente sind Auf- und Abtritt, Auf- und Zuklappen des Klavierdeckels sowie der räumlichen Trennung von Publikum und Konzertpodium. Cage nutzt auf diese Weise die Form des Konzerts, um einen zeitlichen und räumlichen Rahmen herzustellen. Durch die Analogisierung werden die Geräusche des Gewitters und das Husten des Publikums auf dieselbe Weise zu ›Inhalten‹ wie in herkömmlichen Konzerten die jeweiligen Tonfolgen. Als Klangereignisse oder vielleicht nur akustische Reize werden sie vergleichbar miteinander. Cage beschränkt sich jedoch nicht nur darauf, einen variablen Inhalt in einer vorgegebenen Form zu präsentieren. Vielmehr sind auch die Länge der Teile, die Anzahl der Spieler und die Art der Instrumentierung des Stücks frei wählbar, so daß ein Höchstmaß an Bestandteilen in die Zone des Unbestimmten[70] überführt werden. Während der jewei-

68) Vgl. Amy Beal: New Allies, New Music. American Experimental Music in West Germany from the Zero Hour to Reunification. Berkeley 2006, S. 57.
69) Uraufführung am 29.08.1952 in der Maverick Concert Hall, New York.
70) Cage verwendet den Begriff indeterminacy, der von dem des Zufalls zu

ligen Aufführung verliert die Unterscheidung, ob etwas als Musik oder als Nichtmusik, als Klang oder als Geräusch definiert wird, an Klarheit. Diese Differenzierung rückt zu einem gewissen Grad in den Bereich subjektiver Entscheidung, wodurch ein allgemeiner Aspekt von ihr zum Vorschein kommt. Die Unterscheidung verschiebt sich gewissermaßen, findet nicht mehr zwischen Musik, Stille und Geräusch statt, sondern zwischen der Absicht, überhaupt etwas wahrzunehmen, und der, das Wahrgenommene als Ablenkung zu empfinden. Auch die soziale Dimension der Konzertform rückt ins Bewußtsein, das Ausblenden der anderen Personen im Zuhörerraum, die oft als unangenehm wahrgenommen werden. Ebenso die Empfindung, zu eng beieinander zu sitzen und dies nur auszuhalten, indem die Aufmerksamkeit auf das Bühnengeschehen gelenkt wird. Auch hier wird die Dialektik in der (Natur-)Geschichte der Konzertform spürbar. Odysseus, der sich an den Mast seines Schiffes binden läßt, um den Gesang der Sirenen hören zu können, ohne dem sinnlichen Verlangen nachzugehen, ist mythisches Bild der von Handlung und Klangereignissen gefesselten Zuschauer, die die Konditionierung, die im 19. Jahrhundert Goethe und Wagner durchsetzten[71], als Notwendigkeit akzeptiert haben und auf Abweichungen dementsprechend aggressiv reagieren.

Cages Stück ist eine besondere Herausforderung an die Verstehenswut. Denn es gibt weder in diesem noch in anderen seiner Stücke Motive oder komplex komponierte Zusammenhänge, die hörend nachzuvollziehen wären. Während des Hörens ist es jedoch kaum zu vermeiden, Erfahrungen zu machen wie die oben beschriebene. Ein zentrales Moment ist zudem die Überraschung, die Unsicherheit über das, was als nächstes erklingen wird. Cage unterbricht das verläßliche Schema von Erwartung und Erinnern, das die Zeitstruktur des Hörens bestimmt. Allgemein gesprochen ist es die Erfüllung der Erwartungen, das Vermögen, Erscheinendes mit Vergangenem in Beziehung setzen zu können, die schließlich den Eindruck des Verstehens ermöglicht.

unterscheiden ist.

71) Goethe setzte im Weimarer Theater die Disziplinierung von Schauspielern und Zuschauern durch, untersagte Essen und Sprechen im Zuschauerraum. Zudem wurden Monologe nicht mehr auf Da Capo-Rufe hin wiederholt. Richard Wagner führte die Abdunkelung des Zuscherraums ein.

Cage wie Nono brechen jeweils auf ihre Art mit dem Erwarteten und nähern sich zu einem späteren Zeitpunkt persönlich und inhaltlich einander wieder an.[72] In seinem Spätwerk beschäftigt sich Nono immer stärker mit dem kritischen Potential des Wahrnehmens und Hörens. Im späten Hauptwerk »Prometeo«, das sowohl mit Textüberlagerungen als auch mit in der Partitur notierten, aber in keiner Weise zu spielenden Textfragmenten von Benjamin und Hölderlin operiert, wird schließlich »Ascolta«, die Aufforderung zum konzentrierten und aufmerksamen Zuhören, zum einzig verständlichen Wort der Komposition. Wie um die Ablehnungen und Vorwürfe an Nono aus der Zeit von »Il canto sospeso« zu wiederholen, beschwerte sich ein Kritiker anläßlich der jüngsten Aufführung darüber, daß man gar nicht wisse, wem oder was man zuhören solle: »Durch die Stimmbehandlung werden diese Texte unverständlich, sie sind fragmentiert oder als Partitureintragungen nur den Musikern zugänglich. Das einzige Wort, das der Hörer versteht, ist die Aufforderung ›ascolta!‹ – ›höre!‹ Aber auf was?«[73]

Es mag zunächst erstaunen, daß die Aufforderung zu bewußter Wahrnehmung einen kritischen Gehalt haben könnte und daß gerade Nono, der Melodie- und Rhythmuselemente von Arbeiterliedern und Texte von Marx, Lenin und Rosa Luxemburg in seinen explizit politischen Kompositionen verwendete, zu einem herausragenden Vertreter dieser Position wurde. Als Nono ab 1980 solcherart Texte weniger verwendete, löste dies eine empörte Reaktion aus[74], die sogleich eine politische Wende Nonos halluzinierte. Übersehen wurde hier die Behandlung der Texte, die ihnen in der Unverständlichkeit eine andere ästhetische Gestalt gab, als sie dies im geschriebenen Text haben. Im Rückblick ist die Reduktion von explizit politischen Texten nicht so skandalös, wie es um 1980 empfunden wurde, da durch die Rezeption des Spätwerks deutlich wird, daß dieser Aspekt immer eine Rolle in Nonos Komponieren gespielt hat, wie an »Il canto sospeso« und auch an »La fabbrica illuminata« zu sehen ist. In der Formulierung der politischen und kritischen Notwendigkeit von »ascolta« liegt bei Nono

72) Veniero Rizzardi: John Cage in Italia: ›Sentieri interrotti‹. In: ders. (Hrsg.): Impara l'arte, 9. Padua 2012, S. 6-15.
73) Peter Uehling: Aber worauf soll man hören? In: Berliner Zeitung, 20.09.2011.
74) Vgl. Heinz-Klaus Metzger und Rainer Riehn (Hrsg.): Luigi Nono (=Musik-konzepte 20). München 1981.

die Hingabe an den Gegenstand in seiner radikalen Besonderheit. Wie die Verwendung politischer Aussagen, die Beschreibung von Leid nur unter Berücksichtigung des sprachlichen Kontexts stattfand und damit nicht zu einem abstrakt Allgemeinen verschmolzen wurde, ist die individuelle Spieltechnik der Interpreten und ihre Spontaneität Moment der Kompositionen. Der Hingabe an die Materialien, den Gegenstand, das Gegenüber, entspricht Adornos Formulierung von der Freiheit zum Objekt, die er zur entscheidenden Haltung der Erkenntnis und zur Bedingung der ästhetischen Erfahrung macht. Die Bedeutung der Erkenntnis geht dabei weit über die pragmatische Anwendbarkeit hinaus und erlangt eine moralische Dimension. Hier liegt ein wesentlicher Unterschied zu Sartres Begriff von Haltung und Erkenntnis, in der stets Instrumente das Verhältnis des erkennenden Subjekts zu den Erkenntnisobjekten vermitteln und Erkenntnis immer von dessen Intentionalität abhängig ist. Besonders im Zusammenspiel von Kunst und Philosophie ist die von Adorno formulierte Erkenntnisweise eine, in der das Subjekt es zuläßt, sich durch die Erfahrung des Objekts in Frage zu stellen und zu verändern. Zum Ideal ästhetischer Erfahrung wird aus diesem Grund das Moment der Erschütterung, das Adorno sowohl der Rezeptionshaltung der Kontemplation und Kunstreligion als auch dem Kunstgenuß entgegensetzt.[75]

Die zunehmende Bedeutung der Aufführung in der Neuen Musik und die besondere Gestaltung bei Nono sind Ausdruck dieser Kritik. Durch die polyphone Gestaltung von Musik und Sprache ist immer eine Vielgestaltigkeit von Bedeutungen und Bezügen präsent. Den Zuhörern ist dabei die Entscheidung überlassen, wohin sie ihre Aufmerksamkeit richten, was ihnen ermöglicht, ihre Beziehung zum Gegenstand zu reflektieren. Nono betont, daß es weder eine Instanz geben dürfe, die über die Zulässigkeit von Tonintervallen entscheidet (die Kirche), noch einen zentrierten Punkt, von dem aus eine Botschaft übermittelt würde (die Partei). Die Zuhörerposition sei soll schließlich nicht mehr diejenige von Gläubigen einer Gemeinde sein.[76] Vielmehr wird in den von Nono als ›multifokal‹ gestalteten Klangräumen offensichtlich, daß von

75) Theodor W. Adorno: Engagement. AGS 11, S. 409-430, hier S. 426.

76) Luigi Nono, Massimo Cacciari: Verso Prometeo. Mailand 1984, S. 346. Vgl. auch Luigi Nono: Altre possibilità di ascolto. In: ders.: Scritti e colloqui I. Hrsg. von Angela I. De Benedictis und Veniero Rizzardi. Lucca 2001, S. 525-539.

jeder Hörposition aus ein anderer Aspekt des ästhetischen Geschehens wahrnehmbar ist. So wie Nono in den Chorsätzen an einem differenzierten Zusammenklang individueller Momente interessiert ist und nicht an einem uniformierten, homophonen Klang, wird das Publikum auch nicht als gestaltlose Masse von Rezipienten adressiert, sondern als eine in sich differenzierte Menge einzelner Subjekte, die zur jeweiligen Aufführung gekommen sind. Nono verweist damit auf das radikal Besondere der ästhetischen Gegenstände, die der alltäglichen Austauschbarkeit von Menschen und Waren entgegensteht. In der konzentrierten Jetztzeit der jeweiligen Aufführung, in der Musik zugleich erklingt und rezipiert wird, wird auch die wechselseitige Beeinflussung des Kunstwerks und der gesellschaftlichen Situation wahrnehmbar. In dieser Reibung zwischen dem Gegenstand und seiner Prozessualität, die eine gewisse Durchlässigkeit impliziert, entsteht die politische Dimension von Nonos ästhetischer Praxis. Die politische Wirkung, die in den Momenten der Aufführungen seiner Kompositionen in Form von Skandalen regelmäßig entstand, gehört mit Benjamin zu jenen flüchtigen Momenten des Kunstwerks, die im Laufe seiner Geschichte zerfallen.

La fabbrica illuminata – Die beleuchtete Fabrik

An Brechts politischer Ästhetik kritisiert Adorno das Prinzip der Simplifizierung, da diese der Darstellung der zunehmend komplexen gesellschaftlichen Prozesse entgegensteht.[77] Ein Widerspruch steht hier zwischen Äußerungen Brechts wie denen zum »Dreigroschenprozeß«, in denen er selbst die einfache »Wiedergabe der Realität« als unzureichend erkennt, und seinen Vorstellungen vom politischen Lehrstück, in der alles auf einfache Nachvollziehbarkeit ausgerichtet ist.[78] Im russischen Formalismus, von dem Brecht andererseits das Prinzip der Verfremdung übernimmt, ist der Gegenentwurf zur Simplifizierung angelegt. Besonders bei Michail Bachtin wird die künstlerische Form in Verbindung mit der gesellschaftlichen gesehen, bei Adorno und Nono

77) Adorno: Engagement. AGS 11, S. 419.

78) Zu denken wäre an »Die Maßnahme« oder »Die heilige Johanna der Schlachthöfe«. Die Logik der Stücke, die jeweils der moralischen Verfassung einzelner Figuren die Verantwortung für das Scheitern politischer Aktionen zuschreiben will, ist eher als unrealistisch zu bezeichnen.

wird dies auf die Kategorie des Materials übertragen. Wird dieser Gedanke ernstgenommen, ist die Annahme, einfache Formen seien leicht verständlich, unbegründet.

Diesem Gedanken folgend, gibt es keine Grundlage, die Verständlichkeit einer einfachen Form anzunehmen. Technik und Materialien der künstlerischen Produktion stehen in Zusammenhang mit dem technischen Entwicklungsstand des nicht-ästhetischen Bereichs. Insofern vermag eine absichtlich simplifizierte Form den Zustand der Gesellschaft nicht zu reflektieren, macht mithin also nichts verständlich. Die Simplifizierung ist dabei kein stilistisches Prinzip im Sinne der Reduktion oder Abstraktion, wie sie bei Beckett oder Heiner Müller vorzufinden ist. Sie argumentiert vielmehr mit der Idee der Verständlichkeit, die sich entweder an den traditionellen Formen mit ihren »Typen« (Lukács) und ihrem bekannten Aufbau zu orientieren haben oder an der fernsehtauglichen Verdoppelung der Realität. Da das ›klassische Kunstwerk‹ jedoch ebenfalls nicht dem Zerfall und der kulturindustriellen Verwertung entziehen kann, wird es zur Hintergrundmusik von Brunchkonzerten, bei denen die Frage nach der Verständlichkeit sich von selbst erledigt hat.

Im Gegenteil: Beim Festhalten an der klassisch dramatischen Form, wie sie Corneille und Racine kanonisiert haben, in der Konflikt, Handlung und dramatischer Verlauf aus dem Antagonismus zweier mit sich selbst identischer Figuren entspringen und im Medium der Sprache, im Dialog, ausgetragen werden[79], wird der Zustand der Gesellschaft verschleiert. Diese Form, die das Subjekt imstande zeigt, die Welt aus sich zu erzeugen, bildet ein Ideal, das nie gesellschaftliche Realität wurde, wie nach der Kritik von Marx und Freud deutlich geworden sein sollte. Während diese die Anzeichen der Destruktionskräfte in Gesellschaft und Individuum bereits beschreiben, kann die Zerstörung, die im 20. Jahrhundert stattgefunden hat, in der als klassisch bezeichneten Form nicht ansatzweise zum Ausdruck kommen. Nicht beschrieben würde in dieser Form der Verfall des Subjekts und der bürgerlichen Umgangsformen, die Unmöglichkeit der Verständigung, deren Zeichen die Sprachkrise um 1900 ebenfalls ist – nicht die Unmöglichkeit des Handelns, die auf die Ohnmächtigkeit des einzelnen Subjektes verweist. Diese gesellschaftliche und geschichtliche Entwicklung ist es, die für

79) Peter Szondi: Theorie des modernen Dramas. Frankfurt am Main 1969, S.14f.

den Verfall der alten Formen sorgt, und nicht die Boshaftigkeit, Unfähigkeit oder falsche politische Haltung der Künstler. Nicht die Schuldhaftigkeit der Einzelnen auf individueller Ebene spielt dabei eine Rolle, sondern die Ohnmacht, die Vernichtung der Juden zu verhindern.

Die Komplexität gesellschaftlicher Prozesse führt zu Beginn des 20. Jahrhunderts zu einer Implosion künstlerischer Formen. Die Sprache reduziert sich für einen Augenblick auf den expressionistischen Schrei des Leidens, der die bürgerlichen Formen zum Einstürzen bringen soll. Was hier noch zum Ausdruck gelangen kann, ist nach 1945, nach der Verhärtung gegen die Schreie, die nichts als Verstummen hervorgebracht hat, hohl und falsch geworden. Die serialistische Kompositionsweise setzt dem eine möglichst objektive Musik entgegen, die das menschliche Moment minimiert. Das Unmöglichwerden des Gefühlsausdrucks trifft die Musik in ihrer inneren Struktur, dem Nukleus ihres Bestehens: über Jahrhunderte war die Darstellung von Affekten, von Emotionen und Gefühlen ihr Gehalt.[80]

Vor diesem Hintergrund läßt sich die Bedeutung des unverständlichen Gesangs in Hinblick auf das Subjekt genauer erfassen. Trotz der verwendeten objektivierenden Methoden denkt Nono immer vom Subjekt aus, ohne jedoch an den überkommenen Formen festzuhalten. Dies wären in den musiktheatralen Kompositionen etwa in sich geschlossene intakte Figuren. Die menschliche Stimme, die mit der Entwicklung des bürgerlichen Subjekts im 16. Jahrhundert eine für sich stehende Melodie entfaltete, gewann gleichzeitig mit dem Aufkommen der Oper an Bedeutung. Diese bildete sehr schnell mit den Stimmcharakteren feste Formen aus, die den Verlauf einer jeden Oper bestimmten. So gibt es meist den patriarchalen Baß, gegen den der Heldentenor seine Zuneigung zum Sopran durchsetzen muß. In der musiktheatralen Komposition »Al gran sole carico d'amore«[81] beschäftigt sich Nono mit Geschichtsschreibung und -wahrnehmung. Das polyphone Prinzip wird dabei in der Überlagerung historischer Frauenfiguren wirksam, die ähnlich der Stimmwanderung in »Il canto sospeso« von unterschiedlichen Sängerinnen eines Sopranquartetts dargestellt werden. Sowohl

80) Vgl. u.a. Helmut Lachenmann: Affekt und Aspekt. In: Musik als existenzielle Erfahrung. Schriften 1966-1995. Hrsg. von Josef Häusler. Wiesbaden 1996, S. 63-72.
81) Uraufführung am Teatro Lirico in Mailand, 04.04.1975.

einer realistischen Darstellung steht dies entgegen, unmöglich wird aber auch eine Identifikation mit den Figuren. Durch die Darstellung überlagern sich zugleich die historischen Ebenen selbst. Es entsteht eine Verrätselung des sinnlichen Moments, da das textliche Material noch präsent ist, aber nicht mehr sinnlich identifizierbar. Die unterschiedlichen Bedeutungsebenen müssen in der Rezeption konstruiert werden, anstatt daß ein ohnehin Gegebenes nur nachvollzogen werden müßte. Auf diese Weise wird eine historisch-gesellschaftliche Komplexität formal erzeugt – nicht abgebildet –, zu der sich die Hörenden jeweils ins Verhältnis setzen müssen. Die Unverständlichkeit bekommt hier zudem eine dramatische Dimension, wenn die Gesangsstimmen vom Orchester übertönt, quasi niedergeschrieen werden, und sich so der Kampf der Subjekte und ihr Scheitern an der Gesellschaft, dem geschichtlichen Verlauf formuliert.

Eine besondere historische Situation ermöglichte es Nono, mit der Komposition »La fabbrica illuminata«[82] ein Experiment gegen die Simplifizierungsdoktrin nach Schdanow zu unternehmen, die auch im PCI vorherrschend war.[83] In einem Stahlwerk in Genua nahm Nono die Fabrikklänge der Produktion auf Tonband auf, die er im Studio bearbeitete. Der Text der Komposition besteht aus dokumentarischen Ausschnitten von Gewerkschaftsberichten über die physische Zumutung der Arbeit. Diese werden mit literarischen Fragmenten verbunden, die beschreiben, wie die Wechselschicht das Leben eines Paares einschränkt. Benannt wird, daß noch das Privateste, die Sexualität, sich nach dem Takt der Fabrik zu richten hat. Gesungen wird der Text von einer Sopranistin, die die Textfetzen gegen die bearbeiteten Fabrikgeräusche durchsetzen muß, die aus vier sie umgebenden Lautsprechern auf sie und das Publikum einkreischen und eindröhnen. Die Komposition endet mit einer wundervollen Passage eines Gedichts von Cesare Pavese, der gegen die Verzweiflung die Hoffnung auf einen Morgen ohne Ängste formuliert.[84] – Bei einer Aufführung des Stücks in der Mensa der Fabrik, die das Ausgangsmaterial lieferte, reagierten die Arbeiter – der Erzählung nach – mit Erstaunen auf die Wahrnehmung des sie all-

82) Uraufführung am Teatro La Fenice in Venedig, 15.09.1964.

83) Vgl. Breuer: Grundlagen und Wirkungen der Realismusdebatte.

84) Cesare Pavese: Due poesie a T. In: ders.: Poesie edite e inedite. Hrsg. von Italo Calvino. Turin 1962, S. 176.

täglich umgebenden Lärms und stellten fest, die Wirklichkeit sei noch viel schlimmer.[85] Es wird deutlich, daß auch an dieser Stelle Nono eine Veränderung der Wahrnehmung bei seinem Publikum erreichen wollte und sich nicht mit der textuellen Thematisierung der Arbeitsumstände begnügte.

Die spezifische Art von Unverständlichkeit, in der Gespräche zerrissen werden von Fabriklärm und überschrieen von Kriegsgeräuschen, ist in anderem Kontext auch in Filmen der 1960er Jahre bei Michelangelo Antonioni, Jean-Luc Godard und Alain Resnais anzutreffen.[86] Es handelt sich also um eine ästhetische Chiffre, die ein bestimmtes Verhältnis von Sprache und Industrie ausdrückt, das historisch-gesellschaftlich zu entschlüsseln ist. Das gesellschaftlich Abstrakte, das hier gerade in seiner Unsichtbarkeit zum Ausdruck kommt, wird bei Nono ähnlich wie in den erwähnten Filmen dadurch erkennbar, daß die Übereinstimmung von Sehen und Hören aufgebrochen wird. Durch die technische Verfremdung und die Möglichkeit der Zeitverzögerung durch die Verwendung von Tonband und Live-Elektronik entstehen Klänge, denen keine direkte Klangquelle mehr zugeordnet werden kann und deren Zeitlichkeit unklar wird. Im Zentrum der Betrachtung steht das Subjekt, das solchen Bedingungen ausgesetzt ist und darauf reagiert. In der Aufführungssituation von »La fabbrica illuminata« wird die Ausgesetztheit des Einzelnen in lebensfeindlichen Arbeitsumständen deutlich. Die körperliche Zurichtung geht über das Thema der Arbeit hinaus. Der Tod, die Vernichtung des Individuellen, ist in neuer Weise und anders präsent, greift aber das Thema von »Il canto sospeso« wieder auf. Zugleich wird die Unmöglichkeit der Opernform und ihrer Rezeption zur Reflexion gebracht. Dies geschieht, indem die Sängerin und ihre Stimme, denen bewundernd zugeschaut und zugehört wird, mit den Geräuschen des Stahlwerks aus den Lautsprechern konfrontiert werden. Dabei wird erneut deutlich, daß in diesem und anderen Stükken Nono den Frauenfiguren und der weiblichen Stimme besondere Aufmerksamkeit schenkt. Er versucht, Rollenmuster zu durchbrechen und gleichzeitig die besondere gesellschaftliche Position von Frauen zu

85) Luigi Nono: Der Musiker in der Fabrik. LN, S. 104-106, hier S. 106.
86) Siehe »Il deserto rosso« (Italien 1964, Regie: Michelangelo Antonioni), »Une femme est une femme« (Frankreich 1961, Regie: Jean-Luc Godard), »Muriel ou le temps d'un retour« (Frankreich 1963, Regie: Alain Resnais).

reflektieren, auch wenn dies nicht vollständig gelingt. So ist es angesichts des Topos von »La fabbrica illuminata«, dem Arbeitskampf, bemerkenswert, daß es eine weibliche Stimme ist, die Forderungen ausspricht und die Anklage führt. Damit vertritt sie als einzelnes Subjekt das Allgemeine. Dies ist eine Position, die sonst meist von männlichen Stimmen eingenommen wird, während die Allgemeinheit, die die weibliche Stimme zum Ausdruck bringen darf, sich gewöhnlich auf Klage und Lamento beschränkt. Neben der körperlichen Zurichtung durch die Arbeit wird auch das sexuelle Verlangen und seine Verstümmelung benannt. Auch hier drücken sich wiederum zugleich Subjektivierung und Allgemeinheit der weiblichen Position aus, da die Formulierung weiblicher Lust noch immer zu den gerne verdrängten und verschwiegenen Momenten des Geschlechterverhältnisses gehört.

Trotzdem liegt der Komposition keine simple Entgegensetzung von menschlicher Stimme und tödlicher Industrie zugrunde, die sich leicht auf eine Konfrontation eines männlichen und weiblichen Elements reduzieren ließe. Vielmehr gibt es einen Übergang zwischen den einzelnen Momenten. Die Singstimme ähnelt sich den Geräuschen der Stahlfabrikation an, fächert sich durch das Tonband auf und vermag durch ihre Vermitteltheit ein transzendentes Moment zu entfalten. So ist es nicht nur die kapitalistische Realität, die mit der Abbildästhetik nicht mehr gefaßt werden kann. Gerade im Verhältnis der Frau zur tödlichen Industrie, das auch Antonioni in »Il deserto rosso« beschäftigt, taucht eine andere Dimension der Zerstörung und des Unverstandenen in den Kunstwerken auf. Es teilt sich hier abermals ein Moment des dialektischen Verhältnisses von Kunstwerk, Technik und Gesellschaft mit, das mit dem Verhältnis von Sinnlichen und Geistigem auch die Erkenntnistheorie wesentlich berührt. Gegenstand ist das Verhältnis von Körper, Leib und Stimme, das hier nur kurz angerissen werden kann. Während nach Adornos Dafürhalten der Körper als vom Geist getrenntes und abgewertetes Objekt Produkt der Arbeitsteilung ist, wird er von der Phänomenologie um 1900 wieder zum Ort der Erkenntnis und Erfahrung erhoben. Gegen solche positiven Bezugnahmen wendet Adorno ein: »Der Körper ist nicht wieder zurückzuverwandeln in den Leib. Er bleibt die Leiche, auch wenn er noch so sehr ertüchtigt wird.«[87] Auszuarbeiten wäre, wie die verschiedenen Strömungen der Postmo-

87) Horkheimer und Adorno: Dialektik der Aufklärung. AGS 3, S. 267.

derne diese Spaltung noch vertiefen. Dies geschieht, indem einerseits die vollkommene Loslösung sprachlicher Systeme von der empirischen Welt bewußt oder unbewußt vollzogen (de Saussure, Butler, mit Einschränkungen Foucault) und andererseits Leiblichkeit gegen Sprache überhaupt gerichtet wird (Derridas Kritik des Logozentrismus).[88] Der Stimme kommt in diesen Spaltungen eine besondere Rolle zu, da sie eine unauflösbare Verbindung körperlicher und geistiger Momente darstellt, in ihrer Artifizialität aber auch der fetischistischen Verehrung unterliegt. Dies ist ein ungelöstes Problem in Nonos Kompositionen, da die bewundernde Betrachtung der Sängerin sich zum utopischen Moment der »hoch erklingenden Gedanken« gesellt.[89] Diese Formulierung überträgt das Utopische des Belcanto auf die utopische Versöhnung von Sinnlichem und Geistigem, die in einander übergehen. Unter diesen Gesichtspunkten wäre das Verhältnis von Frau und Industrie, Sinnlichkeit und Erkenntnistheorie neu zu durchdenken.

Die Auseinandersetzung mit Fabrik und Industrie äußert sich musikalisch im Experimentieren mit elektronisch erzeugten und bearbeiteten Klängen. Während in Rezeptionskreisen ernster Musik in jener Zeit über die Zulässigkeit dieser Klänge in den sakralen Bereich der hohen Kunst debattiert wurde und diese eher als Musik für Science-Fiction-Filme geeignet erschienen, beschreibt Nono seine Erleichterung, mit den Arbeitern nicht darüber diskutieren zu müssen, ob seine Kompositionen ›noch‹ Musik seien. Sichtbar wird, wie die tatsächliche Kunstproduktion, die auf eine gesellschaftlich-historische Situation rekurriert, den Begriff der Kunst verändert.[90] Von heute aus betrachtet stellt die Debatte um den Einsatz elektronisch erzeugter Klänge kein Kriterium bereit, um Kunst von Nicht-Kunst zu unterscheiden. Die

88) Bezeichnend ist, daß Sartre an der Begrifflichkeit der Leib-Seele-Philosophie festhält und sich damit in die Tradition von Descartes und seinen neoplatonischen Vorläufern stellt. Sartre positioniert sich sehr stark auf der Seite des reinen Geistes und versucht so das Problem der Freiheit zu lösen. Vgl. Manfred Dahlmann: Sartre, Adorno und die Neue Marx-Lektüre. In: Prodomo, 15, 2011, S. 52f.
89) Unter Bezugnahme auf den Komponisten Vincenzo Bellini zitiert Nono als Inspiration seiner Stimmbehandlung den Satz: »I pensieri quando suonano, suonano molti acuti.« – »Wenn Gedanken erklingen, erklingen sie stets sehr hoch.« Enzo Restagno (Hrsg.): Nono. Un autobiografia dell'autore raccontata da Enzo Restagno. Torino 1987, S. 16. Übersetzung der Verfasserin.
90) Vgl. Adorno: Die Kunst und die Künste. AGS 10, S. 447-449.

Kunstproduktion selbst widerspricht der Bildung eines unveränderlichen Kanons von Werken, von einzelnen Stilen wie dem des Naturalismus oder des klassischen Dramas.

Deutlich wird, daß es im Prinzip weder ein Ende der Kunst noch ein Nichtverstehen zeitgenössischer Kunst geben kann, das sich mit der Neuheit ihrer Verfahren oder Formen begründen würde. Zumindest keines, das sich auf den ästhetischen Bereich allein beziehen ließe. Es müßte präziserweise auf die Prozesse der Gesellschaft selbst bezogen werden, deren Unverständlichkeit mit ihrer Nichtabbildbarkeit korrespondiert.

Flüchtigkeit des Politischen

Nono und Adorno, die sich zwar gegenseitig weitgehend ignorierten, aber einen gemeinsamen Bezugsrahmen über Schönberg und Benjamin haben, treffen sich nicht nur in der Betonung der geschichtlichen Dimension des Materialbegriffs, sie beziehen diese auch auf die Rezeption, die geschichtlicher Veränderung unterliegt.[91] Aus heutiger Perspektive wird an den Kompositionen Nonos mit Bezug auf tagespolitische Konflikte ein Charakteristikum des Politischen sichtbar: Das Politische dieser Kompositionen ist in seiner Wirkungsdimension flüchtig. Es zerfällt mit seinen Realien, wie sich an den Kommentaren Nonos zu seinen Stücken ablesen läßt. Im Gegensatz zum Klang seiner Kompositionen, denen man die Lichtjahre des technischen Fortschritts, der in den Tonstudios vor sich gegangen ist, nicht anhört, ist das Historische vieler Texte überdeutlich. Mit dem Begriff der Realien bestimmt Benjamin die stofflichen Momente eines Kunstwerks, die als inhaltliche benannt werden könnten.[92] Diese verlieren im Zuge gesellschaftlicher Veränderungen an Relevanz, wie etwa die Ehebruchliteratur mit dem Ehebruch. In Hinblick auf Stücke wie »La fabbrica illuminata« läßt sich ersehen, daß sich die Weise der Produktion weiterentwickelt, wenngleich sich die Beraubung der Lebenszeit durch Arbeit in den letzten Jahrzehnten

91) Matteo Nanni unternimmt u.a. einen Vergleich ihrer Ästhetiken. Vgl. Matteo Nanni: Auschwitz – Adorno und Nono. Philosophische und musikanalytische Untersuchungen. Freiburg 2004.

92) Vgl. Walter Benjamin: Goethes Wahlverwandtschaften. BGS I, S. 123-201, hier S. 125-127.

nicht geändert hat – wohl aber ihre Form.[93] In seinen ästhetischen Überlegungen, die radikal die Geschichtlichkeit des Kunstwerks denken, beschreibt Benjamin, daß im Laufe der Zeit immer andere Schichten des Kunstwerks erfahrbar werden. Die einstige Wirkung, die in der Lage gewesen sein mag, Skandale zu produzieren, kann fünfzig Jahre später nicht mehr erfahren werden. Das Kritische der Form kann hingegen unter Umständen erst dann zur Geltung kommen.[94] Anhand der sich verändernden Übersetzungen literarischer Texte verdeutlicht er, daß die Rezeption immer vom heutigen Tage aus erfolgt und sich durch die selbst geschichtlich konstituierte Wahrnehmung verändert. Adorno betont in diesem Zusammenhang, daß eine Messe von Bach in dem Sinne nicht auf die gleiche Art und Weise verstanden werden kann wie vor vierhundert Jahren, da sich die damaligen Hörer in einer anderen geschichtlichen Situation befanden als heute. Der hermeneutische Horizont ist entgegen der Auffassung der konservativen Hermeneutik, die Wilhelm Dilthey und Hans-Georg Gadamer vertreten, nicht rekonstruierbar.[95] Ihre Idee einer divinatorischen Horizontverschmelzung und -ergänzung kann als Illusion des Historismus betrachtet werden. Das Fragment Friedrich Schlegels über die Unverständlichkeit verdeutlicht dagegen, daß eine Veränderung weder von der Kunst noch von den einzelnen, sondern nur gesellschaftlich hervorgebracht werden kann. Das Politische des Kunstwerks ist als flüchtiges Moment aufzufassen, das sich im Moment der Aufführung realisiert. Es entsteht in einer bestimmten Reibung mit der Realität, die sich etwa in Skandalen äußert. Auch die Unverständlichkeit, die sich nicht aus Abwehr der Erfahrung ergibt, sondern aus den dem Kunstwerk innewohnenden Konstellationen hervorgeht, ist flüchtig. Als Qualität des Gegenstandes kann sie sich nur in der potentiellen ästhetischen Erfahrung verwirklichen und so als kritische Kategorie wirksam werden, die die Unverständlichkeit der Gesellschaft zum Ausdruck bringt. Sie entsteht erst im Erklingen der Komposition und kann vom lesenden Rezipienten mitunter überle-

93) An dieser Stelle sei nur auf die verinnerlichte Aufhebung von Arbeit und Freizeit, von Öffentlichem und Privatem verwiesen, die potentiell alles zu Arbeit macht.
94) Vgl. Walter Benjamin: Die Aufgabe des Übersetzers. BGS IV, S. 9-21.
95) Vgl. Hans-Georg Gadamer: Wahrheit und Methode. Grundzüge einer philosophischen Hermeneutik. Tübingen 1960.

sen werden. Durch das polyphone Kompositionsprinzip der Texte wird die scheinbar unmittelbare Verständlichkeit von Sprache blockiert. Damit wird das Rezeptionsmodell aus der Frühzeit der Computertechnologie, das vom Sender und Empfänger ausgeht, welche den ästhetischen Gegenstand wie ein Datenpaket austauschen, ebenfalls blockiert.[96] Ein ästhetischer Gegenstand besteht nicht aus Informationen, sondern aus sinnlichen Momenten, aus Formen des Denkens, aus Möglichkeiten der Kritik.

In der polyphonen Kompositionsweise, die sich in den Kompositionen auf die unterschiedlichsten Ebenen bezieht, liegt ein utopisches Moment, da die Subjekte, vertreten durch die Gesangsstimmen, in andere Beziehungen gebracht werden als dies gesellschaftlich vorgesehen ist. In der Polyphonie ist die Vorstellung Adornos von einer informellen, zwanglosen Musik verkörpert, in der die Form sich aus den Einzelmomenten des Materials und seiner mimetischen Ausdrucksimpulse bildet. Die Form soll organisierend wirken, ohne als Allgemeines das Material unterzuordnen und ohne die Gewalttätigkeit der Rationalität auszuüben, die ihr in all ihren Stadien zu eigen war. Zum Verhältnis von neuen und alten Formen bemerkt Adorno unter Rückgriff auf Benjamin[97] am Ende der »Ästhetischen Theorie«, daß zwar möglicherweise unter den Bedingungen einer befreiten Gesellschaft die alten Formen den Menschen wieder zufallen würden; daß aber keineswegs ein Zustand von Ruhe, Ordnung und Harmonie, der von heute aus an sie geheftet wird, erstrebenswert sei. Vielmehr entfalte sich in den neuen Formen etwas Neues, das selbst auf etwas anderes hinweise und nicht nur vom Zustand der Beschädigung spreche, in dem es entstanden sei.[98]

96) Dies unterscheidet Nonos Kompositionen auch von einigen zeitgenössischen Kompositionen, die auf Sprachexperimenten beruhen. Vgl. Werner Klüppelholz: Sprache als Musik. Studien zur Vokalkomposition bei Karl-Heinz Stockhausen, Hans G. Helms, Mauricio Kagel, Dieter Schnebel und György Ligeti. Saarbrücken 1995. Beispielsweise hat von Stockhausen die Informationstheorie von Werner Meyer-Eppler intensiv rezipiert.
97) Walter Benjamin: Über den Begriff der Geschichte. BGS I, S. 694 (These III): »Freilich fällt erst der erlösten Menschheit ihre Vergangenheit vollauf zu.«
98) Adorno: Ästhetische Theorie. AGS 7, S. 386.

Schwierigkeiten des Hörens

Die Unverständlichkeit bildet schließlich eine Variation des Verstummensmotivs, das in der Kunst seit Auschwitz sehr präsent ist. Samuel Beckett etwa, der besonders in seiner Romantrilogie[99] einen Zustand erzeugt, in dem das Ringen um die Notwendigkeit und Unmöglichkeit des Verstummens wie des Erzählens spürbar wird. In Nonos späteren Werken, in denen das Politische sich nicht mehr durch Referenzen auf aktuelle oder historische Konflikte ausweist, ist das Unverständliche zunehmend präsent. Im Streichquartett »Fragmente – Stille an Diotima« (1980) wie auch im »Prometeo« stehen Textfragmente von Hölderlin oder Benjamin in den Partituren, die die Interpreten zwar lesen und die in ihr Spiel eingehen sollen, die aber in keiner Weise sonst verklanglicht werden. Die Spannung, die so zwischen Partitur und Klanggestalt auftritt, läßt sich auf einen gesellschaftlichen Zustand beziehen, in dem Texte und Gedanken zwar präsent sind, aber stumm bleiben müssen. Die Übereinanderlagerung (*sovrapposizione*) der verschiedenen Schichten, die ein typisches Kompositionsprinzip Nonos darstellt, erzeugt ein Moment der Verrätselung und eine spezifische Art von Unverständlichkeit, in der ein möglicher Sinn des Kunstwerks nicht mehr auf einer einzigen medialen Ebene, dem Hören, hergestellt werden kann. Dieses Moment der Nichtauflösbarkeit korrespondiert mit Adornos Begriff des Rätselcharakters des Kunstwerks.[100] Daß durch die Übereinaderschichtung das Ganze nicht im Erklingen zur Erscheinung gebracht werden kann, und somit nicht im Hören vollständig erfaßbar ist, hat Auswirkung auf das Form-Ganze, das nur noch fragmentarisch entstehen kann und dessen Brüchigkeit durch die Passagen der Stille unabweisbar bewußt wird. Im Moment der Aufführung verleiht nur die Konzentration und Spannung, die die Interpreten in diesen Momenten halten, der Klangerscheinung eine zeitlich beschränkte Einheit. Insofern wendet sich das Spannungsverhältnis von Hören und Lesen noch einmal. Das Ganze aber läßt sich weder auf die eine noch auf die andere Art erfas-

99) Samuel Beckett: Molloy. Paris 1951; ders.: Malone meurt. Paris 1951; ders.: L'innommable. Paris 1953.

100) »Kunstwerke, die der Betrachtung und dem Gedanken ohne Rest aufgehen, sind keine.« – »Das Rätsel lösen ist soviel wie den Grund seiner Unlösbarkeit angeben.« Adorno: Ästhetische Theorie. AGS 7, S. 184f.

sen. Auf jeder Ebene bleiben vielmehr Fragmente, monadische Einzelmomente zurück.

Ein damit korrespondierendes allgemeineres Phänomen der Avantgarden im 20. Jahrhundert ist die Diskrepanz zwischen theoretischen Manifesten und künstlerischer Praxis, in der ebenfalls der Sinn auf mehreren Ebenen verstreut ist. Das in den 1960er Jahren ausgerufene ›Neue Hören‹ behält eine utopische Dimension und ist womöglich auch nicht einlösbar, da die Krise des Ausdrucks auf der Produktionsseite mit einer Krise der Wahrnehmung, einem Unvermögen zum differenzierten Hören, auf der Rezeptionsseite ihr Pendant findet. Nono bemerkt, daß »das neue Hören ›schwierig‹ geworden ist, weil es komplex und variantenreich ist. Es ist in einem Teilbereich schwierig geworden, dem der psychophysischen Wahrnehmung. Der Klang ›ermüdet‹ mit seinen endlosen Spannungen. Das ist das offene Problem, das sich fortwährend reproduziert.«[101] An der Verlagerung des Politischen von der direkten Intervention zum Moment des konzentrierten Hörens und Wahrnehmens wird dennoch sichtbar, daß nicht das Moment des Ausdrucks aufzugeben ist, sondern dem Versteckten und Überlagerten aufmerksam nachzugehen wäre. An Nonos Komponieren läßt sich erkennen, daß die versunkenen Fragmente des Textes und der Stimmen nie ganz verschwinden. Sie sind vielmehr Ergebnis der Suche danach, wenigstens am Einzelmoment ein dem gesellschaftlichen Druck Widerstrebendes zu erfahren.

In den Schriften Adornos zum Hören ändert sich das Verhältnis dazu sukzessive. Diese Entwicklung ist eine Reaktion auf die Veränderungen in der Musik, und es zeigt sich hier auch die veränderte gesellschaftliche Situation zwischen der Zeit Schönbergs und der Nachkriegszeit. Wie genau sich dieser Bruch in verschiedenen Bereichen der Kunst niedergeschlagen hat, müßte an anderer Stelle untersucht werden. Für Adorno lassen sich in Hinblick auf die Form zwei Fluchtlinien beschreiben: frühere Schriften sind vom Ideal der Durchhörbarkeit der

101) Nono: Scritti e colloqui I, S. 527: »L'ascolto nuovo si è reso ›difficile‹ perché è complesso e variato. Si è reso ›difficile‹ sul piano selettivo, sul piano della percezione, della psicofisica. Il suono ›stanca‹ per le sue infinite tensioni. Questo è il problema, apertissimo, che si riproduce continuamente.« Übersetzung der Verfasserin.

Zweiten Wiener Schule bestimmt, in späteren entsteht das Ideal der *musique informelle.*

Die Durchhörbarkeit, die das Erfassen eines Stücks im hörenden Nachvollzug beschreibt, impliziert eine normative Vorstellung sowohl für Hören als auch Komponieren.[102] In den »Minima Moralia« stellt Adorno am Beispiel von Erik Satie fest, daß die Orientierung an der Stringenz der Schönbergschule einige Entwicklungen der ersten Avantgarde nicht erfassen können.[103] Die Betonung des strukturellen Hörens, wie er es auch bezeichnet, hat jedoch seine Bedeutung in der Kritik der Kulturindustrie, die als Produktions- und Rezeptionsmechanismus klassische Musik genauso erfaßt wie populäre. Mit der Bezeichnung »atomistisches Waren-Hören«[104] kritisiert er das in Klassik wie Pop-Musik verbreitete sinnlich-kulinarische Hören schöner Melodien, Klangfarben oder Stimmen, welches das Stück als Ganzes nicht wahrnehmen will. Adorno beschreibt eine geschichtliche Entwicklung, nach der die sinnlichen Einzelmomente zu einem früheren Zeitpunkt über emanzipatorische Kraft verfügten, da sie Ausdruck des subjektiven Moments waren, das sich gegen den Schematismus des Ganzen Geltung verschaffte. Diese Bedeutung sei jedoch verloren. Inzwischen sei es vielmehr das synthetisierende Hören und das Ganze des Kunstwerks, das dem gesellschaftlichen Druck widerstehen und ein kritisches Potential entfalten könne: »Nicht länger mehr fungieren die Partialmomente kritisch gegenüber dem vorgedachten Ganzen, sondern sie suspendieren die Kritik, welche die gelungene ästhetische Totalität an der brüchigen Gesellschaft übt.«[105]

In der Auseinandersetzung mit den Aufführungen von Cages Stükken, aber auch in Reaktion auf das Ende des integralen Serialismus, der die Darmstädter Ferienkurse prägte, korrigiert Adorno das ästhetische Ideal, das mit dem strukturellen Hören verbunden ist. Der integrale Serialismus, der die Einzelmomente in all ihren Dimensionen dem Prinzip der Zwölftontechnik unterwirft, zieht die Spannung zwischen Partiku-

102) Adorno: Anweisungen zum Hören neuer Musik. In: ders.: Der getreue Korrepetitor. AGS 15, S. 188-248, hier S. 245f.

103) Adorno: Minima Moralia. AGS 4, S. 173.

104) Adorno: Über den Fetischcharakter in der Musik und die Regression des Hörens. In: ders.: Dissonanzen. AGS 14, S. 14-50.

105) Ebd., S. 18.

larem und Ganzem der Form ein. Der Eindruck, diese Musik ähnele sich Tapetenmustern an, führt zu neuen Überlegungen Adornos. Zwar kommt er wie Nono zu dem Schluß, daß die radikale Aleatorik John Cages eine ähnliche beliebige Wirkung entfalten kann. Trotzdem verwirft er Cage nicht mit derselben Verve wie Nono, sondern stellt fest, es gehöre »zu den Erfahrungen, die ich vor allem an den Werken von John Cage gemacht habe, über deren Qualität ich hier gar nicht urteilen möchte, weil sie von einer solchen Art sind, daß ihnen gegenüber die ästhetische Qualitätsfrage wirklich ganz windschief, ganz quer wäre.«[106] Bemerkenswert persönlich klingt auch die Formulierung zu Cages Klavierkonzert. Es habe, so Adorno, »stark auf mich gewirkt, ohne daß ich die Wirkung zu präzisieren wagte; ohnehin geht es darum bei einer Musik dieses Typus schwerlich.«[107] Adorno stellt im weiteren fest, daß die Kategorien des traditionellen Hörens sich nicht aufrecht erhalten lassen, weil sich grundsätzliche Aspekte der Form geändert haben. Der Versuch, die neue Musik mit alten Kriterien zu beurteilen, hat viel zu ihrer Ablehnung beigetragen, da ihr ein romantisch-klassisches Werkideal, möglichst unter Rückgriff auf die Natur vorgehalten wird.[108] Trotz ihrer Unterschiedlichkeit trifft dies für die Musik Cages genauso wie für die Nonos zu. Es führt nicht besonders weit, zu überprüfen, ob sie die eigenen Hörerwartungen erfüllen, die sich heute noch immer an tonaler Musik, etwa an Kinderliedern und Computersignalen ausbilden.

Nur im Einlassen auf den Gegenstand, im Nachspüren seiner Formprinzipien, was der ästhetischen Erfahrung, wie Adorno sie konzipiert, entspräche, können die Kunstwerke nach ihren je eigenen Maßgaben verstanden werden.[109]

Unabhängig vom atomistischen Hören, das durch Brunchkonzerte und Starsolisten gefördert wird, ist der Gedanke des in sich geschlossenen Kunstwerks in der Neuen Musik gerade infolge der Entwicklung des Serialismus zum Gegenstand der Kritik geworden. Zugleich wurde es von einer allgemeinen Auflösung ergriffen, die in allen Bereichen

106) Adorno: Ästhetik 1958/59. NaS IV.3, S. 134.

107) Adorno: Vers une musique informelle. AGS 16, S. 494.

108) Vgl. Ulrich Mosch: Musikalisches Hören Neuer Musik. Saarbrücken 2004, S.16f.

109) Adorno: Ästhetische Theorie. AGS 7, S. 262-267.

der Kunst seit den 1950er Jahren zu beobachten ist, und als Krise des Sinns und der Repräsentation beschrieben wird. Adornos Ästhetik ringt mit dieser Krise genauso wie die Kunst, der trotz ihres ständig proklamierten Endes so wenig das Verstummen gelingt wie Becketts Figur des Namenlosen. So wie diese sich immer wieder anschickt, sich aus der Gestaltlosigkeit zu einer Figur zu entwickeln, und eine Geschichte zu erzählen beginnt, so stellt Adorno auch für Cages Musik fest, daß sie trotz ihrer offenen Struktur sich immer wieder zu einem Ganzen bilde. Dies geschieht auch negativ, durch die Abgrenzung der Kunst zur Gesellschaft. »Auch der negierte Sinn in ihr [der Kunst] ist Sinn.« Dieser Sinn ist jedoch nicht mit einem positiven Sinnbegriff zu verwechseln, wie ihn die konservative Hermeneutik oder Phänomenologie vertritt, er entsteht aus der inneren Konsequenz, mithin der Form: »Daß noch Kunstwerke, in denen Zusammenhänge so konsequent ausgeschaltet werden wie im Klavierkonzert von Cage, eben durch diese Konsequenz abermals einen [Sinn] hervorbringen, bestätigt das.«[110]

Cages Musik ist eine wichtige Inspiration für die Idee der *musique informelle*. Inwieweit diese Idee von der Strömung des Informel in der Malerei beeinflußt worden ist, läßt sich aus Adornos Text nicht schließen.[111] Er beschreibt sie so: »Gemeint ist eine Musik, die alle ihr äußerlich, abstrakt, starr gegenüberstehenden Formen abgeworfen hat, die aber, vollkommen frei vom heteronom Auferlegten und ihr Fremden, doch objektiv zwingend im Phänomen, nicht in diesen auswendigen Gesetzmäßigkeiten sich konstituiert.«[112] Idee ist hier, wie an vielen Stellen der »Ästhetischen Theorie«, die Form möge sich aus den Impulsen der Einzelmomente ergeben, sich aus ihnen konstituieren, ohne daß erneut der Schein eines organisch gewachsenen Kunstwerks erzeugt werde. Trotz der Problematik eines scheinhaften Ganzen, das auch die Wahrnehmung des gesellschaftlichen Ganzen beeinflussen würde, betont Adorno, daß andererseits die Einzelmomente für sich betrachtet keine Bedeutung hätten. Diese erlangen sie erst im Verhältnis zu ihrem Kontext. Offensichtlich handelt es sich um eine dialektische Spannung, die weder zur einen noch zur anderen Seite hin gelöst werden kann

110) Adorno: Vers une musique informelle. AGS 16, S. 536.
111) Siehe hierzu auch Gianmario Borio: Musikalische Avantgarde um 1960. Entwurf einer Theorie der informellen Musik. Laaber 1993.
112) Adorno: Vers une musique informelle. AGS 16, S. 496.

und auch in den verschiedenen Linien der Avantgarde zu heterogenen Ergebnissen und Versuchen führt. Über die Divergenzen hinweg wird jedoch deutlich, daß es weder besonders erkenntnisfördernd ist, weiterhin nach in sich geschlossenen Kunstwerken Ausschau zu halten, noch aufgrund deren Scheitern einmal mehr das Ende der Kunst auszurufen und ihre Reste in Politik zu überführen, wie es der Situationismus vorsieht. Nur an der konkreten Erfahrung des Scheiterns kann die Ohnmächtigkeit und Notwendigkeit von Kunst deutlich werden.

In der Art und Weise, wie Nono seine Stücke gestaltet, drückt sich die Konsequenz eines Zustands aus, in dem ein Ganzes nur noch imaginativ erreicht werden kann. Die ausschließlich lesende Rezeption bliebe unvollständig, da gerade in der Geste des Verschwindens, des Unverständlichwerdens die Erfahrung des Nichtrealisierbaren, doch Wünschenswerten zu machen ist. Wie an der Debatte über »Il canto sospeso« deutlich wurde, eröffnete die Unverständlichkeit an dieser Stelle die Möglichkeit, andere Ebenen der Komposition zu erfahren. Durch Verfremdung erzeugt sie erst die Distanz, die für die Ermöglichung ästhetischer Erfahrung konstitutiv ist. Die Unverständlichkeit des Kunstwerks im allgemeineren Sinne, auf die Nonos Kompositionen verweisen, ist die Chiffre einer undurchschaubaren Gesellschaft, die jede Sinnhaftigkeit ad absurdum geführt hat.

Mit der ungewöhnlichen, aber suggestiven Genrebezeichnung »Tragödie des Hörens«, die Nono der Komposition »Prometeo« zuweist, beschreibt er die Problematik der Erfahrung als den Widerspruch zwischen dem technisch Möglichen und dem als schwierig empfundenen Zuhören. Einzig aussichtsreich sei, »sich allen Möglichkeiten [zu] öffnen, mit allem Potenzial, das wir in uns selbst haben, nicht nur in den Ohren, nicht nur im großen Bereich der Wahrnehmung, sondern im Leben unseres Geistes und unserer möglichen Unendlichkeiten«. Mit Adornos vehementer Suche nach dem Neuen und Cages Experimenten konvergiert Nonos Beschreibung vom suchenden Hören, das (nicht nur) den Kompositionsprozeß prägt: »Wir müssen wissen, daß wir in jedem Moment scheitern können, aber trotzdem suchen, immer suchen, nach dem Unbekannten.«[113]

113) Nono: Scritti e colloqui I, S. 531: »Aprire a tutte le possibilità, con tutto il potenziale che abbiamo in noi stessi, non solo negli orecchi, non solo nel gran campo della percezione, ma nella vita della nostra mente e dei nostri infiniti

»Kleiner roter Elefant, tritt ein bißchen zurück, ich möchte das Leben ohne Scherz sehen und möchte ihm etwas mit der Stimme sagen, nicht durch Quieken.«[114]

possibili.« S. 539: »Dobbiamo sapere di poter precipitare in ogni momento, ma cercare, comunque, cercare, sempre, l'ignoto.« Übersetzung der Verfasserin.
114) Šklovskij: Über einen kleinen roten Elefanten, S. 11.

Christoph Hesse
Virtuelle Erfahrung

Erfahrung, das könnte einer dieser verschrobenen Einfälle Heideggers sein, meinte einst auch tatsächlich das Fahren, das Erkunden von Land und Leuten.[1] Erst in der Neuzeit, als man damit ernst macht, die Welt rundum zu erobern, verschwindet die Bewegung aus der Erfahrung, auf die fortan das empfindsame Subjekt Anspruch erhebt, gleichviel, ob es in der Welt umherfährt oder sich auf Schloß Montaigne zurückzieht. Wer niemals Gelegenheit bekommt, nach Italien zu reisen, kann schließlich aus Erzählungen oder Büchern etwas über dessen sagenhafte Schönheiten erfahren, wenngleich Erfahrung sich dann natürlich zuerst auf Erzählungen oder gedruckte Bilder und Texte bezieht, die im übrigen noch viel schöner als Italien selbst sein können. Die seit dem ausgehenden 19. Jahrhundert rapide vervielfältigten Techniken der Aufzeichnung, Speicherung, Übertragung und Vervielfältigung, die einen scheinbar immer näher an ferne Wirklichkeiten heranlassen, dehnen jene Möglichkeiten ins Unermeßliche. Der aus Romanen bekannte Mann vom Lande, der in die Stadt kommt und alles verschlossen findet, ist historisch weit überholt; der Unerfahrene, der nichts als den engsten Umkreis des eigenen Arbeits- und Familienlebens kennt, aus der verschalteten Welt verschwunden. An die Stelle der traditionellen Unbildung drängelt sich flinkes Bescheidwissen, ein Verdienst nicht so sehr der allgemeinen Schulpflicht als das einer über Klassen und Grenzen hinwegreichenden Kulturindustrie, der längst viel magischere Kanäle zu Gebote stehen als Film, Radio, Magazine. Das Gefühl der Ohnmacht indessen, das noch den bis zum Überdruß in allem Erfahrenen verfolgt angesichts rätselhafter ökonomischer Prozesse, die über ihn hinweggehen und von Zeit zu Zeit auch über ihn hereinbrechen, wird durch ebenso übermächtig wirkende Technologien abermals verstärkt. Die bis ins letzte erschlossene Welt, die einem doch so befremdlich und unnahbar wie eh und je

1) Althochdeutsch *irfaran* (seit etwa 800), mittelhochdeutsch *ervarn*: reisen, durchfahren, durchziehen, erreichen, einholen. Siehe Etymologisches Wörterbuch des Deutschen. Erarbeitet unter der Leitung von Wolfgang Pfeifer. München 1995, S. 293. Siehe dazu auch Günther Anders: Die Antiquiertheit des Menschen. Bd. 1. Über die Seele im Zeitalter der zweiten industriellen Revolution. München 1988, S. 114f.

entgegentritt, hat nicht nur die berüchtigte Idiotie des Landlebens verscheucht; sie läßt auch eine ohnehin fragwürdige Fähigkeit zur Erfahrung verkümmern, die, neben manch anderem, nötig wäre, um die Welt nach menschlichen Bedürfnissen einzurichten.

Erfahrung bezeichnet zugleich die sinnliche Empfindung wie deren geistige Reflexion, umgangssprachlich aber auch eine durch wiederholte Wahrnehmung oder Übung erlangte Kenntnis, Routine nämlich, die Erfahrung kaum mehr an sich heranläßt. Was man landläufig so nennt, ist lediglich »eine gewisse Lebenserfahrung, der wir alle nicht entgehen können«[2]. So läßt E.T.A. Hoffmann den Professor Lothario sprechen, eine Karikatur des eitel verstockten Gelehrten, die auch heute noch komisch wirkt, nicht zuletzt deshalb, weil der biedere Herr Professor einem unter Aufmerksamkeitsökonomie stöhnenden Publikum schon wieder aufreizend bescheiden und vernünftig vorkommt. Und recht hat er auch: Erfahrung, wie sie die Philosophie seit dem Niedergang der Scholastik stets aufs neue verlockend in Aussicht gestellt hat, spielt gerade im sogenannten geistigen Bereich, wo es, wenn nicht noch immer auf schiere Belesenheit, so auf launische Eingebungen und noch so unredliche Beredsamkeit ankommt, die geringste Rolle. Anspruch auf Erfahrung erheben naturgemäß die empirischen Wissenschaften, die darunter nichts anderes verstehen als die nachprüfbare Beschreibung eines Sachverhalts. Für die empirische Beobachtung gibt es Aufnahme- und Meßgeräte und notfalls Fragebögen, für die Lösung der anstehenden Rechenaufgaben Computerprogramme. Die Anstrengung hingegen, geistige Erfahrung in Begriffe zu fassen, können einem die auf ihrem Gebiet noch so zuverlässigen Verfahren der Aufzeichnung und Quantifizierung nicht abnehmen. Solcherart Erfahrung läßt sich weder am Ausschlag eines Zeigers ablesen noch in Tabellen darstellen. Um sich davon einen Begriff zu bilden, reicht eine Kritik des Empirismus jedoch nicht hin.

Schwerer als der Vorrang formalisierter Methoden wiegt die Substitution geistiger Erfahrung durch findige Betriebsamkeit, und darauf verstehen sich einstige Geistes-, nunmehr Kulturwissenschaftler allemal besser als herkömmlich eher einfallslose Empiriker. Das Tempo bestimmen innerbetriebliche Konkurrenz und durch sie hervorgebrachte

2) E.T.A. Hoffmann: Lebens-Ansichten des Katers Murr. In: ders.: Die Elixiere des Teufels. Lebens-Ansichten des Katers Murr. München 1977, S. 364.

intellektuelle Konjunkturen. Und was immer gerade im Schwange sein mag, es muß gelingen, eine Welt, zu der man durch so gut wie keine substantielle Erfahrung in Beziehung steht, administrativ zu seinem Gegenstand zu erklären oder diesen in klingelnden Worten zu erfinden. Davon nährt sich ein beträchtlicher Teil des Betriebs, der zumindest noch dagegen aufbegehrt, sich auf ein bestimmtes Fach verpflichten zu lassen. Aus der Kritik technokratischer Arbeitsteilung ist die selbsterteilte Lizenz allgemeiner Zuständigkeit, und das heißt totaler Unzuständigkeit erwachsen. Lenin glaubte einst, eine Hausfrau müsse einen Staat lenken können. Heute kann ein revolutionär drapierter Philosoph in einem Zug über Lenin und Staat und beiher auch über die spezielle Relativitätstheorie plaudern. Die notorische Absatzkrise der Orchideenfächer, die seit Jahr und Tag keine Orchideen mehr zu Gesicht bekommen, belegt auch, daß etwas wie Erfahrung bestenfalls aus zweiter, dritter Hand aufgelesen wird. Daher die wummernden Neologismen, die nichts zum Ausdruck bringen als das Interesse an symbolischen Extraprofiten; aus Eitelkeit eher als sachlichem Erfordernis geschaffene Wortungetüme, die in immer kürzeren Abständen einen weiteren *turn* vermelden und sogleich die dazugehörigen *studies* bewerben. Wie für das Kapital gilt auch für den staatlich alimentierten Diskurs, daß der Stoff die Form nichts angeht.

So brandneu ist das wiederum nicht. Die Austreibung des Geistes aus den Geisteswissenschaften rührt nicht von der Machtübernahme der elektronischen Medien her, die vorschreiben sollen, was irgend denk- und sagbar sei. Das haben auch ältere Aufschreibesysteme in wie immer begrenztem Umfang schon getan, und noch ist nicht absehbar, auf welch neue Weise die neuen Medien das Denken bestimmen oder bisweilen ersetzen und wie sie etwa geistige Erfahrung formen. Um die stand es allerdings nicht besser, als noch aufrecht stolzierend diktiert und auf ratternden Schreibmaschinen geschrieben wurde. Karlheinz Deschner, berichtet Eckhard Henscheid schon Mitte der siebziger Jahre, habe »den älteren Typ des jüngeren deutschen Professors elaboriert: Den Schlamper, den Orakler, den Vergreisenden, den halbgöttlich in seiner eigenen Fachidiotie herumschreitenden Hohlkopf.«[3] Einen Ty-

3) Eckhard Henscheid: Wie dumm darf ein deutscher Professor sein? Eine akute Fallstudie. In: ders.: Meine Jahre mit Sepp Herberger. Neue Feuilletons. Berlin 1999, S. 100.

pen also, über den eine mit Marx und Freud bewaffnete Jugend leicht herfallen konnte. Was ihr aber lediglich gelang, war die Mimikry an die verhaßten Institutionen und Personen: »Der noch neuere, vor allem seit dem Ende der Studentenrebellion sich etablierende Typ hat sich – bei gleichbleibender Grundsubstanz – nur in Nuancen gewandelt: Zum Großepigonen, Großbluffer, zum progressistisch sich aufspielenden Hansdampf in allen Gassen.«[4] Diese leichthin als postmodern etikettierte Findigkeit gehört hierzulande zur Geschichte ausgerechnet der Kritischen Theorie, vielmehr ihrer intellektuellen Überwindung zu einer Zeit, da der eh äußerst wacklige Begriff der Erfahrung in der parodistischen Gestalt der Selbsterfahrung Karriere macht. Die paar Kritiker der politischen Ökonomie, die im Gefolge der abflauenden Protestbewegung ebenfalls zu Amt und Würden gelangen, sehen schon damals hoffnungslos alt aus, jedenfalls gegen den von Henscheid karikierten neuen Typen, der rückblickend als Prototyp der inzwischen etablierten Kulturwissenschaft zu erkennen ist. Sein anhaltender Erfolg gründet nicht zuletzt darauf, daß ein Gegenstand seiner Beschäftigung kaum jemals auszumachen ist und darum auch nie abhanden kommen kann. In ihm manifestiert sich die ewige Wiederkehr des Neuen. Zudem begünstigt ihn die irrige Meinung, mangelnde Begabung oder nur fehlende Lust zu intellektueller Rechtschaffenheit bärgen andererseits musisches, gar literarisches Talent; im hingekünstelten Abrakadabra, in sinnlos entrückten Metaphern offenbare sich unergründlich Bedeutendes. Nicht zufällig erfreut sich der angeblich von Horkheimer seinerzeit im Stich gelassene Walter Benjamin immer penetranterer Beliebtheit. Der einst spottete über »das euphemistische Gelispel der Soziologie«, die davor zurückschrecke, »politische Gegenstände politisch klarzustellen, um sie statt dessen in ein Gespinst akademischer Floskeln zu wickeln«[5], ist heute einer der vornehmsten Gewährsleute des schamlosesten Gelispels. An seinen unerschöpflich reichen und wohl ebenso schwer zugänglichen ästhetischen Erfahrungen kann sich leicht zu schaffen machen, wer sie nur resolut an sich reißt; gerade das Dunkle daran kommt den auf alles

4) Ebd.
5) Walter Benjamin: S. Kracauer, »Die Angestellten« (Rezension). In: ders.: Gesammelte Schriften. Hrsg. von Rolf Tiedemann und Hermann Schweppenhäuser. Frankfurt am Main 1972ff., Bd. III, S. 226-228, hier S. 226.

andere als Aufklärung erpichten Geheimagenten der Selbstzufriedenheit zupaß.

Den Weg zu dieser Art Kulturwissenschaft haben nicht erst die aus dem Strukturalismus hervorgegangenen Philosophen gebahnt. Die im übrigen ganz zu Recht verlästerte »Frankolatrie«[6], die längst als verstohlene Liebe zur deutschen Ontologie durchsichtig geworden ist, scheint selbst nur Symptom einer Erfahrungslosigkeit zu sein, die bei der gierigen Rezeption der »einst so geistreichen Franzosen«[7] lange nicht haltmacht und deren Gründe man anderswo zu suchen hätte. Die gefällige Rede von leeren Signifikanten aber wäre insofern beim Wort zu nehmen, als Sprache nur ausnahmsweise dazu taugt, Erfahrenes zum Ausdruck und bestimmte Erfahrungen sogar erst zustande zu bringen; in der Regel verrennt sie sich viel lieber in ihren eigenen »Tonfallstrikken« (Karl Kraus). Was insbesondere die deutsche Wissenschaftssprache betrifft, deren Stickluft die Lebensphilosophie einst auf »naturhafte, frischgesunde, zuweilen grobkörnige«[8] und allemal trügerische Art zu entkommen suchte, so kann man zurückverfolgen, daß sie sich spätestens im Kaiserreich in kollegialer Nachbarschaft zum Amtsdeutsch eingerichtet, sich selbst und niemandem sonst gefällt in klobigen, von oben hinuntergereichten Substantivierungen, die noch der dubiosesten Formulierung die Autorität einer beglaubigten Urkunde verleihen. Davon hat sie bis heute nichts verloren. Gewonnen hat sie darüber hinaus gerade im Softcorebereich der Kulturwissenschaften die querdenkerischen Allüren, die einst aus den Wohngemeinschaften in die Werbeagenturen umzogen, das in erborgter Spontaneität mal so fahrig Hingesagte, das schon als Selbstironie herhalten muß.

In den Kapriolen der Kulturwissenschaft kommt in vornehm verfremdeter Gestalt nur zutage, was die gleichnamige Industrie in großem Maßstab anrichtet. Für die sozialisierte Unfähigkeit zur Erfahrung, die sich bis hinauf zur soziologischen und philosophischen Terminologie

6) Siehe Klaus Laermann: Lacancan und Derridada. In: Die Zeit, 23, 30.5.1986.
7) Karl Marx: Das Kapital. Kritik der politischen Ökonomie. Bd. I. In: ders., Friedrich Engels: Werke (im folgenden MEW). Hrsg. von Institut für Marxismus-Leninismus beim ZK der SED. Bd. 23, Berlin 1956ff., S. 742.
8) Zufällig aufgeschnappt bei Martin Heidegger: Abraham a Sankta Clara. Zur Enthüllung eines Denkmals in Kreenheinstetten am 15. August 1910. In: ders.: Gesamtausgabe. I. Abteilung. Bd. 15. Frankfurt am Main 1983, S. 1.

bemerkbar macht, ist sie selbst in beträchtlichem Umfang verantwortlich. Erfahrungen machen, das klingt nicht umsonst nach einem kameradschaftlichen Imperativ aus der Werbung. Unentwegt werden einem Erfahrungen angedreht, die vor allem dazu angetan sind, daß man sie wie zum Ausweis eigener Tüchtigkeit sonder Zahl akkumuliert. Was dabei erfahren werden soll, bleibt so gleichgültig wie irgendein Produkt in der stur weiter anwachsenden Produktion um ihrer selbst willen. Das stupide Sammeln von Erfahrungen, das jedem als nützlich anempfohlen wird, der seine Haut zu Markt zu tragen hat, steht schließlich in respektabler Tradition. Schon das bürgerliche Ideal von Bildung, die heute als das Vermögen optimaler Selbstbewirtschaftung zu übersetzen wäre, ging ehrgeizig davon aus, daß Subjektivität sich nicht nur durch Pflichtbewußtsein und humanistische Gelehrsamkeit, die freilich erst durch unmenschliches Pauken zu erlangen war, sondern auch durch Erfahrung bilde. Doch ist die Fähigkeit zur Erfahrung keine schlechthin menschliche, ein für allemal gegebene, ebensowenig eine Qualifikation, die einer durch Fleiß erwerben könnte. Erfahrung hängt ab von objektiven Bedingungen; vergeblich allerdings die Hoffnung, sie als vermeintlich verlorene in ferner Vergangenheit wiederzufinden. Zu suchen wäre sie eher in der Nähe einer Menschheit, die noch gar nicht existiert. Einstweilen scheint sie, wie das Glück, das einem unverhofft zuteil wird, nur ausnahmsweise überhaupt möglich. Möglich wäre ausnahmsweise übrigens auch die Einrichtung einer Welt, in der die Leute anderes als Druck, Angst, Entbehrungen, Leid und bedrückende Leere selbst in der üppigen Befriedigung ihrer Bedürfnisse erfahren könnten. Die materiellen Voraussetzungen zumindest sind seit langem geschaffen, nur unter Produktionsbedingungen, die sie zu nichts als der Reproduktion eben dieser Bedingungen beständig neu hervorbringen und damit als Voraussetzungen für alles andere immer unwahrscheinlicher und letztlich unbrauchbar werden lassen.

Was unreglementierte Erfahrung sei, hat man vielleicht selbst schon erfahren. In Begriffe fassen kann man es darum noch nicht. Und die Gefahr, darüber in raunende Beschwörung zu geraten, spürt schon Goethe, der den Jargon der Eigentlichkeit ein Jahrhundert im voraus parodiert. Einem Jugendfreund habe er manchmal zugesetzt, er solle ihm »deutlich machen, was Erfahrung sei? Weil er aber voller Torheiten steckte, so vertröstete er mich von einem Tage zum anderen und eröffnete mir zuletzt, nach so großen Vorbereitungen: die wahre Erfahrung sei ganz eigentlich, wenn man erfahre, wie ein Erfahrner die Erfahrung erfahrend erfahren müsse.«[9] Zu beantworten wäre die Frage nur durch einen Gegenstand, an dem Erfahrung sich bewährt. Sie ist gebunden ans Besondere, stets Erfahrung von etwas, weshalb jeder Versuch einer allgemeingültigen Definition ins Leere oder, schlimmer, in die Regionen des tautologischen Tiefsinns führt. Sie ist von einem Objekt her zu denken, dem ein Subjekt sich überläßt oder das es unwillkürlich anzieht. Mit dem seinerseits dubiosen Begriff der Intuition kommt man ihr wahrscheinlich näher als mit formaler Erkenntniskritik.[10]

Ein so emphatischer, geradezu musikalischer Begriff von Erfahrung hängt mit der berüchtigten deutschen Innerlichkeit historisch eng zusammen. Überschwenglichen Ausdruck findet er, parallel zur rationalistischen Erkenntniskritik, im Pathos subjektiver Empfindsamkeit in der Dichtung des Sturm und Drang, die in Lutherscher Manier gegen französische Etikette pöbelt und doch zugleich den von Frankreich ausgehenden Drang nach politischer Freiheit nachvollzieht. Dies letztere Motiv kehrt in der Romantik in bizarr verkleideter, mal volkstümlicher, mal ritterlicher Gestalt wieder. Modell steht dem hier aufkeimenden deutschen, von Hause aus stolz gekränkten Nationalgefühl aber nicht die moderne Nation, nämlich die französische Republik, sondern das untergegangene Reich, in dem man rückschauend eine durch gemeinsame Sprache und Kultur verschweißte Schicksalsgemeinschaft erkennen will. Aus den katastrophalen politischen Folgen folgt jedoch nicht umgekehrt, daß die in die romantische Literatur eingegangenen Erfahrungen darum verächtlich seien. Das Unbehagen, das alle waldursprünglich anmutende Poesie einem Leser heute bereiten mag, rührt auch aus dem Unbehagen an einer schon damals ziemlich mißglückten Aufklärung, dem jene Werke Ausdruck geben. Und damit werfen sie ein schummriges Licht auf das ganze Malheur, das der urdeutsche Begriff der Erfahrung durch Lebensphilosophie und Existentialismus hindurch mit sich schleppt. Zur Charakterisierung des Komponisten Schmucke, einer seiner Romanfiguren, gibt Balzac den Hinweis, die Deutschen wüßten »zwar nicht die großen Instrumente der Freiheit, wohl aber von Natur

9) Johann Wolfgang von Goethe: Dichtung und Wahrheit. Jubiläumsausgabe, Bd. 5. Frankfurt am Main und Leipzig 1998, S. 276f.
10) Siehe Adornos Auseinandersetzung mit Bergson in: Zur Metakritik der Erkenntnistheorie. AGS 5, S. 7-246, hier S. 52-54.

aus alle Instrumente der Musik zu spielen.«[11] Daß das längst nicht mehr wahr ist, hat schließlich auch etwas Beruhigendes. Nur darf man sich darum nicht wundern, daß, wenn »kaum mehr ein Junge sich träumt, einmal ein großer Dichter oder Komponist zu werden«, es dann unter den Erwachsenen nicht nur keine furchterregenden Führergestalten mehr gibt, sondern womöglich auch »keine großen ökonomischen Theoretiker, am Ende keine wahrhafte politische Spontaneität mehr.«[12]

Wundern mag man sich trotzdem darüber, daß ein Künstler wie der keineswegs allzu romantische Balzac, in dessen Werk die Erfahrung einer ganzen Epoche Gestalt annimmt, in der gegenwärtigen nicht im entferntesten mehr vorstellbar wäre. Wer sich heute in seine Dachkammer zurückzöge, um eine große Komödie seiner Zeit zu schreiben, hätte dort an seinem Bildschirm immerhin die ganze Welt vor Augen. Doch anscheinend liegt sie ihm nicht zu Füßen, sondern wächst uneinholbar über seinen Kopf hinaus. Sicherlich mochte die Welt ihren Bewohnern vor zweihundert Jahren zumindest insofern sinnvoll erschienen sein, als noch berechtigte Hoffnung bestand, die Versprechen von Freiheit und Gleichheit bald einmal einzulösen. Aber auch über die Abwesenheit von Sinn konnte Beckett Romane schreiben, die der Erfahrung eines unter aberwitzigem technischen Aufwand unbeirrt fortgesetzten Unsinns Ausdruck geben, sehr handgreiflich etwa in dem von Molloy ausgeklügelten System des Steinelutschens.[13] All die einschlägigen Befunde über Fragmentierung und Zerstreuung, die man gern auch zur Rechtfertigung der eigenen unbefriedigenden Bastelarbeit vorschützt, kaschieren vielleicht nur den viel ärgeren, daß mit der Spontaneität auch die Phantasie, von der künstlerische Produktion und ästhetische Erfahrung zehren, irgendwo verschüttgegangen ist. Ob und zu welchen Bedingungen sie wieder auftauchen mag in einer Welt, die sich ihren Benutzern mit ahnungslosem Stolz als Informations- oder Wissensgesellschaft andient, steht dahin. Kulturkritiker machen billigerweise die automatisierte Technik und die damit einhergehende Hektik verantwortlich dafür, daß Literatur in termingerechte Textverarbeitung übergegangen ist. Doch unter sehr ähnlichen Zwängen hat auch schon die »kleine

11) Honoré de Balzac: Vetter Pons. Die Menschliche Komödie. Bd. XXVI. Zürich 1977, S. 38.
12) Theodor W. Adorno: Theorie der Halbbildung. AGS 8, S. 93-121, hier S. 105f.
13) Siehe Samuel Beckett: Molloy. Werke. Bd. 6. Frankfurt am Main 1995, S. 95-103.

Romanfabrik«[14] Balzac ihre Manuskripte aufgehäuft. Unreglementierte Erfahrung ist nicht mit einem Leben auf dem Bauernhof zu verwechseln, und auch nicht mit Unmittelbarkeit. Ein scheinbar ganz unmittelbarer, jedenfalls durch kein technisches Medium vermittelter Zugriff auf die Welt entscheidet nicht vorweg darüber, ob etwa authentische Erfahrungen zustande kommen oder nicht. Ein Spaziergang durch den Wald bürgt dafür ebensowenig wie ein Kinobesuch.

So wie sich über unreglementierte Erfahrung im allgemeinen nur weniges positiv aussagen läßt, weil das Besondere, das sie zu einer solchen macht, in der allgemeinen Bestimmung verlorenginge, so läßt sich nicht geradewegs angeben, wie technische Medien und deren Produkte sinnliche sowie geistige Erfahrung formen; inwiefern sie sie um ungeahnte Möglichkeiten bereichern oder einer wie auch immer beschaffenen Substanz berauben. Die spezifischen Bedingungen, unter die ein Medium die Möglichkeit von Erfahrung stellt, sind nicht von vornherein als Reglementierung mißzuverstehen. Von den Regeln der Sprache, die kennen und respektieren muß, wer sich auf Literatur einläßt, würde schließlich niemand behaupten, daß sie möglichen Erfahrungen im Weg stünden. Über die Photographie, genauer: die besondere Form, in der dieses Medium unter den gegebenen Umständen zum Einsatz kommt, hat sich Siegfried Kracauer 1927 sehr melancholisch geäußert:

»Noch niemals hat eine Zeit so genau über sich Bescheid gewußt, wenn Bescheid wissen heißt: ein Bild von den Dingen zu haben, das ihnen im Sinne der Photographie ähnlich ist. Als aktuelle Photographien beziehen sich die meisten Bilder der Illustrierten auf Gegenstände, die im Original gegeben sind. Die Abbilder sind also grundsätzlich Zeichen, die an das Original erinnern mögen, das zu erkennen wäre. Die dämonische Diva. In Wirklichkeit aber wird der Hinweis auf die Urbilder von der photographischen Wochenration gar nicht bezweckt. Böte sie sich dem Gedächtnis als Stütze an, so müßte das Gedächtnis ihre Auswahl bestimmen. Doch die Flut der Photos fegt seine Dämme hinweg. So gewaltig ist der Ansturm der Bildkollektionen, daß er das vielleicht vorhandene Bewußtsein entscheidender Züge zu vernichten droht. [...] In den Illustrierten sieht das Publikum die Welt, an deren Wahrnehmung es die Illustrierten hindern. Das räumliche Kontinuum aus der

14) Wolfgang Pohrt: Der Geheimagent der Unzufriedenheit. Balzac – Rückblick auf die Moderne. Berlin 1990, S. 9.

Perspektive der Kamera überzieht die Raumerscheinung des erkannten Gegenstands, die Ähnlichkeit mit ihm verwischt die Konturen seiner ›Geschichte‹. Noch niemals hat eine Zeit so wenig über sich Bescheid gewußt. Die Einrichtung der Illustrierten ist in der Hand der herrschenden Gesellschaft eines der mächtigsten Streikmittel gegen die Erkenntnis. Der erfolgreichen Durchführung des Streiks dient nicht zuletzt das bunte Arrangement der Bilder. Ihr Nebeneinander schließt systematisch den Zusammenhang aus, der dem Bewußtsein sich eröffnet. Die ›Bildidee‹ vertreibt die Idee, das Schneegestöber der Photographien verrät die Gleichgültigkeit gegen das mit den Sachen Gemeinte.«[15]

Viele Jahre später, im New Yorker Exil längst heimisch geworden, wird Kracauer ausgerechnet der photographischen Natur des Films die Errettung der äußeren Wirklichkeit anvertrauen. Auf die Erkenntnis ihres inneres Zusammenhangs, auf die es einstmals ankommen sollte, um der Geschichte eine glückliche Wendung zu geben, war praktisch kein Verlaß gewesen.

Was immer technische Medien verstellen oder erst erkennbar machen mögen, die Kunst jedenfalls, herkömmlich ein Bereich, in dem Erfahrung sich fern praktischer Zwecke aufs zarteste bewähren darf und muß, ist dadurch vor allem expandiert. Ihre Überproduktion rührt offenkundig daher, daß mit den angewachsenen technologischen und kommerziellen Möglichkeiten auch die konventionelle Meinung darüber, was schon oder noch Kunst sei, unendlich großzügig geworden ist. Eine Unterscheidung wie die zwischen Ernst und Unterhaltung hat man zu Recht längst aufgegeben. Keine noch so ernste Kunst, zu der man Zugang findet, ist jemals langweilig, und es gibt keinen Grund, sich von ihr nicht auch unterhalten zu lassen. Eine verzwicktere Unterscheidung ist die zwischen Ernst und Spiel. Sie ist nicht geeignet, hohe und niedere, gute und schlechte Kunst von oben herab auseinanderzuhalten, sondern geht durch alle Kunst hindurch. An ihr scheiden sich auch durchaus ernstzunehmende Vorstellungen von Kunst. Marx behauptet, die künstlerische Produktion, der kapitalistischen ihrem Wesen nach feind, sei »verdammtester Ernst«[16] und müsse das auch bleiben, wenn einmal das Leben in freier Assoziation spielerisch leicht zu bewältigen sein wür-

15) Siegfried Kracauer: Das Ornament der Masse. Essays. Frankfurt am Main 1977, S. 33f.
16) Karl Marx: Grundrisse der Kritik der politischen Ökonomie. MEW 42, S. 512.

de. Dem gegenwärtigen Zustand näher kommt unverhofft Schillers oft schon zum Teufel gejagte Idee von der Kunst als heiterem Spiel, die recht behält zumindest darin, daß das Leben bei alledem furchtbar ernst geblieben ist. Nur wiederum nicht so ernst, daß jemand noch den Eintritt einer in mehr oder minder abscheuliche Kulturen zerfallenen Menschheit in eine von ihr selbst gemachte Geschichte erwartete. Auch von ästhetischer Erziehung verspricht sich niemand mehr etwas. Das Spiel sieht eher so aus, daß in der Kunst »die Ohnmacht des konzessionierten Menschen sich als Allmacht darstellen kann. Wer nichts Nützliches tun darf, braucht auf Zwecke keine Rücksicht nehmen, sein ›Gestaltungsspielraum‹ ist grenzenlos wie der eines Kindes, wenn es im Sandkasten Kuchen backt.«[17]

Der Eindruck, allen sagenhaften technischen Möglichkeiten zum Trotz sinke das Niveau der ästhetischen Produktivkräfte tendenziell schneller als die Durchschnittsprofitrate, ist schwer von der Hand zu weisen. Noch schwerer allerdings begrifflich zu fassen. Auffällig ist vorderhand eine gewisse Gleichgültigkeit, wenn nicht Ratlosigkeit, gegenüber der historischen Entwicklung der jeweiligen künstlerischen Formen. In ihnen vor allem schlägt Erfahrung sich nieder. Von einem Spannungsverlust in der Geschichte der Kunst, der es fraglich erscheinen läßt, inwiefern Geschichte hier noch stattfindet, spricht Adorno schon in den fünfziger Jahren. Die Tradition ebenso wie der Widerstand gegen deren Verpflichtungen seien der Kunst abhanden gekommen, und darum sause sie wie »in leerer, fröhlicher Fahrt« (Kafka) dahin.[18] In solcher Fahrt befindet sich anscheinend nicht nur die Kunst. Die Produktionsverhältnisse insgesamt ähneln heute weniger einem stählernen Käfig, der einen auf die naheliegende Idee bringen könnte, daraus auszubrechen, als dem Kochtopf aus dem Märchen, der mit dem unaufhörlich aus ihm hervorquellenden Brei die Hungrigen zu ersticken droht. Ausgesprochen werden müßte das Zauberwort, das Einhalt gebietet. Im Märchen ist es das heimkehrende Kind, das sagt: »Töpfchen, steh!«

Erfahrung macht nur, wer Hoffnung hat.

17) Wolfgang Pohrt: Brothers in Crime. Die Menschen im Zeitalter ihrer Überflüssigkeit. Berlin 2000, S. 110.
18) Siehe Theodor W. Adorno: Ästhetik 1958/59. In: ders.: Nachgelassene Schriften. Hrsg. von Theodor W. Adorno Archiv. Frankfurt am Main – Berlin 1993ff., Bd. IV.3. Hrsg. von Eberhard Ortland. Frankfurt am Main 2009, S. 243f.

Fabian Kettner

Eine nutzlose Erfahrung

Der Tod als Instanz unreglementierter Erfahrung?

von und für Lynn

»Und, war es das wirklich wert?«[1] fragt in Oliver Stones »Natural Born Killers« (1994) der TV-Sensationsreporter Wayne Gale (gespielt von Robert Downey Jr.) den inhaftierten Serienmörder Mickey Knox (Woody Harrelson) im Rahmen eines Exklusivinterviews im Gefängnis. Mickey antwortet mit einer Gegenfrage: »Meinst du: Ist ein Augenblick meiner Reinheit so viel wert wie dein Leben voller Lügen?« Diese Reinheit habe er bei seinem Morden erfahren. Denn Mord an sich sei rein; unrein gemacht worden sei er durch die Massenmedien. Nach der verlorengegangenen ursprünglichen Reinheit dürstet es die Medienpersönlichkeit Gale, die den Mord voyeuristisch ausschlachtet – aber nicht erfährt. Daß es auf diesen Unterschied ankomme, das macht Knox Gale klar: »Ich glaube, Wayne, du mußt nur die gute alte Knarre in deiner Hand spüren – ... Und dann wird alles klar.«

1) Übersetzung des Verfassers. Im Original und vollständig:
»And was it really worth it?
- Was what worth it?
- Was massacring all those people worth being separated from your love for the rest of your life?
- You mean, was an instance of my purity worth a lifetime of your lies?
- Please explain, where is the purity that you couldn't live without in the people who are no longer on this planet, because they met you and Mallory!? What's so [bleep] pure about that? How do you do it?
- You'll never understand. You and me, we're not even the same... species. I used to be you, then I evolved. From where you're standing, you're a man. From where I'm standing, you're an ape. You're not even an ape, you're a media person. Media's like the weather, only it's man-made weather. Murder? It's pure. You're the one that made it impure. You're buyin' and sellin' fear. You say, ›Why?‹ I say, ›Why bother?‹
- Are you done?! Great. Now let's cut the b. s. and get real. Why this purity that you feel about killing? Why, for Christ's sake, why? Don't lie to me!
- I guess, Wayne, you gotta hold that ol' shotgun in your hand [...] and it becomes clear, like it did for me the first time. That's when I realized my one true calling in life.«

Daß im Extrem, in einer Extremsituation, im Äußersten Wahrheit liege, Wahrheit sich zeige oder der Mensch befähigt werde, die Wahrheit zu erkennen, dieser *topos* ist weit verbreitet. Als das Äußerste, Fremdeste und zugleich Nächste gelten der Tod und die Gewalt, die diesen herbeiführt. Am Tode soll einem etwas aufgehen: »Er ist nicht etwas, was wir verstehen, wohl aber etwas, wodurch wir verstehen«[2], sprach der frühere Heidegger-Schüler und spätere Heidegger-Kollege Eugen Fink. Aber wieso? Und was wird da erkannt? Und wo führt diese Erkenntnis hin? Zumindest scheidet die Todeserfahrung dem Gerücht nach den Ahnungslosen vom Wissenden. »Die gesunden, normalen und mittelmäßigen Menschen haben keine Erfahrung der Agonie und auch sonst keinerlei Todesempfindung. Sie leben dahin«, weiß der moderne Nihilist Emile M. Cioran.[3] Und sie frönten »der trunkenen Bewußtlosigkeit des Gemeinen«. Auf der einen Seite fänden sich die »Irrungen des Durchschnittsmenschen« und »das oberflächliche Gleichgewicht des Menschen«[4] – auf der anderen hingegen stehe die »tiefergehende[...] Perspektive«, die die individuelle Erfahrung »aus dem naiven Rahmen und ihrer natürlichen Unversehrtheit« herausgelöst habe.[5]

Nicht ausschließlich die Kritische Theorie beansprucht Ideologiekritik – sowie deren positives Komplementärpostulat: unreglementierte Erfahrung – für sich, sondern auch die konservative bis faschistische Kulturkritik. Das Verhältnis der Kritischen Theorie zu anderen Formen der Kritik der Moderne ist diffizil. Es sei »nicht die letzte der Aufgaben, vor welche Denken sich gestellt sieht, [...] alle reaktionären Argumente gegen die abendländische Kultur in den Dienst der fortschreitenden Aufklärung zu stellen«, betonte Adorno.[6] Dabei gelte es aber zu beachten, daß die Polemik der Kulturkritik »als halbe Wahrheit schon die ganze Unwahrheit« sei.[7] Zudem hat Adorno in dem Aphorismus »Kind mit dem Bade« in den »Minima Moralia« ausdrücklich vor einer fal-

2) Eugen Fink: Metaphysik und Tod. Stuttgart 1969, S. 207.
3) Emil C. Cioran: Auf den Gipfeln der Verzweiflung. In: ders.: Werke. Frankfurt am Main 2008, S. 11-154, hier: S. 33.
4) Ebd., S. 34.
5) Ebd., S. 35.
6) Theodor W. Adorno: Minima Moralia. Reflexionen aus dem beschädigten Leben. In: ders.: Gesammelte Schriften (im folgenden AGS). Hrsg. von Rolf Tiedemann. Frankfurt am Main 1970ff., Bd. 4, S. 168.
7) Ebd., S. 169.

schen Tendenz der Kulturkritik gewarnt: Das »Wettern über die Lüge« habe eine »verdächtige Neigung, selber zur Ideologie zu werden«. Würde man »mit der Logik der Konsequenz und dem Pathos der Wahrheit« die Verhältnisse auf ihr sogenanntes eigentliches Sein reduzieren, dann würde »mit dem Unwahren auch alles Wahre« ausgerottet, und man würde »unmittelbar zur Barbarei übergehen, die man als vermittelte der Kultur vorwirft«.[8] Cioran hat diese Bewegung vollzogen: Auf die Desillusionierung, die gewahr werden müsse, daß die »ganze naive Poesie des Lebens, alle seine Verlockungen und Reize [...] inhaltsleer« scheinen, auf den »schwarze[n] Rausch« der Entlarvung der »Nichtigkeit und Belanglosigkeit« folge, den »Untergang einer solchen Welt« herbeizusehnen.[9]

I. Tod als subversiver Gegenpol

> »Es macht mich glücklich zu sehen, daß die Menschen den Gedanken an den Tod durchaus nicht denken wollen! Ich möchte gerne etwas dazu tun, ihnen den Gedanken an das Leben noch hundertmal denkenswerter zu machen.«
> Friedrich Nietzsche[10]

Irgendwann im 19. Jahrhundert sickerte die Idee durch, der Tod sei ein Residuum innerhalb der modernen Gesellschaft, das sich nicht nur als widerständige Zelle inmitten einer durchrationalisierten Welt behaupte, sondern diese auch in Frage stelle. Der Soziologe Werner Fuchs hat darauf hingewiesen, daß dieser Gedanke im Konflikt zwischen bürgerlicher Diesseitigkeit und christlicher Religion (insbesondere der katholischen Kirche) entstand. Die Kirche nutzte die Tatsache, daß Menschen sterben müssen, zum Argument gegen das Selbstbewußtsein der Säkularisierung.[11] Wenigstens über die Todesangst wollte sie einen Fuß in der Tür behalten. Der Kulturphilosoph Bernhard Groethuysen (1880-1946), der der Dilthey-Schule zuzurechnen ist, hat dies in seinem zweibändigen Werk »Die Entstehung der bürgerlichen Welt- und Le-

8) Ebd., S. 48.
9) Cioran: Auf den Gipfeln, S. 35.
10) Friedrich Nietzsche: Die fröhliche Wissenschaft. In: ders.: Werke in drei Bänden. Hrsg. v. Karl Schlechta. München 1955, Bd. III, S. 7-274, hier S. 163.
11) Vgl. Werner Fuchs: Todesbilder in der modernen Gesellschaft. Frankfurt am Main 1969, S. 81.

bensanschauung in Frankreich« (1927-30) herausgearbeitet und gleichzeitig affirmiert: In dem sonst »so kalten Bild«, das das bürgerliche Bewußtsein sich geschaffen habe, bleibe mit dem Tod »etwas Dunkles, Unbekanntes«. Dies halte die Möglichkeit offen, daß der säkularisierte Mensch sich wieder der Religion zuwende.[12] Das Todeserlebnis wirke »wie etwas Fremdes, Widerspruchsvolles in einer Weltanschauung, die auf der Autarkie der Lebenswerte begründet ist.«[13]

Seitdem ist dies ein fester *topos*, der von allen Sparten der Kulturwissenschaften immer wieder neu ausformuliert und zugespitzt wird. Für den Soziologen Andreas Hetzel ist der Tod »ein Stachel im Fleisch des animal rationale«. Denn auf diesen bleibe »alles Denken, Sprechen und Handeln bezogen, und doch lässt er jeden Versuch, ihn wahrzunehmen oder zu symbolisieren, ihn zu verstehen oder gar zu rechtfertigen, scheitern«.[14] Dies ist aber etwas, was Autoren wie Hetzel fasziniert, was für sie die besondere Dignität des Todes ausmacht. In diesem »manifestiert sich also immer auch eine Widerstandslinie, eine Möglichkeit, sich dem Reduziertwerden auf ein formbares und verwaltetes Leben zu entziehen.«[15] Wie die meisten Autoren bezieht sich auch Hetzel auf das ebenso voluminöse wie populäre Werk »Geschichte des Todes« (1978) des französischen Historikers Philippe Ariès (1914-1984). Dieser hat den Umgang der Menschen in den westlichen zivilisierten Staaten mit dem Tod periodisiert. Er unterscheidet fünf Phasen:

12) Bernhard Groethuysen: Die Entstehung der bürgerlichen Welt- und Lebensanschauung in Frankreich. Bd. 1. Das Bürgertum und die katholische Weltanschauung. Halle 1927, S. 131.
13) Ebd., S. 134, vgl. auch S. 113.
14) Andreas Hetzel: Todesverdrängung? Stationen einer Deutungsgeschichte. In: Petra Gehring, Marc Rölli, Maxine Saborowski (Hrsg.): Ambivalenzen des Todes. Wirklichkeit des Sterbens und Todestheorien heute. Darmstadt 2007, S. 158-170, hier S. 158.
15) Hetzel: Todesverdrängung, S. 163. Vgl. auch Volker Wackerfuß: Natürlicher und unnatürlicher Tod. Sterben in der industriellen Gesellschaft. In: Psychologie & Gesellschaftskritik, 12, 1988, S. 27-45; Armin Nassehi und Georg Weber: Tod, Modernität und Gesellschaft. Zu einer Theorie der Todesverdrängung. Opladen 1989 (allerdings nicht kulturkritisch); Bernhard Taureck: Philosophieren: Sterben lernen? Versuch einer ikonologischen Modernisierung unserer Kommunikation über Tod und Sterben. Frankfurt am Main 2004.

In einfachen und traditionellen Gesellschaften sei der Tod durch eine sorgfältige Ritualisierung desselben, durch kulturelle und kollektive Kontrolle »gezähmt«[16] worden.

Im frühen Mittelalter sei ein neuartiges Selbstbewußtsein entstanden, das die Einstellung zum Tod verändert habe. Der Tod des Selbst habe im Mittelpunkt gestanden. Für den bevorstehenden Tod und das Jenseits seien (möglichst lebenslange) Vorkehrungen getroffen worden. Der reale Tod habe immenses Gewicht bekommen.

Im 16. und 17. Jahrhundert sei der Tod fern und doch drohend gewesen. Unter dem Eindruck von Modernisierung und Rationalisierung seien nach der »Zähmung« des Todes dessen wilde und natürliche Kräfte wieder hervorgetreten. Er säe »Zweifel und Unruhe«. Erst hier hätten die Menschen »wirklich Angst vor dem Tod« bekommen.[17]

Das 18. und das 19. Jahrhundert seien durch eine zunehmende Privatisierung des Sterbens in der bürgerlichen Familie geprägt gewesen. Beim »Tod des Anderen«[18] sei es vor allem um den Tod eines geliebten Wesens gegangen, der eine romantische Sensibilität stark erschüttert habe.

Im 20. Jahrhundert werde der Tod verborgen, abgeschoben und »immer entschiedener in den Untergrund verdrängt«. Er sei kein »öffentliches Ereignis« mehr, das den Lauf der Gesellschaft unterbricht. Weil er als häßlich, »*unanständig*« und »*unschicklich*« empfunden werde, schäme man sich seiner und überantworte ihn deshalb seiner Medikalisierung. Hier werde der Tod sauber. Dies werde durch die verschiedenen Angebote kommerzieller Bestattungsmöglichkeiten (vor allem in den USA[19]) noch forciert.

Daß Ariès' Kulturdiagnose vor allem gegen Ende der »Geschichte des Todes« »eher auf historischer Intuition denn auf Archivstudien« beruht, ist von verschiedenen Seiten kritisiert worden.[20] Der Tod und das Sterben werden weder verdrängt noch unsichtbar, und an die Stelle althergebrachter Rituale treten neue. Die Kritik neuer Formen, den Tod zu verarbeiten, setzt ein anthropologisch konstantes Reaktionsmodell

16) Philippe Ariès: Geschichte des Todes. München 1982, S. 13 und 42.
17) Ebd., S. 382 und 513.
18) Ebd., S. 519.
19) Ebd., S. 718, 716, 728 und vgl. S. 763-770.
20) Hahn: Konstruktionen, S. 143.

voraus, sodaß moderne Formen nur als Entfremdung eines eigentlichen Verhaltens erscheinen können.[21]

I.1 Zwischen Apotheose und Domestizierung: Martin Heidegger

Von einer »moralisierenden Kritik des alltäglichen Daseins und von ›kulturphilosophischen‹ Aspirationen« seien die Interpretationen der alltäglichen Seinsarten in »Sein und Zeit« »weit entfernt«. Vielmehr verfolge er mit ihnen eine »rein ontologische Absicht«, betont Martin Heidegger mehrmals.[22] Jedoch fällt es schwer, Heidegger anders zu lesen, mobilisiert er doch nahezu das gesamte Vokabular der die Moderne verachtenden Zivilisationskritik. Und auch seine Apologeten haben ihn nur selten anders verstanden. Gerade diese Sprache dürfte es sein, die ihn für viele so anziehend macht.

Der Tod ist bei Heidegger eine Existenzialie. Existenzialien erfassen die Fakten der Lebensbewegung des Menschen zwischen Geburt und Tod vor und außerhalb bestimmter Wissenschaften. Sie sind Grundzüge menschlichen Lebensvollzugs. Heidegger ruft den Tod kurz nach der Hälfte von »Sein und Zeit« zunächst als Notwendigkeit herbei, um einen bis hierher bestehenden Mangel seiner existenzialen Analyse zu beheben. Um das »Sein des Daseins [...] in seiner [...] *Eigentlichkeit* und *Ganzheit*« zu beleuchten, müsse der Tod zur Analyse noch hinzugezogen werden.[23] Im Kerngerüst von »Sein und Zeit« befinden wir uns mit den §§ 45-53 an folgender Stelle: Heidegger stellte zu Beginn die Grundfrage nach dem Sinn von Sein, die rund 2.500 Jahre lang falsch gestellt worden sei (§§ 1-4). Den Sinn von Sein könne nur das Dasein klären, weswegen Heidegger sich dessen Analyse zuwendet (§§ 5-11). Das We-

21) Vgl. Fuchs: Todesbilder, S. 83-101 und 159-161; Klaus Feldmann: Thanatosoziologie: Anomie oder Anämie? In: Soziale Revue, 26, 2003, S. 213-221; ders.: Tod und Gesellschaft. Sozialwissenschaftliche Thanatologie im Überblick. Wiesbaden 2010 (2., überarb. Aufl.), S. 40-77; Armin Nassehi: Geschlossenheit und Offenheit. Studien zur Theorie der modernen Gesellschaft. Frankfurt am Main 2003, S. 77, 301; Thomas Macho: Todesmetaphern. Zur Logik der Grenzerfahrung. Frankfurt am Main 1987; ders. und Kristin Marek (Hrsg.): Die neue Sichtbarkeit des Todes. München 2007.
22) Martin Heidegger: Sein und Zeit. Tübingen 1993, hier S. 167 (§ 34 (Ende) und 35 (Anfang)), vgl. auch S. 152 (§ 32) und 175 (§ 38).
23) Ebd., S. 233f. (§ 45).

sen des Daseins sei das In-der-Welt-sein (§§ 12f.), und dessen Wesen sei die Sorge (§§ 39-44). Das Wesen der Sorge aber sei Zeitlichkeit, die sich in Sterb- und Endlichkeit manifestiere. Und an dieser Stelle kommt der Tod ins Spiel. Dessen Betrachtung ist das »Zentralstück der Analytik des Daseins«. Denn wenn es keinen Tod gäbe, dann entfiele der Unterschied zwischen eigentlicher und uneigentlicher Existenz.[24]

Wegen dieser beiden Begriffe wird Heideggers Todesanalytik häufig als Beschreibung gelesen, wie der Mensch ›authentisch‹ werden könne. Und dafür spricht einiges. In den §§ 45-53 stellt Heidegger dar, wie das Dasein »als Ganzes« möglich sein können soll. Es geht um das Dasein in seiner »Eigentlichkeit und Ganzheit« und um das »Ganzseinkönnen dieses Seienden«.[25] Die Abschnitte lesen sich wie eine Verdinglichungskritik.

Erstens habe die allgemeine Fungibilität beim Tode ihre absolute Grenze erreicht. Während sonst immer die »Vertretbarkeit des einen Daseins durch ein anderes« zu den »Seinsmöglichkeiten des Miteinanderseins in der Welt« gehöre, sei es beim Tode anders. Denn keiner könne »*dem Anderen sein Sterben abnehmen*«, weil das Sterben »jedes Dasein jeweilig selbst auf sich nehmen« müsse.[26]

Zweitens kritisiert Heidegger den öffentlichen Umgang mit dem Sterben. Das eigentlich unvertretbare Sterben werde im Gerede »in ein öffentlich vorkommendes Ereignis verkehrt, das dem Man begegnet«. Auch das Man ist ein Existenzial.[27] Im Zustand des Man sei »jeder Andere wie der Andere«. »Unterschiedlichkeit und Ausdrücklichkeit« verschwänden.[28] Die gängige Kritik der Massengesellschaft scheint durch. Heidegger beschreibt diese Entwicklung als Verfall, als Verlust eines besseren Zustandes: »Alles Ursprüngliche ist über Nacht als längst bekannt geglättet. Alles Erkämpfte wird handlich. Jedes Geheim-

24) Karl Löwith: Zu Heideggers Seinsfrage: Die Natur des Menschen und die Welt der Natur. In: ders.: Sämtliche Schriften. Hrsg. von Klaus Stichweh und Marc B. de Launay. Bd. 1: Heidegger – Denker in dürftiger Zeit. Zur Stellung der Philosophie im 20. Jahrhundert. Stuttgart 1984, S. 276-289, hier S. 281. Vgl. auch Josef König: Zur gegenwärtigen Lage der Philosophie. In: ders.: Kleine Schriften. Hrsg. von Günther Dahms. Freiburg im Breisgau – München 1994, S. 16-155, hier S. 64.
25) Heidegger: Sein und Zeit, S. 233 (§ 45).
26) Ebd., S. 239 (§ 47) und 240 (§ 47).
27) Ebd., S. 253 (§ 51) und 219 (§ 44).
28) Ebd., S. 126 (§ 27).

nis verliert seine Kraft.« Das Dasein erfahre einen Mangel. Es sei »*zerstreut* und muß sich erst finden«.[29] Wieso es das müsse, das wird nicht erklärt. Die »eherne[n] Diktate«[30] und das »Motiv des ontologischen Imperativs«[31] gehören zu Heideggers Ontologie.

Zum Man gehört die »Öffentlichkeit«. Sie sei »unempfindlich gegen alle Unterschiede des Niveaus und der Echtheit«. In ihr werde aus der »Rede« das »Gerede«. Im Gegensatz zum »echte[n] Verstehen« sei das Gerede die »Seinsart des entwurzelten Daseinsverständnisses«.[32] Die »›flüchtige‹ Rede« in der Öffentlichkeit spreche nicht richtig über den Tod. Indem sie meine, »man stirbt am Ende auch einmal, aber zunächst bleibt man selbst unbetroffen«, werde das Sterben »in ein öffentlich vorkommendes Ereignis verkehrt«. Das »verdeckende Ausweichen« gebe den Tod als ein »immer schon ›Wirkliches‹« aus. Wie Ariès kritisiert Heidegger, daß die Öffentlichkeit »nicht in ihrer besorgten Sorglosigkeit gestört und beunruhigt werden« solle.[33]

Dieses »verfallende Ausweichen« vor dem Tod bezeichnet Heidegger als »uneigentliches Sein zum Tode«, in die das Dasein »sich verlegen kann [...] aber nicht [...] muß«.[34] Es habe die Möglichkeit, sich auf andere Weise zum Tode zu verhalten, indem es vorlaufe in die Möglichkeit seines Todes. Worin genau diese »bloße Selbsterhitzung des Eigentlichwerdens«[35] bestehen soll, das bleibt dunkel. Am Ende aber soll das Dasein, »*von den Illusionen des Man gelöst* [...]«, »*es selbst*« sein können als »*Freiheit zum Tode*«.[36]

Der französische Literat und Philosoph Maurice Blanchot kritisiert Interpretationen, die diesen Teil von Heideggers Philosophie als »Suche nach einer Authentizität durch den Tod« auslegen. Denn der Begriff

29) Ebd., S. 127 (§ 27).
30) Robert Minder: Dichter in der Gesellschaft. Erfahrungen mit deutscher und französischer Literatur. Frankfurt am Main 1972, S. 235.
31) Dolf Sternberger: Der verstandene Tod. Eine Untersuchung zu Martin Heideggers Existenzial-Ontologie. In: ders.: Schriften 1. Frankfurt am Main 1977, S. 69-264, hier S. 196.
32) Heidegger: Sein und Zeit, S. 127 (§ 27) und 169f. (§ 35).
33) Ebd., S. 253 (§ 51).
34) Ebd., S. 259 (§ 52).
35) Günther Anders: Über Heidegger. Hrsg. von Gerhard Oberschlick. München 2001, S. 175.
36) Heidegger: Sein und Zeit, S. 259 (§ 52).

»Authentizität« entspreche nicht dem der »Eigentlichkeit«.[37] Josef König hat dem nachgespürt: »Eigentlich« sei »dasjenige, was dem einzelnen Menschen *eigen ist*«[38]. Und mehr noch Günther Anders: »›Eigentlich‹ ist dasjenige, worüber ich Macht habe, dessen Eigner ich bin.«[39] »Eigentlichkeit« komme von »Eigentum«. Dies ist die andere Interpretationsmöglichkeit: Bei Heidegger macht das Dasein den Tod zu seinem Eigentum.[40] Der Tod und das Sterben werden immer wieder in Heideggersche Terminologie umformuliert und dabei uminterpretiert: »Daseinsmäßig aber ist der Tod nur in einem existenziellen Sein zum Tode.[41] Der Tod habe Dasein ausschließlich als existenzielles Sein zum Tode.

Der Tod sei zwar das »*Enden des Daseins*«, doch das Dasein sei immer »*je schon sein Noch-nicht*«. Deshalb sei es »auch schon immer sein Ende«. Damit ist der Tod für Heidegger kein »Zu-Ende-Sein des Daseins«, sondern »eine Weise zu sein, die das Dasein übernimmt«.[42] Alles werde zu einem »Aktivum des Daseins uminterpretiert«, resümiert Günther Anders.[43] Dem steht zwar wieder die »Unerbittlichkeit des Spruchs«[44] entgegen, daß das Dasein den Tod als eine Seinsmöglichkeit »zu übernehmen hat«, ebenso wie es ein »Noch-nicht [...] zu sein hat«. Aber es steht für Heidegger auch fest, daß das Dasein sich mit dem Tod »selbst in seinem *eigensten* Seinkönnnen bevor[steht]«.[45] Bei Heidegger werden Freiheit zur Entscheidung und Zwang so lange und so oft im »immer schon« des Seins wechselseitig ineinander uminterpretiert, bis sie ununterscheidbar werden. Was das Dasein will, das

37) Maurice Blanchot: Die Schrift des Desasters. München 2005, S. 144.
38) König: Kleine Schriften, S. 57.
39) Anders: Über Heidegger, S. 176. Deswegen sieht Günther Anders die Nähe zum so genannten Individualanarchisten Max Stirner (vgl. S. 39, 53f., 56, 87, 90, 133, 172f., 234, 348f.). Vgl. auch Adorno: Jargon der Eigentlichkeit. AGS 6, S. 470f. und 515.
40) Vgl. Adorno: Negative Dialektik. AGS 6, S. 361f.; ders.: Jargon der Eigentlichkeit. AGS 6, S. 515; Emanuel Levinas: Gott, der Tod und die Zeit. Hrsg. von Peter Engelmann. Wien 1996, S. 103.
41) Heidegger: Sein und Zeit, S. 234 (§ 45).
42) Ebd., S. 244 und 245 (§ 48).
43) Anders: Über Heidegger, S. 133.
44) Minder: Dichter, S. 235.
45) Heidegger: Sein und Zeit, S. 250 (§ 50), 244 (§ 48) und 250 (§ 50).

muß es, und was es muß, das nimmt es auf sich – veredelt durch den Zusatz »heroisch«. Was immer dem Dasein passiert und was immer ihm begegnet, ist es selbst, sind seine Möglichkeiten. Das »magische Wort ›Möglichkeit‹« ist das »Erwerbsmittel, mit dem Heidegger sich alles [...] einhandelt«.[46] Wenn das Dasein »vorlaufend den Tod in sich mächtig werden« lassen soll,[47] dann klingt es, als hätte das Dasein den Tod verschlungen.

Bei Heidegger ist zweierlei zu beobachten: Es gibt eine »*Ontologisierung* des Todes«, durch die der Tod zu etwas Ephemerem wird. Es gibt aber auch »Stellen im ontologischen Bau [...], an denen die Macht der Intention, abzudichten und zuzuschließen, nicht zugelangt hat«, »Stellen, an denen [...] der Tod als fremdes, absolut zufälliges, unerschlossenes und unerschließbares Anderes« ins Dasein hereinsteht.[48] Als Weise zu sein, die das Dasein übernimmt, als nichts, was dem Dasein als von außen kommend fehlt, als eigenste Möglichkeit des Daseins, ist der Tod »im ›Sein zum Tode‹ untergegangen«.[49] Wenn der Tod aber die mögliche Ganzheit des Daseins »begrenzt und bestimmt«, dann ist es »seinem Tod überantwortet«. Wenn es »dem Tod unter die Augen geht«, dann tritt es ihm als einem Anderen gegenüber, an dem es auch »zerschellen« kann.[50]

I.2 Die Gabe Tod: Jean Baudrillard

Jean Baudrillard, der postmoderne Philosoph par excellence, ging weiter und redete Klartext. Er forderte den »Einbruch eines Todes, der mehr als real ist: eines symbolischen und eines Opfertodes.«[51] Er verwarf Heidegger und fand seinen eigenen Einsatzpunkt beim Thema Tod: »Die minimalste Injektion des Todes würde auf der Stelle einen solchen Exzeß, eine derartige Ambivalenz erzeugen, daß das ganze Spiel des Wertes zusammenbrechen würde.«[52] Der Tod ist für Baudril-

46) Anders: Über Heidegger, S. 133.
47) Heidegger: Sein und Zeit, S. 384 (§ 74).
48) Ebd., S. 214, 212 und 214.
49) Sternberger: Der verstandene Tod, S. 181.
50) Heidegger: Sein und Zeit, S. 234 (§ 45), 251 (§ 50), 382 (§ 74) und 385 (§ 74).
51) Jean Baudrillard: Der symbolische Tausch und der Tod. München 2005, S. 21.
52) Ebd., S. 243.

lard ein Mittel gegen die Herrschaft der westlichen kapitalistischen Gesellschaften.

Wieso aber? Um diese Frage zu beantworten, muß man mit Baudrillards Hypothese über die Abfolge gesellschaftlicher Formationen vertraut sein. Er geht davon aus, daß eine Epoche der Imitation von einer Epoche der Produktion und diese dann von einer Epoche der Simulation abgelöst worden sei.

Die Epoche der Imitation sei das bestimmende gesellschaftliche Schema von der Renaissance bis zur industriellen Revolution gewesen. In ihr habe der Gebrauchswert dominiert. Der Tauschwert hingegen habe vorgeherrscht in der Epoche der Produktion und der industriellen Entwicklung. Der durch den Handel realisierte Tauschwert habe hier im Mittelpunkt gestanden. In der Epoche der Simulation hingegen fielen Gebrauchswert und Tauschwert zusammen. Das bestimmende Schema sei nun der Code. Während in der ersten Epoche das Zeichen eine unmittelbare Beziehung zur Realität gehabt habe, habe es in der zweiten Epoche eine tiefer liegende Realität maskiert. Im dritten Stadium kaschiere das Zeichen nur noch die Abwesenheit der Realität.

Wenn Baudrillard das Verhältnis moderner Gesellschaften zum Tod analysiert, dann konstatiert er eine eigentümliche Simultaneität von Allgegenwart und Verdrängung. Allgegenwärtig sei der Tod, weil moderne Gesellschaften auf Arbeit gründeten, die aufgeschobener Tod sei. Das Kapital verweigere den Tod, was schlimmer sei als ein gewaltsamer Tod.[53] Wegen dieser Omnipräsenz werde der Tod nicht nur verdrängt – im Sinne von Ariès et al.[54] – sondern auch abgetrennt[55]: Der Tod werde den Menschen genommen. Deswegen ist Baudrillards Ansatzpunkt für eine Überwindung des Kapitalismus (der bei ihm »System« heißt), die Suspendierung des Todes aufzuheben.[56] Es geht ihm nicht darum, den Kapitalismus zu zerstören, um den Tod zu befreien, wie man erwarten könnte. Der Tod ist hier nicht Ziel, nicht irgendein merkwürdiges Arkadien, sondern Mittel – und zwar eines, das im sogenannten symbolischen Tausch eingesetzt werden soll. Denn in der

53) Vgl. ebd., S. 69-71. Die zweite Epoche ist demzufolge doch noch nicht überwunden.
54) Vgl. ebd., S. 198, 203, 252, 255.
55) Vgl. ebd., S. 211, 230f., 232, 285, 285.
56) Vgl. ebd., S. 71.

Gegenwart sei alles, was sich symbolisch ausdrücken laße – anstatt in Wertrelationen – eine »tödliche Gefahr für die herrschende Ordnung«. Das Symbolische ist in Baudrillards Diktion ein besonderer Tauschakt: eine »*soziale Beziehung, die das Reale beendet* und auflöst«.[57] Und das Reale ist bei ihm die Trennung von Leben einerseits und Tod andererseits.[58]

Baudrillards Gegenstrategie besteht darin, mit dem Tod auf den Tod zu antworten. Es gelte, »alles in die Sphäre des Symbolischen zu verlegen, deren Gesetz das der Herausforderung, der Reversion und der Überbietung ist. *Denn auf den Tod kann nur geantwortet werden durch einen gleichen oder höheren Tod.*« Es gelte, »das System« herauszufordern »*durch eine Gabe, auf die es nicht antworten kann, es sei denn durch seinen eigenen Tod und Zusammenbruch*«.[59] In Formen politischer Praxis übersetzt – auch wenn Baudrillard das so nicht nennen würde – heißt dies, man könne versuchen, die Perfektion des Systems zu verhindern, sich dem System zu entziehen und beispielsweise Suizid begehen.[60] Am meisten aber fasziniert Baudrillard der Terrorismus, der für ihn der Einsatz des Todes ohne Möglichkeit der Verhandlung und deshalb der Übergang zur symbolischen Ordnung ist.[61] »Mit Hilfe der absoluten Waffe des Todes« erfüllten die Terroristen »keinen Arbeitsvertrag«, sondern »einen Pakt und eine Verpflichtung zum Opfer. Eine solche Verpflichtung ist gegen jeden Verrat und jede Korruption immun.«[62] Baudrillards Begeisterung für die Attentate vom 11. September 2001 auf das World Trade Center und das Pentagon[63] sind keine späte Konsequenz aus seinem Frühwerk. Seine »Philosophie des Terrors«, sein »Bombenexpressionismus«[64] war in »Der symbolische Tausch und der

57) Ebd., S. 206.
58) Vgl. ebd., S. 211. Hier ist der Einsatz des Todes eine spezifische Antwort auf eine spezifische gesellschaftliche Konstellation. An anderen Stellen ist der Tod für Baudrillard aber auch einfach an sich eine Bedrohung für jede Ordnung (vgl. ebd., S. 231, 242, 243, 255, 279).
59) Ebd., S. 64f.
60) Vgl. ebd., S. 278f.
61) Vgl. ebd., S. 66 und 15.
62) Ebd., S. 15 und 25.
63) Vgl. Jean Baudrillard: Der Geist des Terrorismus. Wien 2002.
64) Hannah Arendt: Elemente und Ursprünge totaler Herrschaft. München – Zürich 1986, S. 535.

Tod« bereits antizipiert. Schon damals bezog er sich positiv auf »die Aktionen von Palästinensern und revoltierenden Schwarzen, die ihre eigenen Wohnviertel anzünden«[65].

I.3 Tod dem System: Jean Ziegler

Wie Baudrillard, so sieht auch der Schweizer Soziologe und Politiker Jean Ziegler den Menschen auf eine »reaktive Zelle im kapitalistischen technischen Akkumulationsprozess« reduziert.[66] Wie Baudrillard, so sieht auch Ziegler im Tod ein Potential politisch widerständiger Praxis. Erstens sieht er vom Tod einen ethischen Impuls kommen, und zweitens ermögliche der Tod bestimmte Erfahrungen, die weiterreichen sollen, als zunächst gedacht.

Was man den ethischen Grundimpuls des Todes nennen könnte, das ist die Tatsache, daß die Menschen durch den Tod ihrer Endlichkeit bewußt würden. Das Bewußtsein für ihre Sterblichkeit mache weltverändernde Praxis für sie wichtig.[67] Dies gelte allgemein – für den Kapitalismus aber in besonderer Weise. Denn im Kapitalismus werde die Existenz des Todes »in Abrede« gestellt.[68] Ziegler greift die Diagnose des Todesverdrängung auf[69] und spitzt sie dahingehend zu, daß die Verdrängung von gesellschaftlichen Akteuren gezielt aktiv betrieben werde.[70]

Die Verdrängung werde von ideologischen Apparaten gefördert, weil der Tod auch eine fundamentale Erfahrung mit sich bringe: Er mache den Menschen ihre Gleichheit bewußt und sinnfällig.[71] Und damit mache er bewußt, daß im Kapitalismus keine Gleichheit herrsche. Zudem störe der Tod den Verwertungs- und Wertrealisierungsprozeß. Tote ließen »sich nirgendwo einordnen«, störten »die schöne Produktionsmaschine unnützer Güter gewaltig« und widersetzten sich. Der

65) Baudrillard: Tausch, S. 279.
66) Jean Ziegler: Die Lebenden und der Tod. München 2000, S. 13. Bei Baudrillard verfügt der Einzelne über eine »Parzelle des Kapitals« (ders.: Tausch, S. 279).
67) Vgl. Ziegler: Die Lebenden, S. 28, 298, 300, 302.
68) Ebd., S. 31.
69) Vgl. ebd., S. 29, 50, 51-53, 58.
70) Vgl. ebd., S. 29, 43, 45, 74.
71) Vgl. ebd., S. 12, 43, 50, 72.

Tod sei »das nicht meisterbare, absurde und daher zu verschweigende Ereignis«.

Wie Baudrillard, so will auch Ziegler nicht den Kapitalismus zerstören, um den Tod zu befreien. Sondern Ziegler will den Tod unter einer angeblichen ideologischen Verschleierung wieder hervorholen, damit die Menschen ihn wieder erfahren können und damit der Tod seine angeblich zerstörerische Wirkung entfalten kann. Ziegler läßt viele Fragen offen, auch seine eigenen, wie beispielsweise diese: »Was wird aus einer Person, die das Bewußtsein ihrer Endlichkeit verloren hat?«[72] Er kann sich darauf verlassen, daß seine Rezipienten die Antwort bereits wissen, ohne sie jemals formuliert zu haben. Offen bleibt auch, wie das Todesbewußtsein aussehen soll und wieso es ausgerechnet dieses Bewußtseins bedürfe, um zum Bestehenden in Opposition zu gehen.

II. Lehren der Extremsituation

»Der Tod spricht mit schwerer Stimme zu uns und sagt doch nichts.«
Paul Valéry[73]

Daß das Denken über den Tod »meistens ein Pseudo-Denken«, »ein dämmerhaftes Denken« ist, wie der Philosoph Vladimir Jankélévitch schrieb,[74] das gilt auch für das Denken derer, die vom Tod fasziniert sind: Je mehr sie ihn feiern und als kommenden dunklen Messias beschwören, dessen Ankunft sie vorbereiten wollen, desto weniger sagen sie über ihn. Dies setzt sich fort, wenn sie über die Bewegung schreiben, die den Tod – nach einem bitteren Wort Max Horkheimers über den Ersten Weltkrieg[75] – den Menschen mehr ins Bewußtsein brachte als alles andere: der Faschismus und insbesondere der Nationalsozialismus. Man sollte manche Sätze Zieglers vor den Bildern von Leichenhaufen

72) Ebd., S. 50, 13 und 75.
73) Paul Valery: Cahiers/Hefte 6. Hrsg. von Hartmut Köhler und Jürgen Schmidt-Radefeldt. Frankfurt am Main 1993, S. 619.
74) Vladimir Jankélévitch: Der Tod. Hrsg. von Christoph Lange. Frankfurt am Main 2005, S. 54.
75) »Heute wie damals gilt der Bescheid, den Horkheimer einer Ergriffenen erteilte, die sagte, Heidegger habe doch wenigstens die Menschen endlich wieder vor den Tod gestellt: Ludendorff habe das viel besser besorgt.« Adorno: Jargon der Eigentlichkeit. AGS 6, S. 505.

aus den Konzentrations- und Vernichtungslagern lesen, um sie einem philosophischen Streßtest auszusetzen: Er sieht in Toten »Körper, die plötzlich aufhören zu produzieren und zu konsumieren [...], die keinem Aufruf antworten, allen Verführungen widerstehen, sich hartnäckig und gleichsam triumphierend den Befehlen widersetzen. [...] Schlimmer noch: die Toten bezeigen untereinander eine strenge Solidarität. Sie sind in der Tat einander vollkommen gleich.«[76]

Was für ein Triumph! Dies dürfte in der Tat den Mitgliedern der Sonderkommandos durch den Kopf gegangen sein, wenn die Gaskammern nach der Vergasung geöffnet wurden!

Baudrillard hat Bilder von Judenerschießungen im Osten kommentarlos seinem Kapitel über die Todesstrafe zugeordnet,[77] sodaß man daraus seine eigenen Schlüsse ziehen kann. Er konstatiert eine Rationalisierung und Ökonomisierung der Todesstrafe, die abstrakt und berechenbar geworden sei sowie statistischen Zwecken gehorcht habe.[78] »Justizmord, KZ-Mord und Völkermord: das ist der Tod, [...] den unsere Kultur auf den Punkt gebracht hat«.[79] Dies meint: Dahin ist es mit dem Tod gekommen. Dessen »Wesen« sei »verstellt«, konstatierte Heidegger im Jahr 1949 mit Blick auf Hunderttausende Tote in Vernichtungslagern und durch Hungersnöte in China. »Doch inmitten der ungezählten Tode bleibt das Wesen des Todes verstellt.«[80]

Daß es mit dem Tod abwärts gehe, dieser Gedanke war zu diesem Zeitpunkt bereits nicht neu. Er kam wenig später nach der Idee auf, der Tod sei ein Refugium inmitten einer durchrationalisierten Welt. »Man stirbt, wie es gerade kommt«, konstatierte Rainer Maria Rilke in »Die Aufzeichnungen des Malte Laurids Brigge«, die 1910 erschienen und in denen er seinen Paris-Aufenthalt von 1901/02 verarbeitete. In den Sanatorien »stirbt man einen von den an der Anstalt angestellten Toden«. Dort sah Rilke den Tod der Armen: »banal, ohne alle Umstände«. Der Tod wurde der Kulturkritik zur Massenware: »Jetzt wird in 559 Betten

76) Ziegler: Die Lebenden, S. 50.
77) Vgl. Baudrillard: Tausch, S. 265f.
78) Vgl. ebd., S. 273-276.
79) Ebd., S. 273.
80) Martin Heidegger: Die Gefahr. In: ders.: Bremer und Freiburger Vorträge. Gesamtausgabe. Frankfurt am Main 1994, Bd. 79, S. 46-67, hier S. 56.

gestorben. Natürlich fabrikmäßig. Bei so enormer Produktion ist der einzelne Tod nicht so gut ausgeführt«.[81]

›Fabrikmäßiger Massentod‹ – das ist ein Vokabular, das für die Beschreibung der Vernichtung der Juden durch die Deutschen äußerst erfolgreich werden sollte. Leider diente das Vokabular nicht nur der Beschreibung, sondern es lieferte auch gleich eine bestimmte Erklärung des Holocaust mit. Hannah Arendt war eine derjenigen, die das Vokabular von Heidegger (»Fabrikation von Leichen«[82]) übernahm und als gesellschaftskritisches Narrativ intonierte.[83] Die »Massenherstellung von Leichen« sei »nach strengen Vorschriften und Anweisungen«[84] durchgeführt worden, »mechanisiert« und nach einer »regulierte[n] Todesrate«.[85] Den Beleg hierfür blieb sie allerdings schuldig. Dafür prägte sie den vielsagenden Begriff »Verwaltungsmassenmord«[86], der die Rationalität aus der industriellen Produktion mit der der Bürokratie zusammenbrachte. Diese Charakterisierung des Mordens schlägt auf die Vorstellung von der Qualität des Sterbens durch. In den Konzentrationslagern sei der »Tod selbst anonym« gemacht worden. »Anonym«, das meint nicht nur bei ihr: der Einzelne wird mit vielen anderen Menschen zusammen ermordet; zwischen Täter und Opfer ist eine distanzierende Apparatur zwischengeschaltet; der Mord wird Tag und Nacht in Serie verübt; zwischen Leben und Tod der Opfer besteht kein Zusammenhang; und die Opfer verschwinden einfach ohne Spur.

81) Rainer Maria Rilke: Die Aufzeichnungen des Malte Laurids Brigge. In: ders.: Werke in sechs Bänden. Bd. III.1. Frankfurt am Main 1980, S. 107-346, hier S. 114 und 113.
82) Heidegger: Die Gefahr, S. 56.
83) Zu Hannah Arendt vgl. vom Verfasser: Ein Handlungsreisender in Sachen Judenmord. Adolf Eichmann, die Moderne und der Antisemitismus. In: Context XXI, 8, 2003/2004, S. 7-13 sowie ders.: Die Herrschaft des Niemand. Hannah Arendts Konzept politischer Herrschaft und seine Folgen. In: Ingo Elbe, Sven Ellmers, Jan Eufinger (Hrsg.): Anonyme Herrschaft. Zur Struktur moderner Machtverhältnisse. Eigentum – Gesellsschaftsvertrag – Staat III. Münster 2012, S. 280-295.
84) Hannah Arendt: Der Auschwitz-Prozeß. In: dies.: Nach Auschwitz. Essays & Kommentare 1. Berlin 1989, S. 99-136, hier S. 120 und 128.
85) Arendt: Die vollendete Sinnlosigkeit. In: dies.: Nach Auschwitz, S. 7-30. Hier S. 21 und 20.
86) Arendt: Elemente, S. 349 und 543.

Arendts Nach-Denker Enzo Traverso und Giorgio Agamben haben dies weitergesponnen. Ersterer erblickt in den Nazi-Lagern eine »technische Entmenschlichung des Todes«[87]. Der »anonym[e] Tod in den Gaskammern« sei ein »Triumph der Ordnung des Grauens und des industrialisierten Todes«.[88] Mit dem »Triumph des verdinglichten Todes«[89] habe »der Tod seine Aura verloren«.[90] Traverso hat sich in seinen Schriften viel Mühe gegeben, die Realität des Todes wegzurationalisieren.[91] Die auf Dauer gestellte Folter, »bei der es nicht so sehr darauf ankam, den Tod sofort herbeizuführen, als das Opfer in einen permanenten Zustand des Sterbens zu versetzen«[92], die Arendt ab und an erkannte, taucht bei Traverso nicht auf.

Agamben kapriziert sich in »Was von Auschwitz bleibt« auf den sogenannten Muselmann, also diejenigen KZler, die durch Krankheit und Hunger so sehr depraviert waren, daß die Grenze zwischen Leben und Tod verwischt respektive gedehnt schien. Der »besondere Schrekken« der Muselmänner bestehe darin, »daß ihr Tod kein Tod ist«. Er sei die »wahre Chiffre von Auschwitz« – nicht der »unbedingt[e] Triumph des Todes über das Leben« und auch nicht die »Herabwürdigung und Entwertung des Todes«. Die »Heiligkeit von Tod und Leben« sei zerbrochen und damit die »Menschlichkeit des Menschen selbst« in Frage gestellt.[93]

Daß die Deutschen in den Judenghettos Osteuropas »sogar den Tod entheiligt«[94] hätten, das schrieb auch der Lehrer und Schriftstel-

87) Enzo Traverso: Moderne und Gewalt. Eine europäische Genealogie des Nazi-Terrors. Köln 2003, S. 32.
88) Enzo Traverso: Nach Auschwitz. Die Linke und die Aufarbeitung des NS-Völkermords. Köln 2000, S. 81 und 344.
89) Traverso: Nach Auschwitz, S. 20 und ders.: Auschwitz denken. Die Intellektuellen und die Shoah. Hamburg 2000, S. 336.
90) Traverso: Auschwitz denken, S. 343.
91) Zu Traverso vgl. meine Gesamtdarstellung: Die Zeugen der Anklage. Traditionslinien in Enzo Traversos Gesellschaftskritik. In: Prodomo, 11, 2009, S. 18-28. http://www.prodomo-online.org/ausgabe-11/archiv/artikel/n/die-zeugen-der-anklage.html, letzter Zugriff: 15.2.2015.
92) Arendt: Die vollendete Sinnlosigkeit, S. 20f.
93) Giorgio Agamben: Was von Auschwitz bleibt. Das Archiv und der Zeuge (Homo sacer III). Frankfurt am Main 2003, S. 61, 71 und 74f.
94) Isaiah Spiegel: Ghetto Kingdom. Tales of the Łódź Ghetto. Evanston 1998, S.

ler Isaiah Spiegel (1906-1991). Er war von Mai 1940 bis August 1944 im Ghetto Lodz interniert und wurde im August 1944 nach Auschwitz gebracht.[95] Doch bei ihm hat diese Rede einen ganz anderen Sinn. In seiner Kurzgeschichte »Enchanted Fruit« erzählt er, wie ein alter Mann, Onkel Kiel, und seine Nichte Mindel gegen das Verbot der Deutschen handeln, die jüdischen Riten an den Toten zu vollziehen. Darin besteht die Entwürdigung des Todes: Nicht im Angriff auf eine metaphysische Entität, sondern im Verbot einer kulturellen Praxis. Die ›Verdinglichung des Todes‹ ist hier kein weiteres – im Grunde indifferentes – Beispiel für den Kulturkritiker, um seine Diagnose der totalen Rationalisierung zu bebildern, sondern der Raub eines imaginären Raumes, der für viele nur unwirklicher Popanz ist. Verdinglicht werden in Spiegels Kurzgeschichte die gestorbenen Menschen, indem sie auf nichts als Dinge reduziert werden. Kein Schein darf um sie erzeugt werden. Interessanterweise ist Spiegel, der der Fortführung religiöser Praktiken ein Denkmal setzt, näher dran an der Realität des Holocaust als der Marxist Traverso, der sich als Anwalt des Konkreten inszeniert, die Details der Shoah aber ausblendet, um seine Theorie nicht zu gefährden. Onkel Kiel hatte vierzig Jahre lang als Friedhofsgärtner gearbeitet, so die Kurzgeschichte, aber in dieser ganzen Zeit war er dem Tod nie so nahegekommen wie bei seiner Arbeit unter den noch lebenden Ghetto-Juden.

»Er entdeckte, daß das langsame, qualvolle Sterben fürchterlicher war als die Leiche selbst. [...] Der lebendige jüdische Körper, der Schritt für Schritt zu seinem Tod hinabstieg, ist schwärzer und weiter unten als der Tod selbst. [...] Diese toten Juden waren nicht wie die Toten vergangener Tage. Dieser Tod war ein anderer Tod, ein Tod, der nicht ganz menschlich war, ein abgelegener und verborgener Tod, der aus Untiefen und sumpfigen Abgründen kam, aus einer fremden unmenschlichen Welt.«[96]

111. Übersetzung des Verfassers; im Original: »In the ghetto, the Germans had desecrated even death«.

95) Zu Spiegel vgl. Andrea Löw: Juden im Getto Litzmannstadt. Lebensbedingungen, Selbstwahrnehmung, Verhalten. Göttingen 2006, S. 215; David H. Hirsch: Introduction to the Ghetto Stories of Isaiah Spiegel. In: Spiegel: Ghetto Kingdom, S. VII-XXIV.

96) Spiegel: Ghetto Kingdom, S. 111. Übersetzung des Verfassers; im Original: »His forty years working in the cemetery had not brought him so close to death as did working among the living Jews in the ghetto. He discovered that the slow

In den Ghettos sowie in den Konzentrations- und Vernichtungslagern haben die Deutschen eine Todeswelt realisiert, ein Nekrotopia.[97] Die Insassen waren durch Unterernährung, Gewalt und Krankheiten ständig an ihrer physischen Leistungsgrenze. Sie waren permanent mit der Möglichkeit des unmittelbaren Bevorstehens ihres Todes konfrontiert. Das Sterben und die Ermordung anderer sowie Leichen waren immer präsent. Es wurde ein Zwischenreich geschaffen, in dem Leben und Tod nicht mehr klar geschieden waren. Die Insassen waren versucht, dem eigenen Sterben nachzugeben, und sie sahen in den sogenannten Muselmännern Menschen, die nur noch ein Hauch vom Tode trennte und die nicht mehr wie Menschen wirkten. Die Grenze zwischen menschlichem Leib und dem bloß Organischen wurde in der massiven Attacke mit Schmutz, Ungeziefer, nässenden Krankheiten, Körpersekreten und vor allem Fäkalien verwischt.[98] Die Insassen mußten den Tod

agonizing process of dying is more horrible than the dead body itself. [...] The live Jewish body descending gradually to its death is blacker and deeper than death itself. [...] These dead Jews were not like the dead of days gone by. This death was a different death, a death that was not quite human, a remote and secret death that came from deep waters and boggy abysses, from a distant inhuman world.«

97) Vgl. vor allem Lawrence L. Langer: Versions of Survival. The Holocaust and the Human Spirit. Albany 1982; ders.: Holocaust Testimonies. The Ruins of Memory. New Haven – London 1991; ders.: Admitting the Holocaust. New York – Oxford 1995; ders.: Preempting the Holocaust. New Haven – London 1998; Terrence Des Pres: The Survivor. An Anatomy of Life in the Death Camps. Oxford 1976; Jonathan Friedman: Speaking the Unspeakable. Essays on Sexuality, Gender and Holocaust Survivor Memory. Lanham 2002. Berel Lang: Oskar Rosenfeld and Historiographic Realism (in Sex, Shit, and Status). In: ders.: Post-Holocaust. Interpretation, Misinterpretation and the Claims of History. Bloomington – Indianapolis 2005, S. 117-127.

98) Vgl. hierzu vor allem Kapitel III in Terrence Des Pres' »The Survivor« über den »excremental assault«. »Den unorganischen Körper scheidet vor Allem dies von dem lebendigen: daß ihm seine begrenzende Form von außen bestimmt wird«, definiert Georg Simmel (Die Metaphysik des Todes. In: ders.: Gesamtausgabe. Hrsg. von Otthein Rammstedt. Bd. 1. Aufsätze und Abhandlungen 1909-1918. Frankfurt am Main 2001, S. 81-96, hier S. 81). Indem in den Lagern den Körpern ihre begrenzende Form von außen genommen wurde, wurde die Scheidung zwischen dem organischen Leib und dem unorganischen Körper verwischt. – Die Notwendigkeit der Drastik in der Darstellung habe ich an anderer Stelle ausgeführt: Nur das Kino des kleinen Mannes? Literarische und visuelle Narrative

anderer in ihr Handeln einkalkulieren, um selber zu überleben. Indem sie unter nahezu totaler Heteronomie handeln mußten, wurden sie vor die perverse Wahl zwischen moralischen Nicht-Optionen gestellt.[99] Indem sie sich aber ›entscheiden‹ mußten, fühlten sie sich, als hätten sie sich selber in diese Todeswelt hineingehandelt.

»In jedem einzelnen Momente des Lebens *sind* wir solche, die sterben müssen.«[100] Was Georg Simmel im Jahr 1910 geruhsam zur »Metaphysik des Todes« schreiben konnte, das war in den Lagern nicht einmal 35 Jahre später Realität geworden. Philosophie wurde dort ganz unmetaphorisch wahr. »Das Leben hier ist der Tod«[101], hätte Cicero in Auschwitz anders gemeint, und auch Montaignes Satz: »Alle Tage sind wir zum Tode unterwegs«[102], hätte dort einen ganz neuen Sinn bekommen. Nietzsche hätte 1881 nicht gedacht, daß seine Metapher, daß »unsere ganze Welt« die »Asche unzähliger menschlicher Wesen« sei[103], in Auschwitz unvermittelt wahr werden würde. Dort wäre Cioran tatsächlich »auf einer Materie, die ein Totentuch« ist[104], geschritten – nämlich auf der Asche von Tausenden verbrannter Juden. Doch in den Lagern gab es kein Totentuch für die Ermordeten. Deswegen hätte ihm dort dies realiter passieren können: »Der Tod tropft mir auf den Scheitel«[105]

in Holocaust-Comics zwischen Abenteuerroman und Bildungsauftrag. In: Ralf Palandt (Hrsg.): Rechtsextremismus, Rassismus und Antisemitismus in Comics. Berlin 2001, S. 375-404.

99) Lawrence L. Langer hat hierfür den Begriff »choiceless choice« geprägt. Vgl. ders.: The Dilemma of Choice in the Deathcamps. In: Alan Rosenberg, Gerald E. Myers (Hrsg.): Echoes from the Holocaust. Philosophical Reflections on a Dark Time. Philadelphia 1988, S. 118-127 sowie ders.: Redefining Heroic Behavior: The Impromptu Self and the Holocaust Experience. In: Peter Hayes (Hrsg.): Lessons and Legacies. The Meaning of the Holocaust in a Changing World. Evanston 1991, S. 227-242.

100) Simmel: Die Metaphysik des Todes, S. 83.

101) Marcus Tullius Cicero: Gespräche in Tusculum. München 1998, S. 91 / I, 82f.

102) Michel de Montaigne: Essais. Erste moderne Gesamtübersetzung von Hans Stilett. München 1998. Bd. I, S. 147.

103) Friedrich Nietzsche: Posthume Fragmente. NF 1881, Gruppe 11 [84]. http://www.nietzschesource.org/texts/eKGWB/, letzter Zugriff: 15.2.2015.

104) Emil Cioran: Leidenschaftlicher Leitfaden. In: ders.: Werke. Frankfurt am Main 2008, S. 607-682, hier S. 664.

105) Ebd., S. 626.

– nämlich wenn aus dem ›Bett‹ über ihm Körpersekrete sterbender und bereits gestorbener Menschen auf ihn fielen. Zu sagen, »ich ernähre mich von ihm«[106] (dem Tod), das war für einen Häftling, der in den Vernichtungslagern in den Abteilungen arbeitete, die das Gepäck und die sonstigen Überbleibsel der Ermordeten sortierten und lagerten, kein finsterer Philosophenspruch aus ›tiefer‹ Einsicht, zu dem man sich ›mutig entschloß‹, sondern ebenso banale wie grausame Faktizität, der man gerne nie begegnet wäre.[107] »Der Tod stand hier in jeder Sekunde gleichberechtigt neben dem Leben«, notierte später Marguerite Duras' Lebensabschnittspartner Robert Antelme, der im Sommer 1944 als *Résistance*-Kämpfer unter anderem ins KZ Buchenwald deportiert worden war. »Der Schornstein des Krematoriums rauchte neben dem der Küche. Bevor wir hier waren, hatte es Knochen von Toten in der Suppe der Lebenden gegeben, und das Gold aus den Mündern der Toten wurde seit langem eingetauscht gegen das Brot der Lebenden. Der Tod war auf furchtbare Weise in den Kreislauf des täglichen Lebens einbezogen.«[108]

Auch an die zahlreichen Fälle von Kannibalismus respektive Nekrophagie sei hier erinnert, ebenso wie daran, daß die Mitglieder der Sonderkommandos wußten, daß ihr Überleben – zumindest auf kurze Sicht – davon abhing, daß der Strom von Vernichtungsopfern nicht abreißt.[109]

II.1 Im Fegefeuer auf Erden: Viktor Frankl

Nicht jeder, der im Lager war, nahm es so wahr – und deren Bücher über KZs wurden nach dem Zweiten Weltkrieg Bestseller. So wie die von Viktor Frankl (1905-1997), eines österreichischen Neurologen und Psychiaters jüdischer Herkunft. Von September 1942 bis April 1945 war er unter anderem in Theresienstadt und Auschwitz inhaftiert.

106) Ebd.
107) Vgl. Rudolf Vrba: Als Kanada in Auschwitz lag. Meine Flucht aus dem Vernichtungslager. München – Zürich 1999, Kapitel 8-11.
108) Robert Antelme: Das Menschengeschlecht. Als Deportierter in Deutschland. München 1990, S. 25.
109) Vgl. Gideon Greif: Die moralische Problematik der »Sonderkommando«-Häftlinge. In: Christoph Dieckmann, Ulrich Herbert, Karin Orth (Hrsg.): Die nationalsozialistischen Konzentrationslager. Frankfurt am Main 2002, S. 1023-1045.

Zweifelsohne war auch für ihn ein KZ ein schlimmer Ort. Er erwähnt den Kampf aller gegen alle, die Regression der Inhaftierten und das Gefühl, bereits tot zu sein.[110] Ihn befähigte sein Vorlaufen in den Tod aber vor allem zu besonderen Wesenseinsichten. Sein Thema ist die »innere Freiheit«[111] des Menschen. Zu dieser führte ihn das KZ als besonderer Erkenntnisort. »Das erstemal in meinem Leben erfahre ich die Wahrheit [...], daß Liebe irgendwie das Letzte und das Höchste ist, zu dem sich menschliches Dasein aufzuschwingen vermag. Ich erfasse jetzt den Sinn des Letzten und Äußersten. Ich erfasse, daß der Mensch, wenn ihm nichts mehr bleibt auf dieser Welt, selig werden kann«. Das Lagerleben habe gezeigt, »daß der Mensch sehr wohl ›auch anders kann‹«. Dieser »Rest von geistiger Freiheit«[112] wurde ihm aber erst sichtbar, nachdem alles andere abgezogen worden sei. In der Extremsituation des KZ könne man sich wieder auf das Wesentliche besinnen. So zitiert Frankl zustimmend eine Ex-Insassin, die ihrem »Schicksal« dafür dankbar ist, daß es sie »so hart getroffen hat«, denn in ihrem früheren Leben sei sie »zu verwöhnt« gewesen.[113]

Wenn die innere Freiheit immer besteht, dann sind die KZ-Insassen, die untergegangen sind, selbst schuld.[114] Schließlich gebe es eine »Fülle von Möglichkeiten, das Leben sinnvoll zu gestalten«[115] – man müsse sie nur nutzen. Die existentielle Freiheit wird von Frankl aber sukzessive graduell verringert: Man sollte nicht mehr fragen, was das Leben einem zu bieten hat, sondern schauen, was man dem Leben zu bieten hat.[116] Wenn es nicht reicht, sich der eigenen existenziellen Bringschuld zu erinnern, dann müsse man sein »Schicksal« »*willig*« auf sich nehmen. Denn »wer sich gegen sein Schicksal [...] auflehnt, der

110) Viktor E. Frankl: ... trotzdem Ja zum Leben sagen. Ein Psychologe erlebt das Konzentrationslager. In: ders.: Gesammelte Werke (im folgenden GW). Hrsg. von Alexander Batthany, Karlheinz Biller und Eugenio Fizzotti. Bd. 1, Wien 2005ff., S. 41-117, hier S. 44, 64, 68.
111) Ebd., S. 94.
112) Ebd., S. 71 und 95.
113) Ebd., S. 98. Im KZ seien viele von ihren Neurosen geheilt worden. Vgl. Viktor E. Frankl: Psychohygienische Erfahrungen im Konzentrationslager. GW 2, S. 115-132, hier S. 125).
114) Vgl. Frankl: trotzdem. GW 1, S. 98, 100, 102.
115) Ebd., S. 96.
116) Ders.: Psychologie und Psychiatrie des Konzentrationslagers. GW 2, S. 107.

hat den Sinn alles Schicksals nicht erfaßt. Das Schicksal gehört eigentlich so ganz zur Totalität unseres Lebens dazu, und nicht das Geringste an Schicksalhaftem läßt sich aus dieser Totalität herausbrechen, ohne das Ganze, die Gestalt unseres Daseins zu zerstören«.[117]

Frankls Konzept ist an einem Punkt aufgehängt: Leiden muß Sinn haben – denn wenn nicht, dann hätte das Leben keinen Sinn. Dies beteuert er immer wieder.[118] Für ihn war das KZ eine »Bewährungsprobe« und ein »Gewinn«.[119] Dies setzte er in seinem Theaterstück »Synchronisation in Buchenwald. Eine metaphysische Conférence« um. Drei Philosophen (Sokrates, Spinoza und Kant) wollen herausfinden, ob die Menschen gut sein respektive werden können – »auch noch in der Hölle«.[120] Um dies herauszufinden, schauen sie dem Geschehen in dem fiktiven KZ Birkenwald zu. In dieses wurde ein »Schwarzer Engel« geschickt (man erfährt nicht, von wem), und zwar in Gestalt eines SS-Mannes. Er muß die Menschen prüfen: »Ich muß sie quälen – bis aufs Blut quälen. Dann wird man sehen, was an ihnen ist.«[121] Denn erst im

117) Ders.: Vom Sinn und Wert des Lebens I. GW 2, S. 155-173, hier S. 166.
118) Vgl. Frankl: trotzdem. GW 1, S. 96; ders.: Die Existenzanalyse und die Probleme der Zeit. GW 2, S. 137-153, hier S. 141; ders.: Vom Sinn und Wert des Lebens I. GW 2, S. 161, 165; ders.: Vom Sinn und Wert des Lebens III. GW 2, S. 175-188, hier S. 182.
119) Frankl: Psychohygienische Erfahrungen im Konzentrationslager. GW 2, S. 115-132, hier S. 122 und 124.
120) Frankl: Synchronisation in Birkenwald. Eine metaphysische Conférence. GW 2, S. 39-72, hier S. 46.
121) Ebd., S. 52. Das Unbehagen, das die Konstellation auslösen könnte, daß ein SS-Mann zu einem Prüfer der inneren Werte von KZ-Insassen wird, hat Frankl aufzulösen versucht. Er warnte vor »einfältigem Mißverstehen«: »keineswegs wird etwa ›die‹ SS damit als Engel hingestellt – nicht einmal jener einzelne SS-Mann [...]. Vielmehr bewegt sich das Stück durchaus auf wesensverschiedenen Ebenen« (Frankl: Brief an Pater Dr. Diego Hans Götz, Wien 15.05.1948. GW 2, 73-74, hier S. 73). Was auch immer das heißen mag. Aber Frankl hat auch immer wieder eine differenzierende Perspektive auf die Deutschen im allgemeinen und die unmittelbaren Täter im besonderen eingefordert: Die SS zu hassen und die Deutschen unter Kollektivverdacht zu stellen, das würde den NS-Ungeist fortsetzen. Auch in der SS habe es gute Menschen gegeben, die nur unter Zwang und gegen ihr Gewissen gehandelt hätten (vgl. Frankl: Die Existenzanalyse und die Probleme der Zeit, S. 137-153, hier S. 146-148; Vom Sinn und Wert des Lebens I, S. 155-173, hier S. 157; Vom Sinn und Wert des Lebens III, S. 175-188, hier S.

Extrem zeige sich die Wahrheit. Die Prüfung gelingt, und die Philosophen freuen sich über standhafte Menschen. Kant freut sich, »Material« für sein Seminar gefunden zu haben, das beweise, »daß der Mensch stärker sein kann als die Natur«.[122]

Diesen Beweis sah Frankl an verschiedenen Orten mit extremen Bedingungen erbracht, wo »der Mensch selbst« übriggeblieben sei. Ob im »Hexenkessel der Kesselschlachten, in den Luftschutzbunkern und in den Konzentrationslagern« – überall sei es zu einer »Bloßlegung des Menschlichen« gekommen, sodaß der Wesenskern habe inspiziert werden können.[123]

II.2 Die frohe Botschaft: Terrence Des Pres

Im Gegensatz zu Frankls in kulturkritische Schemata getauchte persönliche Erinnerungen bemühte sich der US-Literaturwissenschaftler Terrence Des Pres, auf Grundlage einer bis dahin einmalig breiten Basis von Überlebenden-Zeugnissen, ein differenziertes Bild vom Sterben und Überleben in den KZs zu zeichnen. Ihm ging es allerdings auch darum, einer »speziellen Botschaft des Überlebenden«[124] Gehör zu verschaffen. Diese besteht für Des Pres allerdings nicht immer in dem, was der Überlebende selber sagt, sondern in dessen Leiden, der Des Pres eine Botschaft zuspricht. Da das Leben des Überlebenden auf das bloß kreatürliche Vegetieren reduziert und da sein Leben dem Zufall unterworfen war, könne sein Verhalten nicht »allein mit Vernunft erklärt werden«.[125] Deswegen macht Des Pres sich daran, andere Instanzen ausfindig zu machen, die das Überleben erklären sollen und die von ihm auf unterschiedliche Weise bestimmt werden. Für ihn steht fest, daß es

184; Verantwortung. GW 2, S. 189-207, hier S. 198-200; Lebenswert und Menschenwürde. GW 2, S. 209-212, hier S. 211; In memoriam 1938. GW 2, S. 217-219).
122) Frankl: Synchronisation, S. 59.
123) Frankl: Die Existenzanalyse und die Probleme der Zeit, S. 138f.
124) Terrence Des Pres: Der Überlebende – Anatomie der Todeslager. Stuttgart 2008, S. 233. Zum Problemzusammenhang vgl. Fabian Kettner: Empathie und Erfahrung. Der Blick auf die Überlebenden in der Debatte zwischen Bruno Bettelheim und Terrence Des Pres. In: Falko Schmieder (Hrsg.): Überleben. Historische und aktuelle Konstellationen. München 2010, S. 165-188.
125) Des Pres: Der Überlebende, S. 168.

eine »Instanz [gibt], die jenseits des Willens funktioniert«, »etwas, das anders und größer ist als das persönliche Ego«, eine »Qualität«, ein »Potential, das in extremer Not aktiviert und als Urgrund des Selbst erlebt wird«.[126] Der logische Status seiner Konzeption wechselt zwischen Ontologie, Anthropologie und Biologismus.

Er verfällt auf ontologische Bestimmungen, wenn er Menschen im Lager »auf ihr unmittelbares physisches Sein reduziert« sieht. Diese Reduktion habe aber – so grauenhaft sie auch sei – auch ihr Gutes: sie liefere nämlich »eine Lehre für die Seele, ein Herauskristallisieren jener menschlichen Wesenheit, die wir selten oder nie zur Kenntnis nehmen«.[127]

An die Ontologie angelehnt faßt er dieses Etwas auch in abstrakten anthropologischen Bestimmungen, die vor allem durch den Begriff »Bedürfnis« artikuliert werden. Die Erfahrung des Überlebenden sei »ein Beweis, dass das Bedürfnis zur Hilfe genauso elementar ist wie das Bedürfnis nach Hilfe«; »dass ›die Moral des Gebens‹ und der Wille zur Gemeinschaft fundamentale Bestandteile der Menschlichkeit sind. Im Extremen entsteht dieses Handeln ohne Plan oder Vorschrift, einfach aus dem Selbsterhaltungszweck des Lebens heraus.« »Der Mensch« habe »das Bedürfnis und den Wunsch, Teil eines Ganzen zu sein«.[128]

Am umfangreichsten sind die biologistischen Beschreibungsversuche für das Etwas. »Von den Polymeren bis zum Menschen« erstrecke sich eine Gemeinsamkeit. Das übergreifende Subjekt des pan-biologischen Überlebensinstinkts ist mal das »›Leben an sich‹«, das »nichts anderes im Sinn [hat] als sich selbst« zu erhalten, und dessen »Merkmal« es sei, Ordnung entstehen zu lassen, dann wieder »die Natur«, die »sich selbst vor Auflösung und Chaos« bewahre. Denn »das einzige Ziel« der »unermesslichen Anstrengungen [des Lebens] liegt in der Entwicklung und dem Erhalt stabiler Systeme.« Den letzten Grund für den (Über-)Lebenstrieb legt Des Pres schließlich in die Genetik, ins »Erbgut«, in einen »grundlegenden Fundus, [...] mit dem alle Lebewesen ausgestattet sind«, in einen »in den Körperzellen verankerten Informationspool.«[129]

126) Ebd., S. 86, 215.
127) Frankl: Synchronisation, S. 59.
128) Ebd., S. 155, 169 und 228.
129) Ebd., S. 228, 217, 215, 165, 217 und 216, vgl. auch S. 223.

Bei Des Pres ist ein »Jargon der Eigentlichkeit« (Adorno) unübersehbar. Immer wieder suggeriert er, daß die Menschheit durch das Extrem der Lager, vermittelt über die Häftlinge, eine Erfahrung habe machen können, die ihr die Möglichkeit gebe, sich wieder auf das ›Ursprüngliche‹ und ›eigentlich Ausreichende‹ zu besinnen, das man in der modernen Zivilisation vergessen habe. Der Austausch beispielsweise, der im KZ »purer und ursprünglicher« gewesen sei (was immer das heißen mag), ist Des Pres wegen seiner Reinheit automatisch auch ein irgendwie besserer. Der »in den Körperzellen verankert[e] Informationspool« werde normalerweise »durch kulturelle Umformung unterdrückt«. In den Lagern hingegen sei »das menschliche Selbst [...] in einer Weise zu sich selbst und seinen Ursprüngen [gekommen], wie es das nie täte, solange es den Luxus der Selbsterweiterung genießt«. Was durch Kultur verdeckt werde, sei nun wieder freigelegt, und der Überlebende habe das Glück, »die ›Zivilisationskrise‹ [...] überstanden« zu haben.[130]

Wer mit dem Tode vertraut geworden sei, der habe diesen schließlich zu verachten gelernt.[131] Sie hätten gelernt, »die Herrschaft des Todes« zu akzeptieren, und seien – im Gegensatz zu anderen Menschen – »dem mörderischen Kreislauf unserer Flucht vor dem Tod entkommen«, die für Des Pres negativ besetzt ist, denn die Todesverleugnung ende »in rasender Zerstörung.«[132] Des Pres sieht die Häftlinge im Lager eine »Erfahrung des Wachstums und der Klärung« machen, einen »Prozeß [durchmachen], der sie in einer grundsätzlichen und verläßlichen Weise menschlich werden läßt.« Wenn sie erst menschlich werden mußten, dann waren sie es vorher offensichtlich noch nicht. Sein Ton wird dann ebenso weihevoll wie nichtssagend: »Auf dem schmalen Grad zwischen Sein und Nichtsein findet er [der Überlebende] zu seiner spezifischen Freiheit.« Bei Des Pres führt die Begegnung mit dem Tod zu einer Läuterung. Des Überlebenden »Vertrautsein mit dem Tod« führe zur Verachtung des Todes.[133] Wieso dieser Zustand erstrebenswert sei, sagt Des Pres nicht.[134] Dies erinnert nur an den Surrogat-He-

130) Ebd., S. 169, 216, 21f. und 232.
131) Vgl. ebd., S. 30.
132) Ebd., S. 232.
133) Ebd., S. 29 und 30.
134) Des Pres' Schluß auf eine »besondere Gnade des Überlebenden: Er ist

roismus Heideggers, wo das Dasein, ins Nichts gehalten, von seiner Uneigentlichkeit gereinigt werde, indem es sich im Aushalten bewahre.

III. Metaphysische Abdeckerei

> »So wie die Gestirne dem Abgrund der Nacht entstiegen sind, ist der Mensch der zweiten Hälfte des zwanzigsten Jahrhunderts aus der Asche von Auschwitz geboren.«
>
> Edmond Jabès[135]

Der Mord in den nationalsozialistischen Lagern war nicht ›nur‹ ein physischer. Zerstört wurde auch die Person / das Subjekt / das Individuum – also die Form, die die menschliche Kreatur zu einem Menschen macht und durch die sich ein Mensch von einem belebten Etwas unterscheidet. Das gängige Vokabular von der »Entmenschlichung« muß genau gefaßt werden. Es ging dabei nicht bloß um eine ›unmenschliche Behandlung‹ beispielsweise durch Brutalität, zu wenig Nahrung etc., sondern die Behandlung war ein Akt mit Bedeutung, ein anti-metaphysischer Akt, der eine bestimmte Bedeutung nehmen sollte. Während der Verweildauer in den Lagern vollzog sich die praktische Dekonstruktion des Subjekts, eine gewaltige »Abdeckerei«.[136]

Mit dem Haarescheren, der grotesken Uniformierung, dem Verlust jedes persönlichen Besitzes, der Reduktion auf Nummern und der massenhaften Unterbringung wie in Viehpferchen gleich nach der Ankunft im Lager wurde den Internierten jede Individualität genommen.[137] »In

glücklich, am Leben zu sein« (ebd., S. 192) wird absurd angesichts einer wenigstens annähernd quantitativen Auswertung von Überlebenden-Berichten. Vgl. Lawrence L. Langer: Holocaust Testimonies. The Ruins of Memory, New Haven – London, ders.: Admitting the Holocaust, New York – Oxford 1995, S. 13-23, Joshua M. Greene und Shiva Kumar (Hrsg.): Witness. Voices from the Holocaust. New York 2001.

135) Edmond Jabès: Verlangen nach einem Beginn / Entsetzen vor einem einzigen Ende. Stuttgart 1992, S. 21.

136) Adorno: Minima Moralia. AGS 4, S. 264.

137) Zu diesen anfänglichen Aspekten sind die Analysen deutscher Konzentrationäre der Lagererfahrung in den frühen Jahren der KZs auf deutschem Boden eingeschränkt zu gebrauchen. Vgl. Bruno Bettelheim: Erziehung zum Überleben. Zur Psychologie der Extremsituation. München 1980, S. 58-95; ders.: Aufstand gegen die Masse. Die Chance des Individuums in der modernen Gesellschaft.

wenigen Sekunden hatten wir aufgehört, Menschen zu sein«, resümierte Elie Wiesel die Aufnahmeprozedur in Auschwitz. »[E]s blieb nur noch eine Hülle übrig, die mir ähnelte. Eine schwarze Flamme hatte meine Seele durchzüngelt und sie verzehrt.«[138]

Von Anfang an erlebte »der [...] von der SS als Mensch geleugnete Mensch«[139] sinnlose sowie überflüssige Gewalt. »Warum reden und schreien sie überall so laut?« fragte sich der polnisch-katholische Widerstandskämpfer Tadeusz Sobolewicz, während von ihm und seinen Leidensgenossen in Auschwitz Fotografien für die Registratur aufgenommen wurden. »Warum geschieht hier alles in solchem Tempo, in einer Atmosphäre des Entsetzens, des Schreckens und der Entwürdigung? Warum wird man auf den Kopf geschlagen, nur weil man nicht weiß, was man machen soll und wie man sich verhalten soll? Warum wird einem nichts erklärt? Warum prügeln sie nur, und das noch unter dem Vorwand, daß man einen Befehl nicht ausgeführt habe? [...] Sollte darin etwa der Aufenthalt in einem Konzentrationslager bestehen?«[140]

Gewalt, Willkür und Widersinn nahmen den Inhaftierten die Orientierung, machten sie wehrlos und raubten ihnen die Möglichkeit, ihr Leben selbst bestimmen zu können. Weil die üblichen Koordinaten für die Organisation des Überlebens zerstört waren, stellte sich ein Gefühl der Irrealität ein. In dieser »irrealen und aufgestachelten Welt« »war Logik nicht das Grundprinzip«.[141]

Frankfurt am Main 1989, S. 118-195; Eugen Kogon: Der SS-Staat. Das System der deutschen Konzentrationslager. München 1993, S. 93-184; Paul Martin Neurath: Die Gesellschaft des Terrors. Innenansichten der Konzentrationslager Dachau und Buchenwald. Frankfurt am Main 2004, S. 30-154. Vgl. Des Weiteren Wolfgang Sofsky: Die Ordnung des Terrors: Das Konzentrationslager. Frankfurt am Main 1997, S. 80-114.

138) Elie Wiesel: Nacht. In: ders.: Die Nacht zu begraben, Elischa. München – Eßlingen 1962, S. 9-153, hier S. 59.

139) Antelme: Das Menschengeschlecht, S. 58.

140) Tadeusz Sobolewicz: Aus der Hölle zurück. Von der Willkür des Überlebens im Konzentrationslager. Frankfurt am Main 1999, S. 46.

141) David Rousset: Les jours de notre mort. Paris 2008, S. 681. Übersetzung des Verfassers; im Original: »un monde irréel et excitant«. Und: Ruth Klüger: weiter leben. Eine Jugend. München 1995, S. 129. Die »verdrehte Logik des Lagers« ist insbesondere Paul Martin Neurath aufgefallen (Die Gesellschaft des Terrors, S. 37, vgl. auch S. 34, 133, 328, 340). Zur Irrealität vgl. des weiteren Jorge Semprun: Was für ein schöner Sonntag! Frankfurt am Main 1984, S. 96 und 171; Rousset:

Bedeutend sind die Alltagsdetails, die wegen ihrer Peinlichkeit von Überlebenden gerne verschwiegen und von Rezipienten gerne übersehen werden. Alltäglich war der Raub der Körperkontrolle. Basales zivilisatorisches Verhalten war verunmöglicht, indem Menschen ihrer Körperhygiene nicht nachgehen konnten und buchstäblich in ihren eigenen Exkrementen vegetierten. David Rousset hat in seiner Kompilation von Lager-Erfahrungen in Roman-Form diese Szene beschrieben: »Vor dem Eingang zum Krankenbau geht ein Alter herunter zu den Latrinen. Das Gesicht ist ausgehöhlt, schmutzig, die Lippen schleimig. Die Augen sind tot. Es bleiben nur zwei enorme Löcher. Seine Jacke flattert. Zwei Männer ziehen ihn hinter sich her. Seine geöffnete Hose fällt zu seinen Schienbeinen herab. Er hat einen winzigen Hintern, einfach nur einen flachen Knochen, spitz herausstehend. Der Durchfall fließt gelb über die Oberschenkel. Er schleppt sich mühsam dahin, leichenblaß, in der Kälte, zur Latrine.«[142]

Der gezielte Angriff auf die Scham und das Selbst wirkte auch in der erzwungenen Nacktheit. Er zerstörte erstens Intimität und die Möglichkeit eines Innenlebens, eines basalen unverletzbaren Bereichs. Ruth Klüger beobachtete in Auschwitz die »Auflösung des Umgangs unter Menschen«: »Alte Frauen in Auschwitz, ihre Nacktheit und Hilflosigkeit, die Bedürfnisse alter Menschen, die geraubte Scham. Alte Frauen auf den Massenlatrinen, wie schwer ihnen der Stuhlgang fiel, oder umgekehrt, wie sie Durchfall hatten. Alles öffentlich.«[143]

Les jours de notre mort, S. 82f.; Adolf Gawalewicz: Überlegungen im Warteraum zum Gas. Aus den Erinnerungen eines Muselmannes. Gütersloh 1998, S. 85, 88 und 96; Sima Vaisman: In Auschwitz. Das Protokoll einer jüdischen Ärztin nach der Befreiung. Düsseldorf 2008, S. 31; Primo Levi: Ist das ein Mensch? Ein autobiographischer Bericht. München 1992, S. 21, 25.

142) Rousset: Les jours de notre mort, S. 119. Übersetzung des Verfassers. Im Original: »Devant la porte des Invalides, un vieux descend vers les latrines. Le visage est creux, sale, les lèvres baveuses. Les yeux sont morts. Il ne reste que deux trous énormes. Sa veste flotte. Deux hommes le traînent. Son pantalon défait tombe sur ses tibias. Il a des fesses minuscules, simplement un os plat, aigu. La diarrhéa jaune coule sur les cuisses. Il se traîne, livide, dans le froid, vers les latrines.« Vgl. ebd., S. 90ff., 133, 282, 284, 289, 347 und 388; Antelme: Das Menschengeschlecht, S. 318f., 320, 376 und 398; Des Pres: Der Überlebende. Kapitel 3; Lang: Oskar Rosenfeld and Historiographic Realism.

143) Klüger: weiter leben, S. 122. Vgl. auch S. 143f.

Die Deutschen produzierten »die wahre Gleichheit: die der Nacktheit«,[144] beschreibt Elie Wiesel die deutsche Version von einer der Forderungen der Französischen Revolution.

Hinzu kam zweitens die Scham der Internierten gegenüber sich selbst, sich so zu verhalten, beispielsweise besudelt zu sein oder wie wilde Tiere um schimmelige Nahrung zu kämpfen. »Morgens wurden Brot und ein scheußlicher Kaffee verteilt«, berichtet der niederländische Jude Siegfried van den Bergh aus Auschwitz: »Zu Mittag gab es verkochte Kartoffeln und wäßrige Suppe. Alles spielte sich im Freien ab. Niemand besaß einen eigenen Teller. [...] bekamen acht Personen zusammen eine schmierige Kartoffelmasse in einen eisernen Napf. Mit hungrigen Augen und schmutzigen Händen griffen acht Verzweifelte hinein und rissen einander die Kartoffeln aus den Händen. Noch um das letzte Restchen wurde gekämpft.«[145]

Durch Hunger und Verzweiflung erzeugten die Deutschen in den Lagern sowie in den Ghettos künstlich einen Pseudo-Naturzustand. Trat der zurück, stellten sich alsbald wieder zivilisatorische Rudimente ein – die dann allerdings neue Leiden brachten: »[W]ir haben die Wut des täglichen Hungers befriedigt«, schreibt Primo Levi, »und jetzt bedrückt uns die Scham«.[146]

Die mögliche Selbst-Versicherung, daß das unmoralische Handeln unter Zwang geschah, vermochte meistens nicht das Selbstwertgefühl der Opfer zu schützen. Es war eine der perfidesten Effekte der deutschen Verfolgung, daß die Opfer sich selbst als Täter wahrnahmen und sich selbst die Schuld gaben für ein Verhalten, das ihnen von außen aufgezwungen wurde. Damit wurde das Verhältnis der Inhaftierten zu sich selbst gestört. Scham und Ekel gegen einen selbst zersetzten das Ich, das von außen bereits massiv beschädigt wurde, auch von innen heraus.

Zurück blieb nicht nur ein »gedemütigtes Selbst, voller Gewissensbisse wegen einer Tat, für die es vollkommen unschuldig ist«, resümiert Lawrence L. Langer.[147] Die »ruchlose Algebra der Deutschen« und ihre

144) Wiesel: Nacht, S. 57.
145) Siegfried van den Bergh: Der Kronprinz von Mandelstein. Überleben in Westerbork, Theresienstadt und Auschwitz. Frankfurt am Main 1996, S. 94.
146) Levi: Ist das ein Mensch? S. 179.
147) Langer: Admitting, S. 50. Übersetzung des Verfassers. Im Original: »humiliated self, filled with remorse for a deed of which he is entirely innocent«. Zu

»ungezügelte Barbarei« haben die ethische Basis der Opfer ausgebeutet und zerstört.[148] Ursprünglich lebenserhaltende soziale Verhaltensweisen wurden lebensgefährlich.

Die Deutschen inszenierten die Dekonstruktion des ethischen Ich auch gerne demonstrativer und konfrontativer. Inhaftierte mußten reglos zuschauen, wenn andere gequält oder ermordet wurden und sich dabei in die Zucht nehmen. Nicht nur hierbei fühlten sie sich schuldig, sondern auch dann, wenn sie dazu gezwungen wurden, Untaten zu begehen. Die Deutschen verhinderten bei den Lagerinsassen ein Verhalten, durch das ein Mensch sich selbst als menschlich wahrnehmen kann, weil er andere achtet, wie er selbst geachtet werden möchte und wie er es muß, um sich selber als menschlich wahrnehmen zu können. Primo Levi notierte später die Scham, »die uns nach den Selektionen und immer dann überkam, wenn wir Zeuge einer Mißhandlung sein oder sie selbst erdulden mußten: jene Scham, die die Deutschen nicht kannten, die der Gerechte empfindet vor einer Schuld, die ein anderer auf sich lädt und die ihn quält, weil sie existiert, weil sie unwiderruflich in die Welt der existenten Dinge eingebracht ist und weil sein guter Wille nichts oder nicht viel gilt und ohnmächtig ist, sie zu verhindern.«[149]

In diesem Sinne stimmt Hannah Arendts Aussage, die Deutschen hätten in den Lagern »den Beweis dafür [...] erbringen [wollen], daß schlechthin alles möglich ist«.[150] So wurde in Treblinka ein besonderer »Klosetthüter« eingerichtet, wie Chil Rajchmann berichtet: »Der Klosetthüter zählte zu den beliebtesten Vergnügungen der Verbrecher. Ständig bringt ihm jemand etwas Neues zum Anziehen, damit er ulkiger aussieht. Er muß die Klosetts im Rabbinergewand reinigen, und in dieser Uniform muß er zum Abendappell antreten. Die Mörder fragen ihn oft: »Rabbiner, wie klappt es mit der Scheiße?« Und er muß antworten: ›Sehr gut.‹«[151]

Langers Konzept des »humiliated self« vgl. ders.: Ruins of Memory. Kapitel 3.
148) Langer: Admitting, S. 46 und 48. Übersetzung des Verfassers. Im Original: »the ruthless algebra of the Germans« (S. 46) und »the unrestrained barbarity of the Germans« (S. 48).
149) Primo Levi: Die Atempause. München 1994, S. 13.
150) Arendt: Elemente, S. 676, vgl. S. 607.
151) Chil Rajchman: Ich bin der letzte Jude. Treblinka 1942/43. Aufzeichnungen für die Nachwelt. München – Zürich 2009, S. 138.

Die deutsche radikale Aufklärung ging in ihrem Sinn fürs Detail noch weiter, wie Primo Levi in Auschwitz beobachtete: Dort ließ die SS aus jüdischen Gebetsmänteln Unterhosen schneidern, die dann an die jüdischen Häftlinge verteilt wurden.[152]

Die Zerstörung des Individuums und der Beweis der Nicht-Existenz Gottes wurden begleitet vom Zerschneiden des Bandes zwischen Mensch und Gott. Aus dem sogenannten Muselmann war die Gottesähnlichkeit des Menschen ausgetrieben. Die Muselmänner, diese »Menschen in Auflösung«,[153] waren ein Produkt der Lager und der Ghettos, waren durch Krankheit und Hunger so weit zerstörte Menschen, daß ihnen jedes bewußte Handeln mangelte und die nur noch ein Hauch vom Tod trennte.[154]

Sie bildeten »den äußersten Rand des Lagerplebs«, schreibt der Schriftsteller Jorge Semprun, der wegen seiner Tätigkeit in der *Résistance* verhaftet, gefoltert und ins KZ Buchenwald deportiert wurde. Die Muselmänner vegetierten »zwischen Leben und Tod« dahin. Semprun verortet sie »jenseits dieser Begriffe: jenseits des Lebens, der Überlebens«. Denn sie sind »bereits anderswo, in einer Art kachektischem Nirwana, flockigem Nichts, in dem jeglicher Wert außer Kraft gesetzt ist, in dem allein das Beharrungsvermögen der Instinkte [...] sie noch in Bewegung hält«. Alle haßten sie, laut Semprun weil sie die bevorstehende Möglichkeit vor Augen führten, daß die SS siegen werde.[155]

Sempruns Wahrnehmung des Todes veränderte sich innerhalb weniger Jahre. Beim ›Vorlaufen in den Tod‹, das er während seiner Tätigkeit in der *Résistance* erlebte, hatte er den Eindruck, »daß mein Tod vielleicht überhaupt nie etwas Wirkliches, daß er nie ein Teil des Lebens von auch nur einem einzigen Menschen sein wird«. Jedesmal wenn ihn der Tod streifte, »war die einzige wirkliche Empfindung, die dadurch hervorgerufen wurde, eine Beschleunigung aller Lebensvorgänge, als

152) Primo Levi: Das periodische System. München 1987, S. 9.
153) Levi: Ist das ein Mensch? S. 106.
154) Zum Muselmann vgl. Hermann Langbein: Menschen in Auschwitz. München – Wien 1972, S. 138-161; Sofsky: Ordnung des Terrors, S. 229-236; Levi: Ist das ein Mensch? S. 105-108 und Jorge Semprun: Der Tote mit meinem Namen. Frankfurt am Main 2003, S. 30-32, 37f. und 58. Zur Kritik von Giorgio Agambens zweifelhafter Verwendung des Phänomens Muselmann vgl. Claudine Kahan und Philippe Mesnard: Giorgio Agamben à l'épreuve d'Auschwitz. Paris 2001.
155) Semprun: Der Tote, S. 30-32 und vgl. S. 58.

sei der Tod etwas, an das man zwar in allen möglichen Schattierungen, Nuancen und Variationen denken konnte, jedoch nie etwas, das einem zustoßen könnte«.[156]

Nach seiner Zeit im KZ sieht es anders aus. Nun hat Semprun das Gefühl, »dem Tod nicht entronnen zu sein, sondern ihn durchquert zu haben. Vielmehr von ihm durchquert worden zu sein. Ihn gewissermaßen durchlebt zu haben.«[157] Wie viele andere Holocaust-Opfer sieht er sich als lebendig tot, sowohl im Lager als auch danach. Deswegen bezeichnet er sich als »Wiedergänger«.[158]

Doch angesichts eines Muselmannes, auf dessen Tod er wartet, um dessen Identität annehmen zu können, damit er für die Lagerleitung als tot gilt, um sich vor der Gestapo zu schützen, machte Semprun eine merkwürdige Erfahrung. »Dieses Wesen von jenseits des Todes« schien ihm als »ein anderes Ich oder ich selbst als ein anderer«. Ihm fühlte er sich »verbunden durch eine geradezu ontologische Brüderlichkeit des Schicksals«.[159] Wohlgemerkt nur geradezu: Von Heideggers »rein sprachlichen Taschenspielertricks«, von dessen »Einträufelung an Dunkelheiten, gequälten und quälenden Pseudoetymologien, rein rhetorischen Resonanzen und Assonanzen«[160] distanziert er sich ausdrücklich. Insbesondere das Kapitel in »Sein und Zeit« über das »Sein zum Tode« gilt ihm als »ein weitschweifiges, in sprachliche Tricks verstricktes Kapitel voll hohler Augenscheinlichkeiten und schreiender Dunkelheiten«.[161] Sempruns Gegenentwurf zum »Sein zum Tode« ist da wesentlich klarer: Die »vitale, ubueske, aufwühlende und wärmende Unordnung des Todes«, sein »sichtbares Nahen« machte »all dieses Treibgut zu Brüdern [...]. Dort konnte man die Erfahrung des Todes anderer als persönliche Perspektive machen: *das Mitsein zum*

156) Ebd., S. 201 und 203. Vgl. auch ders.: Schreiben oder Leben. Frankfurt am Main 1997, S. 206 und 230.
157) Ebd., S. 24, vgl. auch ebd., S. 58, 110, 167 und ders.: Der Tote, S. 88-90.
158) Semprun: Schreiben oder Leben, S. 284. vgl. auch ebd., S. 24f., 110, 293. Zu »lebendig tot« vgl. bei Semprun: Was für ein schöner Sonntag, S. 96f.; ders.: Schreiben oder Leben, S. 24f., 59f., 110, 148, 167, 284, 292, 293. Zu dieser Thematik allgemein vgl. auch Des Pres: Der Überlebende, S. 109-169 sowie Langer: Holocaust Testimonies.
159) Semprun: Der Tote, S. 38f.
160) Semprun: Schreiben oder Leben, S. 114.
161) Ebd., S. 204.

Tode.«[162] Fraglich ist, was für eine »gemeinsame Freiheit« Semprun auf dem »Sein-zum-Tode mit den anderen«[163] gründen wollte. Er führt dies nicht weiter aus. Ebenfalls nirgends präsentiert er seine Erfahrung als aufgedeckte ewige Wahrheit, als Seinsgrund oder ähnliches. Es ist ausdrücklich Sempruns subjektive Erfahrung, die nur unter bestimmten Umständen möglich war, und er zieht aus ihr keine Erkenntnis, die er aus dem Lager in andere Bereiche hineinträgt. Keine Glorie umgibt Sempruns Todeserfahrung, nur »Erschöpfung und Dünnschiß in dieser Pestilenz«.[164] Der Preis für diese Erfahrung ist zu hoch: »Beim Anblick dieser ausgemergelten Leiber mit ihren hervorstehenden Knochen und den hohlen Brustkörben, die sich, drei Meter hoch, mitten im Hof des Krematoriums stapelten, dachte ich daran, daß man ihren Tod erlebt haben mußte, wie wir es getan hatten – wir, die wir ihren Tod überlebt hatten – aber noch nicht wußten, ob wir den unseren überlebt hatten –, um einen reinen, brüderlichen Blick auf sie zu richten.«[165]

Und diese Erfahrung, sie führt zu nichts.

III.1 Die nutzlose Erfahrung: Charlotte Delbo

»Ich habe mit dem Tod gekämpft«, berichtet Joseph Conrads Erzähler Marlowe in »Herz der Finsternis«. Er kommt aber zu einem ganz anderen Schluß als die Todesenthusiasten. »Das ist der unaufregendste Kampf, den man sich nur vorstellen kann. [...] Sollte so die ultimative Form der Wahrheit aussehen, dann ist das Leben ein größeres Rätsel, als manche von uns meinen.«[166]

Zu diesem Resultat kam auch die Auschwitz-Überlebende Charlotte Delbo.[167] Das *Résistance*-Mitglied wurde im März 1942 zusammen

162) Semprun: Der Tote, S. 58.
163) Semprun: Schreiben oder Leben, S. 188.
164) Semprun: Der Tote, S. 58.
165) Semprun: Schreiben oder Leben, S. 148.
166) Joseph Conrad: Heart of Darkness. London 1994, S. 100f. Übersetzung des Verfassers. Im Original: »I have wrestled with death. It is the most unexciting contest you can imagine. [...] If such is the form of ultimate wisdom, then life is a greater riddle than some of us think it to be.«
167) Zu Delbo vgl. Rose Yalow Kamel: Written on the Body: Re-Presentation in Charlotte Delbo's »Auschwitz and After«. In: Holocaust and Genocide Studies,

mit ihrem Ehemann in Paris verhaftet. Während ihr Gatte im Mai hingerichtet wurde, wurde sie im Januar 1942 nach Auschwitz deportiert, wo sie ins Frauenlager in Birkenau (Auschwitz II) kam. Sechs Monate später wurde sie nach Raisko verlegt (was ihr das Leben gerettet haben dürfte), und im Januar 1944 kam sie nach Ravensbrück, wo sie über ein Jahr später befreit wurde.

Ihre Erlebnisse hat sie in einer Trilogie zusammengefaßt. Weitaus drastischer und eindringlicher als in den meisten anderen Überlebenden-Berichten stellt sie darin ihr Vorlaufen in den Tod dar: den *excremental assault*[168], die Qualen aus körperlichen Wunden, Hunger und Durst[169], die Allgegenwart von Leichen und Leichenteilen[170] sowie das Verhalten der Deutschen mit sadistischen und mörderischen Intentionen.[171] Mehrfach hält Delbo nicht nur das auch aus anderen Berichten bekannte Gefühl fest, lebendig tot zu sein, sondern beschreibt es auch.[172] Sie stellt dar, wie es ist, wenn der Geist erlischt, weil der Körper ihn nicht mehr unterstützen kann,[173] und geht auf die Unzulänglichkeit der Sprache ein, all dies zu beschreiben.[174]

Der zweite Teil ihrer Trilogie trägt im französischen Original den Titel »Une connaissance inutile«, was man ebenso mit »Eine nutzlose Bekanntschaft« wie mit »Ein nutzloses Wissen« übersetzen kann. Beides bezieht sich auf den Tod. Sie zog aus der Todeserfahrung die gleiche Erkenntnis wie ein Kulturkritiker:

14, 2000, S. 65-82; Lawrence L. Langer: The Age of Atrocity. Death in modern Literature. Boston 1978, Kapitel 6; Lea Wernick Fridman: Words and Witness. Narrative and Aesthetic Strategies in the Representation of the Holocaust. Albany 2000, S. 109-126; Michael Rothberg: Traumatic Realism. The Demands of Holocaust Representation. Minneapolis – London 2000, Kapitel II.4; Inga Clendinnen: Reading the Holocaust. Cambridge 1999, S. 50-55.

168) Vgl. Charlotte Delbo: Trilogie. Auschwitz und danach. Frankfurt am Main 1993, S. 53, 91, 121, 16, 157, 162, 197, 211, 213, 225, 250.

169) Vgl. ebd., S. 65, 70, 92, 95, 108, 160, 269.

170) Vgl. ebd., S. 53, 60, 83, 124.

171) Vgl. ebd., S. 118f., 125, 146, 225.

172) Vgl. ebd., S. 316, 342, 358-363, 366-368, 370, 373.

173) Vgl. ebd., S. 103, 239f.

174) Vgl. ebd., S. 95, 157, 161, 175, 180, 205, 240, 369.

»Ich habe mit dem Tod gesprochen
deswegen
weiß ich
wie viele Lehren hohl waren.«[175]

Sie schaute ›hinter die Dinge‹, und die Dinge wurden darüber banal. Die Welt wurde schal.

»Ihr die ihr vorbeizieht
gut ausgestattet mit all euren Muskeln
einer Kleidung die euch steht
die euch schlecht steht
die euch einigermaßen steht
ihr die ihr vorbeizieht
mit pulsierendem Leben in den Arterien
fest an dem Gerippe sitzend
mit flottem sportlichem schleppendem Schritt
mürrisch Lachende ihr seid schön
so gewöhnlich
so gewöhnlich wie jedermann
so schön, so gewöhnlich zu sein
abwechslungsreich
dieses Leben das euch daran hindert
euren Oberkörper zu fühlen der den Beinen folgt
eure Hand am Hut
eure Hand am Herz
die Kniescheibe die sanft das Gelenk dreht
wie soll man euch vergeben
zu leben ...«[176]

Delbo stellt fest, daß die anderen anders sind als sie selbst: »Ich bin nicht lebendig. Ich schaue diejenigen an, die es sind.« Wenn sie sie anschaut, dann bemerkt sie ein Ressentiment bei sich selbst, weil sie so anders sind. »Sie sind oberflächlich, unwissend. Vermutlich muß man

175) Ebd., S. 318.
176) Ebd., S. 321.

so sein, um zu leben, um bis ans Ende des Lebens zu gehen.« Zwischen ihr und den anderen steht Auschwitz, der »Abgrund zwischen der Welt und uns«. Dieser Abgrund besteht durch ein Wissensgefälle. »Hätten sie das Wissen, das ich habe, wären sie wie ich. Sie wären nicht lebendig.« Die gewöhnlichen Menschen unterzieht sie zwanghaft einem virtuellen Test, wie sie sich in Auschwitz verhalten hätten: »Bei jedem, dem ich begegne, frage ich mich: Hätte dieser mir geholfen zu laufen? Hätte mir jener etwas von seinem Wasser abgegeben?« Aber sie fragt nicht nur – sie meint auch, bereits alles vorher zu wissen. »Ich konnte deshalb nicht lesen, weil mir schien, ich wüßte schon vorher, was in dem Buch stand, und ich wüßte es sicherer, tieferer, mit unwiderlegbarer Evidenz.« Was für Bücher gilt, das gilt auch für Menschen. »Genauso schlug ich die Augen nieder, um die Gesichter nicht zu sehen, weil sich unter meinen Augen die Gesichter entbößten, weil ich, sobald sich mein Blick auf sie legte, alles von den Leuten durch ihr Gesicht hindurch erfaßte [...]. Ich sah die Banalität, die Konvention, die Leere. Ich sah darin Gerissenheit.«[177]
Delbo weiß schon alles vorher, so wie der mit Tiefenblick begabte Gesellschafts- oder Kulturkritiker linker oder rechter Couleur. Sie hat »Augen, die sehen«. Dies aber macht es unerträglich, an der Seite ihrer Menschen auszuharren. »Es bleibt, daß ich von den Menschen mehr weiß, als man braucht, um an ihrer Seite zu leben, und daß es zwischen ihnen und mir immer dieses nutzlose Wissen geben wird.«[178] Ciorans »Offenbarungsvermögen«[179] des Todes hat sie mit voller Wucht durchdrungen. Aber bei ihr blitzt der Unterschied zum Kritiker auf. Es ist ein nutzloses Wissen, und sie muß es wieder loswerden.

»Ich kehre zurück
von jenseits der Erkenntnis
jetzt muß verlernt werden
ich sehe ja daß anders
ich nicht mehr leben könnte.«[180]

177) Ebd., S. 367, 257, 367, 354 und 332f.
178) Ebd., S. 483 und 355.
179) Cioran: Auf den Gipfeln, S. 36.
180) Delbo: Trilogie, S. 323.

Denn sie »war verzweifelt, jede Fähigkeit von Illusion und Traum, jede Aufgeschlossenheit für das Imaginäre, für das Erkennen verloren zu haben«. Daß sie die Fähigkeit zum Schein verloren hat, ruft bei Delbo Trauer hervor. Das Imaginäre ist nicht zu verachten, und vor allem ist es kein ›bloßer Schein‹. Es ist nur insofern Schein, als es kein Materielles, Empirisches ist. Aber gleichzeitig ist es real, weil es im Leben der Menschen vorkommt und sie danach leben. Es ist wichtig, weil es die Menschen über ihr bloßes Vegetieren erhebt. Natürlich kann man aus einem Menschen »ein Gerippe machen, in dem die Diarrhöe blubbert«. Aber ist das der sogenannte wahre Mensch? Und falls ja: Was wäre an dieser Wahrheit erstrebenswert? »Das Imaginäre ist der erste Luxus des Körpers, der genügend Nahrung erhält, Freizeit genießt, über Grundlagen zur Gestaltung seiner Träume verfügt.«[181]

Der Durchblick ist keine besondere Gabe, als deren Trägerin Delbo sich tragisch-romantisch verklären würde, sondern ein Fluch, ein Stück Auschwitz, das in ihr fortlebt. »Das ist es, was von mir in Auschwitz gestorben ist. Das ist es, was aus mir ein Gespenst macht.« Warum soll sie leben, »wenn nichts wahr ist?« Wozu ist Wissen gut, »wenn man nicht zu leben weiß?«[182]

Denn dieses Wissen, das sie hat, es zerstört ihre sozialen Beziehungen – sofern es sie überhaupt zuläßt. Unverstellt könnte sie anderen nicht entgegentreten. »Sie würden glauben, ich verachtete sie und ihren kleinen Alltagstrott, ihre kleinen Sorgen, ihre kleinen Pläne, ihre kargen Leidenschaften und flüchtigen Begierden.« Deshalb gibt sie »vor, wie jeder andere Mensch zu sein und streife das Leben.« Doch empfindet sie Müdigkeit, wenn sie sich »den Menschen, ihren flüchtigen Worten anpassen muß.«[183]

Anders als Kulturkritiker zieht sie daraus nicht den Schluß, die Menschen zu verachten, sondern das zu hassen, was ihr angetan wurde. Delbo hat nicht vergessen, wofür sie gekämpft hat: »damit die Menschen nur noch kleine Sorgen, Sorgen nach ihrem Maß haben, damit der Wirbelsturm der Geschichte sie nicht mehr fortreißt«.[184]

181) Ebd., S. 239.
182) Ebd., S. 333 und 334.
183) Ebd., S. 367, 362 und 370.
184) Ebd., S. 367.

III.2 Todesbewußtsein als melancholische Wahrheit: Lawrence L. Langer

Im Gegensatz zu Viktor Frankl habe Charlotte Delbo keine Bedenken, die westliche Kultur bloßzustellen, die auf mißverstandenen Identitäten aufbaut und die aus aufklärerischen und romantischen Vorstellungen das Bild eines unzerstörbaren Ich konstruiert habe. Diesen Vergleich zieht Lawrence L. Langer[185], ein 1929 geborener US-amerikanischer Literaturwissenschaftler, der sich intensiv wie kaum ein anderer mit den Berichten von Shoah-Überlebenden, mit Holocaust-Literatur und der Möglichkeit der Darstellung der Shoah beschäftigt hat. Frankl sowie Bruno Bettelheim und Des Pres wirft er eine »Terminologie der Transzendenz« vor.[186] Er kritisiert ihren Glauben daran, daß die Verfolgten in den Lagern ihre Situation noch hätten kontrollieren und sich somit als Subjekt hätten betätigen können.[187] Frankl, Bettelheim und Des Pres seien der Zerstörung des Menschen in den Lagern ausgewichen sowie der Tatsache, daß der Holocaust eine »vollständig dehumanisierende Erfahrung« gewesen sei.[188] Daß Identität, Selbstrespekt, innere Freiheit, Autonomie und Würde verschwunden seien, hätten sie übergangen, indem sie, während sie im Lager waren, die Außenwelt abgeblendet hätten.[189] Auch der Tod habe seinen heroischen Sinn verloren. Ein Martyrium sei verunmöglicht gewesen. Der Tod sei anonym, nicht mehr persönlich und weder menschlich noch schicksalhaft gewesen. Es habe keinen Zusammenhang zwischen Leben und Leiden sowie zwischen Leben und Tod gegeben.[190]

185) Lawrence L. Langer: Admitting the Holocaust. New York – Oxford 1995, S. 105.
186) Ders.: Versions of Survival. The Holocaust and the human Spirit. Albany, 1982, S. 38, 56, 65f. Übersetzung des Verfassers. Im Original: »terminology of transcendence«.
187) Vgl. Langers »choiceless choice«. vgl. Fußnote 99.
188) Langer: Admitting, S. 34f. Übersetzung des Verfassers. Im Original: »the Holocaust was a totally dehumanizing experience«.
189) Vgl. Langer: Versions, S. 34f., 40, 57, 127.
190) Langer: Admitting, S. 27, 33, 147; ders.: The Holocaust and the Literary Imagination. New Haven – London 1975, S. 60, 61, 66, 86f., 119f.; ders.: Preempting the Holocaust. New Haven – London 1998, S. 137.

Der Holocaust sei ein »permanenter Bruch«[191] in der menschlichen Geschichte; er spalte sie in ein Vorher einerseits und ein Nachher andererseits. In der Gegenwart stehe man vor Ruinen. Die alte, sichere Basis unseres Menschen- und Weltbildes sei verlorengegangen.[192] Das Bild eines unverletzlichen Selbst sei eine Erbschaft aus romantischer Ära, also aus einer verlorengegangenen Zeit. Nach der Verunmöglichung von Würde, Wahlfreiheit, Heroismus und Widerstand konstatiert Langer den Tod der Idee des Ich.[193] Das ist Langers »melancholische Wahrheit«.[194] Das, was die Verfolgten der Shoah erleben mußten, das wirke von ihren Zeugnissen immer noch auf die Rezipienten. Weil ihre Erfahrung unsere Sicherheit bedrohten, deswegen wichen wir dieser aus.[195]

Langer kritisiert an Bettelheim sowie Frankl – und auch an des Pres – daß sie in ihrer Beschreibung des ›Lebens‹ in den Lagern nicht weit genug gingen. Er stellt dies aber nicht fest, um dann eine Schwarze Messe für das ›Ende des Humanismus‹ zu feiern oder den ›Tod des Subjekts‹ zu konstatieren. Sondern Langer geht es erstens um die Verteidigung der Opfer gegen hehre moralische Ansprüche, die die Realität der Lager nicht beachten und die die Opfer für ihr Verhalten verurteilen oder sich gar zur berühmten ›Angleichung von Tätern und Opfern‹ versteigen. Zweitens kritisiert er Wahrnehmungs- und Erklärungsschemata, die blind auf die Lagersituation angewandt werden. Darüber will er drittens die Realität der Shoah freilegen – wenn es denn so etwas gibt respektive möglich ist. Er zeigt Mal um Mal am Material, daß es kaum adäquate Darstellungen gibt, weil die meisten an der klassischen Form

191) Langer: Admitting, S. 92. Übersetzung des Verfassers. Im Original: »permanent rupture«.
192) Vgl. ebd., S. 28.
193) Ebd., S. 9. Die Übersetzung des Verfassers. Im Original: »the death of the very idea of the self«. Vgl. auch Langer: The Dilemma of Choice in the Deathcamps. In: Alan Rosenberg, Gerald E. Myers (Hrsg.): Echoes from the Holocaust, S. 118-127, hier S. 118, 123; ders.: Admitting, S. 28, 50, 105, 130; ders.: Preempting, S. 78; ders.: Redefining, S. 233.
194) Langer: Admitting, S. 30. Übersetzung des Verfassers. Im Original: »melancholy truth«.
195) Vgl. Langer: Using and Abusing the Holocaust. Bloomington – Indianapolis 2006, S. 116f.

von Drama und Tragödie hängen,[196] die die Geschehnisse akteptabel machen und die Rezipienten schützen sowie trösten.[197] Der »Armut des herkömmlichen Vokabulars«[198] komme aber auch eine »Sabotage der Sprache«[199] entgegen. Während der Shoah seien Zustände geschaffen worden, für die das vertraute Vokabular nicht mehr passend erscheine.[200] Nicht mehr adäquat heißt bei Langer aber eben auch *noch nicht* adäquat.[201] Grundsätzlich ist ihm die Darstellbarkeit eine Frage der Technik und der Reflektion, nicht Terrain für moralisch absolute Debatten, die vom Gegenstand absehen.

Das Bewußtsein für die Probleme der Darstellung angesichts des Holocaust und ihre Lösungsversuche im Ausdruck, das ist das, was Langer beispielsweise an »Die Schrift des Desasters« von Maurice Blanchot, am Werk des Schriftstellers Aharon Appelfeld und des Malers Samuel Bak schätzt. Mit letzterem – dessen bester Interpret er ist – verbindet ihn aber noch mehr, nämlich der Impetus der Kritik:

Langers »melancholische Wahrheit« ist auch ein »Todes-Bewußtsein«, das gewahr werden mußte, daß Tod und Gewalt alltäglich und normal geworden sind. Das Todes-Bewußtsein, für das er plädiert, fordert zwar auch eine »vertraute Nähe« zum Tod, doch könne diese nichts mit Liebe zum Tod zu tun haben.[202] Aus diesem Bewußtsein erwachse vielmehr die Verpflichtung weiterzuleben. Zwar gelte es – wie Langer in Anlehnung an die Widerstandskämpfer des Warschauer Ghettos schreibt – alle »Prätentionen einer Kultur der Hoffnung« zu begraben und statt dessen eine »Kultur der Verzweiflung anzunehmen«, doch

196) Allgemein vgl. Langer: Admitting, S. 51-64, 75-88 und 157-178, am Beispiel Anne Frank in Using, S. 16-29.
197) Vgl. Langer: Admitting, S. 26f., 31-36, 40f., 157f.; Preempting, S. 67.
198) Langer: Admitting, S. 28. Übersetzung des Verfassers. Im Original: »poverty of conventional language«.
199) Ebd., S. 48. Übersetzung des Verfassers. Im Original: »sabotage of language«.
200) Vgl. Langer: Using, S. 132; Preempting, S. 70.
201) Vgl. Langer: Using, S. 132; Preempting, S. 17f. Vgl. dazu auch Fabian Kettner: Ist die Postmoderne ein Reflex auf den Holocaust? Über Veronika Zangls Studie »Poetik nach dem Holocaust. Erinnerungen – Tatsachen – Geschichten«. In: literaturkritik.de, 4, April 2010. http://www.literaturkritik.de/public/rezension.php?rez_id=14152&ausgabe=201004, letzter Zugriff: 15.2.2015.
202) Langer: Using, S. 120. Übersetzung des Verfassers. Im Original: »The intimacy I speak of is a death consciousness that can have nothing to do with love«.

gleichzeitig müsse man auch das Leben nach dem Massenmord beibringen.[203] Dabei wendet er sich gleichzeitig gegen die »unerschütterbare Überzeugung, daß der Holocaust für uns alle heute eine positive Lehre berge«.[204] Wenn Langer auch postuliert, daß Auschwitz die Verbindung zwischen dem klassischem Menschenbild und der Gegenwart zerbrochen habe – so heißt dies für ihn, daß der Mensch »eine neue Existenz« finden muß.[205] Wenn die Zivilisation »in der Asche von Auschwitz verschwunden ist«, dann war es aber auch nur *eine* Form der Zivilisation und dann muß sie von einer anderen ersetzt werden.[206]

III.3 Menschenwerk: Samuel Bak

Weder der Hoffnung noch der Verzweiflung gebe sich der Maler Samuel Bak mit seinem Werk hin, beobachtet Langer. Bak zerstöre nicht den Boden der Hoffnung. Sogar eine hoffnungsvolle Botschaft findet Langer in Baks Bildern.[207] Und das befremdet zunächst, schaut man sich dessen Leben und Werk an.[208]

203) Ebd., S. 118f. Übersetzung des Verfassers. Im Original: »to surrender all pretensions to a culture of hope and to embrace a culture of despair«.
204) Langer: Preempting, S. 1. Übersetzung des Verfassers. Im Original: »The unshakable conviction that the Holocaust contains a positive lesson for all of us today«.
205) Langer: The Holocaust and the Literary Imagination, S. 83f. Übersetzung des Verfassers. Im Original: »a human condition that will have to create new terms for its existence«.
206) Ebd., S. 143. Übersetzung des Verfassers. Im Original: »one form of civilization disappeared in the ashes of Auschwitz to be replaced by an as yet unspecified but wholly different sort of universe«.
207) Vgl. Langer: Preempting, S. 82, Langer: Return to Vilna. In: Samuel Bak and Lawrence L. Langer: Return to Vilna in the Art of Samuel Bak. Boston – Syracuse 2007, S. 1-43, hier S. 39 und 53.
208) Übersicht zu Leben und Werk bei Eva Atlan: Samuel Bak. Aspekte zur künstlerischen Entwicklung und Ikonographie. In: Gerd Lindner (Hrsg.): Samuel Bak Retrospektive 1946-1997. Ausstellung im Panorama Museum Bad Frankenhausen. 13. Juni bis 6. September 1998. Bad Frankenhausen 1998, S. 15-40; Samuel Bak: Ein Selbstporträt in Worten. In: ebd., S. 59-66; ders.: Über meine Kunst und mich. In: Eva Atlan, Samuel Bak, Peter Junk: Samuel Bak. Leben danach / Life thereafter. Osnabrück 2006, S. 9-17; ders.: In Worte gemalt. Bildnis einer verlorenen Zeit. Weinheim – Basel 2007; Fabian Kettner: Wie dunkle Kerzen: Zeugnisse

Bak wurde am 12. August 1933 in Wilna geboren. Unter der deutschen Besatzung von 1941 bis 1944 lebte er teilweise im Ghetto. Das Wort mag unangebracht sein, aber seine Kindheit hat etwas Sagenhaftes an sich. Die damals schon berühmten Dichter Avrom Sutzkever und Schmerke Kaczerginski gaben ihm, dem Achtjährigen, 1942 den Pinkas, ein altes dickes Buch, in dem seit langer Zeit die Chronik der Juden Wilnas aufgezeichnet wurde. Sutzkever hatte ihn aus den Trümmern der großen Synagoge gerettet. Bak sollte Papier zum Zeichnen und zum Malen haben.

Ungefähr ab Ende der 1960er Jahre bildete er seinen persönlichen Stil aus, den er bis heute praktiziert. Er malte zunächst Stilleben von Früchten und häuslichen Gegenständen, die in zeitlose und atopische Landschaften plaziert sind. Erste Häuserruinen sind zu finden. Nach und nach tauchen verschiedene ikonographische Elemente auf, denen Bak sich phasenweise obsessiv widmete: der Vogel, Schlüßel und Schloß oder der Junge mit den erhobenen Händen aus dem Warschauer Ghetto. Dieser Stil erinnert teilweise an den Surrealismus, insbesondere an die Gemälde René Magrittes: Man sieht irreale Orte und Begebenheiten sowie schwebende Gegenstände. Ebenso erinnern Baks Bilder vom Stil her an Klassiker wie Michelangelo, Rembrandt und Dürer. Bak malt nicht nur wie sie, sodaß man meinen könnte, er wolle sie kopieren; er verwendet auch einige ihrer bekannten Motive. Aber es geht ihm nicht um eine »Übung zur Wiederbelebung alter Manierismen.«[209] Gleichzeitig verändert er die Klassiker und verwandelt sie seinem eigenen Sinn an. Bak hat sich zu dieser Eigenart verschiedentlich geäußert. Neben dem »Verlangen [...], vom ›Modischen‹ in der Kunst wegzukommen«[210], und eine unpersönliche Malerei zu schaffen, scheint ihm der altväterlich wirkende Stil die »geeignetste Sprache«, die Erfahrung von Zerstörung, Vernichtung und Wiederanfang als jüdische Geschichte auszudrücken. Der Stil ist aber nicht nur die adäquate Form für Baks Erfahrungen, sondern ist auch an den Betrachter gerich-

aus einer vernichteten Welt. Verschiedene Publikationen beschäftigen sich mit Quellen und Bildern aus der Geschichte der Shoah in Wilna. In: literaturkritik.de, 11, November 2009, S. 115-131. http://www.literaturkritik.de/public/rezension.php?rez_id=13604, letzter Zugriff: 15.2.2015.

209) Bak: Über meine Kunst, S. 12.

210) Bak: Ein Selbstporträt, S. 66.

tet. »Unmittelbarkeit und Befremden« sind das Ziel.[211] Im Kontext der modernen Kunst soll seine altväterlich wirkende Technik Befremden auslösen, das als Mittel eingesetzt wird, »die Leiden frisch zu sehen.«[212] Zudem ist in Baks Bildern vieles erstarrt, festgefahren, in Stein gebannt oder gar versteinert. Formationen, die Inhalte bergen, sind ausgehöhlt worden oder sind gerade dabei, zerstörerisch werden. Oder sie sind zur papierenen Kulisse geworden wie die zahlreichen Häuserwände in Baks Bildern. Vieles befindet sich in Auflösung und ist verwittert. Was von sich aus keinen Halt mehr hat, das wird gestützt oder wurde festgenagelt.

Bak interpretiert in seinen Bildern die biblische, geistesgeschichtliche und künstlerische Tradition immer wieder neu. Der Adam in den Michelangelo-Variationen ist versteinert, zur verfallenden Statue geworden. Von ihm bröckelt der Putz ab, die einzelnen Bausteine, aus denen er besteht, werden sichtbar. Arme und Beine sind wie antike Tempel-Säulen von Rissen und Furchen durchzogen. Teile des steinernen Adam fehlen, sind abgefallen. In »Joseph's Dream«, »Creation of War Time II« und »Adam mit seinem Abbild« ist der alte Adam gar *nicht mehr* da, in »Open Door« sieht man ihn nur im Hintergrund. Da er hinter einer Wand versteckt ist, ist er nur teilweise sichtbar. An dem Ort, wo er normalerweise sitzt, befindet sich manchmal jemand anders: ein Soldat (»Creation«), eine unbestimmbare menschliche Gestalt in langer Unterwäsche (»Joseph's Dream«) oder ein Reisender, der sein weniges Gepäck neben sich stehen hat (»Creation of War Time II«).

Von dem dazugehörigen Gott ist nur noch die Hand geblieben, die wie eine Holzsägearbeit aussieht, und an eine Wand (»Adam and Eve«) oder an einen toten Baum (»Creation«) angenagelt wurde. Der Nagelkopf ist rostig und von ihm herab läuft eine Spur Rostwasser, die wie Blut aussieht. Nicht immer treffen sich Adams und Gottes ausgestreckte Hand. In »Adam and Eve« weisen sie auf unterschiedlichen Ebenen aneinander vorbei. Hier gibt es zwei parallel montierte Hände Gottes: Welches ist die richtige, von der der göttliche Funken überspringt? In »Open Door« ist die Hand überdimensional groß, ist teilweise aus Stein, geht teilweise aber auch in einen bloßen Umriß über. Der Rest von Gottes Gestalt ist entweder ganz verschwunden (»Open Door«)

211) Bak: Über meine Kunst, S. 11.
212) Bak: Ein Selbstporträt, S. 65.

oder nur noch als Umriß vorhanden. Aber dieser Umriß ergibt sich nur negativ: er wird von anderen Dingen gebildet, sei's von einem Loch in der Wand (»Creation of War Time II«), sei's von abgebröckeltem Putz auf einer Wand (»Adam and Eve«). In »Adam mit seinem Abbild« ist Gott schließlich ganz verschwunden. An seiner Stelle findet sich ein weiterer Adam, aber auf den Kopf gespiegelt.

Baks Bilder zeigen die Folgen von Zerstörung und Verheerung – aber man sieht keinen Krieg, nicht den Holocaust und auch keine Leichen. In Baks »visueller Zeugenschaft zum Desaster«[213] gibt es Bilder von entsetzlicher Zerstörung wie »Terminus« und »Childhood Memories«, aber die Motivik wird nicht spezifiziert. Jedoch sind seine Bilder so voller Traurigkeit, so vollgesogen von Entsetzen, daß die Tat immer anwesend scheint. Doch sieht man wiederkehrende Elemente: beispielsweise die doppelte Rauchsäule der Krematorien von Auschwitz oder den Davidstern.

Die doppelte Rauchsäule zeigt an, daß diese Landschaft eine nach dem Holocaust ist. Nach ihm ist der alte Adam nur noch ein Relikt, eine Ruine. Er liegt in Trümmern oder ist ganz oder zumindest teilweise verschwunden. Auch Gott ist nicht mehr zu sehen. Was von Ihm blieb, das ist nur noch eine Hand. Aber durch sie geht nicht mehr der göttliche Funken auf den Menschen über. Nun könnte sie auf etwas zeigen, und ihr Vorhandensein gibt einen Hinweis darauf, daß mal etwas war, zu dem sie gehört. Gott ist noch weniger zu sehen als sein Adam. Gibt es Adam noch als Statue, so Gott nur noch als Umriß. Was man von Ihm noch sieht, das ist Seine Abwesenheit. Die Verbindung zwischen Gott und Mensch über die sich berührenden Finger ist abgerissen. Entweder gibt Gott kein Leben mehr oder es gibt keinen Gott mehr, der Leben gibt.

Der Verbindung zwischen Mensch und Gott widmet sich Bak auch bei einem anderen Motiv. In »Reflecting« sieht man einen matt gewordenen Regenbogen. Die einzelnen Farben dieses biblischen Versprechens Gottes an die Menschen, sie nie wieder zu vernichten, sind zu getrennten farbigen, gebogenen Latten geworden, von denen die Farbe teilweise abblättert, und die einander unordentlich überlappen. In der Mitte ist der Bogen unterbrochen. Auch steht der Regenbogen nicht

213) Langer: Preempting, S. 81. Übersetzung des Verfassers. Im Original: »visual testimony to the desaster«.

mehr am Himmel, sondern ist an einen verkümmerten Baum und an diverse stützende Latten genagelt. Unter ihm sitzen zwei Exemplare von Dürers Engel. Ihre Flügel sind blecherne, auf den Rücken montierte Konstruktionen. Man kann sehen, wie sie aus verschiedenen Teilen zusammengenietet sind. Die Flügel werden von Stangen in ihrer majestätischen Positur gehalten.

Offen bleibt, ob Bak damit meint, daß der Mensch nicht mehr der alte Adam sei – oder ob er es nie gewesen sei. Ist Gott verschwunden – oder war er nie da? Trat an die Stelle Seiner Hand eine von Menschen gemachte Konstruktion, die jetzt reichlich schäbig und abgerissen aussieht – oder war Er nie mehr als dies: ein unbestimmtes Etwas, dem die Menschen den Umriß einer menschlichen Gestalt gaben? War der biblische Regenbogen einstmals ein göttliches Zeichen – oder schon immer von den Menschen an den Himmel genagelt? Waren die Engel einst Engel – oder schon immer nur Menschen, die sich ein merkwürdiges Gerät auf den Rücken schnallten, dessen Anblick einem nur eines offenbart: daß man damit keinesfalls fliegen kann?

Der Unterschied der Deutung wäre einer ums Ganze: Entweder zeigt sich die Welt nach dem Holocaust endlich als das, was sie immer schon war: bar jeder Göttlichkeit. Alles, was als göttlich galt, wird durchschaubar als von Menschen gemachte Konstruktion. Der Holocaust wäre demnach die besonders drastische Fortführung einer bereits Jahrhunderte währenden Säkularisierung und Entzauberung. Oder es gab das Göttliche einst tatsächlich, dass jetzt aber verschwunden ist. Von ihm bleibt das Menschenwerk, das es nachahmt und materialisiert. Es gibt zweierlei, was gegen die erste Perspektive spricht.

Erstens ist vieles von dem, was in Baks Bildern zerstört ist, immer noch da, so wie beispielsweise die Gesetzestafeln in »Shema Israel«, »Othyoth«, »All of a Sudden« und »Lo, Against Blue Space«. Nicht nur sind Fragmente von der Tradition geblieben, sondern die Fragmente sind auch nach wie vor in der Lage, ein Ganzes zu bilden; wenngleich die Zerstörung an ihnen nicht rückgängig zu machen ist. Sie sind ›immer noch da‹, wie der wortspielerische Titel eines Bildes übersetzt lautet, das eine von Sperrmüll zugestellte Tür mit dem Schild »Still« zeigt. Dadurch, daß die Versehrung sichtbar ist, ist klar geworden, daß das, was einst als unzerstörbar galt (Gott, der Mensch, sein Geist, seine Würde), sehr wohl zerstört werden kann. Philosophisch gesprochen, haben die Gewißheiten ihren ontologischen Status verloren; es ist sichtbar geworden, daß sie von Menschen gemacht sind. Aber im Augenblick ihrer Zerstörung kann man sie nicht einfach nur erleichtert von den Schultern fallen lassen wie Baks ›Engel‹ ihre falschen Flügel: Man sieht auch, daß sie verlorengehen können. Die Möglichkeit des Verlustes läßt erschrecken und initiiert den Impuls zur »Rettung« (Adorno). Hieraus speisen sich die Trauer und die Melancholie, aus denen Baks Bilder zu bestehen scheinen. Die in den Bildern dargestellte Zerstörung ist nicht Baks Zerstörung. Nicht er fügt sie den Klassikern zu, sondern er verbildlicht die Zerstörung von Ideen wie Gott, Göttlichkeit des Menschen, Aufklärung, menschliche Würde und menschlicher Geist. Er zelebriert die Zerstörung in seinen Bildern nicht; ihnen sind Trauer und Verlust eingeschrieben.

Bak kombiniert bekannte Figuren aus der Kunstgeschichte kompromißlos mit dem allzu deutlichen qualvollen Schaden an ihnen. Sie sind zerstört, im Zerbrechen begriffen oder ruiniert – und gleichzeitig »anachronistisch hinreißend und bezaubernd«, so die Theologin Yvonne Sherwood.[214] Dies mache seine Arbeiten paradoxerweise weniger dafür geeignet, im Wohnzimmer aufgehängt zu werden, als manche radikalen Posen des modernen Kunstbetriebs. In Baks restaurativer Geste sieht sie etwas Streitlustiges, als ob er sagen wollte, daß nicht alles verloren sei.

Das Zerstörte lebt weiter, wenn auch quasi mit Prothese. Dies veranschaulichen einige Bilder, die das Motiv eines abgerissenen Baumes variieren. »Family Tree« wird von einem vertrockneten Baum bestimmt. Der im Stamm abgetrennte Baum schwebt über seinem Stumpf. Er hat nicht seine Wurzeln verloren, auch sind seine Wurzeln nicht ohne Erdreich, sondern er ist in seiner Mitte, in seinem kräftigsten, tragenden Strang, durchtrennt. Aber er befindet sich immer noch an seiner alten Stelle, er ist nicht umgefallen. Seine Äste, Zweige und Blätter bilden einen sechszackigen Stern. Auch die Blätter sind mattgelbe Davidsterne. Sie sehen vertrocknet aus, teilweise sind sie zusammengerollt, sodaß ihre ursprüngliche Form nicht mehr zu erkennen ist. Aber insgesamt sieht der Baum nicht tot aus.

214) Yvonne Sherwood: Iconoclash and Akedah: Holocaust and Sacrifice in the Art of Samuel Bak. In: Danna Nolan Fewell, Gary A. Phillips, Yvonne Sherwood (Hrsg.): Representing the Irreparable: The Shoah, the Bible and the Art of Samuel Bak. Boston – Syracuse 2008, S. 125-142, hier S. 129. Übersetzung des Verfassers. Im Original: »anachronistically gorgeous and sumptuous«.

Auf »The Wanderer II« hält ein alter Jude in reichem traditionellem Gewand einen solchen abgesplitterten Baum neben dessen Stumpf. Obwohl der Baum keine Verbindung mehr zu seinen Wurzeln im Erdreich hat, sind seine Blätter weiterhin grün, und seine Krone wird von Vögeln frequentiert.

In »The Tree of Life« gibt es zwei Bäume, einen großen und einen kleinen. Der große ist in einem Haus gewachsen. Der Baum ist fast tot und das Haus offensichtlich unbewohnt. Der Baumstamm steht im Zentrum des Hauses und versperrt den Eingang. Seine Wurzeln vor der Tür sind teilweise freigelegt. Seine Äste sind aus den fensterlosen Öffnungen herausgewachsen. Nach oben hin haben sie kein Dach mehr gefunden, an das sie hätten stoßen können. Der Baum hat nur noch wenige Zweige und nur an wenigen von diesen sind noch grüne Blätter. Die Mauern des Hauses sind verwittert, teilweise ohne Putz, rissig und teilweise schon eingefallen. Der kleine Baum steht im Halbdunkel eines dunklen Durchgangs zwischen dem beschriebenen Haus und einem weiteren. Seine Wurzeln stecken nicht im Erdreich, sondern in einem großen Topf, der auf einem Wägelchen steht.

Dieser kleine Baum kehrt in »Destinies« wieder. Vor einer öden Mittelgebirgslandschaft steht ein Baumstumpf mit Erde, Gras und Wurzeln in einer Kiste. Diese ist alt und geht aus dem Leim. Sie steht leicht erhöht auf flachen Steinen und auf einer Steinrolle, als könnte sie zumindest grundsätzlich und wenn auch nur zur Hälfte fortbewegt werden. Der Rest des Baumes besteht aus Stamm, Ästen, Zweigen und Blättern. Auf der linken Hälfte der Baumkrone sind die Blätter grau-blaue blecherne Davidsterne, die zum Teil verbogen und schartig sind. Die rechte Hälfte besteht aus mattgelben Davidsternen, manche von ihnen sind wie vertrocknete Blätter zusammengerollt. Der Baum ohne Stumpf wird von drei Stangen an seiner Position, in der Luft schwebend, gehalten.

Bei »The Wanderer III« schließlich ist der Baum auf Reisen: Ein Reisender trägt ihn. Wie Edmond Jabès schreibt: »Das Bündel des Ewigen Juden enthält die Erde und mehr als einen Stern.«[215] Der Wanderer trägt außerdem abgewetzte Kleidung und hat ein müdes, angestrengtes und abgekämpftes Gesicht. An einem Arm sieht man unter seinem Umhang einen weiß-hellblau gestreiften Ärmel hervorschauen, der zu dem

215) Edmond Jabès: Vom Buch zum Buch. München – Wien 1989, S. 73.

Anzug eines KZ-Häftlings gehören könnte. Der Baum ist abgesplittert. Alle Bäume der hier genannten Bilder sind nicht mit einem glatten Schnitt abgetrennt. Die Rinde dieses Baumes ist teilweise abgeschält. Aber er trägt überwiegend grüne Zweige, nur wenige sind vertrocknet. Auch wird er von Vögeln angeflogen. Auf dem Rücken hat er einen Rucksack, aus dem grüne Schößlinge ragen. Hinter sich her zieht er ein Wägelchen, auf dem ein Baumstumpf mit Erdreich und Wurzeln steht. Aus dem Stumpf sprießt aber noch ein junger, grüner Trieb.

Weder die Zerstörbarkeit noch die Künstlichkeit alles Humanen ist ein Makel. Daß die Aufklärung sowie der Humanismus scheiterten und in Auschwitz zerstört wurden, dies wird eingestanden, aber mit Entsetzen bedauert. Nicht geht es darum, das Fallende auch noch zu stoßen. Dieser typische Zug des autoritären Charakters, den die Schwäche zum Angriff reizt, und der den modernen Antimetaphysikern gemeinsam ist, ist Bak fremd. Bei den Überlebenden um ihn herum beobachtete er die Bemühungen, »das Zerstörte zu reparieren, zu rekonstruieren, was verloren war, dem auf immer Verlorenen ähnlich scheinendes Neues zu schaffen.« Hierzu gehört auch seine Kunst. Er möchte »über ein menschliches Bedürfnis nach Wiederherstellung in einer Sprache [...] sprechen, die eine altmodische, illusionäre Vorstellung, eine Vorstellung gemacht von Licht, Schatten und Wirklichkeitsnähe, wiederherstellte.«[216]

III.4 Jenseits der Kritik

Die Lager der Deutschen waren praktische Anti-Philosophie, sie waren praktizierte Anti-Metaphysik und durchgeführter Anti-Humanismus.[217] In ihrer »Welt der Verneinung«[218] demonstrierten die Deutschen, was die Kulturkritik vorher begeistert herausgeschrien hatte: Es gibt keine Menschenwürde und keine Solidarität und also keine Menschlichkeit. Es gibt kein Ich und keine Individualität. Es gibt keinen Geist, keine Kultur und keinen Gott. Das Dasein ist Sein zum Tode.

In Auschwitz, der »Krönung der nationalsozialistischen Gegen-

216) Bak: Über meine Kunst, S. 10 und 11.
217) Diesen Befund kann man nicht aus Äußerungen der Täter extrahieren. Man kann es aus dem lesen, was in den Lagern getan wurde.
218) Levi: Ist das ein Mensch? S. 147.

kultur«[219], haben die Deutschen gezeigt: Man kann Menschen alles antun und in jedem Dreck halten. Menschen tun für Brot alles; sie tun einander alles an, vergessen jede Rücksicht. Keine sozialen Bande zählen mehr. Man kann ihnen die Individualität nehmen, sie auf ihren Leib reduzieren und diesen dann so versehren, daß er nicht mehr Menschenantlitz trägt, geschweige denn gottesähnlich ist. Mit dem Muselmann wurde das »göttliche Ebenbild systematisch zerstört«, bemerkte der jüdische Post-Holocaust-Theologe Emil Fackenheim.[220] Er war ein »Novum in der menschlichen Geschichte« und der »einzige originäre Beitrag des Dritten Reichs zur Zivilisation«.[221]
Aber war Auschwitz deswegen auch ein »ontologisches Ereignis«?[222] Ein »Zerbrechen ontologischer Sicherheit«[223] könnte es ausschließlich für Ontologen sein, aber die sind für Erschütterungen der Geschichte nicht empfänglich. Für Heidegger war der Holocaust *business as usual*, eine Station auf der schiefen Ebene, auf die die Philosophie mit dem Vergessen der Seinsfrage geriet. Die »Herrschaft der Metaphysik« habe sich in Gestalt der modernen Technik verfestigt,[224] und die richte sich die Welt zu, wußte er im Jahr 1949:

219) Imre Kertész: Rede über das Jahrhundert. In: ders.: Eine Gedankenlänge Stille, während das Erschießungskommando neu lädt. Essays. Reinbek 1999, S. 14-40, hier S. 19.
220) Emil Fackenheim: What is Judaism? An Interpretation for the Present Age. New York 1987, S. 180. Übersetzung des Verfassers. Im Original: »in which the divine image was systematically destroyed«. Vgl. auch ders.: To Mend the World. Foundations of Future Jewish Thought. New York 1982, S. 297. Zu Fackenheim zu diesem Thema vgl. David Patterson: Man or Muselman? Fackenheim's Elaboration on Levi's Question. In: Michael L. Morgan und Benjamin Pollock (Hrsg.): The Philosopher as Witness. Fackenheim and Responses to the Holocaust. New York 2008, S. 147-162. Zu Fackenheim im Allgemeinen vgl. vor allem Steven T. Katz: Emil Fackenheim and Jewish Life after Auschwitz. In: ders.: Post-Holocaust Dialogues. Critical Studies in Modern Jewish Thought. New York 1983, S. 205-247.
221) Fackenheim: To Mend the World, S. 100 und 214.
222) Elie Wiesel: Triviliazing the Holocaust. Semi-Fact and Semi-Fiction. In: New York Times, 16.4.1978, S. 29.
223) Dan Diner: Epistemik des Holocaust. In: ders.: Gegenläufige Gedächtnisse. Über Geltung und Wirkung des Holocaust. Göttingen 2007, S. 13-41, hier S. 13.
224) Heidegger: Die onto-theologische Verfassung der Metaphysik. In: ders.: Identität und Differenz. Stuttgart 1957, S. 31-67, hier S. 65.

»Ackerbau ist jetzt motorisierte Ernährungsindustrie, im Wesen das Selbe wie die Fabrikation von Leichen in Gaskammern und Vernichtungslagern, das Selbe wie die Blockade und Aushungerung von Ländern, das Selbe wie die Fabrikation von Wasserstoffbomben.«[225]

Der Bruch durch die Shoah ist lediglich quasi-ontologisch. Als »Dementi aller gemeinhin gültigen, universell handlungsanleitenden Denkformen, die auf Erwägungen der Nützlichkeit, des Utilitarismus, ja, auch auf die Selbsterhaltung des Feindes setzen«, wurden nur »vorgeblich anthropologisch geltende Gewissheiten«[226] aufgelöst – nämlich die, die den Menschen als *homo oeconomicus* als Naturform setzen.

Eine Extremsituation wie der Holocaust offenbart keine Wahrheit, weder über ›den Menschen‹ noch über ›die Gesellschaft‹ oder über ›die Moderne‹ – allenfalls banale Tatsachen.

Die Auffassung, eine Extremsituation zeige »uns die gewöhnlichen Situationen in ihrer Wahrheit«, wie Tzvetan Todorov meint,[227] ist unter Kritikern beliebt – und doch nichts als absichtsvolle Unterstellung. Dieser Gedankengang hat sich inzwischen zu einem Schema verfestigt, sodaß über seine Triftigkeit gar nicht mehr nachgedacht wird. Für Agamben »kann im Licht der Extremsituation [...] die Normalsituation beurteilt und bestimmt werden«.[228] Für den Soziologen Zygmunt Bauman ist der Holocaust »ein Fenster, durch das man einen Blick auf eine Unzahl von Phänomenen werfen kann, die Teil unserer Moderne sind«.[229] Die Lager seien die Extremform der totalitären Regime und

225) Heidegger: Einblick in das was ist. Bremer Vorträge. In: ders.: Gesamtausgabe. Bd. 79, Frankfurt am Main 2005, S. 3-77, hier S. 27.
226) Dan Diner: Gestaute Zeit. Jenseits des Vorstellbaren. Der »Judenrat« als Grenzsituation. In: ders.: Gedächtniszeiten. Über jüdische und andere Geschichten. München 2003, S. 135-151, hier S. 150. Vgl. dazu auch ders.: Den Zivilisationsbruch erinnern. Über Entstehung und Geltung eines Begriffs. In: Heidemarie Uhl (Hrsg.): Zivilisationsbruch und Gedächtniskultur. Das 20. Jahrhundert in der Erinnerung des beginnenden 21. Jahrhunderts. Innsbruck 2003, S. 17-34.
227) Tzvetan Todorov: Angesichts des Äußersten. München 1993, S. 311ff. Vorher (S. 45f. und 49) behauptet er das Gegenteil.
228) Agamben: Was von Auschwitz bleibt, S. 42.
229) Zygmunt Bauman: Über die Rationalität des Bösen. Interview mit Zygmunt Bauman. In: Harald Welzer (Hrsg.): Auf den Trümmern der Geschichte. Gespräche mit Raul Hilberg, Hans Mommsen und Zygmunt Bauman. Tübingen 1999, S. 91-125, hier S. 99.

diese die Extremform des modernen politischen Lebens, dieser Gedanke ist in verschiedenen politischen Lagern weit verbreitet.[230]

Die Auffassung, in der Extremsituation werde der ›Wesenskern des Menschen freigelegt‹, ist weit verbreitet und von kritischen Einsichten weit entfernt. »Nirgends kommt der wirkliche ›Adam‹ so zum Vorschein wie in der Gefangenschaft«, glaubte auch der ehemalige Auschwitz-Kommandant Rudolf Höß in seinen autobiographischen Aufzeichnungen. Am Mensch »wurde alles Unwesentliche eingeschmolzen«, schreibt der Überlebende Frankl.[231] »Alles Anerzogene, alles Angenommene, alles nicht zu ihm Gehörige fällt von ihm ab«, schreibt der Täter Höß. »Alles Versteckspielen, alles Vortäuschen aufzugeben zwingt ihn auf die Dauer die Haft.«[232] Die Anhänger der Bewegung der Eigentlichkeit schufen sich in ihren Lagern Material *en masse*, das sie so präparierten, daß es ihrer Zivilisationskritik willfahrte. Bedauerlich ist nur, daß auch andere das Ergebnis von Extremsituationen mit ›tiefen‹ anthropologischen oder ontologischen Wahrheiten verwechseln. Es hätte »keiner Lager bedurft«, erinnert Semprun, »um zu beweisen, daß der Mensch zum Schönsten wie zum Häßlichsten fähig ist. Etwas Banaleres als diese Feststellung gibt es überhaupt nicht mehr«.[233] Daß man sich »an der Verkommenheit des Menschen und

230) Zu der Zuspitzung von basalen Strukturen moderner Gesellschaften in totalitären Regimen vgl. auch Ronald Aronson: Dialectics of Disaster. A Preface to Hope. New York 1984; George M. Kren und Leon Rappoport: The Holocaust and the Crisis of Human Behavior. New York – London 1980; Richard L. Rubenstein: The Cunning of History. The Holocaust and the American Future. New York 1976; Zygmunt Bauman: Dialektik der Ordnung. Die Moderne und der Holocaust. Hamburg 1992; Giorgio Agamben: Homo sacer. Die Souveränität der Macht und das nackte Leben (Homo sacer I). Frankfurt am Main 2002, Kapitel 3.7; Enzo Traverso: Nach Auschwitz. Die Linke und die Aufarbeitung des NS-Völkermords. Köln 2000; ders.: Auschwitz denken. Die Intellektuellen und die Shoah. Hamburg 2000; ders.: Moderne und Gewalt. Eine europäische Genealogie des Nazi-Terrors. Köln 2003. Am Beispiel von Traverso habe ich en detail aufgezeigt, daß der Zusammenhang nur Suggestion ist; vgl. Die Zeugen der Anklage, S. 18-28.
231) Viktor Frankl: Vom Sinn und Wert des Lebens I, S. 158. Genauso auch ders.: Psychologie und Psychiatrie des Konzentrationslagers, S. 89-113, hier S. 111.
232) Rudolf Höß: Kommandant in Auschwitz. Autobiographische Aufzeichnungen. Hrsg. von Martin Broszat. München 1963, S. 101.
233) Semprun: Die große Reise, S. 61; vgl. auch Levi: Ist das ein Mensch, S. 104.

der vor aller Augen betriebenen totalen Zerstörung der Wertordnung ergötzte«, wie Imre Kertész schrieb,[234] das beschreibt nicht nur das Verhalten der Deutschen und ihrer Helfer während des Nationalsozialismus, sondern auch das Verhalten mancher Kultur- und Gesellschaftskritik, die sich selbst als antifaschistisch versteht.

All das, was als ewig, heilig, absolut und unumstößlich galt, ist entlarvt. Es ist und war immer schon alles nur menschengemacht, und deswegen kann es zerstört werden. Daß dem so ist, das ist nichts Neues. All dies auszusprechen, das ist eigentlich banal – aber eben auch die Affirmation der hämischen nationalsozialistischen Beweisführung *ad hominem.* Aber was heißt schon »nur menschengemacht«? Dadurch ist es nicht weniger wert. Es war menschengemacht, und es wurde von Unmenschen zerstört. Das ist aber nur für den ein Schock, der naiv war. Und weil es von Menschen gemacht wurde, deswegen kann es auch von Menschen wieder aufgebaut werden. Die Shoah mag die Wahrnehmung der Menschen und der Welt verändert haben, wie Wiesel meint – in den Lagern ist aber nicht die »Idee des Menschen gestorben«.[235] Dem schließt sich zwar auch Fackenheim an.[236] Aber er sagt auch: Was zerstört wurde, das muß geheilt werden. Wer nicht glauben kann, daß der Mensch Gottes Ebenbild ist, der muß so handeln, als ob der Mensch von Gott als dessen Ebenbild geschaffen worden wäre.[237] Und auch für den Kritiker gilt Fackenheims »614. Gebot«, Hitler keinen Sieg zu gewähren – auch wenn es ontologisch unmöglich ist und ›nur‹ moralisch notwendig.[238] Der Muselmann mag »die Destruktion jener äußersten metaphysischen Bollwerke« sein, wie Agamben frohlockt, wenn man ein naives Verständnis von Metaphysik hat. Der Holocaust mag eine

234) Kertész: Rede über das Jahrhundert, S. 19f.
235) Reinhold Boschert-Kimmig und Ekkehard Schuster: Trotzdem hoffen. Mit Johann Baptist Metz und Elie Wiesel im Gespräch. Mainz 1993, S. 72 und 80 sowie vgl. Elie Wiesel: Gesang der Toten. Erinnerungen und Zeugnis. Freiburg 1987, S. 169.
236) Fackenheim: To Mend the World, S. 99. Vgl. auch ders.: The Jewish Return into History. Reflections in the Age of Auschwitz and a New Jerusalem. New York 1978, S. 251. Laut Hannah Arendt bringt der Nationalsozialismus neue Kenntnis vom Menschen, vgl. dies.: Das Bild der Hölle. In: dies.: Nach Auschwitz, S. 49-62, hier S. 54.
237) Emil Fackenheim: What is Judaism? S. 180.
238) Bak: Ein Selbstporträt, S. 12.

naive Vorstellung von »Heiligkeit von Tod und Leben« zerbrochen haben.[239] Der »metaphysischen Tauglichkeit des Menschen«[240] tut dies keinen Abbruch.

239) Vgl. Emil Fackenheim: God's Presence in History. Jewish Affirmations and Philosophical Reflections. New York 1972, S. 84 und ders.: To Mend the World, S. 299f.
240) Francis Ponge: Schreibpraktiken oder Die stetige Unfertigkeit. München 1988, S. 61.

Die Autoren

Dirk Braunstein ist Mitarbeiter am Institut für Sozialforschung in Frankfurt, wo er eine Edition sämtlicher Sitzungsprotokolle aus Adornos Seminaren vorbereitet. Bücher: *Adornos Kritik der politischen Ökonomie* (2011); als Mitherausgeber: *Alles falsch. Auf verlorenem Posten gegen die Kulturindustrie* (2012).

Simon Duckheim studierte Philosophie, Soziologie und Neuere Geschichte an der Ruhr-Universität Bochum, an der er 2013 mit der Arbeit *Auf der Suche nach der versprengten Spur: Glück und Hoffnung bei Adorno und Benjamin* (2014) promoviert wurde. Zur Zeit ist er Lehrbeauftragter am Institut für Geschichte der Medizin in Gießen.

Devi Dumbadze ist Philosoph und unterrichtet an der School of Visual Arts in New York, USA. Arbeitet zur Kritischen Theorie und über den gesellschaftlichen Wandel in Georgien, übersetzt Werke Theodor W. Adornos ins Georgische. Mitherausgeber: *Kritik der politischen Philosophie* (2010); *Erkenntnis und Kritik. Zeitgenössische Positionen* (2009). Promotion über Gesellschaft und Mimesis nach Adorno.

Christoph Hesse ist Filmwissenschaftler und arbeitet an der FU Berlin an einer Studie zum Filmexil deutschsprachiger Emigranten in der Sowjetunion der 1930er und 40er Jahre. Mitherausgeber der Zeitschrift für kritische Sozialtheorie und Philosophie (seit 2014). Bücher: *Filmform und Fetisch* (2006); als Mitherausgeber: *Exil in der Sowjetunion 1933–1945* (2010), *Friedrich Wolf: »Was bleibt und was lohnt!«* (2014); *Briefe an Bertolt Brecht im Exil, 1933–1949* (3 Bände, 2014).

Fabian Kettner ist freier Referent und Autor, Studium der Philosophie, der Geschichte und der Soziologie in Bochum, Redakteur und Research Service in Wirtschaft. Arbeiten zur Kritischen Theorie und über die Geschichte und Literatur des Holocaust. Mitherausgeber: *Theorie als Kritik* (2008). Zuletzt veröffentlicht: »Die Herrschaft des Niemand. Hannah Arendts Konzept anonymer Herrschaft und seine Folgen«, in: Ingo Elbe et al. (Hrsg.): *Anonyme Herrschaft. Zur Struktur moderner Machtverhältnisse* (2012).

Isabelle Klasen ist Philosophin und Lehrbeauftragte am Institut für Philosophie der Ruhr-Universität Bochum. Arbeiten zur Kritischen Theorie und Ästhetik. Zuletzt veröffentlicht: »Die Schwerkraft der Verhältnisse. Zur Kulturkritik Theodor W. Adornos.«, in: Marc Jacobsen, Dirk Lehmann, Florian Röhrbein (Hrsg.): *Kritische Theorie und Emanzipation* (2014).

Irene Lehmann ist Theaterwissenschaftlerin mit einem Schwerpunkt auf dem Musiktheater des 20. Jahrhunderts und Performance-Kunst der sechziger Jahre. Promotion über Luigi Nonos musiktheatrale Experimente. Weitere Schwerpunkte sind die Kritische Theorie und die Untersuchung feministischer künstlerischer Praxis.

Gerhard Scheit lebt als freier Autor in Wien. Arbeiten zur Kritischen Theorie, über den Souverän und die Ästhetik in der Moderne; Mitherausgeber der Jean-Améry-Werkausgabe (2002–2008) und der Zeitschrift *sans phrase* (ab 2012). Bücher: *Verborgener Staat, lebendiges Geld. Zur Dramaturgie des Antisemitismus* (1999, 2003); *Meister der Krise* (2001); *Suicide Attack. Zur Kritik der politischen Gewalt* (2004); *Jargon der Demokratie. Über den neuen Behemoth* (2006); *Der Wahn vom Weltsouverän* (2009); *Treffpunkt der Moderne. Gustav Mahler, Theodor W. Adorno, Wiener Traditionen* (2010) (Koautor: Wilhelm Svoboda); *Quälbarer Leib. Kritik der Gesellschaft nach Adorno* (2011).